O CHANCELER DE FERRO DO ANTIGO EGITO

EDITORA EME

Edição e distribuição

EDITORA EME

Avenida Brigadeiro Faria Lima, 1080 – Vila Fátima
CEP 13369-040 – Capivari-SP
Telefones: (19) 3491-7000 | 3491-5449
Vivo (19) 9 9983-2575 | Claro (19) 9 9317-2800
vendas@editoraeme.com.br – www.editoraeme.com.br

Ditado pelo espírito
J. W. Rochester

Vera Kryzhanovskaia
(médium)

O CHANCELER DE FERRO DO ANTIGO EGITO

*"A História enterra os mortos.
A lenda e a poesia os fazem reviver".*
G. M. Valtour

Capivari-SP
- 2023 -

A Editora EME mantém o Centro Espírita "Mensagem de Esperança" e patrocina, junto com outras empresas, instituições de atendimento social de Capivari-SP..

1ª edição – janeiro/2023 – 3.000 exemplares

TRADUÇÃO | Cristina Flores
REVISÃO | Rubens Toledo
CAPA | André Stenico

Ficha catalográfica

Rochester, J. W. (espírito)
O chanceler de ferro do antigo Egito / pelo espírito J. W. Rochester; [psicografado por] Vera Kryzhanovskaia – 1 ed. jan. 2023 – Capivari, SP : Editora EME.
368 p.

ISBN 978-65-5543-085-1

1. Romance mediúnico. 2. Romance do Antigo Egito. 3. Espiritismo. 4. Mediunidade. I. TÍTULO.
CDD 133.9

SUMÁRIO

PRIMEIRA PARTE

DO ABISMO AOS PÍNCAROS

I

O PATRIARCA E SEUS FILHOS

.... Esta é a história de Jacó. Tendo José 17 anos, apascentava os rebanhos com seus irmãos; sendo ainda jovem, acompanhava os filhos de Bila e os filhos de Zilpa, mulheres de seu pai; e trazia más notícias deles a seu pai.

.... Vendo, pois, seus irmãos que o pai o amava mais que a todos os outros filhos, odiaram-no e já não lhe podiam falar pacificamente...

Gênesis, Cap. XXXVII, vs. 2 e 4

O SOL SE punha, inundando com seus raios ardentes um vale vasto e fértil, bordejado, no horizonte, por colinas cobertas de árvores. À sombra de um pequeno bosque de vegetação cerrada, erguia-se uma casa toscamente construída com pedras e troncos de árvores, mas grande o bastante para abrigar uma família numerosa. Choupanas entremeadas por tendas se espalhavam ao redor da habitação principal e, pouco adiante, viam-se amplos cercados, destinados aos rebanhos. Tudo era animação e movimento naquele acampamento: mulheres vestidas com túnicas de lã ou linho apressavam-se em preparar a refeição da noite e o aroma apetitoso de bocados de carne grelhada e pães cozidos sob a cinza enchia o ar. Do poço cercado por um sólido muro de pedra, vinha uma fileira de moças que traziam pesadas bilhas de arenito, repletas de água, sobre a cabeça ou sobre o ombro, rindo e conversando com aquela graça espontânea e inigualável das mulheres do Oriente, enquanto bandos de crianças brincavam ruidosamente sobre os gramados cobertos de flores multicoloridas.

Sozinho e sem participar do que se passava ao redor, um homem de aspecto imponente sentava-se num banco junto à porta da casa. Um largo chapéu de palha trançada e um bastão nodoso estavam ao lado dele, sobre um banco, junto a um cântaro cheio de vinho.

Essa personagem era Jacó, o venerado chefe da tribo, o lendário patriarca, cujo nome a história preservou. A farta cabeleira e a barba longa, que se espalhava sobre a túnica de lã marrom escura, começavam a ficar grisalhas. Rugas sulcavam sua face de traços decididos e enérgicos, mas seus grandes olhos negros brilhavam com o vigor da juventude sob sobrancelhas grossas, e seu corpo robusto parecia ter que enfrentar, ainda por longo tempo, as mazelas da velhice. Fixava o leve vapor azulado que encobria o horizonte com um olhar sonhador, enquanto ouvia os mugidos, cada vez mais próximos, dos rebanhos que voltavam das pastagens. De súbito, porém, aprumou-se, protegeu os olhos com a mão musculosa tostada pelo sol e seu olhar fixou, com amor e orgulho, a figura alta e esbelta de um adolescente que saía do arvoredo e que caminhava rapidamente em sua direção.

A aparência sedutora do jovem rapaz, de cerca de 18 anos, justificava plenamente o orgulho paterno. Seu rosto alongado, pálido e delicado como o de uma moça, parecia desafiar o calor. A boca pequena, de cantos baixos, dava uma expressão altiva e desdenhosa a seus traços de uma simetria clássica. Cabelos castanhos encaracolados, fartos e sedosos, caíam-lhe sobre a testa larga e enérgica. Mas o que imprimia um cunho particular àquela fisionomia notável eram os olhos grandes de um castanho-esverdeado, límpidos, mas insondáveis. Pareciam penetrar aqueles que fixavam, furtando-se, contudo, à observação, sob seus cílios longos e espessos que, muito a propósito, velavam o olhar do jovem hebreu, sempre que julgava útil dissimular aos inoportunos o que lhe ia na alma.

— Shalom, meu bom pai, e que Eloim[1] proteja cada um de seus passos — disse o rapaz com voz sonora e melodiosa, saudando o ancião com respeito.

---

1 Os israelitas têm muitos nomes para designar a Divindade. Porém, sobretudo dois são utilizados: Eloim e Jeová (ou, talvez, Javé). Esses dois nomes não possuem, contudo, o mesmo sentido. Apenas Israel conhece Deus sob o nome de Jeová; quando um pagão fala de Deus deve dizer Eloim, e mesmo um israelita muito raramente falará de Deus a um pagão sem empregar o mesmo nome. Por outro lado, no momento em que o Deus de Israel se opõe aos deuses dos gentios, deve receber o nome de Jeová. De resto, temos um testemunho formal do Pentateuco que a tal nos obriga. O livro do Êxodo contém, a esse respeito, um texto clássico que deve ser inserido aqui: "Falou mais Deus (Eloim) a Moisés e lhe disse: Eu sou Jeová. Apareci a Abraão, a Isaque e a Jacó como Deus Todo-Poderoso; mas pelo meu nome, Jeová, não lhes fui conhecido". A. Kuenen. *L'Histoire Critique des Livres de l'Ancien Testament.*

Este passou a mão carinhosa pelos cabelos anelados e sedosos de seu filho favorito. Em seguida, convidando-o a sentar-se no banco, perguntou-lhe com um sorriso:

— O que fez o dia todo? Esteve nas pastagens ou na casa de Schebna, como é seu costume? E que mistérios ele ensinou a você?

— Oh! A ciência dele é grande e quero estudar sem trégua, para me tornar tão sábio quanto ele. Será preciso, pois os astros prenunciam um grande destino para mim — disse José, com olhos que cintilavam.

Jacó balançou a cabeça:

— Não duvido da ciência de Schebna, mas temo que ele se iluda quanto à linguagem dos astros e que embale você com sonhos enganosos.

— A ciência jamais se engana, pai. É preciso apenas saber compreendê-la — respondeu o rapazinho, impaciente. — Mas queria lhe dizer outra coisa: também estive nas pastagens e obtive a prova de que Judá e Dan o enganam. Venderam o gado que alegaram ter morrido, assim como lã e outros objetos. E fala-se entre as mulheres sobre um cinto que Judá comprou secretamente dos ismaelitas e deu à mãe de Thamar, aquela que o pai me destina como esposa e que ele cobiça para si mesmo, do mesmo modo que inveja tudo quanto sua bondade me destina.

— Não posso acreditar que seu irmão nutra sentimentos tão ruins em relação a você. Mas ficarei atento às tais conversas que você menciona e cuidarei para que a paz reine entre as mulheres.

Um sorriso de orgulhoso desdém passou pelos lábios de José:

— Eu não disputo Thamar, embora ela seja muito gentil. Creio que a sorte me reserva uma esposa mais ilustre. Apenas digo que todos me invejam e que não podem ver sem despeito o belo traje de tecido de Tiro que o senhor me deu.

A aproximação dos rebanhos, cujos mugidos enchiam o ar, entremeados por gritos dos pastores, colocou por hora um ponto final à conversa, e a atenção do velho chefe se concentrou em seus filhos que, auxiliados por numerosos pastores, reconduziam ao acampamento as longas filas de animais. Eram em sua maioria homens belos e robustos, autênticos filhos do deserto, de pele tostada, olhos ardentes e aspecto selvagem, trajando túnicas curtas de lã ou pele de cabra. Fatigados e famintos, aproximavam-se buscando com os olhos a refeição já pronta e limitando-se a lançar um olhar indiferente e hostil para José.

Após terem saudado Jacó e respondido as suas perguntas quanto ao estado dos rebanhos, os filhos do chefe se reuniram ao redor dele, sendo que uma parte dos pastores veio depressa se juntar a eles. O ancião então se levantou, apoiado em José, e, tendo chegado ao meio do círculo formado pelos presentes, voltou-se para o Oriente e se prostrou por três vezes. Em seguida, erguendo os braços para o céu, entoou um canto religioso.

Terminada a prece, os homens se apressaram em começar a refeição, da qual as mulheres não participavam.

Jacó e seus filhos sentaram-se a uma mesa posta ao ar livre, à extremidade da qual se acomodou uma parte dos serviçais. O resto dos convivas se instalou na relva, fazendo honra à ceia frugal. Apenas José, sentado junto ao pai, comia pouco, enquanto seu olhar sonhador fitava o vazio.

— Em que pensa, filho, a ponto de deixar de comer? — perguntou Jacó num tom de desaprovação.

— Pensa em sua futura grandeza, que Schebna previu. Ou, talvez, reflita sobre algum sonho profético, tão lisonjeiro quanto aquele em que viu 11 ramos que vinham saudá-lo — observou um dos irmãos, com uma risada ruidosa e um olhar zombeteiro.

José dirigiu-lhe um olhar altivo e desdenhoso:

— Você está errado em rir do que não compreende, Rúben. De resto, você adivinhou corretamente, pois tive um sonho estranho: vi que o Sol, a Lua e 11 estrelas me saudavam e imploravam minha ajuda e...

Uma verdadeira torrente de gargalhadas impediu que José continuasse, enquanto Jacó franzia as sobrancelhas.

— Sua presunção começa a passar dos limites — ele disse com severidade, assim que a algazarra diminuiu. — Deseja anunciar por seu sonho que eu, sua mãe e todos os seus irmãos haveremos de nos prostrar perante sua grandeza?

— De maneira alguma — respondeu o rapazinho, contrafeito. — Vocês é que sempre pensam que não existe nada na Terra além de vocês e que o mundo termina no campo onde nosso gado pasta. Para mim, o sonho tem um alcance maior: o Sol simboliza o rei de um grande país; a Lua, seu reino, e as estrelas, 11 anos, ao final dos quais um grande povo e seu soberano virão prostrar-se perante meus méritos e me outorgar poder sobre eles...

— Cale-se e saia da minha frente, filho fútil e orgulhoso! — gritou Jacó, encolerizado. — Vá e ore a Eloim, para que perdoe você por sua tolice e não o castigue por suas palavras vãs. Todos os seus irmãos são pastores humildes e trabalhadores e você também o será. Eu o proíbo de recomeçar com suas vanglórias.

Um forte rubor surgiu no rosto de José, que, sem nada responder, levantou-se e deixou a mesa.

— O feiticeiro caldeu que o pai permitiu que vivesse entre nós virou mesmo a cabeça de nosso irmão — observou Dan. — Abusando de sua bondade paternal, José passa dias inteiros na casa dele e irá se tornar um feiticeiro também.

— Ora, você exagera, Dan — interrompeu Rúben, com bondade. — Se nosso pai nos confiar o menino da próxima vez que formos para as montanhas de Gilboa, José terá que trabalhar e haverá de esquecer depressa todas as tolices que Schebna lhe pôs na cabeça.

Com o cenho cerrado e os lábios trêmulos, José havia se dirigido para casa. Uma mulher idosa, que cuidava de um braseiro ao ar livre e que tinha observado de longe a altercação que acontecera na mesa do chefe, foi encontrá-lo à porta. Detendo o rapazinho, bateu-lhe no ombro e lhe acariciou o rosto.

— Não se deixe afetar pelas palavras de seu pai. Dentro de uma hora, a raiva dele terá passado — disse ela, num tom afetuoso. — Mas você não comeu nada! Quer que eu lhe traga alguma coisa?

— Não, Rispa, não tenho fome. Mas se quiser encher um cesto com todo tipo de coisas boas para meu velho amigo Schebna, ficarei muito feliz — respondeu José sorrindo para a velha protetora, que tinha cuidado dele quando pequeno e que o adorava cegamente.

— Claro, meu querido, que trarei para você o que me pede, embora não consiga compreender o prazer que um menino da sua idade pode encontrar na companhia de um velho feiticeiro como esse caldeu.

Quinze minutos mais tarde, levando nos braços um cesto repleto de provisões, José saía de casa pela porta dos fundos e embrenhava-se, despreocupado, entre as árvores. Tomando um atalho pouco utilizado, dirigiu-se depressa para uma das colinas mais próximas do acampamento.

A noite caíra, mas o rapazinho não parecia ter medo nenhum e, com passos decididos e seguros, seguia seu caminho. Por vezes, ele erguia a cabeça e contemplava a abóboda escura do céu, que se iluminava, pouco a pouco, com milhares de estrelas. Quando se aproximava da montanha, a Lua surgiu, inundando a Terra com sua claridade suave. José parou e, erguendo os braços, murmurou num tom entusiasmado:

— Astro misterioso, rainha da noite, ensine-me seus segredos. Enche-me com seus eflúvios, fonte das forças insondáveis!

Seu olhar inebriado fixou o disco prateado. De repente, porém, estremeceu e deu um passo atrás: na curva de um rochedo, acabava de surgir a figura alta de um homem vestido de branco, que o luar cintilante parecia mergulhar num vapor esbranquiçado. Aquela emoção durou apenas um segundo, pois, avançando decididamente em direção ao recém-chegado, José exclamou:

— É o senhor, mestre! Se soubesse como sua visão me assustou! Nessa claridade mágica, com sua veste branca e sua barba prateada, o senhor mais parecia um enviado de Eloim.

— Meu aspecto era mesmo tão assustador? — perguntou com um ligeiro sorriso o caldeu, ancião de elevada estatura, de rosto venerável e olhos penetrantes. — Vim apenas respirar o ar fresco e admirar a calma da noite e os esplendores do céu estrelado.

— E eu, mestre, vim lhe trazer algumas guloseimas e cuidar para que o senhor coma um pouco, pois absorvido pelos trabalhos do espírito, o senhor esquece o alimento do corpo — disse o rapazinho, alegremente.

— Vamos, então, à minha casa, onde você poderá depositar seus presentes e poderemos conversar. Tenho coisas diferentes a lhe dizer, meu filho, pois os eflúvios dos astros me falaram sobre você.

Sem parar de conversar, os dois se puseram a caminhar até atingirem uma abertura nos rochedos, ao fundo da qual, encoberta por arbustos, achava-se a entrada de uma gruta bastante espaçosa, iluminada por uma tocha presa à parede. O arranjo daquela habitação agreste era dos mais simples: um banco de pedra, sobre o qual se amontoavam algumas peles de animais, servia de cama, uma mesa e bancos de madeira grosseiramente trabalhada estavam colocados no meio da gruta. Sobre a mesa, assim como em uma grande arca aberta, viam-se rolos de papiros, placas de argila cobertas de caracteres e pacotes de ervas secas. No fundo da gruta, um pequeno santuário tinha sido montado: sobre três degraus estava colocada uma pedra cônica, negra e polida, como se tivesse sido esmaltada, e uma lamparina de bronze, presa à abóbada por correntes, iluminava aquela espécie de altar, mostrando sinais e caracteres misteriosos gravados sobre a pedra negra.

José se apressou em colocar o mel, os bolos, as frutas e a pequena ânfora de vinho, que tinha trazido, sobre uma prateleira presa à parede, junto ao leito. Em seguida, voltou para junto do sábio, que se achava parado junto à pedra negra, com a mão sobre o vértice do cone.

— Sou todo ouvidos, mestre, e estou pronto para ouvir os decretos do destino — o rapazinho disse com emoção.

— Sim, aquele que sabe decifrar os sinais traçados nesta pedra sagrada pode ler o futuro como num rolo aberto — falou o caldeu, solene. — Seu destino é estranho e confuso, meu filho. Duras provas e triunfos extraordinários o aguardam, o que, de resto, está na ordem das coisas: qualquer um que queira vencer e se elevar tem que lutar contra os elementos desencadeados que lhe bloqueiam o caminho e dominá-los. Nada nesta Terra se adquire sem esforço. Suas vicissitudes começarão em breve: a humilhação dobrará seu orgulho. Você passará de livre a escravo. Mil perigos o cercarão. Você deverá, até mesmo, ocultar e dissimular seu saber. Mas se permanecer firme, dominará seu destino e comandará onde antes tiver obedecido, vindo a reinar sobre aqueles que o tiverem humilhado. Mas quanto ao seu fim paira uma nuvem, que ainda não consegui penetrar. Não importa! Quero recompensá-lo por seu zelo pelo estudo, por seu trabalho persistente, armando-o para a luta contra o destino. Quero lhe dar o talismã de seu futuro poder, que, agora que você será privado de tudo, haverá de torná-lo rico, pois você será leve como uma serpente, agradável aos homens de quem se aproximar, aos quais você dominará como o olho da serpente fascina a pomba que cobiça. Mas você jejuou e cumpriu os ritos que lhe prescrevi?

— Sim, mestre — respondeu o jovem hebreu com a voz trêmula de emoção.

O caldeu, então, retirou uma pequena flauta de cana e um frasco cheio de um líquido escuro da arca aberta. Em seguida, com um gesto, convidou José a segui-lo. No fundo da gruta havia uma abertura estreita. Os dois homens penetraram por ela, atravessaram um amontoado de rochas que formavam um corredor estreito e, por fim, desembocaram numa pequena plataforma que tinha como que a forma do fundo de um funil e que era cercada por uma alta muralha de pedras e rochas de formas bizarras que a lua iluminava, dando-lhes um aspecto ainda mais fantástico.

— Antes de começar a prova através da qual você obterá o talismã, devo preveni-lo, meu filho, que o que você irá ver gelará seu sangue de pavor e que qualquer fraqueza custaria sua vida — disse o caldeu com gravidade. — Hoje é o dia em que as serpentes desta montanha virão se reunir aqui, sob o clarão da Lua. Eu as farei dançar e, então, virá também, atraída por mim, uma serpente a quem chamaremos a rainha de todas elas. Esta trará em sua garganta uma pedra misteriosa, que concede àquele que a possuir o dom da fascinação, da adivinhação e o poder sobre as forças ocultas. No momento em que eu lhe fizer um sinal, você deverá agarrar o animal pela garganta, estrangulá-lo e dele arrancar a pedra. Então, todos os poderes misteriosos que estão nela passarão para você. Se fraquejar, a serpente é que irá matá-lo. Diga-me, quer enfrentar a prova?

— Sim — respondeu José com voz rouca, mas com o olhar flamejante.

Nesse momento, Schebna molhou o solo e os rochedos com o conteúdo do frasco, que encheu o ambiente com um aroma suave e atordoante. Então, levou a flauta aos lábios e se pôs a tocar. Era um som estranho, doce e voluptuoso, mas com modulações agudas e vibrantes, que faziam estremecer cada nervo de José. Seu olhar errante e ansioso logo notou pontos brilhantes, de cintilação fosforescente, que surgiam aqui e acolá entre as pedras e moitas. Em seguida, alguns corpos cobertos de escamas cintilantes se ergueram da areia e, balançando suas cabeças informes, puseram-se a rodopiar em torno de si mesmos com visível contentamento, como que embalados pelo ritmo da melodia.

O número dos estranhos dançarinos logo aumentou. Pareciam surgir de cada fenda, de cada buraco, grandes e pequenos, torcendo seus anéis flexíveis e reluzentes com um ruído sinistro. O som também mudara de caráter: mais rápido, mais estridente, mais impetuoso, parecia arrastar os seres odientos numa sarabanda infernal. Como que tomadas de vertigem, as serpentes rodopiavam, silvando e batendo os maxilares, enquanto seus olhos esverdeados e flamejantes pareciam sair de suas órbitas. Naquele instante, dominando a multidão buliçosa, surgiu uma enorme serpente que se erguia sobre a própria cauda, trazendo na garganta um objeto cintilante e azulado.

Apesar da calma intrépida que o sustentara até então, José sentiu um suor frio gotejar em sua testa.

Os toques enigmáticos da flauta de Schebna tinham se transformado mais uma vez. Ouvia-se agora um som selvagem e dissonante, que fazia lembrar o sopro da tempestade e os gritos chorosos dos chacais. Tendo chegado ao auge da agitação, as serpentes se torciam e saltavam, lançando seu veneno. Naquele momento, o caldeu ergueu a mão e fez um sinal para José. Como se também houvesse compreendido aquele gesto, a rainha das serpentes deteve-se subitamente e, erguendo-se sobre sua cauda poderosa e sua cabeça enorme, colocou-se na altura do rosto do rapaz. Seus olhos apavorantes, vermelhos como o sangue, pareciam trespassá-lo, um veneno espumoso escorria de sua boca entreaberta e todo seu corpo flexível balançava, como que se preparando para saltar e o enlaçar. José se lembrou das palavras do caldeu. Então, rápido como um raio, precipitou-se sobre o terrível animal e, com suas mãos finas e nervosas, mas sólidas como pinças de ferro, agarrou a serpente pela garganta e apertou-a, na tentativa de asfixiá-la. Uma luta desesperada se travou entre o homem e o animal, que se torcia e silvava, tentando enlaçar seu antagonista. Mas a superexcitação aumentava em muito as forças do rapaz: ofegante, dobrável como um caniço sob a pressão dos anéis maciços do monstro, ele não largava, continuando sempre a sufocá-lo. De súbito, a serpente fraquejou e caiu, levando José consigo ao chão. Num esforço derradeiro, porém, o rapaz agarrou a pedra brilhante, arrancou-a da boca babosa e ainda ameaçadora para, em seguida, rolar inerte sobre o solo.

Quando tornou a abrir os olhos, encontrava-se deitado num leito.

— Eu venci? — ele perguntou ansioso ao caldeu, que se inclinava sobre ele.

— Abra a mão e você se convencerá da vitória — respondeu Schebna, apresentando-lhe uma taça. — E agora, beba! — acrescentou, enquanto José fixava, todo trêmulo, uma pedra oblonga, transparente e azulada, que o caldeu tinha em sua mão enrugada.

Quando José terminou de beber, Schebna tornou a cobri-lo e disse:

— Durma. Eu o despertarei quando chegar a aurora, para que volte para a casa de seu pai. Mas venha para cá dentro de três dias e eu lhe darei as instruções necessárias acerca do talismã que você acaba de conquistar.

A terrível emoção a que o rapazinho se submetera o havia esgotado moral e fisicamente. Ele voltou indisposto e pálido à casa paterna. Inquieto devido ao estado de seu filho favorito, Jacó o dispensou de todo serviço, ordenando-lhe que repousasse. José se submeteu com prazer àquela imposição. Desejava apenas meditar, no silêncio e na solidão, sobre aquela cena extraordinária que tinha assistido e da qual havia participado.

Mas na noite do terceiro dia, assim que a refeição terminou, o rapazinho deixou secretamente a casa paterna e se dirigiu, apressado, à gruta habitada pelo caldeu.

Encontrou Schebna lendo sob a claridade tênue de uma lamparina de óleo. Mal o ancião notou a presença de seu aprendiz, porém, afastou as folhas de papiro e estendeu-lhe a mão, sorrindo.

— Sente-se, meu filho. Você ainda está pálido e um pouco enfraquecido. Mas a fraqueza do corpo pouco importa. Vi que sua alma é forte e de uma têmpera capaz de suportar a luta. Aqui está o talismã — o homem acrescentou, afastando um pano que cobria a mesa e deixando a descoberto um objeto bem feito, no centro do qual cintilava a pedra misteriosa, que projetava uma luz suave como a da Lua. — Eis aqui a pele da serpente, que retirei de seu corpo e que você usará como um cinto, ao redor dos quadris, sobre a pele nua, é claro. Veja, as escamas estão voltadas para dentro. Quanto à pedra, serve de fivela a este cinturão. E quando você tiver usado esses dois objetos durante nove luas consecutivas, o poder e as forças do ser misterioso, ao qual eles pertenceram, terão se identificado plenamente com você. E quando contemplar a pedra, desejando que ela lhe dê a conhecer o que está oculto, até mesmo o pensamento humano, ela o haverá de revelar na água límpida com que você a cobrirá. Coloque o cinto agora mesmo.

José obedeceu. Um arrepio lhe percorreu a pele ao contato gélido da pele da serpente. Mas ele dominou aquela fraqueza e, fechando o cinto de maneira a ocultar a pedra, perguntou:

— E quanto ao meu próprio futuro? O talismã o revelará para mim?

— É certo que o homem tem sempre maior dificuldade em compreender os sinais dos deuses no que lhe diz respeito — respondeu o sábio. — Mas eu mesmo vou fazer hoje uma tentativa, para decifrar mais claramente o que o destino lhe reserva. Ajude-me a tirar as tiras de papiro que atulham a mesa.

Assim que a mesa ficou livre, o caldeu trouxe um pequeno disco de metal, polido e brilhante como um espelho, uma caixa cheia de areia fina e um pequeno recipiente cheio de um líquido avermelhado.

— Apanhe um punhado dessa areia, coloque sobre o disco e, em seguida, derrame sobre ela o conteúdo desse recipiente — ele ordenou a José.

O rapaz obedeceu e observou, com curiosidade, a maneira como o líquido se espalhava, formando pequenos veios de cor rosa sobre a superfície do disco.

Já tinha aprendido o suficiente da ciência de Schebna, para compreender que aquelas linhas caprichosas, aqueles montículos e poças d'água representavam os acidentes, as quedas e os triunfos de seu porvir, hieróglifos misteriosos traçados por forças invisíveis. Já se especializara na arte da adivinhação, mas, daquela vez, em vão examinava o disco, sem nada compreender. Por sua vez, o caldeu parecia absorto na contemplação de um quadro vivo. Seu olhar brilhante acompanhava os meandros traçados pelo líquido e, de cenho franzido, com as veias da testa dilatadas, parecia ler um futuro distante.

Por fim, endireitou-se e seu olhar fixou José com uma expressão indefinível.

— Seu futuro é estranho, magnífico, e, todavia, mesclado de sombra — o ancião murmurou a meia voz.

— O senhor não vai me dizer nada sobre esse futuro, sobre esse destino que denomina estranho e magnífico? — perguntou José, trêmulo.

— Sim, meu filho, eu lhe direi o que me é permitido. Já o havia prevenido de que, em breve, uma dura prova há de começar para você. Pobre e privado de liberdade, você chegará a um país longínquo, o mesmo lugar onde, um dia, haverá de exercer o poder, caso nada venha alterar seu destino. Nessa região, a natureza produzirá uma calamidade rara naquelas paragens: anos de prosperidade serão sucedidos por anos de seca e esterilidade. Por um acaso singular, tal infortúnio público influirá em seu destino e fará sua felicidade. Um serviço que você prestará ao rei do país, e que terá relação com o tal acontecimento, será a origem de sua ascensão. Portanto, não se esqueça de que o homem, em qualquer ocasião, pode usar, mas não deve abusar dos favores do destino, e de que tal abuso pode se tornar a armadilha de seu destino. Ah, ia me esquecendo de lhe dizer algo. O talismã que você conquistou colocará forças poderosas à sua disposição, mas criou também um inimigo para você: é o espírito da serpente que, invisível, haverá de acompanhá-lo. E ao completar um ano da luta entre vocês dois, voltará a tomar forma e substância, para tentar arrancar de você a pedra misteriosa. Se você sair vencedor mais uma vez, o réptil se tornará seu servidor, pois você o terá vencido na matéria e na essência.

José escutara tudo pálido, trêmulo, com os olhos em fogo.

— Diga-me, mestre: além desse inimigo invisível que derrotarei, terei mais outro? Lembro-me de que o senhor mencionou sombras em meu porvir.

— Sim, vejo um inimigo seu. E esse inimigo terá mil línguas, mil olhos, mil garras, e haverá de fazê-lo em pedaços, se você abusar do poder — Schebna respondeu, grave.

José se aprumou e, num gesto enérgico, afastou os caracóis castanhos que lhe caíam na testa.

— Não importa! Não há luz sem sombras, e aquele que deseja ascender deve correr riscos — ele disse. — Irei em frente sem medo, mestre, sem me deixar abater, quaisquer que sejam as vicissitudes que me assaltem. Minha fé inquebrantável em suas palavras será meu sustentáculo. Um futuro de grandeza será meu propósito luminoso. E agora, permita-me agradecer ao senhor, nesta hora solene, por todo bem que me fez, por suas sábias lições, pelo saber misterioso que me concedeu. Meu reconhecimento pelos benefícios que me tem proporcionado só cessará com minha morte.

José se ajoelhou e beijou a mão enrugada do ancião. Um sorriso misterioso surgiu nos lábios do caldeu:

— O destino nos separará em breve — ele disse. — Mas dentro de vinte anos, meu filho, reaparecerei. Então, serei eu quem se prostrará diante de você. Ninguém, exceto você e eu, a Lua e os gênios invisíveis conhecerão o laço secreto que nos une. E, então, você me recompensará de acordo com o alcance de sua gratidão. Agora, menino, volte para sua casa. Tenho ainda que trabalhar esta noite.

Agitado por pensamentos tumultuados, o jovem hebreu tomou o caminho de casa. Os quadros do futuro, evocados pelo caldeu, resplandeciam perante sua vista espiritual, mas apenas os de grandeza e poder. Quanto aos infortúnios preditos, à humilhação e aos sofrimentos, seu pensamento passava sem se deter neles. Pareciam-lhe insignificantes ante o objetivo a alcançar. Erguendo os olhos para o céu estrelado, José murmurou com entusiasmo selvagem:

— Então, em breve direi adeus a esta vida de pastor, obscura, limitada, odiosa. Oh, venham provas e sofrimentos, desafio vocês, porque são o limiar, os degraus de minha ascensão. Quero ser temido e poderoso, e o serei!

II

JOSÉ É VENDIDO POR SEUS IRMÃOS

O pai lhe disse: Por favor, vá ver se seus irmãos estão bem e se o rebanho está bem e traga-me notícias. O pai o mandou do Vale do Hebron. E José chegou a Siquém... Os irmãos, quando o viram de longe, antes que ele se aproximasse, começaram a tramar sua morte... E ao passarem uns homens, mercadores de Madiã, eles retiraram José do poço e o venderam por vinte moedas de prata aos ismaelitas, que levaram José para o Egito...

Gênesis, cap. XXXVII, vs. 14, 18, 28

OS DIAS QUE se seguiram trouxeram confusão e aumento de trabalho no acampamento. Muitos dos filhos de Jacó e uma parte dos rebanhos se separaram do grosso da tribo, para irem para perto de Siquém. O velho chefe propunha enviar José com eles, pois o rapazinho era um observador atento e, havia muito tempo, tinha despertado a desconfiança do pai ao relatar pequenas falcatruas de seus irmãos e, até mesmo, suas conversas. Mas apesar de seu gosto pelo papel de vigia, José encontrou, daquela vez, um meio de se ver livre da viagem. Por nada no mundo desejaria, naquela época, abandonar Schebna, a quem visitava assiduamente e que lhe ensinava a utilizar a pedra misteriosa, deixando-o confuso pelos resultados verdadeiramente maravilhosos que obtinham. Além disso, o caldeu assegurava que quando passassem as nove luas, durante as quais José deveria usar o cinto feito com a pele da serpente, o poder do talismã aumentaria ainda mais.

Para grande pesar do rapazinho, o sábio lhe disse, certa noite, que a reunião que estavam tendo seria por ora a última, visto que se deveria ausentar por várias semanas. Quando, apesar do aviso, José voltou no dia seguinte, encontrou a gruta vazia e todos os vestígios da morada de Schebna desaparecidos. Durante alguns dias, José se sentiu muito triste e desorientado, mas depois seu espírito irrequieto se animou. Recordou-se da ausência de certo número de seus irmãos e foi novamente tomado pelo desejo de controlar a conduta deles, enquanto longe dos olhos paternos. Uma vez renascido esse desejo, provocou uma conversa com o pai, na qual relembrou insidiosamente a Jacó as pequenas transgressões de seus filhos. Este, nada suspeitando das intenções ocultas do rapazinho, propôs que ele fosse encontrar seus irmãos, para saber de sua saúde, do estado de seus rebanhos e, também, para fazer uma pequena investigação acerca de suas manobras.

José se declarou pronto para partir, e tendo vestido a bela túnica com listras brilhantes, que já despertara tantos olhares invejosos, pôs-se a caminho. Mas foi em vão que percorreu os campos que rodeavam Siquém, que eram os lugares onde os filhos de Jacó poderiam ter acampado. José não os encontrou lá e já pensava em retomar o caminho da casa paterna, quando recebeu, de um viajante que encontrou, a informação de que um acampamento semelhante ao que procurava tinha se estabelecido num lugar chamado Dotã. José ouviu com interesse: o lugar que tinha esse nome era uma pequena planície aos pés de um desfiladeiro de montanhas de Gilboa, e que havia recebido esse nome devido a uma cisterna abundante que lá se achava e junto à qual estacionavam, habitualmente, as caravanas que, da Babilônia, Síria ou Fenícia, seguiam para o Egito ou de lá retornavam.

A parada de seus irmãos junto à grande rota comercial, que ligava a Palestina ao Egito, não deixou em José nenhuma dúvida quanto à intenção deles de trocar algumas cabeças de gado, a lã das ovelhas etc., por miçangas de Tiro ou por um daqueles tecidos de cores brilhantes que eles adoravam, como todos os orientais.

O sol se punha quando o rapazinho chegou ao acampamento. Logo se convenceu de que não se enganara em suas suposições: uma caravana numerosa ali repousava das fadigas da estrada. Os camelos, livres das cargas, estavam agachados não longe da cisterna, enquanto que os filhos de Jacó e vários comerciantes ismaelitas se agrupavam ao redor de uma grande fogueira. Conversavam, enquanto vigiavam o cozimento de um cabrito novo, cujo aroma apetitoso se espalhava ao longe.

Ao reconhecerem José, um murmúrio de descontentamento se espalhou entre seus irmãos, que o fixaram com olhares hostis e impetuosos.

— Eis aí, de novo, o espião que o pai envia para nos vigiar — murmurou Judá ao ouvido de Levi.

— E não poderia ter chegado em pior hora, a menos que lhe reservemos um tratamento com o qual nosso futuro senhor não conta — respondeu Levi, cerrando os punhos de raiva.

Sem parecer notar o acolhimento pouco amigável de seus irmãos, José saudou os outros camaradas e sentou-se junto ao fogo. Em seguida, como os rudes filhos de Jacó permanecessem sombrios e silenciosos, o rapazinho se pôs a conversar com um dos mercadores que, com olhos de entendido e com crescente interesse, pôs-se a examinar o belo adolescente. Assim que a refeição terminou, os ismaelitas se retiraram para junto de seus camelos e José se dirigiu a uma das tendas, dizendo que queria dormir. Era verdade que estava fatigado, porém, não pôde resistir ao desejo de fazer, de início, uma pequena busca no interior da tenda. A descoberta de uma pequena ânfora de óleo perfumado e alguns pequenos enfeites confirmou sua convicção de que compras clandestinas tinham sido feitas. Prometendo a si mesmo que haveria de descobrir mais no dia seguinte, deitou-se sobre uma esteira e adormeceu profundamente.

Enquanto isso, uma discussão das mais acaloradas prosseguia entre os filhos de Jacó, que continuavam reunidos ao redor da fogueira. Os pastores selvagens e ferozes odiavam há tempo o irmão favorito e temiam que o pai lhes impusesse o rapazinho como chefe.

As pequenas espionagens e tagarelices de José, que reportava a Jacó as trapaças dos irmãos e contava às mulheres deles se eles se divertiam com jovens estrangeiras, somadas ao orgulho e a presunção do rapazinho, tinham feito com que ele se tornasse verdadeiramente odioso, e todos aqueles maus sentimentos de inveja e ódio transbordaram naquela noite, incitados pelas palavras veementes de Judá que, num primeiro momento, propôs que matassem José, a fim de se livrar dele para sempre.

Somente Rúben, que era bom e indulgente por natureza, protestou contra um crime tão abominável. Mas, ao constatar a raiva de seus irmãos, decidiu usar de uma artimanha, e propôs que jogassem José numa cisterna vazia e o deixassem ali, quando, na verdade, estava decidido a retirar o rapazinho de lá, assim que os outros irmãos se dispersassem pela manhã.

A sugestão de Rúben acabou prevalecendo e, então, excitados pela cólera e pela discussão, vários homens se dirigiram à tenda onde José acabava de despertar. Apavorado, o rapazinho se preparou para fugir, mas não houve tempo: num piscar de olhos, foi agarrado, amarrado, arrastado até a outra extremidade do acampamento e lançado numa fossa bastante profunda. José bateu a cabeça enquanto caía, ficando inconsciente.

Saciada aquela fúria inicial, os homens se dispersaram, exceto Judá e Asser, que deviam vigiar até a aurora e alimentar a fogueira. Cerca de uma hora mais tarde, os dois irmãos discutiam em voz baixa quanto à melhor explicação que poderiam dar a Jacó sobre o desaparecimento de seu favorito, quando, para seu grande espanto, viram um dos mercadores ismaelitas, que acreditavam estar dormindo profundamente, aproximar-se da fogueira. Ele se acocorou junto deles e, tendo declarado, sem preâmbulo, ter ouvido tudo o que se passara, propôs aos dois homens que lhe vendessem o rapazinho de quem desejavam se livrar.

— Eu o levarei para o Egito — disse ele — e lá o venderei como escravo. Ele tem boa aparência, é inteligente, e haverão de comprá-lo de bom grado, para servir de criado em alguma casa rica. Ao mesmo tempo, vocês ficarão livres dele, sem sujar as mãos de sangue.

Judá e Asser trocaram um olhar de ávida satisfação: a ganância, própria dos semitas, despertara, de imediato, neles. Fazer de sua vingança um bom negócio lhes pareceu coisa bem simples. Sem hesitar, Judá quis saber:

— E o que você nos dará pelo menino que lhe vendermos?

O mercador enumerou diversos objetos imensamente tentadores e, por último, uma pele de tigre.

— Vocês poderão alegar que um animal devorou seu irmão e que vocês mataram o animal — acrescentou o ismaelita com um ligeiro sorriso.

— Negócio fechado — declararam os dois irmãos, ardendo de cobiça.

Em seguida, correram para acordar outros três de seus irmãos, a fim de inteirá-los quanto à novidade, tomando cuidado para não despertar Rúben, que era um estraga-prazeres. Sem perda de tempo, todo o grupo se dirigiu até a cisterna vazia, retirando de lá José, ainda desmaiado. Entregaram-no ao ismaelita que, em troca, pagou a eles o preço combinado. Depois de certificar-se de que o adolescente estava mesmo apenas inconsciente, o mercador ordenou que o transportassem até sua tenda. Lá, esfregou as têmporas de José com uma essência narcótica, e fez também com que ele aspirasse. Não queria que o menino despertasse antes da hora e acabasse por atrair, com seus gritos, a atenção do único de seus irmãos que se havia oposto a que o matassem e que, talvez, não concordasse em vendê-lo. A caravana levantou acampamento na calada da noite e os camelos foram carregados. Quanto a José, foi amarrado sobre um dos animais e coberto com uma capa. A aurora mal começava a despontar no horizonte quando o último camelo da caravana desapareceu na distância, levando, rumo ao seu misterioso destino, o futuro chanceler do Antigo Egito.

Rúben ficou fora de si ao tomar conhecimento da verdade e reprovou amargamente os irmãos por sua atitude covarde e pérfida. Mas o mal tendo sido feito e sendo irreparável, o rapaz acabou por se calar, não fazendo qualquer observação quando os irmãos rasgaram e encharcaram de sangue a famosa túnica multicolorida que José havia tirado para dormir e que ficara na tenda. A seguir, despacharam dois dos irmãos até Jacó, para lhe dar a triste notícia.

Seria difícil descrever o desespero do velho hebreu ante o anúncio da morte de seu filho predileto e ao ver sua túnica ensanguentada. Com gritos e urros, ele rolou por terra, arrancando a própria barba e sujando seus cabelos de pó. Todo o acampamento foi invadido pelos clamores das mulheres. Durante vários dias a desordem reinou na tribo e temia-se pela sanidade do velho chefe. Mas ele terminou por se acalmar, e apenas uma profunda tristeza e lágrimas inesgotáveis, cada vez que alguma coisa o fazia recordar o filho tão miseravelmente destruído, davam prova de que sua dor resistia a todas as tentativas de persuasão de seus demais filhos, muito embora nada suspeitasse quanto à maldade deles.

Somente no dia seguinte foi que José despertou de seu longo torpor. Sentia-se alquebrado e tão fraco, que lhe foi difícil organizar as ideias. Não conseguia compreender por que razão se achava deitado sobre um camelo e o que significava o barulho e os gritos de uma caravana em meio à qual ele, sem dúvida, se encontrava. Exausto e com a cabeça vazia, voltou a adormecer e só tornou a abrir os olhos quando a caravana fez a parada noturna. Dessa vez ele estava mais forte e suas ideias mais claras. Ao se ver entre estrangeiros, em meio a uma caravana rumo a uma destinação ignorada, já bem longe de seus parentes, evidentemente, foi que um pavor mesclado de angústia se apoderou dele. Tentou se levantar, mas a corda que o amarrava com firmeza às costas do animal impediu que o fizesse e José tornou a cair, com um grito surdo.

Naquele instante, o camelo parou e se ajoelhou, obedecendo à ordem de seu condutor. Este soltou a corda e, sem cerimônia, fez com que José descesse. Mas os membros do adolescente estavam entorpecidos e suas pernas doloridas se recusaram a obedecê-lo. Após alguns passos titubeantes, ele caiu e, desesperado e furioso, pôs-se a chorar e a se lamentar ruidosamente.

O velho negociante, chefe da caravana, escutou seus lamentos e, aproximando-se, declarou ao rapazinho, em poucas palavras, que seus irmãos o tinham vendido e que ele era agora seu escravo. Disse, também, que se ele quisesse evitar maus-tratos, deveria se resignar e suportar sua nova situação com humildade e paciência.

José o ouvira pálido e como que aparvalhado. Mas, de repente, segurou a cabeça entre as mãos e, arrancando os cabelos aos punhados, rolou pelo chão, urrando como um animal ferido. Em seguida, agarrando uma corda que se achava no chão, quis se estrangular. Algumas pauladas e uma bilha de água fria, derramada sobre ele, impediram aquela tentativa de suicídio. Encharcado, mas livre daquela raiva desesperada, o adolescente ergueu a cabeça.

— Eis aí os frutos de sua insanidade. Se quiser evitar pauladas, seja humilde e paciente, repito — observou o chefe da caravana. — Vamos lhe dar de comer, mas trate de não fazer estardalhaço, pois seus companheiros, fatigados, precisam de repouso.

José baixou a cabeça e, reprimindo bravamente a tempestade que bramia dentro de si, arrastou-se em silêncio até uma fogueira que acabavam de acender e junto à qual se distribuía alimento. Tendo comido um pedaço de pão e algumas tâmaras que molhou na água fresca, o adolescente apanhou uma coberta de pelo de camelo que um dos ismaelitas lhe entregou, enrolou-se nela e deitou-se ao pé de uma árvore, a alguns passos da fogueira.

Ninguém prestou atenção a ele e José pôde, enfim, dar livre vazão à sua dor. A humilhação, uma amargura pungente, um sentimento de abandono e isolamento o esmagavam. Então, enterrando a cabeça numa das dobras do manto que usava, chorou demoradamente, procurando abafar os soluços. A dor que cada movimento lhe causava o fazia lembrar de que não era mais o filho livre do deserto, mas um escravo, em cujas costas o chicote poderia dançar, conforme a vontade de seu dono.

Naquele instante, a vida de pastor, que ele considerara tão miserável e monótona, pareceu para ele um paraíso perdido para sempre.

Por fim, suas lágrimas cessaram. Mas agitado demais para dormir, continuou refletindo. De repente, lembrou-se de Schebna e estremeceu: o homem sábio não lhe havia previsto a escravidão e duras provas, que em breve começariam para ele? O que acabava de acontecer não era o cumprimento literal da predição e, consequentemente, prólogo obrigatório de sua futura grandeza? Talvez aquela caravana, à qual o destino o associava, viria a conduzi-lo àquele país rico, cujo rei o levaria ao ápice das honras. Mas para onde se dirigiriam seus novos senhores? Para a Babilônia ou para o Egito? Ainda não lhe era possível se orientar... Um longo suspiro escapou do peito do adolescente. Quase que de imediato, ele sorriu com ar desafiador: que importava para onde estava indo? O futuro lhe pertencia! E não possuía, afinal, a pedra misteriosa, que lhe daria o poder de fascinar os homens?

Naquele instante, José perguntou a si mesmo se não teriam roubado o talismã, enquanto estivera inconsciente. Num gesto febril, tateou sob suas vestes e se tranquilizou: o cinto místico continuava a lhe cingir os quadris e seus dedos tocavam a pedra que lhe servia de fivela.

Enquanto o rapazinho fazia aquelas reflexões, o barulho e o movimento haviam cessado ao seu redor. Os animais de carga e seus condutores dormiam, e apenas a voz chorosa de um chacal, que se erguia a distância, vinha perturbar, por vezes, o profundo silêncio da noite. José afastou a coberta, ergueu-se com cuidado e olhou ao redor: a noite era magnífica! Milhares de estrelas formavam uma trama cintilante sobre o azul escuro do céu. A Lua, em seu quarto crescente, ali se destacava em seu formato curvilíneo, e sua luz suave enchia os bosques de palmeiras com sua claridade prateada, projetando-se como lantejoulas muito alvas sobre a pequena tenda do chefe e envolvendo o grupo pitoresco da caravana adormecida numa meia-luz misteriosa.

Mas José não deu atenção à paisagem admirável: queria apenas assegurar-se de que ninguém o observava. Uma vez convencido disso, agachou, desatou a pele de serpente e, depositando a pedra na concavidade de sua mão, olhou fixamente para ela, enquanto murmurava as palavras cabalísticas que Schebna lhe havia ensinado. Uma palidez profunda logo surgiu no rosto do adolescente, seus olhos se arregalaram, parecendo unidos à pedra que, semelhante a uma safira colossal, iluminava a palma de sua mão com raios azulados e tiritantes. Pareceu a José que aqueles raios se expandiam, encobrindo pouco a pouco todo o acampamento com uma bruma espessa e acinzentada. Em seguida, aquele fundo sombrio pareceu se iluminar e uma cidade com edificações magníficas e estranhas surgiu, cortada por um rio sulcado em todas as direções por centenas de embarcações. Deslizando e se transformando aos poucos, o quadro mostrou, em seguida, a sala aberta de um palácio. Sobre um trono alto sentava-se um homem ricamente vestido, cercado por um séquito numeroso, cujo belo rosto não parecia desconhecido para José. Diante daquele alto funcionário ou rei, prostravam-se, humildes e temerosos, vários homens barbudos e bronzeados, nos quais ele reconheceu, de imediato, seus irmãos, os traidores que o haviam vendido.

Um estremecimento sacudiu o corpo do rapazinho e uma exclamação surda escapou de seus lábios. Então, como se aquela emoção e aquele movimento tivessem quebrado o encanto, a visão se desvaneceu bruscamente e tudo readquiriu seu aspecto habitual na calma profunda de uma noite do Oriente.

— Era eu aquele poderoso senhor, que eles adoravam com o rosto por terra: Judá, Asser, Levi e os outros malvados, que acreditaram se haver livrado de mim. Mas, paciência, minha vingança há de vir! Mas ao invés de me lamentar e revoltar, devo observar e aprender — murmurou José, tornando a colocar o cinto e se enrolando na coberta, para tentar dormir.

A partir daquele dia, José não demonstrou mais qualquer hostilidade para com seus senhores. Parecia resignado com sua sorte e aceitava docilmente as ordens que lhe davam, buscando, com zelo, contentar a todos. Aquela boa conduta logo lhe granjeou a benevolência do chefe e dos demais membros da caravana. Sua rara beleza contribuiu ainda mais a seu favor, e quando conquistou a gratidão do chefe, ao curar-lhe uma ferida na perna com a ajuda de uma pomada cuja receita o caldeu lhe havia dado, a posição do rapazinho melhorou ainda mais. Passaram a poupá-lo, evitando dar-lhe trabalhos fatigantes e, durante as paradas, os ismaelitas se encantavam em ouvir as melodias selvagens e melancólicas que ele cantava para eles, ao som de uma pequena lira de três cordas.

José agora sabia que era para Mênfis, no Egito, que a caravana se dirigia, e estava impaciente para ver a rica terra de Kemi, que ele considerava como sendo a sede de sua futura grandeza.

Certa tarde após a refeição, chegaram à antiga capital, que a caravana atravessou transversalmente, seguindo para um bairro afastado, destinado aos estrangeiros. Embora tivessem cruzado apenas ruas distantes do centro, habitadas pelas classes pobres, José contemplava, curioso e deslumbrado, a animação da grande cidade que via pela primeira vez, mas que parecia ser a mesma que lhe fora mostrada na visão que tivera. Do alto do dorso de um camelo onde estava sentado, ele divisava, a distância, as maciças edificações dos templos e a silhueta delgada dos obeliscos, cujas pontas douradas cintilavam sob os raios do sol poente.

Vez por outra, cruzavam com alguma liteira elegante ocupada por mulheres enfeitadas, ou com carros puxados por corcéis impetuosos que as mãos firmes de oficiais fortemente armados conduziam, ou, ainda, com sacerdotes em vestes de linho. Com o coração palpitante e os olhos cheios de brilho, José contemplava aqueles representantes de uma vida luxuosa e elegante, que lhe era desconhecida. Por fim, ele murmurou com ar de inveja e provocação:

— Quem sabe, cidade soberba, se um dia não haverá de saudar baixinho o pobre escravo que hoje adentra teu ventre, sem saber quem será teu senhor amanhã e em qual de teus palácios ele haverá de sofrer tua pesada prova de trabalho e humilhação?

Como o bairro que atravessavam ia ficando cada vez mais pobre e os transeuntes elegantes tinham desaparecido, José mergulhou em seus pensamentos, só retornando à realidade quando seu camelo parou diante de uma casa bastante ampla, obviamente uma estalagem, visto que outros viajantes lá se achavam reunidos. O dono do lugar, um homem gordo, de rosto ossudo e lábios grossos, recepcionou o chefe da caravana com grandes demonstrações de alegria: era seu parente e logo chamou a mulher e os filhos para saudarem o hóspede esperado. Em seguida, o dono da estalagem fez com que o chefe entrasse na casa, enquanto um empregado conduzia os camelos até um pátio amplo, onde os animais foram descarregados e os fardos empilhados sob um telheiro. Em seguida, o mesmo empregado levou os cameleiros até uma sala, onde lhes foi servida uma refeição. Quanto a José, foi mandado para junto do chefe, que tinha algumas ordens para lhe dar.

A mulher do estalajadeiro e sua sobrinha, mocinha bonita e de rosto matreiro, examinaram com curiosidade o belo adolescente que se mantinha diante delas, modesto, de olhos baixos.

— Com quem conseguiu esse menino, Mohar? Não o vi por ocasião de sua última viagem — falou o estalajadeiro.

— Eu o comprei no caminho, de hebreus nômades, que queriam se livrar dele. Espero vendê-lo por aqui — respondeu Mohar. — Mas tratarei desse assunto mais tarde. Por ora, tenho coisas mais sérias a resolver. Até que eu encontre onde situar o menino, ele pode ficar aqui e ajudar vocês nas tarefas da casa. Se já decidiu onde acomodá-lo, que Sitkha o leve até lá, pois o menino precisa de repouso.

Depois de trocar algumas palavras com a tia, a mocinha se levantou, fez um sinal a José para que a seguisse e o conduziu a um quartinho bem pequeno, onde havia um leito, uma mesa de madeira tosca e um banco.

— Acomode-se aqui e descanse — disse a mocinha. — Amanhã você começará seu serviço e nos ajudará a servir os visitantes que se hospedam em nossa casa ou que vêm apenas para um copo de cerveja — ela observou com um sorriso. — Mas diga-me — acrescentou com curiosidade. — Você não tem nenhum parente que o ame, já que deixaram que fosse vendido como escravo? Você não tem ar de pastor nômade e selvagem! Fala o fenício corretamente, como se tivesse aprendido.

— Aprendi essa língua com um velho caldeu, que vivia em nossa tribo. E tenho um pai que me ama e seria rico o bastante para me comprar de volta, se soubesse que vivo miseravelmente na escravidão — respondeu José com tristeza. — Mas ele ignora que meus irmãos malvados me venderam e talvez me pranteie, acreditando-me morto — ele acrescentou, enxugando uma lágrima furtiva.

Durante as semanas que se seguiram, José se dedicou com desvelo ao novo serviço que lhe havia sido imposto e soube ganhar as boas graças do estalajadeiro e de sua família. Sitkha, sobretudo, estava encantada com ele, e os dois conversavam enquanto lavavam pilhas de louça ou arrumavam os quartos dos viajantes. E José, que começara de imediato a aprender a língua egípcia, fez rápidos progressos no idioma graças àquelas conversas. Pouco via Mohar, seu verdadeiro senhor, desde que chegara a Mênfis. Absorvido por suas ocupações comerciais, o ismaelita saía muito ou recebia, em seu quarto, os compradores mais prováveis, que vinham se assegurar, pessoalmente, quanto à qualidade de suas mercadorias. Os elogios com que seus parentes cumulavam José e o desejo declarado de adquirir, eles próprios, o jovem escravo, foram favoravelmente acolhidos por Mohar. E, decerto, o negócio teria sido fechado entre eles, se um acaso não tivesse vindo mudar tudo.

Um dia, Mohar veio à estalagem acompanhado por um ancião obeso, de rosto alegre e radiante, a quem o negociante testemunhava obsequioso respeito. Sitkha confidenciou a José que aquele personagem era Ptah, intendente da casa do nobre Putifar, *o ouvido do faraó*, o grande chefe da polícia e superintendente das prisões, se pudermos usar uma linguagem mais moderna.

— Esse homem sempre compra grandes quantidades de incenso, bálsamo e substâncias odoríferas, além de tecidos e tapetes de Tiro e da Babilônia quando o tio os traz, porque o nobre Putifar é imensamente rico — acrescentou Sitkha com ar confiante.

Pouco depois, o adolescente foi chamado para servir alguns alimentos frescos aos dois homens. Enquanto enchia de vinho a taça de Ptah e colocava diante dele um cesto de frutas, o homem o observou com amabilidade, e assim que o rapazinho se afastou, perguntou a Mohar quem era o menino e se o comerciante não estaria disposto a vendê-lo para ele.

— Precisamos de um escravo como ele para o serviço de nosso chefe — Ptah acrescentou.

A ganância do ismaelita se manifestou de pronto. Diante de um bom negócio, esquecia até mesmo as pretensões de seu parente. Estabeleceu, então, uma quantia considerável pela qual aceitaria abrir mão de José. Tendo Ptah aceito sem muito barganhar, o acordo foi fechado e ficou decidido que, no dia seguinte, Mohar levaria o rapazinho e receberia o dinheiro acordado pela venda.

O estalajadeiro e sobretudo sua mulher e Sitkha ficaram desolados com a partida de José. Ele próprio, contudo, só fingiu se afligir. Desejava adentrar uma casa rica e foi com o coração repleto de desejos e curiosidade que ele seguiu Mohar até a residência do velho Ptah.

Os primeiros dias passados na casa de Putifar foram interessantíssimos para José. Ainda não tinha visto seu novo senhor, que se achava ausente, a negócios, mas lhe ensinaram o serviço que deveria fazer. Foi empregado na limpeza dos aposentos particularmente reservados a Putifar.

Para José, tudo era novo e interessante naquela rica residência. Sua vida simples e pobre na tribo, assim como sua permanência numa estalagem de periferia, jamais lhe havia dado a menor ideia do luxo refinado que cercava os egípcios das classes mais altas. Com sua curiosidade infantil, o rapazinho não se cansava de admirar as pinturas e os tapetes que ornavam as paredes, os móveis entalhados, os vasos preciosos e de apalpar os tecidos bordados dos reposteiros, as almofadas macias dos assentos e as esculturas douradas da cama, que representavam um leão deitado de costas.

Por fim, certa noite, o ruído retumbante de um carro sobre as lajes do primeiro pátio, além da vida e do movimento que se espalharam por toda a casa, anunciaram a José a chegada de seu senhor. Mas ele não o viu naquela noite, nem na manhã do dia seguinte à chegada de Putifar ao palácio. Foi somente à hora da refeição que José, por ordem do supervisor dos escravos, vestiu-se cuidadosamente com uma túnica nova, untou com azeite seus belos cachos castanhos e, com uma ânfora na mão, colocou-se atrás da cadeira de seu senhor, enquanto outros escravos se postavam junto aos assentos reservados a diversos convivas.

A sala de refeições ainda estava vazia. Ptah e o vigia dos escravos eram os únicos que por ali circulavam em silêncio, dirigindo olhares fulminantes aos jovens empregados e dando-lhes as últimas instruções relativas ao serviço. Podia-se ouvir uma conversa ruidosa que ocorria no cômodo ao lado e, alguns minutos mais tarde, quatro homens adentravam a sala de refeições. A atenção de José se concentrou naquele que, com amável desembaraço, convidava os demais a tomarem assento e que era, sem dúvida, o dono daquela casa. Putifar era um homem de cerca de 32 anos e de aparência tipicamente egípcia. Grande, ágil, esguio e bronzeado, tinha os cabelos cortados curtos e sobrancelhas grossas, muito próximas ao alto do nariz, que lhe davam um aspecto sombrio e severo, que apenas o sorriso franco e bondoso de seus lábios rubros amenizava, deixando entrever, a cada palavra, dentes de uma brancura ofuscante. O olhar vivo e penetrante de seus olhos negros denotava o homem habituado a comandar e perscrutar a alma daqueles que dele se aproximavam.

No momento em que se assentava, o olhar de Putifar se deteve, por um instante, sobre o novo escravo, mas não lhe disse nada e retomou, com seus convidados, a conversa que fora interrompida por um instante. Somente à noite, depois que José tinha trazido água a seu senhor para que lavasse as mãos e removido seus trajes com a ajuda de Anúbis, o segundo escravo, foi que Putifar dirigiu a palavra ao novo servo, questionando-o quanto à sua origem, idade etc. Visivelmente satisfeito com as respostas do rapazinho, ele elogiou Ptah, que viera lhe desejar boa noite, pela aquisição que havia feito e lhe ordenou que acomodasse o adolescente e o empregasse especialmente para seu serviço privado.

A partir daquele dia, José ficou encarregado de vestir e desvestir seu amo, de lhe servir a taça de vinho que ele tomava à noite e de ficar à sua porta, a fim de se apresentar ao primeiro chamado. Mas como o chefe da polícia de Mênfis era, devido ao cargo que ocupava, um homem sobrecarregado de trabalho, cujos aposentos por vezes José não adentrava por dias inteiros, e porque, além disso, a casa fervilhava de servos, o jovem hebreu não tinha grande coisa a fazer. Sonhava ocupar suas horas de lazer de forma útil, aprendendo a ler e escrever na língua egípcia.

A fim de alcançar esse objetivo tão ardentemente acalentado, José buscava, de todo modo, ser agradável e útil a um jovem escriba que vivia na casa e servia de secretário a Putifar.

Chnoum era um rapazinho bom, simplório, alegre e um tanto leviano. As atenções de José, seu zelo em acordá-lo na hora certa, de lhe servir, nem mais nem menos que a seu senhor, uma taça de vinho ao se deitar, em agradá-lo e colocá-lo na cama, caso ele chegasse um pouco alcoolizado, todos esses pequenos cuidados acabaram por fazer com que José ganhasse depressa sua benevolência. E quando, certo dia, o jovem hebreu lhe suplicou que lhe ensinasse a ler e escrever em egípcio, Chnoum acolheu seu pedido favoravelmente e passou a ocupar suas horas livres lhe dando aulas, cujo êxito surpreendeu o professor de forma positiva. José estudava com afinco, seus progressos eram espantosos e, ao final de alguns meses, os caracteres que ele traçava com tinta vermelha ou preta sobre as faixas de papiros eram de tal modo corretas e elegantes, que Chnoum passou a lhe confiar cópias e outras tarefas menores.

* * *

UM ANO SE passou. Em meio à sua atividade incessante, José apenas notou que o tempo tinha passado bem depressa, envolvendo numa névoa já longínqua os acontecimentos ainda tão recentes de sua separação de seu pai e de sua tribo.

Certa noite, em que José se ocupava em recopiar a conta de um transporte de mercadorias para Ptah, foi tomado por repentino mal-estar. Sua cabeça queimava, seus membros se tornaram pesados como chumbo e calafrios gélidos lhe percorriam a pele.

Após haver lutado inutilmente contra a indisposição, acabou por se aproximar de Ptah e lhe pedir que o autorizasse a ir se deitar, visto que se sentia mal. O intendente fixou por um momento o rosto pálido e desfigurado do rapaz:

— Vá descansar — respondeu o homem com bondade. — Vejo que está indisposto. Mas como seus companheiros iriam incomodá-lo com suas bisbilhotices, vá para o cômodo onde se guardam as esteiras. Lá você poderá dormir tranquilo e espero que amanhã tudo esteja bem.

Depois de agradecer a Ptah por sua bondade, José se dirigiu ao quarto designado. Era um cômodo amplo, sem janela, mas bem iluminado através de uma porta grande que dava para um pequeno pátio interno cercado por muros, ao centro do qual crescia uma palmeira.

José levou um dos fardos de esteiras, que se achavam empilhadas contra as paredes, para junto daquela porta. Desenrolou-o e deitou-se sobre ele. Seu mal-estar só aumentava, mas o sono não vinha. Pela primeira vez desde há muito, o adolescente pensou em seu passado, em seu pai e em Schebna. Recordou-se, também, da cena estranha e terrível da evocação das serpentes e do combate desesperado que travara para conquistar a pedra misteriosa. Como naquela noite, a Lua agora também estava cheia. Seus raios inundavam o pequeno pátio e a folhagem da palmeira projetava sombras alongadas e bruxuleantes sobre os ladrilhos, que faziam lembrar os movimentos cadenciados dos répteis.

Um calafrio de horror supersticioso sacudiu o corpo do adolescente e seus dentes começaram a bater, como na febre.

— Seria de dizer que algum espírito impuro flutua ao redor de mim — ele murmurou.

Então, apanhando a pedra mágica que trazia sempre consigo, acrescentou:

— Vou tentar pressionar o talismã contra minha testa. Talvez ele possua forças que ainda desconheço e que podem me curar!

Examinou por um instante a pedra cintilante, cujo brilho azulado parecia jorrar de seu interior, e apertou-a contra o peito, murmurando com unção:

— Dê-me a chave das forças misteriosas que você possui, pedra maravilhosa. Eu a conquistei arriscando a própria vida. Eu a possuo, mas não conheço a extensão de seu poder.

Naquele instante, José foi tomado por uma vertigem. Um suor gélido cobriu seu corpo, enquanto uma corda ardente parecia enlaçar seu peito, apertando-o como se para sufocá-lo. A respiração lhe faltava e, tomado por uma angústia mortal, ergueu-se e arrancou as próprias vestes. Mas, tomado de fraqueza, caiu.

Quanto tempo teria ficado naquele estado de prostração? Não saberia dizê-lo. Um leve ruído a seu lado fez com que virasse a cabeça. Então, como que movido por uma mola, José colocou-se em pé: ali, apoiada sobre a cauda poderosa, fixando nele as pupilas esverdeadas injetadas de sangue, erguia-se a serpente que ele havia derrotado um ano antes. Um estremecimento sacudiu os cabelos anelados do rapaz, enquanto um silvo ameaçador escapava da boca entreaberta do réptil.

Fascinado, paralisado, encharcado de suor, José olhou fixamente para o animal-espectro. Os olhos de ambos pareciam conectados entre si e, como que um raio, soprou no cérebro do adolescente a lembrança das palavras do caldeu.

— Ela readquirirá forma e matéria, desejará reaver a pedra e qualquer fraqueza poderá ser sua ruína.

Usando toda sua vontade, José ergueu o braço e, brandindo o talismã acima da cabeça da serpente, disse com voz abafada:

— Quem é você, monstro do Amenti, e o que deseja?

De repente, uma voz humana surda, rouca, mas clara, respondeu:

— Sou seu destino e venho lutar com você. Se me vencer, eu o obedecerei e servirei. Se sucumbir, eu me enrolarei em seu corpo e o asfixiarei, porque ai dos vencidos pelo destino! Ele os enlaça como uma serpente e o fraco torna-se seu escravo. Mas o forte o domina e lhe fala como um senhor!

— Ah, você é meu destino? Então, eu o vencerei — bradou José, colocando a pedra entre os dentes e lançando-se sobre o monstro, que agarrou com ambas as mãos.

A luta do ano anterior foi novamente travada, silenciosa e medonha.

José sentia os anéis pegajosos e gelados apertar seus membros, de modo a esmagá-los. O hálito fétido do animal terrível vinha contra seu rosto e seu silvo agudo lhe causava vertigens. Suas mãos, porém, apertavam o pescoço do monstro, como se fossem tenazes de aço, enquanto um só pensamento lhe ocupava a mente:

— Para vencê-lo, destino pérfido e escorregadio, devo apertá-lo contra meu coração e sufocá-lo em meus braços!

Um breve momento, que pareceu ser uma eternidade para José, passou. Então, a serpente, vencida pela segunda vez, afrouxou seus anéis e caiu pesadamente por terra. Trêmulo e exausto, o adolescente se encostou contra a parede, com o olhar ainda fixo em seu inimigo derrotado. De súbito, viu, aterrorizado, o corpo da serpente se agitar, inflar e derreter numa massa enegrecida que, por sua vez, sofreu estranha metamorfose. A cabeça do réptil ergueu-se, tornou-se arredondada e daquela massa informe se modelou uma cabeça feminina, de beleza serena e altiva. Seus olhos, insondáveis e inflexíveis, pareciam transpassar aquele que fixavam, ao mesmo tempo em que um sorriso misterioso passou por seus lábios cerrados. Um véu listrado envolvia aquela cabeça com suas pregas e, acima da testa, brilhava uma estrela resplandecente. A seguir, apareceu um tronco de mulher, nu até a cintura, saindo do corpo acocorado de um touro com patas de leão, enquanto duas asas imensas, com reflexos esverdeados, erguiam-se de suas costas.

— Quem é você e por que aparece diante de mim, ser estranho e terrível? — José indagou, palpitante.

— Sou o segredo de todas as coisas, a ventura do sábio, a chave dos mistérios — respondeu uma voz sonora e harmoniosa.

Cheio de temor e respeito, José se prostrou, com o rosto por terra.

— Levante-se e escolha uma parte de mim, que aceito lhe conceder — disse a mesma voz. — Quer minhas costas de touro? Elas lhe darão uma vontade infatigável e uma paciência a toda prova. Quer minhas garras de leão? Elas o ensinarão a ousar onde a vontade não basta, e conservar, pela força, o que a inteligência conquistou. Quer minhas asas? Elas o levarão ao infinito, onde brilha a estrela resplandecente que é o saber absoluto, suprema recompensa da inteligência humana, que minha face representa.

— Que escolha terrível você me impõe, a mim, que sou miserável verme da terra — José murmurou, enquanto seu olhar vagava sobre o ser enigmático. De repente, porém, seu olhar se deteve sobre o peito nu.

— Deixe-me sugar seu seio e beberei a própria essência de seu ser — ele balbuciou.

Um sorriso estranho e misterioso surgiu nos lábios da esfinge.

— Beba — ela disse. — Você escolheu habilmente, filho de Israel, o dom mais precioso e a tarefa mais fácil: a riqueza sem trabalho. Pois beba, mas com moderação.

E o gênio simbólico do Egito estendeu as asas poderosas para abrigar o estrangeiro, enquanto José colava avidamente os lábios ao seu seio.

E José bebeu e bebeu, até a embriaguez. De repente, um som de trovão soou, um relâmpago fulgurante jorrou da estrela, a esfinge desapareceu e José caiu, como que fulminado, acreditando rolar por um abismo sem fim.

Quando tornou a abrir os olhos, era dia claro e os raios do sol refletiam sobre a laje do pátio. Ele sentia-se fraco e alquebrado, mas sua mente estava lúcida e ele se lembrava perfeitamente da aparição da serpente e da esfinge.

— Terá sido um sonho ou uma visão? — ele murmurou, passando a mão pela testa.

A seguir, constatou que a pedra mágica se achava intacta em sua mão, mas que a pele de serpente, que usava como cinto, havia desaparecido.

Como Ptah tivesse autorizado que ele repousasse por mais aquele dia, José permaneceu deitado sobre a esteira, refletindo acerca do estranho acontecimento da noite, sem poder dizer, com certeza, se estivera em presença de uma realidade ou assombrado por uma visão fantástica. Naquela noite, ele viu Schebna em sonho: o caldeu estava de pé à sua cabeceira e lhe dizia, com sua voz grave e profunda:

— Agora o talismã adquiriu todo seu poder. Além da adivinhação pela água que lhe ensinei, você poderá empregá-lo para curar feridas, esfregando um pedaço de pano com a pedra, que você aplicará sobre o ferimento, que cicatrizará de imediato. A água na qual você mergulhar o talismã é um poderoso antídoto contra o veneno de répteis e plantas venenosas. Ao aplicá-la sobre a testa, você curará perturbações espirituais, exceto as que forem causadas por lesões cerebrais. Por fim, ao colocá-la sobre o peito de alguém, você lhe haverá de impor sua vontade.

Esse sonho causou uma impressão de tal modo profunda no adolescente quanto à visão que tivera, e ele prometeu a si mesmo que experimentaria as qualidades da pedra que o sonho profético lhe havia assinalado.

Algumas semanas após sua visão noturna, José tirou habilmente proveito de um infeliz acidente ocorrido na família de Ptah para testar o poder do talismã e passar a ter um amigo e um protetor no velho intendente.

Ocorreu que o pequeno Rui, filho único da filha de Ptah, foi picado por uma serpente. O veneno agiu tão rapidamente, que era óbvio que o garotinho teria morrido antes mesmo que pudessem avisar um sacerdote médico ou que o levassem ao templo. José, então, rogou a Ptah que o ouvisse sem testemunhas, e lhe disse:

— O senhor sabe que é proibido a um escravo ser possuidor das ciências secretas. Mas a gratidão e o afeto que devoto ao senhor e aos seus me levam a tudo ousar, e lhe juro que, tendo nascido livre e filho de um chefe, possuo um remédio secreto que Eloim, nosso Deus, ensinou aos nossos pais. Se o senhor me permitir ficar a sós com Rui, conseguirei salvá-lo, assim espero.

Desesperado, o velho intendente consentiu e levou José ao quarto onde o pequeno agonizava, deitado numa cama, com o rosto lívido e os lábios roxos. Assim que ficou sozinho, José mergulhou a pedra mágica num recipiente cheio de água, e enquanto pronunciava as palavras cabalísticas que conjuravam os efeitos do veneno, viu o líquido adquirir uma tonalidade azulada, agitando-se como se fervesse ligeiramente. A seguir, José derramou uma colherada daquela água na boca da criança e, após haver molhado um pano na vasilha, lavou também a ferida e aplicou em cima dela a pedra. Dentro de um instante, a superfície do talismã amoleceu e pareceu se encher de uma fumaça negra, enquanto raios que a pedra mágica irradiava se fundiam em um vapor vermelho brilhante que, pouco a pouco, assumiu uma tonalidade azul, em seguida amarela, depois verde, voltando, por fim, à sua transparência azulada habitual.

O menino continuava a repousar com os olhos fechados. Mas quando José se inclinou sobre ele, constatou que o pequeno dormia profundamente, ao mesmo tempo em que um suor abundante lhe cobria o corpo todo. A ferida havia perdido seu aspecto enegrecido, algumas gotas de sangue muito rubro gotejavam em sua superfície e, ao que tudo indicava, devia cicatrizar de imediato. Rui estava salvo.

O reconhecimento de Ptah e de seus familiares foi silencioso, mas profundo. E a partir daquele dia o jovem escravo passou a ter no velho intendente um amigo, que pouco a pouco o retirou da multidão de criados e procurou para ele um serviço mais elevado junto a Putifar, a quem Ptah confidenciou aquela cura e outras tantas operadas pelo jovem escravo tanto em homens como em animais.

Um segundo incidente, que aproximou José de Putifar e fez com que ele ganhasse sua confiança, foi provocado por Chnoum. Teria o escriba se deixado levar por seu mau hábito de beber e sido indiscreto sob os vapores da embriaguez, ou se teria deixado tentar por um ganho ilícito? Bem, o certo é que todos os tipos de negócios secretos e íntimos de Putifar acabaram por chegar ao conhecimento de um dignitário que era seu inimigo e aspirava tomar-lhe o lugar. José, que tinha os olhos e os ouvidos por toda parte e vigiava Chnoum, junto a quem desejava ocupar o cargo de secretário, descobriu a verdade e se apressou a prevenir seu senhor. Furioso com as delações e mexericos acerca do escriba, Putifar desejou, num primeiro momento, puni-lo com rigor. Mas sendo bom e indulgente por natureza, apiedou-se do rapaz assim que a raiva inicial passou e contentou-se em enviá-lo como contador em uma propriedade distante. Quanto ao cargo de secretário, coube a José.

Foi nessa qualidade que ele acompanhou seu senhor durante um período de três meses de férias, que este foi passar num local próximo a Sais, onde possuía uma propriedade e onde vivia um velho sacerdote, que era parente de Putifar e seu antigo tutor. O jovem hebreu procurou conquistar o sábio ancião de todas as maneiras humanas e ocultas, rendendo-lhe os mais respeitosos serviços e honras. Impondo-lhe secretamente o jugo de sua vontade, fez com que o velho sábio se interessasse por ele e depois lhe ensinasse muitas coisas que só eram ensinadas aos membros das classes mais elevadas. Apesar de seu rigorismo aristocrático, Putifar não interveio, por conta de sua estima particular pela inteligência incomum e integridade impecável de seu jovem secretário.

Sem mesmo se dar conta, José passou a ser também assistente de Ptah, aliviando-o nos trabalhos que lhe competiam. E quando, ao fim de quatro anos, o ancião veio a falecer, Putifar acreditou que não poderia substituí-lo mais dignamente do que nomeando José como seu intendente. Com mão de ferro, o jovem assumiu a administração da casa e dos domínios, e tais eram seus cuidados, seu trabalho, seu conhecimento de todos os detalhes administrativos daquela grande fortuna que, passado um ano, tudo assumiu aspecto renovado e as receitas aumentaram, uma vez que qualquer desfalque, qualquer negligência por mínima que fosse, eram imediatamente descobertos pelo incansável intendente, que parecia tudo ver, tudo sondar e que era mil vezes mais temido do que o velho e bom Ptah jamais tinha sido. Sem mostrar-se injusto, José era nobre, severo e, por vezes, punia com crueldade. Do mesmo modo, os escravos tremiam quando seus olhos esverdeados os fixavam com o olhar penetrante e mordaz, como de uma serpente.

Putifar, em compensação, estava deslumbrado. Tudo corria às mil maravilhas. As mil preocupações domésticas, as disputas e punições que Ptah submetia à sua jurisdição, pareciam não mais existir. Sua riqueza aumentava regularmente e as contas eram de uma clareza e precisão ideais. E devia tudo isso a José. Tinha uma confiança ilimitada para com o rapaz e o honrava com distinções particulares e ricos presentes.

III

A FORÇA MÁGICA

Por que roubaram a taça de prata a qual meu senhor usa para beber e fazer adivinhações? Vocês se comportaram mal.
José lhes perguntou: O que é que vocês fizeram? Vocês não sabiam que uma pessoa como eu é capaz de adivinhar?
Gênesis, cap. XLIV, v. 5 e 15

EM UM DOS quarteirões mais ricos e elegantes de Mênfis erguia-se uma residência luxuosa. Os grandes mastros fincados à sua entrada indicavam ser aquela a casa de um grande senhor. De fato, a casa pintada em cores resplandecentes, cercada por um jardim cerrado e bem cuidado, pertencia a um sacerdote de elevada hierarquia, o ilustre Potifera[2], que para lá raramente vinha, sempre que problemas o chamavam à capital. Habitava em Heliópolis, onde ocupava o elevado cargo de sumo-sacerdote do Templo do Sol.

Certo final de tarde, após o jantar, hora em que o calor tórrido do dia começava a dar lugar a uma atmosfera mais respirável, duas mulheres sentavam-se numa ampla varanda daquela residência e conversavam, enquanto observavam, atentas, uma menininha encantadora, de cerca de oito anos, que brincava ao pé da escada com um gato grande. O animal se deixava vestir, pacientemente, com todo tipo de panos, que deviam representar uma túnica e outros paramentos. A criança era Asnath, filha única do sumo-sacerdote, que justificava, por sua rara beleza, a adoração de seus pais, que não se cansavam de admirar seus cabelos de um

2 O nome *Putifar,* nome do senhor de José, segundo Ebers, significa, em egípcio, consagrado a Rá (Sol), enquanto que o nome *Potifera,* nome do sumo-sacerdote de Heliópolis, significa dom do Rá (Sol). Os dois nomes, embora semelhantes, têm significado e ortografia diferentes.

castanho-dourado e seus grandes olhos de um azul escuro como a pedra de safira, o que constituía verdadeira raridade entre as egípcias. Se, por um lado, Potifera dirigia com mão firme e severa a educação de seu filho Armais, de cerca de dez anos, por outro, era indulgente e até mesmo fraco em relação à filha.

Uma das duas mulheres sentadas na varanda era Maia, esposa do sumo-sacerdote, bela, de ar imponente e trajada com a mais requintada riqueza. A outra era sua irmã Ranofrit, encantadora mocinha de 17 anos, esbelta, morena, de olhos grandes e repletos de luz e de tranças negras como o ébano. Trajada sedutoramente com túnicas transparentes, bordadas em vermelho, abanava-se com um grande leque de plumas, parecendo agitada e nervosa.

— Sua persistência em recusar o amor de Putifar me inspira todo tipo de suposições — dizia Maia. — Seja franca, Ranofrit, e confesse que para rejeitar o amor e a mão de um homem tão honrado, rico e de alta posição, é preciso ter em vista alguém que lhe agrade mais — concluiu Maia, dirigindo um olhar perscrutador ao rosto subitamente rubro de sua linda irmã.

— Já que não se pode esconder nada de você, Maia, devo confessar que adivinhou — respondeu Ranofrit, ocultando, sem jeito, o rosto corado atrás do leque. — Sim, há um homem menos rico e menos bem posicionado que Putifar, mas mil vezes mais caro ao meu coração.

— Você o conheceu aqui em Mênfis?

— Sim, nos meses que passei aqui com tia Nefert. Aliás, espero que você o veja hoje, assim poderá julgar por si mesma que minha preferência é legítima.

Um escravo, que vinha anunciar que o nobre Hor solicitava a honra de saudar a esposa de Potífera e sua cunhada, interrompeu a jovem. E bastou que Maia olhasse para ela para saber que o homem que tinha sido anunciado era o eleito do coração de Ranofrit.

As duas mulheres mal haviam tido tempo de ajeitar suas vestes e substituir a pose descontraída por uma postura cerimoniosa, quando o reposteiro foi erguido e um jovem oficial adentrou a varanda, indo saudar as damas com a graça natural de um homem da corte. Hor tinha 20 anos, era filho de um alto funcionário e servia há dois anos no séquito do faraó. Era muito amado na sociedade por seu caráter leal e agradável, e as mulheres gostavam do rapaz por sua beleza rara e original. De fato, Hor, cuja mãe era de origem estrangeira, tinha a pele de uma brancura mate e cabelos loiro-dourados. Seus traços lembravam, pela pureza, o tipo grego, e suas formas leves, esbeltas e, todavia, vigorosas, poderiam servir de modelo a um estatuário.

Maia examinou o jovem com complacência e disse, com palavras amáveis, que já o conhecia, tendo ouvido falar dele coisas lisonjeiras por uma irmã de seu pai, casada com Hapou, sacerdote de Heliópolis.

— Venha em breve ver sua tia e fazer-nos também uma visita, nobre Hor — disse Maia. — Meu marido ficará encantado em vê-lo — acrescentou com um sorriso.

— Agradeço-lhe, nobre Maia, pela gentil autorização. Ficarei feliz em saudá-la em Heliópolis, assim como à Ranofrit e ao seu ilustre esposo, que tive o prazer de conhecer quando de sua última vinda a Mênfis — respondeu Hor, inclinando-se, visivelmente satisfeito.

E notando, naquele momento, a presença da pequena Asnath, que se aproximara e o fitava com curiosidade, ele falou:

— Sem dúvida, é sua filha, nobre Maia? Minha tia me havia dito que ela era uma criança encantadora, mas a realidade ultrapassa em muito a descrição. Que olhos esplêndidos! Prevejo que um dia eles hão de conquistar muitos corações e despertar paixões perigosas!

Maia o ameaçou com o dedo e disse, com bom humor:

— Vai acabar mimando minha filhinha! Veja como ela escuta seus elogios e quanta satisfação sente! Caso ela se torne vaidosa e orgulhosa, você será o responsável. E lamento, com sinceridade, que você já esteja em idade de se casar, ao passo que Asnath é tão pequena! Se assim não fosse, ela teria, quem sabe, a honra de ver um homem sedutor como você a seus pés!

— Sem dúvida — disse Hor, alegremente. — E me sinto muito tentado a permanecer livre até que a pequena Asnath tenha idade suficiente para aceitar as humildes honras de um pobre guerreiro como eu.

— Nesse caso, arme-se de paciência, pois terá que esperar por oito anos. Sim, porque não casarei minha filha antes que ela tenha completado 16 anos — respondeu Maia, rindo, assim como Ranofrit.

— Ora, mas o que são oito anos em vista de tal recompensa? Mas o que é que *você* tem a dizer? — ele indagou, atraindo amavelmente a atenção de Asnath. — Aceitaria meus galanteios?

A menina ergueu seus belos olhos luminosos e límpidos para o jovem oficial e fixou-o com ar perscrutador.

— De muito bom grado. Você é belo e seus cabelos de ouro me agradam. Mas quer mesmo esperar até que eu seja grande? Isso vai levar muito tempo! — ela concluiu com um suspiro.

— Fique tranquila. Eu esperarei e você verá como o tempo vai passar depressa! Mas não quer me dar um beijo, como adiantamento dos carinhos futuros? — perguntou Hor, afetando seriedade.

Asnath fechou os olhos e refletiu por um momento.

— Sem dúvida. Beije-me — disse a menina, resoluta, voltando para ele a boca vermelha. — Todos me beijam. Por que não você, que me agrada?

Trocaram um beijo sem hesitar e, em seguida, Asnath puxou um banco, sentou-se solenemente ao lado de Hor e colocou sua mãozinha na dele. Maia se divertiu ao máximo com aquela cena. Então Ranofrit, que ria como louca, exclamou:

— Asnath, Asnath, você entrega bem imprudentemente seus beijos. Acredite-me, quando você for grande, Hor não lhe agradará mais. Ele estará velho e já será, talvez, pai de família.

Asnath ergueu a cabeça com ar desafiador e já abria a boca para responder, quando o escravo que havia anunciado a chegada do oficial tornou a aparecer, dizendo que um enviado do ilustre Putifar solicitava para ser admitido à presença da nobre Ranofrit, desejando depositar, aos seus pés, flores enviadas por seu senhor.

— Diga-lhe que venha — respondeu a jovem, muito rubra. — Não posso ofender Putifar, recusando-me a receber seu enviado. Talvez esse se vingasse de meu desprezo em meu irmão Rameri, que é seu subordinado — ela acrescentou com um olhar de desculpas, ao ver uma ruga surgir na testa de Hor.

A moça não teve tempo de dizer mais nada, pois logo o escravo ergueu o reposteiro franjado, dando passagem a dois meninos pequenos ricamente vestidos, que traziam uma magnífica corbélia, artisticamente trançada, ornada com fitas e repleta de flores admiráveis. Atrás dos meninos vinha um rapaz alto, que se prostrou respeitoso ao chegar diante das duas mulheres. Em seguida, a um sinal de Maia ele se levantou e disse com voz sonora e metálica:

— Em nome de meu senhor, o poderoso e ilustre Putifar, deposito estas flores a seus pés, pedindo-lhe que se digne a aceitar seu enviado com benevolência, nobre Ranofrit. E que possam os deuses abençoar cada um de seus passos e conceder-lhe felicidade, saúde e dias sem fim!

Todos os olhos fixavam o enviado de Putifar, cujas maneiras naturais e elegantes, embora modestas, podiam fazê-lo passar por um senhor, não por um servo. Quanto a ele, parecia ver tão somente Ranofrit. Seus grandes olhos de um castanho-esverdeado estavam conectados à moça, e era como se aquele olhar, cortante como um dardo e pesado como chumbo, penetrasse até o íntimo do ser da jovem. Fascinada, subjugada, esquecendo-se de tudo que a cercava, Ranofrit fitava aquele homem cujos olhos a queimavam, fazendo bater seu coração como jamais batera antes diante de nenhum dos homens de sua posição. Tinha a impressão de que, sob o peso daquele olhar estranho e poderoso, alguma coisa nela se dobrava e contraía, que a respiração lhe faltava e que uma vertigem tomava conta dela.

Esforçando-se para afastar aquele súbito torpor, Ranofrit murmurou em voz baixa e trêmula:

— Agradeça a seu amo pelo encantador presente que me envia. Que ele esteja certo quanto à minha gratidão.

A jovem fez um sinal com a mão, dispensando o enviado de Putifar, o qual, após se haver prostrado, retirou-se com os dois meninos que haviam trazido a corbélia.

Ranofrit respirou aliviada e passou a mão pela face pálida. Agora que o estranho fascínio exercido pelo olhar daquele homem não mais pesava sobre ela, um sentimento de silenciosa aversão em relação a ele se apoderou dela. Expressando, de certo modo, o pensamento de sua tia, Asnath exclamou, inesperadamente:

— Adeus, homem mau! Ele tem os olhos iguais aos da enorme serpente que vi certo dia. E é bem ele que Putifar envia com um presente! — finalizou a menina em tom de desaprovação.

Aquelas palavras fizeram com que todos rissem, diluindo a sensação desagradável, que fora, de maneira inconsciente, experimentada por todos.

— Aquele homem é o primeiro intendente de Putifar — observou Hor. — Dizem que desempenha papel importante na casa e desfruta da absoluta confiança de seu senhor, se bem que tenha sido um simples escravo, comprado há alguns anos. A presença dele sempre me causa uma impressão desagradável e Asnath tem razão: ele tem o olhar de uma serpente.

A conversa mudou de rumo e Hor passou a contar as novidades da corte e da cidade. Mas percebendo que Ranofrit permanecia silenciosa e pensativa, ele pediu licença e se retirou. Reclamando de dor de cabeça, a jovem deixou a varanda e seguiu para seus aposentos. Dispensou as criadas, proibindo que a perturbassem. Em seguida, deitou-se sobre confortável banco reclinável, junto à janela aberta.

Ranofrit se achava num estado estranho: sua cabeça pesava e seus pensamentos se embaralhavam. Havia se esquecido de Hor, que ela de fato amava, e a imagem de Putifar surgia diante de seu espírito, envolta em claridade quase desagradável, enquanto uma voz desconhecida murmurava ao seu ouvido:

— Você deve desposá-lo. Ele é bom, ama você e a fará feliz.

Fatigada, quase inconsciente, a jovem se arrastou até a cama e adormeceu de cansaço. Porém, o mesmo pesadelo a perseguiu. Mas, desta vez, não era Putifar que ela via, mas seu enviado. A cabeça singular do intendente inclinava-se sobre ela e a expressão de seus olhos esverdeados exprimia uma ordem inexorável, enquanto sua boca murmurava num sopro:

— Você se casará com Putifar, está me ouvindo? Eu quero!

Na véspera do dia em que a corbélia foi enviada a Ranofrit, uma conversa bastante singular acontecera entre José e seu senhor. O hebreu conhecia Putifar bem demais para não perceber a mudança que se havia operado nele nos últimos meses, e logo concebeu claramente a ideia de que o amo estava apaixonado pela encantadora irmã do sumo-sacerdote de Heliópolis, que viera passar algum tempo em Mênfis, em companhia de uma parente idosa. De início, a perspectiva de ter uma jovem senhora surgir na casa onde ele era o mandachuva o desagradara profundamente. Julgara, não sem razão, que a mulher que tinha enfeitiçado um celibatário obstinado como Putifar, que aos 37 anos de idade rejeitara habilmente excelentes partidos, haveria de exercer sobre o marido enorme poder. E caso tal poder se voltasse contra ele próprio, poderia trazer sérios inconvenientes à sua posição.

O primeiro desejo de José foi o de impedir aquele casamento. Mas depois mudou de ideia, acalmou-se e ficou aguardando os acontecimentos. Devo acrescentar que o jovem hebreu tinha por certo que um homem rico e de alta posição social, como Putifar, haveria de ser recebido de braços abertos por qualquer mulher a quem desse a honra de escolher. Até o dia anterior, José jamais atribuíra a tristeza e o mau-humor de seu senhor à má sorte no amor.

Mas na noite do dia anterior, Putifar tinha chegado em casa tão magoado e furioso, havia de maneira tão rude dispensado a todos, que José ficara atônito. Ao invés de se retirar, como os demais escravos, ele se escondeu à sombra do reposteiro e observou o amo que, ao se acreditar a sós, deixou-se cair sobre um banco e murmurou, cobrindo os olhos com a mão:

— Maldito Hor! Sinto que é a ele que Ranofrit ama. É por causa daquele patife que ela não vai querer se casar comigo!

Já fazia um bom tempo que Putifar suspeitava da preferência da jovem pelo belo oficial. Naquele dia, entretanto, durante uma reunião, surpreendera entre eles uma troca de olhares amorosos e não dissimulados. Seu ciúme tornara-se incontrolável e ele voltara para casa repleto de cólera e tristeza, pois a afeição de Putifar era profunda, honesta e séria, como tudo em seu modo de ser.

Achava-se mergulhado em seus pensamentos pouco agradáveis, quando um leve toque o fez estremecer.

— O que é que você quer? — perguntou bruscamente ao reconhecer José, que se aproximava como uma sombra.

— Meu bom senhor — murmurou o rapaz, inclinando-se na direção dele. — Deseja se casar com a bela e nobre Ranofrit? Se o senhor quiser, assim o será. Antes de três dias o senhor estará noivo dela!

Putifar olhou para o rapaz, atônito e desconfiado.

— Está em seu juízo normal? O que significa essa bobagem? Será que você é um feiticeiro, para declarar, tão abertamente, que basta que eu deseje, para que me torne noivo de Ranofrit? E se, por acaso, ela preferir outro?

José sorriu, misterioso:

— Não sou feiticeiro, mas o senhor sabe que tenho alguns conhecimentos acerca da ação dos eflúvios astrais, que é possível tornar favoráveis, quando sabemos manipulá-los. Antes de tudo, porém, orarei a Eloim, o Deus de meu povo. Ele ouve a voz de seu servo e é n'Ele que reside minha força.

Putifar se levantou, agitado, e deu algumas voltas pelo quarto. Em seguida, parando junto ao hebreu, colocou a mão em seu ombro.

— Pois bem, faça o que puder — disse ele. — E saiba que se Ranofrit vier a ser minha esposa, eu o recompensarei regiamente. Mas posso ajudá-lo?

— Não, senhor. Conceda-me apenas três dias para orar e atrair sobre o senhor os eflúvios favoráveis. Além disso, autorize-me a levar flores amanhã, em seu nome, à nobre donzela. E quando eu pedir, confie-me seu pedido de casamento por escrito, que eu mesmo o entregarei.

Ao voltar para casa, no dia seguinte à sua missão junto a Ranofrit, José se trancou em seu quarto, proibindo a quem quer que fosse de incomodá-lo até a manhã do dia seguinte. O jovem intendente ocupava agora um cômodo amplo, que dava para um pequeno pátio interno, transformado num jardinzinho. O local era mobiliado com um luxo que teria deixado Putifar profundamente espantado, caso ali tivesse entrado. As cortinas preciosas que encobriam portas e janelas, os vasos repletos de flores e a mesa de cedro coberta de papiros não ficariam inadequados no gabinete de seu próprio amo. A cama, ricamente ornada, era coberta por uma pele de pantera, e esteiras multicoloridas forravam o chão. Aliás, o jovem hebreu não teria temido a cólera de Putifar, caso este tivesse visto o luxo de que seu intendente se cercava. José sabia que era indispensável para o amo e já lhe dera provas incontáveis de sua integridade e zelo, o que tornava improvável que este viesse a considerar seus gostos muitíssimo elegantes como indício de desfalque.

Pensativo, o cenho franzido, o jovem hebreu caminha de um lado para outro em seu quarto. Refletia acerca de sua visita a Ranofrit, sobre as consequências que sua súbita decisão de ajudar Putifar a suplantar um rival poderiam acarretar para si próprio, e em como empregar sua ciência secreta para ganhar para seu senhor o coração da mulher amada.

— Fiz bem — murmurou, então, José. — Putifar precisa ficar convencido quanto ao meu poder e se tornar meu devedor no que tange a sua felicidade. Quanto à jovem, é mais sensível ao meu olhar do que eu esperava. Será escrava de minha vontade, minha aliada, e me fará crescer, em vez de me rebaixar, como eu havia temido, de início. Vou querer me libertar e, se por acaso Putifar viesse a morrer, sua viúva haveria de me amar e se tornaria minha esposa. Como marido dessa mulher bela e ilustre e senhor dessa imensa fortuna, terei alcançado a posição gloriosa que Schebna me prometeu. Quanto a ser amado por Ranofrit, não será difícil.

Um sorriso surgiu em seus lábios e, então, apanhando da mesa um espelho de metal com cabo entalhado, contemplou a si mesmo por um instante. Sim, era belo com sua pele alva e delicada, seus cabelos encaracolados, grossos e sedosos, seus olhos grandes e brilhantes e o sorriso fascinante de sua boca rubra.

Quando a noite veio, a imensa cidade ficou envolta em sombras e silêncio, e todos buscaram o repouso do sono na residência de Putifar. Enquanto isso, em seu quarto, José retirou do pescoço a bolsinha que sempre trazia pendurada e dela retirou a pedra mágica. Apertando-a entre as mãos unidas, acocorou-se, murmurando algumas palavras cabalísticas.

Pouco a pouco, sua voz foi se tornando mais fraca, até silenciar por completo. Seu olhar ganhou estranha imobilidade, as veias de seu pescoço e testa se dilataram como se fossem cordas e uma expressão de concentração da vontade, induzida até a dor, surgiu em seu semblante imóvel.

Ao término de cerca de meia hora, José estremeceu. Seus olhos retomaram o brilho habitual e ele se levantou, bocejando. Depois de haver recolocado a pedra mágica no lugar de costume, ele serviu-se de uma taça de vinho. Após tê-la esvaziado, deitou-se visivelmente exausto e caiu, de imediato, num sono profundo.

Enquanto isso acontecia na casa de Putifar, Ranofrit dormia em seu quarto, à luz de um candeeiro. A luz suave e bruxuleante lançava reflexos avermelhados sobre as estatuetas de madeira e couro dos deuses, colocadas sobre um altar portátil, e sobre a camisola branca da jovem deitada em seu leito. Durante toda a noite, a eleita de Putifar padecera de violenta dor de cabeça e, a conselho de Maia, tinha se deitado cedo. Mas à medida que a noite avançava, seu sono se tornava mais inquieto. Ela se agitava no leito, enquanto suspiros e gemidos abafados escapavam de seus lábios.

Um sonho difícil, estranho e impressionante perseguia a jovem egípcia. Era como se uma nuvem cinzenta surgisse ao lado de sua cama, adensando-se e dilatando-se, para logo tomar a forma de um homem, cujo rosto ela não conseguia reconhecer, mas cujos olhos fixos e fulgurantes lhe transpassavam o cérebro, causando uma dor aguda.

— Ranofrit, você me ouve? — uma voz surda e velada perguntava, ao mesmo tempo.

— Sim — a jovem adormecida murmurava com esforço.

— Muito bem! Se você me ouve, *eu ordeno* que, quando, daqui a três dias, eu for lhe levar o pedido de casamento de Putifar, você responda que o aceita por esposo, entendeu?

— Hor! Eu quero Hor como esposo — Ranofrit murmurava com esforço, debatendo-se no leito para lutar contra algo que a asfixiava, apertando-lhe a cabeça como uma argola de ferro.

Parecia, agora, que a sombra acinzentada se inclinava sobre ela, apoiava um dedo abrasador sobre sua testa, entre as sobrancelhas, gritando com voz retumbante:

— Você esquecerá Hor. Putifar será seu marido. Quanto a mim, seu senhor, você obedecerá, pois haverá de me amar.

Cada uma daquelas palavras tinia ao ouvido da jovem, à semelhança do barulho de um martelo contra um disco de bronze, e as vibrações do metal repercutiam dolorosamente em cada fibra de seu corpo.

— Dentro de três dias, *você dirá sim* e passará a ser a noiva de Putifar — repetiu a voz.

A seguir, a sombra acinzentada se desfez num vapor transparente e desapareceu... Mas Ranofrit continuou a se contorcer no leito, lançando-se de um lado para outro com tal violência, que quase caía da cama. Repentinamente, então, aquela agitação deu lugar a uma prostração profunda. A jovem caiu pesadamente sobre o leito, pálida e imóvel.

Ranofrit despertou tão alquebrada e fraca pela manhã, que permaneceu deitada o dia inteiro. A cabeça doía, uma pressão dolorosa lhe apertava as têmporas, e ela se mostrava nervosa e irritadiça como nunca antes. Não conseguia responder a indagações preocupadas de Maia, nada lhe vinha à mente, ela dizia. Além da dor de cabeça, ela sentia-se fraca. No segundo dia, Ranofrit se sentiu mais forte e se levantou. Sua inquietude, porém, só aumentava. De hora em hora, ela aguardava algo, embora não soubesse definir o quê.

Triste, agitada, sem saber aonde ir, a moça vagueava pelos aposentos e pelo jardim. Quando Hor chegou, porém, ela se recusou a vê-lo, sob pretexto de que seu mal-estar tornava incômoda qualquer companhia.

— Você está doente. Algum terrível mau-olhado caiu sobre você — disse Maia na manhã do terceiro dia. — Veja, suas mãos queimam e você está completamente transtornada. É ainda mais provável que alguém que deseje seu amor, seja para Putifar, seja para Hor, tenha lançado um feitiço sobre você. Não é por acaso que Tachot, aquela megera, devora você com os olhos toda vez que você conversa com o chefe das prisões. E não é segredo para ninguém que Taa está apaixonada por Hor. É preciso ir ao templo para que purifiquem você e lhe deem algum amuleto sagrado. Vou me vestir agora mesmo e mandar que preparem a liteira. Vista-se enquanto isso e, em seguida, iremos juntas ao templo.

— Você tem razão. Também acredito que esteja sendo vítima de alguma influência perniciosa e que, na noite de anteontem, tenham usado de feitiçaria para comigo: acordei esgotada e, desde então, uma angústia persistente me atormenta.

Ranofrit acabava de se vestir, quando uma de suas criadas veio anunciar que um enviado de Putifar havia chegado e pedia para lhe entregar, pessoalmente, uma mensagem do amo. Tomada por súbita agitação, a jovem ordenou à criada que o conduzisse até uma galeria aberta, contígua a seus aposentos. Ao avistar a silhueta alta de José, que ela reconheceu de imediato, o coração da jovem passou a bater com tamanha violência, que ela se viu forçada a se apoiar contra uma das colunas. Em seguida, fez um sinal com a mão, ordenando que o intendente se aproximasse.

José prostrou-se e, a seguir, declarou respeitosamente que, sendo a mensagem que trazia da mais alta importância e destinada tão somente à nobre senhora, solicitava o favor de entregá-la sem testemunhas. A um sinal da jovem, duas criadas que lhe faziam companhia se retiraram para a sala ao lado da galeria, enquanto Ranofrit, cujas pernas tremiam de nervoso, sentou-se num banco próximo e perguntou com voz tão firme quanto lhe era possível:

— O que Putifar quer de mim? Fale, estamos a sós.

José se ajoelhou, beijou a fímbria da veste de Ranofrit e lhe apresentou algumas tabuinhas, enquanto seu olhar ardente mergulhava por um instante no olhar de Ranofrit, que, cada vez mais perturbada, leu:

De Putifar, o escriba real, chefe das prisões e dos arqueiros de Mênfis, à nobre Ranofrit.

Imploro a Hathor, sua divina irmã, que você desfrute constantemente de boa saúde e que seu coração me seja favorável ao ler esta mensagem, pois não posso mais calar o grande amor que você me inspira. Sinto-me triste e infeliz em minha grande residência. Embora, pela graça dos deuses, ela seja repleta de todos os bens da terra, parece deserta para mim, pois lhe falta uma senhora. Mas essa tristeza se transformará em alegria se você aceitar o coração fiel que deposito a seus pés, se consentir em ser o sol de minha vida, a alma de minha casa vazia, se me aceitar como esposo!

Respirando com dificuldade, Ranofrit se encostou à parede. Seu olhar vagou então, distraído, da mensagem que estava sobre seus joelhos para o hebreu. Ele se achava em pé a alguns passos dela em postura respeitosa, mas seu olhar incômodo e estranho continuava a atuar sobre ela. Involuntariamente, a jovem fixou José, que logo baixou os olhos. À medida que fitava o rapaz, despertou nela o desejo de revê-lo, de ouvir-lhe a voz, de retê-lo junto a si, de ser servida por ele e de tornar a ver aquele servo de Putifar se ajoelhar e erguer para ela as pupilas esverdeadas, que fascinavam e inebriavam.

— Hei de receber uma resposta que possa transmitir ao meu senhor, nobre dama? — perguntou José, por fim, quebrando o silêncio que começava a incomodar.

— Sim. Diga a Putifar que sua mensagem me foi agradável e que ficarei feliz se ele vier, ainda hoje, buscar uma resposta mais explícita e conforme ao voto de seu coração — respondeu a moça com uma calma resoluta, que contrastava estranhamente com a agitação febril de pouco antes.

José se curvou até o chão e Ranofrit não pôde ver o lampejo irônico que surgira fugidiamente sob os cílios espessos do rapaz.

Na noite daquele mesmo dia, Putifar voltou para casa ébrio de felicidade. Vinha da residência de sua amada, que o acolhera da melhor forma e que, embora um tanto pálida, dissera resoluta que o aceitava por esposo, não fazendo nenhuma objeção quando ele selara o noivado com um beijo quente em seus lábios rosados.

Tendo mandado chamar José e dispensado a todos os demais, Putifar falou alegremente:

— Você cumpriu a palavra, servo fiel, e não me esquecerei de que você contribuiu para minha felicidade. Mas, diga-me: o que fez para ganhar tão prontamente o coração da moça, afastando-a daquele fedelho chamado Hor?

— Não me pergunte isso, senhor. Eu não saberia explicar o que eu mesmo não compreendo. Só sei que na tribo de meu pai, entre os pastores, se conhece a força misteriosa dos astros e a maneira de torná-los favoráveis. Se conseguimos dirigir sobre nós mesmos ou sobre outra pessoa uma de suas correntes favoráveis, tudo dá certo: tanto os seres humanos quanto as coisas são favoráveis a esse mortal.

— Pois, então, não perguntarei mais sobre seu segredo, servo fiel. Mas já que conseguiu atrair sobre mim uma corrente tão favorável, receba isto como prova de minha gratidão e, ainda mais: tome para si uma medida de anéis de prata.

Então, Putifar entregou a José um anel que tirou de seu próprio dedo, além de um alfinete de capa em ouro talhado. Depois de ter agradecido calorosamente a seu senhor e lhe beijado a mão, o hebreu retirou-se.

A notícia do casamento de Putifar e Ranofrit não surpreendeu a ninguém, mas despertou muita inveja entre as mulheres. Quanto a Hor, ficou triste pelo fim de suas próprias esperanças, mas não se espantou de que a jovem, talvez persuadida por seus familiares, tivesse preferido a ele um homem imensamente rico, de elevada classe social, além de bastante jovem e belo para agradar a uma mulher.

Os preparativos para as núpcias aconteceram rapidamente. Só se aguardava para a celebração a chegada de Potifera, irmão da noiva, que deveria vir de Heliópolis, assim que as múltiplas ocupações de seu elevado cargo o permitissem.

Em vista do venturoso acontecimento que se preparava, toda a casa se encheu de barulho e movimentação. As criadas de Maia e de sua cunhada trabalhavam dia e noite para terminarem, a tempo, os trajes de festa de sua senhora e o enxoval de Ranofrit. Quando a sós, a noiva ficava pensativa e silenciosa. Um sentimento de alegria, mesclado de angústia, apertava-lhe o coração, e ela pensava bem mais no intendente de seu futuro marido do que nele próprio. Disso, porém, ninguém cogitava, e todas as pessoas, inclusive Putifar, atribuíam seus devaneios à felicidade e apreensões que toda moça experimenta no momento mais sério de sua vida.

Em compensação, a pequena Asnath estava absolutamente feliz e em completa harmonia com Putifar, que a mimava sem limites e a cumulava de presentes. A amizade entre eles era tão grande, que Ranofrit disse, brincando, que estava com ciúme.

Potifera chegou dez dias antes do casamento. Era um homem de cerca de 40 anos, alto, sério e solene em cada um de seus movimentos. Seu rosto simétrico e altivo exprimia energia e uma vontade inflexível. Mas em seus grandes olhos negros, sob a serenidade imposta pelo hábito, se escondia uma alma apaixonada e sentimentos de orgulho e ambição. Seu olhar penetrante lia na alma dos outros, mas não revelava jamais o segredo de suas próprias emoções. Mas, qualquer que fosse a essência de seu ser, o sumo-sacerdote de Heliópolis era profundamente amado pela amenidade e equidade de seu caráter. Seu conhecimento e sabedoria impunham respeito, e a bondade indulgente que testemunhava a seus familiares fazia com que estes o adorassem. Era ótimo marido e pai, e tinha por sua irmã Ranofrit um sentimento todo paternal. A moça, nascida do segundo casamento de seu pai, ficara sob sua responsabilidade quando uma catástrofe a deixara órfã, tendo seus pais se afogado no Nilo.

O sumo-sacerdote era por demais observador para não perceber depressa que sua irmã não correspondia ao amor apaixonado de Putifar, e perguntava a si mesmo, com espanto, que razão poderia levar uma jovem bela, rica e cercada de honrarias a se casar com um homem que lhe era indiferente. Ele a observava atentamente e constatou que a irmã estava pensativa e, por vezes, triste e atormentada por silenciosa inquietude. Ocorreu-lhe então a ideia de que um amor infeliz poderia ter levado a moça a buscar esquecer a decepção no casamento, e decidiu questioná-la.

Na véspera do casamento, ele se valeu de um momento de solidão para conversar com sua irmã. Da maneira mais afetuosa, pediu-lhe que lhe confessasse seus verdadeiros sentimentos. Acrescentou que ele, seu irmão e amigo, saberia garantir sua felicidade de outro modo que não o casamento com um homem que ela não amava. Ranofrit lhe enlaçou o pescoço, chorou, mas declarou que se casaria com Putifar por livre escolha e sem nenhuma intenção oculta.

Potifera não insistiu, mas continuou a observá-la. As núpcias, apesar da multidão de convidados que acorreu para assisti-las, não lhe trouxeram qualquer esclarecimento. No dia seguinte, porém, numa festa oferecida pelos recém-casados, ele notou repentinamente a presença de José, que com desembaraço confiante comandava os numerosos escravos, e cujo simples olhar bastava para dirigi-los. Os olhos percucientes do sumo-sacerdote fixaram a figura alta e esbelta do jovem hebreu, seu belo rosto, tão refinado e inteligente que chamava a atenção, mesmo em meio à multidão aristocrática que enchia o salão.

Quanto mais olhava para José, mais Potifera tinha por ele um sentimento de aversão, que não conseguia explicar. Como se o hebreu tivesse sentido que alguém o observava, virou a cabeça e seus grandes olhos esverdeados mergulharam, como uma chama, nos de Potifera. Quase que de imediato, porém, ele baixou o olhar e virou a cabeça para outro lado.

— Não se trata de um homem comum, um escravo rude, mas o que significa o sentimento quase odioso que ele me inspira? — murmurou o sumo-sacerdote. — Será isso um pressentimento, que pressagia algum acontecimento futuro? Terá esse homem, que sente meu pensamento, eflúvios desastrosos, que se tornarão fatais para Ranofrit?

Como um raio, surgiu no sacerdote a suspeita de que o servo de Putifar seria, talvez, o amante misterioso que teria atraído sua irmã para aquela casa, visto que a inferioridade social jamais fora um impedimento para o amor.

— Preciso saber quem é esse homem e qual seu papel aqui — murmurou Potifera entredentes.

A ideia de que sua irmã poderia esquecer o respeito que devia a si mesma e ao marido fez com que o sangue lhe subisse à cabeça. Sem perder tempo, procurou o cunhado, levou-o até um lugar solitário e o interrogou. Sem se fazer de rogado, Putifar contou o que sabia a respeito de José. Elogiou o zelo e o trabalho daquele servo sem igual, assim como seu saber muito acima do que se podia esperar de um homem de sua condição.

— Muito conhecimento da parte de um escravo pode ser perigoso — observou o sumo-sacerdote. — Eu não me fiaria nisso e temo, Putifar, que você abrigue uma serpente sob seu teto. Esse homem me inspira aversão e o orgulho que ressuma de cada um de seus traços nada pressagia de bom. Venda-o. Desfaça-se dele.

O chefe dos arqueiros deu uma gargalhada e declarou que por nada no mundo se desfaria de um servo que lhe adivinhava os desejos e que jamais poderia ser substituído.

IV

A MULHER DE PUTIFAR

José era belo de porte e tinha um rosto bonito.
Passado algum tempo, a mulher de seu senhor pôs os olhos em José.
A mulher ficou com a roupa até que seu senhor chegasse em casa.
Gênesis, cap. XXXIX, vs. 6, 7, 16

DURANTE OS PRIMEIROS meses que se seguiram a seu casamento, Putifar estava tão inebriado com sua felicidade, que nem sequer notou que Ranofrit continuava pensativa e distraída, e que o amor dela tinha se tornado bem menos ardente do que o que ele próprio a ela demonstrava. Além disso, o chefe dos arqueiros era obrigado a sair com frequência e a jovem esposa passava muitas horas sozinha, durante as quais pensamentos cada vez mais perturbadores e perigosos a assaltavam. Nada mais se contrapunha a seus devaneios imorais, já que o sumo-sacerdote tinha partido com sua família e as visitas e recepções duravam por tempo relativamente curto. Por outro lado, ela via José todos os dias e se deixava arrastar cada vez mais por sua paixão pelo belo intendente. Este, por sua vez, testemunhava-lhe tão somente a mais respeitosa humildade, sem jamais notar os olhares ardentes que sobre ele se fixavam.

O jovem hebreu tinha estabelecido para si mesmo uma linha que jamais atravessava. Parecendo respeitar de maneira servil a autoridade da jovem senhora, ele se limitava a lhe seguir as ordens. Em relação a cada assunto, ainda que insignificante, solicitava a decisão da ama, sem abrir mão jamais da reserva humilde e modesta que convinha a um servo.

Na verdade, percebia claramente a paixão que inspirava em Ranofrit e aquele sentimento começava a ultrapassar os limites que ele impusera a si mesmo. Desejava ter nela apenas uma aliada, um instrumento dócil que não entravasse as liberdades e privilégios de que ele desfrutava na residência de Putifar e, eventualmente, uma presa preciosa, caso ela viesse a ficar viúva. Esse último plano, que surgira por um instante em sua mente no dia em que colocara em jogo seu poder oculto, que nossos cientistas modernos batizaram com o nome de hipnotismo, há muito desvanecera.

O chefe dos arqueiros tinha um caráter que lhe favorecia vida longa, e José não pensava de modo algum em lhe abreviar os dias. Enquanto Putifar vivesse, o excessivo amor de Ranofrit representaria um perigo para o jovem hebreu. Mas ela não por acaso era filha do Egito abrasador. O sentimento, originalmente implantado em sua alma, aí se desenvolvia depressa, enchendo-a de sensações desconhecidas. Assim sendo, sentia de longe a aproximação de José, todas as propostas que ele lhe apresentava quanto às questões domésticas pareciam proceder de si mesma e, quando via o rapaz diante de si, modesto, reservado e de olhos baixos, uma impaciência mesclada de cólera se apoderava dela.

O bondoso Putifar não suspeitava dessas tempestades secretas no coração de sua esposa. Ranofrit, por sua vez, dissimulava-as com a astúcia característica das mulheres. Assim, quando ele um dia a surpreendeu agitada, de olhos úmidos, e lhe indagou, espantado, sobre o que se passava, a jovem senhora declarou, sem receio, que se entediava mortalmente sem ele, que a deixava sozinha por dias a fio. Putifar riu com gosto e explicou à bela caprichosa sobre as exigências de seu trabalho, que o retinha fora do lar contra sua vontade e, ao final, acrescentou:

— Creio que você aprecia o canto e o som da harpa. Pois bem, nosso intendente José é um músico mais exímio do que os melhores cantores do templo. Se você quiser, darei ordens a ele para que a entretenha, quando estiver entediada, com as músicas da terra dele, que eu mesmo gosto de ouvir. São estranhas e fascinantes.

Ranofrit beijou o marido e agradeceu, bastante confusa. Putifar por sua vez, muito satisfeito por ter inventado aquela forma de distração, mandou chamar José e lhe ordenou que cantasse e tocasse para entreter sua jovem senhora nos dias em que ele próprio tivesse que se ausentar após o jantar. O intendente agradeceu humildemente o elevado privilégio que lhe era concedido. Mas Putifar não percebeu a expressão de contrariedade e ironia que levara o rapaz a franzir os lábios, enquanto se inclinava até o chão.

Alguns dias depois, Putifar teve que sair novamente. No telhado plano, Ranofrit respirava o ar fresco da noite, enquanto ouvia distraidamente uma jovem escrava cantar uma canção melancólica e monótona, ao suave som de uma viola. De súbito, José apareceu, seguido por um escravo que trazia uma harpa. Com a reserva modesta que lhe era habitual, o jovem hebreu perguntou se sua jovem senhora o autorizava a entretê-la com a música e o canto.

— Certamente. Cante para mim uma canção de sua terra. Meu esposo me disse que gosta de escutá-las e que elas o agradam por sua originalidade — respondeu Ranofrit, apoiando os cotovelos confortavelmente sobre as almofadas do divã, com os olhos fixos no rapaz.

José levou a harpa para mais perto da jovem senhora e tocou um prelúdio com perfeição. Os esplêndidos arpejos, então, fundiram-se numa melodia estranha e melancólica que acompanhava, como um murmúrio melodioso, o canto do hebreu. José tinha uma voz maravilhosa, sonora, versátil, aveludada, e seu cantar expressivo fazia vibrar e palpitar cada fibra do coração de Ranofrit. Como que fascinada, não conseguia tirar os olhos do rosto belo e pálido do jovem escravo, de seus grandes olhos sonhadores que fixavam o vazio, parecendo não verem nada do que o cercava.

Na verdade, naquele momento José se havia esquecido da própria existência de Ranofrit. Seu pensamento se voltara para si mesmo e, sob a impressão de seu próprio canto, fora levado de volta ao passado. Aquele tempo, já distante e muitas vezes esquecido, era revisto. José tornava a ver as vastas planícies verdejantes, os rebanhos numerosos sob os cuidados de seus irmãos, as virgens da tribo dançando à noite ao som de sua lira. Revia, por fim, seu pai que, sem dúvida, chorava sua morte. As cenas de sua vida simples, rústica, pobre, mas livre, desenrolavam-se uma a uma diante de seu espírito, despertando sentimentos há muito adormecidos. De repente, o filho do deserto tinha saudade do ar puro dos campos e dos vastos horizontes de sua pátria. O luxo e o refinamento de sua vida atual não lhe pareceram mais do que a cobertura dourada de sua canga de escravo. Uma amargura pungente, então, apertou-lhe o coração.

Sem que tivesse consciência, sua voz metálica modulara todas aquelas impressões de sua alma. Por fim, José se calou, enquanto seus dedos ainda se moviam sobre as cordas, arrancando delas um derradeiro acorde. O sonho daquele passado, ao qual não mais pertencia, extinguiu-se de repente. Foi então que reencontrou o olhar ardente de sua senhora e voltou à realidade. Sob a impressão dos pensamentos e lembranças que acabavam de visitá-lo, nada sentiu pela egípcia senão fria indiferença. O sentimento que ele próprio havia inspirado na moça lhe causou repulsa. José passou os olhos com desdém pelo rosto apaixonado da jovem senhora. "Se eu desejo mais alguma coisa de você"? – Era o que o olhar dele dizia claramente. Mas Ranofrit não o percebeu. Tinha se levantado e apanhado uma taça repleta de vinho, que estava sobre uma mesinha, ao seu lado. Ela estendeu a taça na direção de José, fazendo sinal para que ele se aproximasse.

– Beba e se refresque. Depois, vá descansar. Agradeço pelo prazer que me proporcionou. De fato, seu canto é admirável, e eu adoraria aprender a cantar essas melodias estranhas e comoventes. Talvez eu lhe peça para me dar umas aulas.

José se inclinou, com os braços cruzados.

– Se ordenar, minha senhora, seu escravo ficará feliz em lhe ensinar o pouco que sabe.

Assim que ficou a sós, Ranofrit se encolheu no divã, fechou os olhos e meditou. Acabava de compreender que uma paixão fatal se apoderara dela, e tal descoberta enchia seu coração de pavor. A ideia de uma ligação delituosa ainda não lhe ocorrera ao espírito, mas era impetuosa, imprudente e apaixonada demais para buscar uma solução radical para a doença de sua alma. Pelo contrário, ela sonhava apenas em usufruir tanto quanto possível da visão do objeto de seu amor, em inebriar-se com o som daquela voz poderosa e fascinante, que fazia todo seu ser vibrar com sensações novas.

Putifar aceitou de bom grado que ela tomasse aulas de canto nos aposentos de José e até mesmo que lá aprendesse a tocar harpa. A ternura que a jovem esposa lhe testemunhava o fazia completamente feliz, e a ideia de que ela pudesse olhar para um de seus servos nem sequer lhe ocorreu.

As aulas começaram e tiveram como primeiro resultado o fato de Ranofrit encantar seu marido, cantando para ele, bem assim-assim, uma daquelas pequenas canções primitivas e originais. O segundo resultado foi fazer com que a jovem senhora perdesse completamente a razão, a ponto de mal disfarçar a paixão que nela ardia. José percebeu o que se passava e que lhe causava certa inquietude. Chegou mesmo a tentar reduzir, através de sugestões, o exagero da chama que ele próprio tinha aceso. A tentativa, contudo, não dera resultado. Quanto a destruir de vez um sentimento que poderia se transformar em ódio, ele não queria correr o risco. Convém lembrar que o hebreu era capaz de manejar de maneira incompleta a força oculta que utilizava. Schebna tinha lhe ensinado apenas parte de sua ciência, e embora José tivesse aprendido muitas coisas no Egito, a condição de escravo fechara para ele a porta que conduzia à iniciação. Essas lacunas em seu conhecimento faziam com que ele se equivocasse com frequência, causando prejuízo a si próprio. Certo dia, em que Putifar acompanhava o faraó à caça, devendo voltar para casa bem tarde, José se encontrava mais uma vez ao lado de sua jovem senhora. A aula tinha terminado e, sentado em um banco, ele cantava uma das canções favoritas da ama, atendendo a uma ordem dela. Com os cotovelos apoiados contra o encosto de sua poltrona, Ranofrit o devorava com os olhos e se impacientava com o humilde recato do qual ele jamais abria mão. O que ela não daria para que naquele instante os grandes olhos castanhos, que fitavam o espaço repletos de um sonhar melancólico, mergulhassem nos seus, um olhar de amor, com um daqueles lampejos fulgurantes que por vezes o iluminavam de maneira fugidia.

Levada pela paixão, esquecendo-se de tudo, colocou subitamente a mão sobre o ombro de José. Sua bela cabeça se inclinou para tão junto dele, que seus cabelos negros roçaram o rosto do cantor. Então, ela murmurou com a voz abafada pela paixão:

— Eu te amo!

O rapaz parou de cantar, trêmulo. Em seguida, sem erguer os olhos, respondeu em voz baixa. Um olhar bastara para que ele visse que o local estava deserto e os servos distantes.

— Sei, minha nobre senhora, que sua bondade para com seu escravo não tem limites e que a senhora aprecia os modestos talentos que os deuses me concederam para entretê-la.

Os lábios de Ranofrit tremeram. Queria que ele fosse mais ousado naquele momento. Então, inclinando-se ainda mais, repetiu:

— É você que eu amo!

Uma ruga surgiu na fronte do hebreu e seu olhar frio e cortante mergulhou, por um instante, nos olhos ardentes da moça. Em seguida, retirando a mão que ainda repousava sobre seu ombro, levantou-se e deu alguns passos para trás.

— Grande e preciosa é a dádiva que me faz a nobre esposa do poderoso Putifar — ele respondeu em voz baixa, mas clara. — E de tal modo é preciosa, que não a posso aceitar, pois a senhora se esquece de que o homem pelo qual experimenta uma paixão ilícita é escravo de seu esposo. Tenho juízo, nobre Ranofrit, e conheço os castigos com que a lei egípcia pune o adultério. Mas ainda que tal lei não existisse, o fato é que seu esposo me concedeu tantos benefícios, tendo sido sempre para mim, não um senhor, mas um pai, que eu preferiria a morte a atentar contra sua honra. Lembre-se de tudo isso, poderosa senhora e, no futuro, não torne a tentar com sua beleza e palavras inebriantes o pobre escravo que sempre a serviu com fidelidade.

Lívida e trêmula, Ranofrit escutara a resposta dura do homem a quem tinha imaginado enlouquecer de felicidade e ver cair a seus pés num êxtase de adoração. Em vez disso, o insolente chamava-a ao dever. Não a desejava! A jovem senhora teve a sensação de receber um soco em pleno rosto e cambaleou, tomada por uma vertigem, sob o olhar gélido das pupilas esverdeadas que a fitavam impassíveis.

José não se moveu. Não fez um único gesto para ampará-la. Mas a egípcia logo se empertigou e, com as mãos crispadas, deu um passo em direção ao hebreu. Sua sensação de fraqueza dera lugar a uma cólera insana.

— Verme da terra, cão impuro e abjeto, o que ousa me dizer? — ela exclamou com voz sibilante. — Se você agora mendigasse a meus pés por um só olhar de amor, eu o enxotaria como a um animal nojento! Sim, você é meu escravo e posso fazer de você o que quiser. E agora saia daqui! — Ranofrit acrescentou, esbofeteando o rosto de José.

Fora de si, ela deu-lhe as costas. O hebreu ficara tão branco quanto o tecido plissado que trazia à cintura. Sua face queimava como fogo e a cólera se apoderava dele. Mas dominando a si mesmo corajosamente, ele deixou o local, enquanto Ranofrit caía sobre o divã e explodia em soluços.

Cheio de raiva e apreensão, José correra direto para seu quarto e lá se trancara.

— Criatura vil e sem pudor — ele falou entredentes, com os punhos cerrados. — Como poderei me vingar por ter sido esbofeteado por tê-la feito recordar seus deveres?

Como um leão na jaula, ele percorria o aposento a passos largos, ruminando planos de vingança cada vez mais ousados, esquecendo-se de que ele próprio é que instigara o sentimento que lhe valera a bofetada. Pouco a pouco, porém, sua raiva se abrandou. E à medida que refletia mais friamente sobre a situação, o receio de que Ranofrit buscasse se vingar da afronta que ele lhe havia infligido se apoderava dele. Tal receio era mais do que fundado, pois era certo que a jovem senhora tinha mais meios de destruí-lo do que ele de se vingar dela. Triste e preocupado, José se recostou à janela e refletiu. De repente, uma ideia audaciosa lhe veio à mente. Caso fosse bem-sucedido, aquele plano temerário e perigoso mudaria repentinamente seu destino, conduzindo-o ao auge da fortuna. Se Putifar desaparecesse agora, devolvendo à Ranofrit a liberdade, seria muito fácil se reconciliar com a jovem tola, que haveria de fazer tudo que ele quisesse. E quando se tornasse esposo de Ranofrit, José teria alcançado o objetivo a que aspirava: uma vida rica e independente.

Tal ideia, nascida inesperadamente, absorveu o rapaz por completo. Quanto mais amadurecia o plano, tanto mais fácil lhe parecia executá-lo e até menos perigoso do que o ressentimento da mulher caprichosa e apaixonada, que ele havia ofendido. Mas era preciso agir depressa. Ele sabia que o chefe dos arqueiros tinha o hábito de tomar uma taça de vinho ao se deitar, taça essa que era preparada com antecedência. Putifar não deixaria de fazê-lo naquela noite, visto que chegaria tarde e cansado da excursão e da festa que haveria depois desta na residência do faraó. Se conseguisse colocar na taça de vinho de Putifar algumas gotas de um veneno vegetal que Schebna lhe havia ensinado a preparar...

Dois anos antes, ele havia preparado um frasco daquele veneno, que de tão sutil não deixava qualquer vestígio e que nunca utilizara. Agora este lhe poderia ser útil, sem levantar qualquer suspeita, visto que não mais adentrara o quarto de dormir de seus senhores desde o casamento de Putifar.

Enquanto José assim pensava, amadurecendo o plano nascido de modo tão inesperado, a noite caíra. Mas ele resolveu aguardar um pouco. Mais tarde, imaginando que Ranofrit já estivesse deitada e adormecida, ele apanhou o frasco de veneno e se dirigiu para o jardim. Caminhando sem ruído, como um fantasma, o rapaz chegou às janelas do aposento ocupado por Putifar e sua esposa. Uma escrava sempre ficava em uma sala contígua, para o caso de a senhora precisar de algum serviço. Geralmente era Acca, jovem dama de companhia que se dava muito bem com o jovem intendente, que ocupava aquela sala. Ao se aproximar, José a viu, ocupada em dobrar e arrumar algumas roupas à luz de pequena lamparina.

— Acca! — ele chamou baixinho.

A criada se voltou, surpresa. Mas ao reconhecer, de imediato, a figura do hebreu, correu para junto da janela. Era uma jovem encantadora, frágil, morena, com grandes olhos de gazela, típicos das egípcias. Amava José, e como este lhe demonstrasse menos orgulho e severidade que aos demais criados, acreditava que ele também a amava. E nutria a esperança de que, um dia, o rapaz viesse a pedi-la em casamento a Putifar.

— Queria falar um momento com você, Acca, sem ser importunado — o rapaz disse em voz baixa. — Mas, antes, veja se sua senhora está dormindo. Em seguida, corra até o caramanchão no final do jardim e veja se a charrete de Putifar está à vista — de lá era possível enxergar até o fim da rua.

A jovem ficou muito rubra, pois pensou que José quisesse enfim falar claramente com ela. Então, fazendo um sinal afirmativo com a cabeça, adentrou o quarto de Ranofrit, rápida como uma sombra. Pouco depois, ela tornou a aparecer na janela.

— A senhora dorme. E agora vou correr até o caramanchão — ela disse, subindo na borda da janela.

O jovem enlaçou-a, e depois de tomá-la nos braços como se fosse uma criança, colocou-a no chão. Mas nem bem Acca havia desaparecido sob a sombra das árvores, José saltou a janela e dirigiu-se, na ponta dos pés, para o quarto contíguo.

Uma lâmpada de óleo perfumado iluminava suavemente o aposento, a ampla cama dourada envolta por tecidos fenícios e a mesinha esculpida, sobre a qual resplandecia, na penumbra, a taça dourada de Putifar. Ranofrit estava deitada sobre as almofadas, de olhos fechados, mas não dormia, como Acca tinha acreditado. Absorta em seus pensamentos, não se movera com a entrada da jovem criada, supondo que esta acreditara ter sido chamada. Durante toda a noite, uma tempestade bramira na alma da jovem senhora. Hesitando entre o amor e o ódio, ela tentava colocar ordem no caos de seus sentimentos. Em seguida, a lembrança do ultraje sofrido, de seu amor desdenhado, tornava a despertar nela novo acesso de raiva.

Um ligeiro ruído veio incomodá-la novamente em meio a seus tumultuosos pensamentos. Acreditando tratar-se de Acca, Ranofrit abriu os olhos, decidida a passar-lhe um sermão por estar sendo importuna. A voz, porém, calou em sua garganta, pois acabava de ver José que, leve e ligeiro, vinha em direção ao leito.

Um caos de sentimentos contraditórios despertou nela ao ver o homem em quem todos os seus pensamentos se concentravam. Lá estava ele! Então ele se havia arrependido por sua conduta, o amor triunfara sobre a prudência e o impelira a implorar seu perdão, enquanto Putifar ainda estava fora! Que outra razão, que não o desejo de reconciliação, haveria de trazê-lo àquele cômodo? Assim pensando, Ranofrit esqueceu o ultraje sofrido e seus planos de vingança. Via apenas o corpo elegante e esbelto do jovem hebreu e seu perfil harmonioso se inclinava sobre a pequena mesa.

Com o frasco na mão, José se aproximara da cama, e erguia a mão para derramar as gotas mortais na taça de vinho, quando, de repente, uma sombra branca se ergueu ao seu lado, dois braços ágeis lhe enlaçaram o pescoço e uma voz vibrante murmurou:

— Então, você me ama e resolveu vir. Ah, eu sabia!

Tomado de vertigem, o rapaz permaneceu imóvel. Era como se um abismo se abrisse sob seus pés: se Acca ou seu senhor o surpreendessem naquele quarto, se encontrassem o frasco em sua mão, estaria perdido. Um suor gelado cobria-lhe o corpo. Sob o domínio daquela súbita prostração, José se deixou abraçar sem resistência. Somente quando sentiu em seus lábios um beijo ardente foi que o hebreu saiu do torpor e tentou se soltar, exclamando com voz rouca:

— Solte-me!

Mas quanto mais ele queria se livrar das cadeias vivas que o retinham, tanto mais Ranofrit, em sua cegueira louca, agarrava-se a ele. Travou-se, então, uma luta silenciosa. De repente, porém, a audição refinada e superexcitada de José percebeu o ruído de rodas que adentravam no primeiro pátio. Era Putifar, sem dúvida alguma, que voltava para casa. Um terror tremendo se apoderou do jovem hebreu. Então, ele recuou, arrastando para fora do leito a jovem senhora, que continuava agarrada ao seu pescoço. Não tendo mais tempo para delicadezas e usando da superioridade de sua força masculina, José empurrou Ranofrit com tal força, que ela caiu sobre a esteira, enquanto ele se apressava em fugir.

Chegando novamente ao jardim, o rapaz respirou aliviado. Só que ele não tinha percebido que, na agitação da luta, a jovem senhora se agarrara à sua túnica e que, ao cair, tinha arrancado um pedaço do tecido próximo à gola. Evitando Acca, que retornava pelo outro lado, José correu como um animal encurralado até seu quarto. Lá chegando, despiu-se no escuro e deitou-se na cama.

— Talvez eu esteja salvo — ele pensou, suspirando.

Ranofrit levantou-se, lívida e trêmula. Ao cair, ela tinha batido contra um enfeite da cama e podia-se ver em sua testa uma marca arroxeada do tamanho de uma avelã. Seu pescoço, braços e mãos estavam cobertos por arranhões, e a fina túnica de linho que ela vestia estava rasgada quase que ao longo de todo o comprimento.

Respirando com dificuldade, ela sentou-se à borda da cama. Desta vez, apenas a sede de vingança lhe enchia a alma. Perguntava a si mesma como agir, quando ouviu o ruído dos passos de seu marido contra o assoalho do cômodo ao lado. Um plano bem feminino lhe veio à mente:

— Ah, cão miserável e ingrato — ela murmurou entredentes. — Não quis meu amor? Pois agora experimente meu ódio!

Naquele instante, uma velha negra com uma tocha na mão ergueu o pesado reposteiro e deixou Putifar entrar. Ao ver sua jovem esposa meio caída no leito, com as roupas num estado que evidenciava claramente indícios de uma luta, ele parou, petrificado.

— Ranofrit, minha bem-amada, o que aconteceu com você? Está pálida como uma morta! — ele exclamou, caminhando em direção a ela e segurando-lhe a mão trêmula.

Num primeiro momento, ela nada respondeu às reiteradas perguntas do marido. Seus dentes tiritavam e sua cabeça tombou sobre o peito de Putifar. Mas, de repente, ela ergueu os olhos para ele e disse com voz entrecortada:

— Um ultraje inominável me atingiu durante sua ausência. Ele veio, o miserável, e...

Soluços impediram-na de prosseguir. Uma onda de sangue subiu ao rosto do chefe dos arqueiros, mas ele procurou dominar-se. Fez com que a jovem senhora se deitasse, deu-lhe a beber alguns goles do vinho de sua taça, que felizmente não recebera as gotas de veneno. Só então ele perguntou:

— Quem ousou entrar aqui e insultá-la? Diga-me e esteja certa de que o culpado pagará caro por tal audácia.

Ranofrit ergueu-se, com olhos faiscantes:

— Foi José, o miserável hebreu que você cumulou de benefícios, que entrou aqui e tentou me ultrajar com seu amor impuro. Veja as marcas da brutalidade dele! — ela estendeu os braços arranhados. — Ele fugiu ao ouvir seus passos. Mas eis aqui, em minha mão, um retalho da veste dele, arrancada durante a luta — Ranofrit abriu a mão e mostrou ao marido um pedaço de tecido amarelo com riscas azuladas.

Putifar deu um salto, ao ouvir aquelas palavras.

— José, aquele infame, aquele ingrato! Em troca de meus benefícios ousou erguer os olhos para minha esposa? Foi além de todos os limites! Dê-me isso — falou Putifar, agarrando o retalho de pano da mão de Ranofrit. — Vou mandar prendê-lo e amanhã ele será julgado.

O homem dirigiu-se à sua sala de trabalho, chamou dois servos e, acompanhado por eles, foi conduzido até os aposentos de José.

O rapaz fingia dormir, enquanto atentava, ansioso, aos barulhos externos. De repente, estremeceu e seu coração parou de bater: os passos de vários homens se faziam ouvir na galeria. Então, a porta de seu aposento foi bruscamente aberta. A claridade das tochas iluminou o cômodo e Putifar disse com ironia:

— Vejam como este cão está bem instalado! Ah, você dorme? Bébi, pegue a veste dele e mostre-a para mim.

Como se pode prever, constatou-se que o retalho se ajustava perfeitamente ao rasgo. Convencido por aquele exame silencioso, Putifar desferiu um rude golpe contra o ombro de José que, deitado de frente para a parede, não sabia ainda da evidência de sua culpa, que se encontrava entre as mãos de seu senhor. Continuar fingindo que dormia era impossível. O rapaz se voltou, como se despertado num sobressalto, e seu olhar caiu sobre Bébi, que agora segurava a túnica e o pedaço de pano que o delatava. Tomado de vertigem, o jovem hebreu tornou a cair sobre a cama, inconsciente.

— Aí está uma confissão bastante clara — disse Putifar entredentes e, voltando-se para os escravos, acrescentou: — Que ele seja amarrado e vigiado até amanhã.

Voltando para junto de Ranofrit, Putifar abraçou-a, procurou acalmá-la e contou-lhe o que acabava de acontecer.

A jovem senhora, que escutara com curiosidade, perguntou sobre o tipo de punição que aguardava o culpado. Mas quando ficou sabendo do castigo terrível que a lei egípcia infligia em delitos do gênero, estremeceu. Um súbito remorso lhe apertou o coração, visto que José não era tão culpado quanto ela fizera crer o marido.

Os dois cônjuges dormiram pouco naquela noite. Putifar, bom e generoso por natureza, sempre indulgente para com seus escravos, afligia-se por antecipação pela cruel punição que deveria infligir ao homem que o servia fielmente há tanto tempo e que se havia tornado indispensável para ele. Não podia esquecer de que José o ajudara a conquistar aquela mesma Ranofrit, a quem ele, como esposo, temera ofender caso se mostrasse excessivamente indulgente para com o hebreu. Lamentava o destino do rapaz insensato, a quem uma louca paixão conduzira à ruína, e a ideia de mutilar um jovem ser, de torná-lo infeliz pelo resto da vida, causava-lhe repulsa.

Quanto à jovem senhora, torturava o próprio espírito à procura de um pretexto que pudesse aliviar a sorte de José. Ao ouvir o marido suspirar e se virar no leito, acreditou que ele também lamentasse por seu favorito. Foi então que ela encontrou, naquele suspiro, a saída que buscava.

O dia mal começara quando Putifar se levantou, indo sentar-se junto à janela. Meditava, absorto em pensamentos sombrios, quando um braço lhe enlaçou o pescoço, um rosto aveludado se encostou ao seu e uma voz cariciosa murmurou:

— Meu senhor e esposo bem-amado, vejo que você sofre por se ver obrigado a pronunciar uma sentença tão cruel contra seu bom servo que, até este dia, jamais mereceu sua cólera. Bem, não queria que esse jovem insensato morresse por minha causa. Ele tentou me ultrajar, é verdade, mas os deuses me protegeram e ele ficou cego por sua paixão impura. Se meu pedido fala a seu coração, seja indulgente para com José. Ao invés de mutilá-lo, faça com que ele seja castigado diante de você e o envie para uma propriedade distante. Uma lição assim dura o trará de volta à razão e, em alguns anos, você poderá perdoá-lo e lhe oferecer algum cargo, quem sabe o mesmo que ele ocupa.

Putifar trouxe a esposa para junto de si e abraçou-a calorosamente. Era como se uma pedra tivesse sido tirada de seu coração.

— Obrigado, por suas palavras bondosas, minha querida, e por sua generosidade, que me dispensa de uma sentença tão cruel e, quem sabe, excessivamente severa. Compreendo que aquele que a vê não pode deixar de amá-la e, talvez, essa seja a única desculpa do miserável. Agirei como você me sugere. Na presença de nossa gente, farei com que lhe seja dado um corretivo do qual ele se lembrará por muito tempo. Então, eu o enviarei para minha propriedade próxima a Tânis. Você estará suficientemente vingada assim?

— Sim, sim — murmurou Ranofrit, apertando o rosto rubro contra o ombro do marido.

José tinha passado horas infernais. Com os pés e mãos amarrados, fora jogado como um pedaço de madeira a um canto do aposento, cuja entrada era vigiada por dois negros vigorosos. Compreendia bem, pela maneira como o haviam amarrado, que não era mais o poderoso intendente da casa e das terras de Putifar, mas sim um criminoso miserável que aguardava, dentro de algumas horas, um suplício pavoroso e infamante. O jovem contorcia-se, rangendo os dentes, e nuvens de sangue lhe obscureciam os olhos quando pensava em Ranofrit, a desprezível mentirosa que o desgraçara. Sabia ao que Putifar poderia condená-lo e, com certeza, a esposa ultrajada não haveria de poupá-lo.

Aquele era, assim, o fim de seus sonhos de grandeza, o poder que o caldeu lhe havia prometido. Mentira, mentira! E toda sua infelicidade, toda sua vergonha, ele devia à mulher abominável que ele tanto odiava naquela hora e a quem teria matado com satisfação. Não, matar seria pouco. Ele a teria torturado, destruído, como ela o destruíra. Era uma alegria para José que os dois negros que o vigiavam não compreendessem as palavras hebraicas que lhe escapavam em sua ira. Caso contrário, o teriam espancado pelos termos ultrajantes com que ele se referia a seus senhores.

Por fim, aquela noite, que para o jovem hebreu pareceu uma eternidade, chegou ao fim. O dia raiou e finalmente chegou Pineas, o segundo intendente, que anunciou, com um sorriso malicioso, que conduziria José à presença de Putifar, que o faria açoitar em sua presença. Depois disso, José seria enviado a uma propriedade distante, "não para chefiar, bem entendido", o bravo Pineas acrescentou com satisfação genuína e irônica. Na verdade, Pineas sempre detestara José por ser o estrangeiro e escravo que tinha sido levado a tão alto cargo por uma fantasia de seu senhor.

O primeiro sentimento de José foi de imenso alívio. Afinal, ser açoitado com varas não era nada se comparado à uma mutilação. Mas, de repente, o orgulho indomável de José se fez sentir com toda força. Algo nele se revoltava ao pensar em ser açoitado na presença dos servos que havia comandado, os quais não raro tinham sido alvo de sua severidade. A cabeça do rapaz girava e, fechando os olhos, ele cambaleou sobre as pernas dormentes.

Alguns chutes vigorosos e uma mão brutal, que o agarrava pelo colarinho e o sacudia com violência, trouxeram José de volta à realidade. E foi sob murros e zombarias por causa de seu desmaio, pela ousadia em arriscar a própria cabeça e por sua covardia ante um risco bem menor, que o arrastaram até um pátio interno, onde já se achavam reunidos todos os escravos e onde, um instante mais tarde, apareceu Putifar.

Podia-se ver o assombro e a incredulidade no rosto dos servos de todas as categorias, que se comprimiam no pátio e em todas as passagens. Não podiam acreditar que seu intendente, o homem de confiança de seu senhor, sofreria uma punição tão odiosa.

— Ingrato miserável, que retribui meus favores com um insulto inaudito — disse Putifar, fixando com um olhar severo o rosto lívido e contraído de José. — Sabe que punição a lei lhe infligiria? Mas, por piedade e em memória de seus serviços passados, contento-me em castigá-lo e bani-lo de minha presença.

— Meu bom e poderoso senhor, sou inocente. Jamais ousaria tocar em sua esposa — respondeu o hebreu com voz metálica e vibrante, que ressoou pelo pátio. — Ela mesma me perseguiu e ordenou que fosse ao seu quarto, sob pretexto de ter ordens a me dar. Quando obedeci, ela me falou com linguagem vergonhosa, pedindo-me que o traísse em sua ausência. Quando quis fugir, ela se agarrou a mim e...

— Cale-se, língua viperina, desavergonhado infame, que acrescenta uma calúnia ao insulto! — gritou o chefe dos arqueiros, pálido de cólera. — Como ousa acusar sua senhora? Haveria minha esposa de cogitar em sujar-se ao contato de um escravo abjeto? Você mereceria que arrancassem sua língua mentirosa e a lançassem aos cães. Vocês aí, agarrem-no e castiguem-no como se deve!

Ardendo de raiva e orgulho, José tentou suportar estoicamente, em silêncio, os golpes que choviam sobre ele. Mas, vencido por uma dor atroz, acabou por contorcer-se e urrar como um animal selvagem.

Ranofrit estava no jardim. Pálida, trêmula, as mãos sobre o peito, ouvia os gritos dilacerantes, entremeados de urros que, amortecidos pela distância, chegavam aos seus ouvidos. Sabia que era José quem gritava, sofrendo naquele momento sua punição cruel. A jovem tapou os ouvidos, correu para outro canto do jardim e, respirando com dificuldade, encostou-se a uma árvore. Não tinha ideia de quão duramente ela haveria de pagar por aquele momento.

Quando a execução terminou, José estava inconsciente. Putifar, cujo coração bondoso sempre abrandava a severidade, ordenou que o levassem para um quarto coletivo, enfaixassem suas feridas, dessem a ele algum alimento, e que só o fizessem partir quando ele estivesse suficientemente refeito, mas que o vigiassem, para que não fugisse.

Ao voltar a si, José se contorceu de dor, tomado por uma ira impotente. Estava deitado sobre a palha. Sentia as costas cobertas de feridas e cada movimento lhe causava dores abrasadoras. Mas estava a sós, sem amarras, e um jarro de água próximo lhe permitia saciar a sede que o devorava. Barulho e o rumor de passos à frente da porta do reduto o fizeram compreender que estava sendo vigiado. Tal circunstância, porém, pouco lhe importou. Não pensava em fugir, mas em fazer com que Putifar e sua mulher pagassem caro pela vergonha e sofrimentos a que fora submetido.

— Aguardem! — murmurou, com os punhos cerrados. — O cão miserável saberá se vingar pelas torturas sofridas, nobre Ranofrit. Ele a cobrirá com uma vergonha tal, que nenhuma água perfumada conseguirá lavar. Vocês dois não sabem a força de que disponho!

Imerso em seus pensamentos, José esqueceu até mesmo de suas dores, e o primeiro resultado de suas reflexões foi a compreensão de que precisava ficar um pouco mais forte, antes de tentar qualquer coisa. Simulou, então, uma prostração total. E como Putifar tinha ordenado que não o fizessem partir antes que estivesse um tanto refeito, foi deixado em paz.

Na noite do terceiro dia, José se sentiu mais forte, e temendo protelar demais, decidiu que tentaria se vingar naquela mesma noite. Quando a claridade pálida da Lua, que penetrava pela abertura do teto, encheu seu quarto de uma luz fosca, José retirou da bolsinha que trazia sempre amarrada ao pescoço a pedra mágica. Então, apertando-a entre suas mãos unidas, concentrou toda sua vontade. Seu rosto pálido e emagrecido tornou-se lívido, seus olhos selvagens lançaram chamas, uma espuma esbranquiçada escorreu pelos cantos de sua boca entreaberta e seu corpo dobrou-se sobre si mesmo, como o de uma pantera à espreita de sua presa. Em seguida, ergueu a mão que segurava a pedra e, com voz baixa, mas clara, pronunciou as seguintes palavras:

— Ranofrit, eu lhe ordeno, venha até aqui adormecida.

Tendo repetido tal chamamento por três vezes, ergueu a outra mão num gesto imperativo e permaneceu imóvel. Tudo era silêncio. O escravo que vigiava a entrada do cárcere se achava meio adormecido e somente sua respiração ruidosa e regular quebrava a calma da noite. Agachado na penumbra, José fixava a porta, continuando a erguer a pedra mágica, cujos raios azulados iluminavam seus dedos contraídos.

De repente, um leve ruído se fez ouvir: a esteira rústica que servia de reposteiro se ergueu e Ranofrit surgiu no limiar da porta. Com passos incertos e automáticos, caminhou na direção do hebreu. Seus cabelos negros e longos estavam em desalinho, seus olhos fechados e sua cabeça inclinada para trás. Vestida apenas com uma camisola branca e transparente, ela aproximou-se, como se atraída por um amante, do leito de palha de seu inimigo, que logo lhe tomou a mão, atraindo-a para si.

O rosto de José adquirira uma indefinível expressão de triunfo cruel e de maldade infernal. A hora da vingança tinha chegado! Poderia pôr a perder agora e para sempre a bela Ranofrit, graças a quem tanto havia sofrido, e cobri-la, assim como a Putifar, de uma desonra indelével.

Gritos estridentes, provenientes do cárcere, ecoaram, de repente, pela casa inteira. Os escravos levantaram de seus leitos, supondo que acontecia um incêndio, e aquele alarme não tardou a chegar aos aposentos dos senhores. Putifar despertou, sobressaltado, e não vendo Ranofrit ao seu lado, saltou da cama, seguindo na direção dos gritos que não cessavam. Naquele momento, José se inclinou na direção da jovem senhora e sussurrou em tom imperativo:

— Acorde!

A moça estremeceu e abriu os olhos. Mas ao se ver, inesperadamente, em um lugar pouco iluminado e desconhecido, junto a um homem que não reconheceu num primeiro instante, recuou apavorada e quis fugir. Uma mão de ferro, porém, a reteve e uma voz, repleta de cruel ironia, exclamou:

— Fique, fique, bela senhora, para que Putifar e sua gente vejam que sou inocente.

Ele calou-se e deu um riso seco. Em seguida, voltou a gritar.

O escravo-vigia foi o primeiro a despertar. Correu para dentro do recinto e, ao ver uma mulher que se debatia, tentando livrar-se das mãos de José e fugir, desejou ajudá-la. Mas ao reconhecer naquela mulher sua jovem senhora, recuou, espantado.

Minutos mais tarde, ouvia-se o rumor de passos tumultuados, que vinham de todos os lados. Vários homens, portando tochas, adentraram no recinto. Então, quase que de imediato, a figura alta de Putifar surgiu à porta. Ao ver sua mulher segura por José, parou como que petrificado, enquanto o jovem hebreu gritava, estendendo as mãos na direção dele:

— Veja, senhor! Até aqui ela veio me incomodar, essa mulher impudica, para me oferecer seu amor ilícito. Acredita agora que sou inocente? O senhor e seus servos podem ver que foi ela quem veio tentar mais uma vez este infeliz prisioneiro, pisado e humilhado!

Muda de espanto, de olhos arregalados, Ranofrit ouvia aquelas acusações, sem compreender por que fatalidade se encontrava naquele lugar desconhecido, onde jamais estivera antes. O rosto contraído de José, seus gritos estridentes, o contato de sua mão fria e úmida que lhe segurava o braço, causavam-lhe indizível horror. Mas a visão dos servos espantados e do semblante alterado de Putifar enchiam-na de vergonha e desespero. Compreendeu que estava perdida e, com um grito rouco, caiu, inconsciente.

O rosto bronzeado do chefe dos arqueiros mostrava agora uma palidez esverdeada e seu olhar mantinha-se fixo em José, que acocorado sobre a palha, ao lado do corpo imóvel de Ranofrit, lançava para ele um olhar de odioso triunfo. O hebreu parecia horrendo naquele instante com seu rosto pálido, cabelos em desalinho e com as marcas sangrentas que lhe cobriam o corpo. Uma tal cólera, mesclada de vergonha e sofrimento, apoderou-se de Putifar, que sua mão buscou instintivamente o punhal que costumava trazer na cintura. Mas o objeto não estava ali e o chefe dos arqueiros, tão habituado a se autodominar, reprimiu a tempestade que bramia dentro dele, pensando que os gritos de José haviam tido o objetivo de atrair a casa inteira e se vingar dele e de Ranofrit, a indigna, cuja traição vil o atingia em pleno coração.

Então, aprumando-se, ele disse com voz rouca:

— Que esse cão impuro não passe nem mais uma hora nesta casa. Que seja levado incontinenti à prisão da casa branca.

Putifar se referia à fortaleza de Mênfis, onde ficavam os calabouços dos prisioneiros de Estado e os criminosos de mais alta periculosidade.

— Amanhã darei minhas ordens a Harmahou — ele acrescentou, por fim.

Em seguida, Putifar se abaixou e, com uma brutalidade que jamais usara nem com o último de seus escravos, agarrou Ranofrit por seus longos cabelos negros. Com um movimento violento, tentou colocá-la em pé. Mas estando ela inconsciente e tornando a cair inerte, Putifar arrastou-a para fora da sala e ao longo do pátio, continuando a puxá-la pelos cabelos. Foi quando seu velho criado de confiança e Nefrou, sua ama-de-leite, a quem ele muito amava, barraram sua passagem. Caindo de joelhos, eles bradaram, chorando e erguendo para seu senhor as mãos súplices:

— Senhor, senhor, tenha piedade de sua esposa. Não lave seu coração em sua primeira ira. Talvez venha a se arrepender.[3]

Putifar parou, sobressaltado, e passou a mão pela testa. Sim, ele pensou, se houvesse um ser dotado de mau-olhado, bem seria aquele homem de olhar de serpente. Então, sem responder, ele largou os cabelos negros de Ranofrit e correu para dentro de casa.

Enquanto os dois anciões se desdobravam em cuidados junto a Ranofrit, alguns escravos arrastavam José para fora do cárcere. Um deles gritava, raivoso:

— Feiticeiro maldito! Seus irmãos, os demônios, sabem, sem dúvida, com qual encantamento você causou esse infortúnio! Dou minha cabeça a cortar, se tudo isso não foi resultado de um feitiço, uma calúnia inventada por sua língua abominável.

E, repleto de cólera, aquele escravo bateu no rosto de José com tamanha violência, que seu sangue jorrou pelo nariz e pela boca. Minutos mais tarde, cambaleante e ensanguentado, José deixava a residência de Putifar.

3 Lavar seu coração significa, na língua egípcia, vingar-se. É uma expressão típica e comum, que é preciso manter.

V

O QUE A HISTÓRIA NÃO CONTA

Seu senhor ficou furioso quando ouviu o que sua mulher contava. Mandou, então, buscar José e o jogou na prisão, onde estavam os prisioneiros do rei.
Gênesis, Cap. 39, vs. 19 e 20

Então, se supomos ter em Putifar um ministro da polícia ou chefe dos arqueiros (guardas, mas não da guarda do rei), atribuímos a ele uma dignidade de conforme àquela que mencionamos anteriormente.
Como chefe dos arqueiros, ele é, por sua nobreza, um homem da corte do faraó; no cumprimento de suas atribuições, as prisões, punições corporais e execuções capitais são da competência de sua jurisdição. Sendo assim, pode-se também considerá-lo como chefe dos carrascos.
***L'Egypte et les livres de Moïse* -- G. Ebers,**

AUXILIADA PELO VELHO Thot, a ama-de-leite levou Ranofrit para seu quarto. Depois de dispensar Acca com rispidez, uma vez que a supunha amante do hebreu detestado, a mulher cuidou da jovem senhora, tentando fazer com que esta voltasse a si. Por um bom tempo, em vão massageou o rosto e o peito da enferma com essência aromática, friccionou seus pés e mãos e derramou vinho em sua boca, chamando em seu auxílio todos os deuses de Mênfis e entremeando tais evocações com maldições contra José, a quem odiava, como, aliás, todos os servos de Putifar.

Por fim, Ranofrit tornou a abrir os olhos. Mas ao se lembrar de tudo que se passara, deu um grito de desespero e rolou pelo leito como louca.

— Ah, querida senhora, o que fez e como pôde se expor à desonra daquele modo? — gemeu a velha, desfazendo-se em lágrimas.

— Sou inocente, Nefrou — exclamou Ranofrit, atirando-se nos braços da escrava. Aquele bruxo hebreu lançou um feitiço sobre mim. Que todos os juízes do Amenti me condenem se eu souber como fui parar no lugar sórdido, onde aquele animal nojento apodrecia! Juro que nunca tinha visto aquele local e não me levantei para ir encontrá-lo lá.

— Ah, é mais do que certo que ele é um feiticeiro, e dos mais perigosos! Ele não conseguiu enfeitiçar o senhor, que tudo lhe confiava, e preferia aquele estrangeiro, aquele servo de Tifon, aos empregados mais fiéis? Foi por essas mesmas forças tifônicas que ele atraiu a senhora para aquele lugar, no intuito de se vingar pelas bastonadas que lhe deram por seus malfeitos.

— Ah, aquele maldito! Mas como hei de provar minha inocência, e o que diz Putifar? — perguntou a jovem senhora, cheia de ansiedade.

Nefrou pôs-se a gemer e a bater no próprio peito.

— Oh, querida senhora, a cólera dele é tamanha, que meu coração se atemoriza só de pensar. Temo pela senhora e não ouso pensar na vingança dele. O que pretende dizer, para se desculpar?

Ao ver que a jovem tornara a cair lívida e trêmula sobre o leito, a boa Nefrou a tomou em seus braços e chorou com ela, tentando consolá-la com carícias e palavras doces, como teria feito a uma criança. Mas o coração da bondosa anciã estava repleto de tristeza, enquanto o de Ranofrit estava gélido de angústia.

Enquanto isso, Putifar permanecia trancado em sua sala de trabalho. As horas que lá passou foram as mais difíceis de sua vida. Num primeiro momento, entregara-se a uma fúria louca, batendo os pés, arrancando as próprias vestes, proferindo blasfêmias em voz abafada. A essa superexcitação sucedera um sombrio desespero. Sua honra tinha sido manchada, seu amor destruído. A mulher adorada estava perdida para sempre. Tinha preferido um escravo impuro a si próprio. Então, José era mesmo inocente e havia sido punido injustamente. Por outro lado, o rapaz se vingara ao atrair a casa toda com seus gritos, fazendo com que os escravos testemunhassem a desonra pública de seu senhor! Ao se lembrar disso, o sangue de Putifar tornou a ferver e sua ira e pensamentos se concentraram em Ranofrit. Devia repudiá-la e desejava puni-la com toda a severidade prescrita pela lei. Faria com que o carrasco lhe arrancasse o nariz e, em seguida, haveria de enxotá-la.

Mas diante da ideia de desfigurar aquele rosto encantador, cujos traços finos e sorriso radiante ele nunca se cansava de admirar, o coração do chefe dos arqueiros fraquejou. Deu um gemido e lágrimas amargas escorreram de seus olhos. Todavia, precisava puni-la e não a poderia proteger. Por fim, ele decidiu que enxotaria Ranofrit a bastonadas da casa que ela tinha desonrado, e que o faria na presença de todos os seus escravos. Ele próprio estabeleceu essa sentença, que faria cumprir naquele mesmo dia.

À entrada de seu marido, e vendo-lhe o rosto lívido e sombrio, Ranofrit pôs-se de joelhos, tremendo como folha ao vento, e ergueu para ele as mãos postas, enquanto exclamava com voz entrecortada:

— Por favor, por favor! Sou inocente! O maldito hebreu me enfeitiçou.

Putifar cruzou os braços e, fixando-a com o olhar ardente, respondeu com um riso seco:

— A desculpa é boa, mas pouco convincente. Acredita mesmo, mulher indigna, mácula de minha honra, que eu a perdoarei pela cena atroz em que me colocou, exposto à zombaria de todos os meus servos? Não! Vê-la me é odioso, renego-a como esposa e, ainda hoje, farei com que você seja expulsa desta casa a golpes de vara. Os escravos irão atirá-la na rua, para que a multidão dos transeuntes contemple e ridicularize a criatura vil que cobiçou o amor de um escravo, de um impuro!

Ranofrit deu um grito e segurou a cabeça entre as mãos. Em seguida, lançou-se como louca na direção do marido, abraçando-lhe os joelhos, agarrando-se às roupas dele, suplicando-lhe entre gritos e torrentes de lágrimas que a perdoasse ou que permitisse que ela partisse em silêncio, mas que não a submetesse a uma vergonha daquelas, por consideração a seu irmão, à sua família, e por piedade a ela mesma.

O desespero e as lágrimas da mulher que, apesar de tudo, ele ainda amava, perturbaram Putifar. Seu coração apertava dolorosamente e, temendo fraquejar, ceder a um sentimento que lhe parecia indecoroso, ele retirou-se, gritando:

— Solte-me!

Tendo dito isso, ele empurrou Ranofrit com violência e desapareceu.

O choque tinha sido de tal modo rude, que a jovem senhora caiu de costas. Mas não desfaleceu. E quando Nefrou, desfeita em lágrimas, ergueu-a, Ranofrit deixou-se cair sobre uma poltrona e, cruzando as mãos convulsivamente, de olhos secos e avermelhados, caiu em sinistro delírio.

Por fim, ela ergueu os olhos e, passando a mão cariciosa pelo rosto da ama, acocorou-se a seus pés e disse, com ar fatigado:

— Vá e deixe-me a sós, boa Nefrou. Quero rogar aos deuses que me deem alívio e que me sustentem em meu infortúnio. Mais tarde tornarei a chamá-la, ou você me prevenirá caso algo odioso estiver sendo preparado.

Assim que a velha escrava se foi, Ranofrit ergueu-se, cruzou os braços e pôs-se a percorrer o quarto a passos largos, gemendo baixinho. Tentou organizar seus pensamentos e lembrar-se de alguns detalhes de sua horrível história. Sua memória, porém, nada lhe dizia. Na noite anterior, ela fora se deitar como sempre fazia. Por que acaso incompreensível acabara por se encontrar, ao despertar subitamente, no cárcere do hebreu? Isso continuava a ser um mistério para ela.

Com um arrepio de horror e nojo, recordou o terrível rosto pálido do escravo, seu corpo todo machucado, seus olhos que exprimiam vingança e uma satisfação infernal. Lembrou-se de sua mão úmida e gelada, que a mantivera a seu lado, como um alicate de ferro. Ah, estava mesmo perdida! Como haveria de viver, desonrada e desprezada por todos? O que diriam seu irmão, o orgulhoso Potifera, a recatada Maia e mesmo o alegre Rameri? Também eles haveriam de rejeitá-la com horror. Oh, como era infeliz! Era mil vezes preferível morrer o mais rápido possível, pois Putifar não acreditava nela e os escravos podiam entrar a qualquer momento para agarrá-la e jogá-la na rua, entre golpes e injúrias. Enterrou a cabeça entre as mãos e uma torrente de lágrimas ardentes jorrou entre seus dedos. Naquele instante, porém, teve a impressão de ouvir o ruído de passos na sala contígua. Ranofrit endireitou-se, o olhar desvairado, e então dirigiu-se até um banco ao pé da cama, sobre o qual ainda se achava o gládio e o estilete que Putifar ali tinha colocado na véspera. Numa superexcitação febril, a jovem agarrou o estilete e enterrou-o no coração com mão incerta.

Por um instante, Ranofrit ainda permaneceu em pé, olhos desmesuradamente abertos. De repente, então, empalideceu e cambaleou. Uma névoa obscureceu seus olhos, uma torrente de sangue a cobriu toda e, com um grito rouco, caiu no chão.

Num estado de espírito difícil de descrever, dividido entre o amor, a ira e o desespero, Putifar percorreu o aposento com passos agitados. Apesar de sua irredutível decisão de se vingar cruelmente contra sua mulher pelo ultraje que infligira à sua honra, a ordem de enxotar Ranofrit se recusava a sair de seus lábios. Por diversas vezes sua mão, que já se erguera para tocar a campainha de bronze, tornara a baixar, indecisa.

Dominado por aquela superexcitação, sequer notara, de início, o barulho e o tumulto que se erguiam pela casa. Mas logo os clamores, entremeados de soluços, tornaram-se tão ruidosos, que chegaram à porta da sala onde ele estava. Então, tomado por um pressentimento sinistro, abriu bruscamente a porta e avistou o velho Thot, que corria como louco, arrancando os próprios cabelos, batendo a cabeça contra as paredes e repetindo:

— Oh, dia de infelicidade! Dia nefasto!

— O que se passa? O que significam esses gritos — Putifar indagou num tom imperioso, enquanto segurava o escravo pelo braço.

— Oh, a senhora suicidou-se! — gritou Thot.

O chefe dos arqueiros recuou, como se atingido por uma bordoada, e, por um instante, tudo escureceu diante de seus olhos. Controlando as emoções, correu apressado para o quarto de Ranofrit. Em todos os cômodos contíguos via-se escravos de ambos os sexos a correr desvairados, gritando e gesticulando. Uma multidão deles se comprimia à entrada do quarto de dormir, de cujo interior erguiam-se gritos lancinantes.

Ao verem o senhor, todos se afastaram para lhe dar passagem. Foi então que Putifar avistou Ranofrit estendida no chão sobre uma poça de sangue. Nefrou e vários de seus aios se mantinham agachados ao redor dela, com os gemidos lúgubres que ainda hoje caracterizam as mulheres do Oriente.

Respirando com dificuldade, tomado por um calafrio nervoso, Putifar ajoelhou-se junto à jovem senhora que parecia de fato morta e colocou a orelha sobre seu peito. Teve a impressão de captar um leve batimento cardíaco. Então, levantou-se, resoluto. Tendo ordenado aos servos que corressem até o templo para chamar médicos e aos demais que retornassem às suas ocupações, Putifar ergueu Ranofrit e transportou-a até o leito, auxiliado por Nefrou. Em seguida, retirou o estilete do ferimento, lavou a ferida e enfaixou-a provisoriamente, a fim de estancar o sangramento.

Cheio de compaixão afetuosa e sincera, Putifar inclinou-se sobre o rosto imóvel da jovem senhora. Ela haveria de ter sofrido muito para vencer o medo da autodestruição, inata no ser humano, e buscar salvação na morte.

Com raiva e desespero, Putifar cerrou os punhos. E se Ranofrit tivesse dito a verdade e um feitiço do hebreu, movido pelo desejo de vingança, a tivesse atraído para junto de si? Sabia que José dispunha de forças ocultas.

Afinal, o hebreu não havia forçado aquela mesma mulher a aceitá-lo, a ele próprio, Putifar, como esposo?

— Se você voltar à vida, eu a perdoarei por tudo, tudo! — ele murmurou, tomado por súbita resolução. — Rá, senhor do céu, peço-te que sejas testemunha de minhas palavras!

Como se Deus, o dispensador da luz e da vida, tivesse ouvido aquela promessa e desejasse provar que a aceitava, Ranofrit fez um movimento naquele instante, gemeu baixinho e tornou a abrir os olhos. Ao reconhecer o marido que se inclinava sobre ela pálido e desfigurado, uma expressão de indizível pavor surgiu no semblante da jovem senhora.

— Sua honra está vingada. Estou morrendo. Só permita que eu morra aqui, pois não fui ao local onde José estava naquela noite — ela murmurou com voz entrecortada.

O coração de Putifar apertou dolorosamente.

— Viva, pobre mulher, e eu a perdoarei de tudo — ele respondeu com emoção, pousando a mão sobre a testa de Ranofrit.

Um sorriso de alegria e inefável gratidão iluminou o semblante gracioso da mulher ferida. Quis levantar-se, mas com aquele movimento a ferida lhe causou uma dor tão atroz, que ela caiu, com um grito. Seus olhos se ofuscaram e ela murmurou:

— Adeus! Seu perdão veio tarde demais!

Tendo dito isso, a jovem desfaleceu.

Com as mãos trêmulas, o chefe dos arqueiros tentava fazer com que a esposa voltasse a si, quando o reposteiro da porta se ergueu e um sacerdote do templo de Ptah, acompanhado por um assistente que trazia uma caixinha, adentrou o aposento.

Com um suspiro de alívio, Putifar foi ao encontro dele. Se houvesse salvação, o homem de ciência haveria de trazê-la.

O velho sacerdote observou e examinou minuciosamente o ferimento. Em seguida, aplicou um bálsamo sobre este, enfaixou-o e fez as prescrições necessárias.

— O ferimento é perigoso, mas não fatal. Se os deuses forem clementes, sua esposa viverá — declarou, ao despedir-se de Putifar.

Algumas horas mais tarde, um mensageiro seguia para Heliópolis, a fim de anunciar ao sumo-sacerdote que sua irmã se achava gravemente enferma e rogar para que ele viesse ou, pelo menos, que autorizasse sua esposa a vir cuidar de Ranofrit.

Com o coração repleto de pesar, Putifar passava todas suas horas livres à cabeceira da jovem esposa, que se contorcia em febre alta e que, em seu delírio, chamava por ele, jurando-lhe que não tinha penetrado no cárcere do hebreu por sua vontade e maldizendo o feiticeiro que a caluniara. Toda a casa parecia estar sobre o peso de uma opressão. Ranofrit era muito amada por sua bondade e indulgência. Os escravos, sem exceção, lamentavam por ela, recusando-se a acreditar em sua culpa. Que o feiticeiro maldito e intrigante tinha usado de magia para caluniá-la era fato tido por certo nas cozinhas e áreas comuns, e com respeitoso zelo toda aquela gente pobre buscava servir, de modo a proporcionar alívio à sua senhora. Todas as conversas acerca dela acabavam com palavras de pesar e olhos lacrimosos.

A notícia da grave enfermidade de sua irmã, sem qualquer explicação mais detalhada, muito inquietou o sumo-sacerdote. Como lhe era impossível deixar Heliópolis naquele momento, foi Maia que, sem perder tempo, colocou-se a caminho, levando consigo a pequena Asnath. Ao chegar a Mênfis, ficou chocada com a grande mudança que se verificava na aparência do cunhado. Ele não apenas emagrecera, mas uma tristeza sinistra, algo difícil e grave, pairava por todo seu ser. Maia ficou ainda mais assustada com a aparência de Ranofrit, que não era agora senão a sombra do que tinha sido. Seu delírio dera lugar a uma completa prostração.

Ao ver a tia estendida como morta, a pequena Asnath pôs-se a chorar ruidosamente, e Putifar, lendo um pedido de explicação no olhar agitado da cunhada, desejou contar-lhe o que se passara. Mas Maia percebeu com tanta clareza que o que Putifar iria dizer-lhe causaria nele uma dor pungente, que a suspeita de algum drama íntimo nasceu, de imediato, em seu espírito. Então, apertando fraternalmente a mão fria de Putifar, ela disse:

— Deixe para lá as explicações, meu irmão. Mais tarde você me contará tudo. Agora, leve a pequena Asnath com você. O choro dela pode incomodar a enferma.

Três semanas se passaram. Os médicos tinham declarado que Ranofrit estava fora de perigo e, lentamente, ela ia recuperando a saúde. Triste e silenciosa, porém, nada dissera à cunhada sobre as causas de sua enfermidade. Maia ainda nada sabia acerca do estranho drama que ocorrera.

Putifar raramente visitava a esposa desde que ela entrara em convalescença, e algo em seu falar e em seu comportamento, assim como em seu olhar triste e grave, dizia à esposa do sumo-sacerdote que um grave incidente havia ocorrido, escurecendo o céu conjugal dos jovens cônjuges. Apesar de sua curiosidade, se abstinha de questionar Ranofrit, pensando que esta estava fraca demais, e Putifar, uma vez que ele visivelmente evitava tocar no assunto.

Nesse meio tempo, Potifera, que havia sido informado com regularidade sobre o estado de sua irmã, chegou a Mênfis. Ele também percebeu de pronto a mudança que havia ocorrido no relacionamento do jovem casal, mas nada comentou. Apenas à noite, quando ficou a sós com a esposa, perguntou-lhe se ela sabia o que tinha acontecido.

— Nada sei, mas suponho que algo terrível tenha se passado entre eles — respondeu Maia. — Em primeiro lugar, devo lhe dizer que a enfermidade de Ranofrit provém de um ferimento perigoso que ela tinha na altura do coração. Não escrevi sobre isso, porque você ficaria ainda mais inquieto. Um estranho mistério paira sobre toda essa questão. Todos se calam, e até mesmo a velha Nefrou, a quem tentei questionar, demonstra evidente medo de falar. Sem dúvida, foi proibida de fazê-lo. Não sei nem mesmo o que pensar. Talvez Putifar tenha batido nela. Mas, por quê? Teria Ranofrit esquecido seus deveres de esposa?

— O que diz? — Potifera interrompeu, com o cenho franzido. — Seria possível que minha irmã tivesse pecado contra a honra e o recato? Impossível! Hor é o único que poderia tê-la induzido à tentação, pois ela gostava dele, eu o sei. Mas Hor é honesto demais para tocar na esposa de outro.

— Talvez eu me engane e as causas do infortúnio sejam outras. Sem dúvida, Putifar lhe dirá a verdade. No dia de minha chegada, ele queria, creio eu, contar-me o que se havia passado. Mas eu não quis piorar o estado dele.

Dois dias se passaram. Putifar parecia atormentado por uma inquietude contínua. Às vezes, ele abria a boca como se quisesse dizer algo. Mas, em seguida, tornava a cair em sombrias meditações.

O sumo-sacerdote nada lhe perguntou, mas observava atentamente. E notou, em primeiro lugar, a ausência do intendente hebreu, que seu cunhado tanto protegia e a quem ele próprio detestava como se detesta alguém de sua própria classe social. A suspeita de que poderia haver alguma relação entre o belo rapaz e a doença de sua irmã lhe veio, de súbito, à mente. Mas o orgulho de Potifera se repugnava só de pensar que Ranofrit pudesse ter olhado para um impuro.

Após a refeição da noite, que os dois homens fizeram em silêncio, Potifera perguntou, fixando o cunhado com um olhar percuciente:

— Diga-me, por que não vejo por aqui o jovem hebreu, seu intendente, que tanto lhe agradava? Estaria doente?

Uma fagulha de ódio e cólera surgiu nos olhos de Putifar.

— Está na prisão, onde poderá ficar até morrer — respondeu brevemente, com voz rouca.

O sumo-sacerdote inclinou-se, colocou sua mão sobre a do chefe dos arqueiros e lhe disse afetuosamente:

— Alivie seu coração, meu irmão. Diga-me o que aconteceu. Vejo que você sofreu muito e não duvido de que o hebreu tenha parte em seu sofrimento. Um instinto, que jamais se engana, fez com que aquele homem me fosse odioso desde a primeira vez que o vi. E um sonho profético, que tive recentemente, me fez temer que aquele maldito ainda viesse a ser fonte de muitos infortúnios.

— O que vou lhe dizer já é o suficiente para justificar sua aversão — murmurou Putifar, passando a mão pela testa úmida de suor.

Então, apoiando os cotovelos sobre a mesa, narrou, em voz baixa e entrecortada, tudo que havia acontecido.

— Você compreende que a ideia de ver num escravo um rival jamais me ocorrera e agora até meu espírito se recusa a admitir tal ideia. Todavia, ele esteve no quarto de Ranofrit. O que teria ido fazer lá? Ela diz que o hebreu atentou contra sua honra, enquanto ele diz que foi Ranofrit quem o chamou e tentou. Ela estava machucada e um retalho da roupa de José estava na mão dela. Mas Ranofrit me jurou, num momento solene em que acreditava estar morrendo, que o maldito tinha lançado um feitiço sobre ela. E se ele a enfeitiçou, o que teria ido fazer naquele quarto durante minha ausência? Perco-me em meio a todos esses mistérios, e o que sofri ao encontrar Ranofrit, naquela noite, no cárcere do hebreu miserável, só os deuses sabem! Fiquei louco de desespero e vergonha. Era certo que Ranofrit merecia a punição que eu lhe queria infligir, se tivesse se deixado levar por uma paixão tão desprezível. Por outro lado, vi nos olhos do hebreu uma satisfação de tal modo cruel, que chego a crer que houve mesmo feitiço. Diga-me, Potifera, você que é sensato e sábio, o que pensa de tudo isso? De qualquer modo, as evidências estão contra Ranofrit e um abismo se abriu entre nós.

O sumo-sacerdote nada respondeu. Com a fronte apoiada em sua mão, meditava profundamente. Após um silêncio que pareceu uma eternidade para Putifar, ele ergueu os olhos e disse com gravidade:

— Longe de mim a ideia de desculpar Ranofrit. As evidências estão contra ela e sua ira é justa. Quero apenas tentar aprofundar e corroborar todos os indícios que temos e, se possível, extrair deles a verdade ou, pelo menos, uma possibilidade. Para começar, o hebreu é um homem belo e inteligente, e muito mais instruído do que pode e deve ser um escravo comum. Além disso, ele é ambicioso e astuto, visto que, da última categoria dos servos, conseguiu chegar à posição de seu primeiro intendente e homem de confiança. Você me disse que ele é originário de uma dessas tribos nômades que vagueiam entre os países de Kewa (Fenícia) e Naharana (Caldeia), e que realizou curas maravilhosas em sua casa. Isso confirma minha suspeita de que ele pode, antes de ter caído em escravidão, ter estado em contato com algum outro feiticeiro caldeu, que lhe tenha ensinado a manejar forças secretas, uma em especial: o poder da fascinação, que o homem possui do mesmo modo que a serpente. A serpente fascina o pássaro que cobiça, o qual, irresistivelmente atraído, atira-se em sua goela. O ser humano impõe sua vontade sobre outro e pode levá-lo a atos que sua consciência e razão reprovam. Acabo de lhe dizer mais do que convém a um não "iniciado". Contudo, o caso de que nos ocupamos é excepcional. Além disso, conheço sua discrição. Mas uma vez isso admitido, José, enérgico e ambicioso como é e dotado do assustador poder oculto do qual acabo de lhe falar, poderia estar seguindo um plano maior do que simplesmente seduzir uma mulher bonita: o de querer transformá-la num instrumento que o levaria a subir ainda mais alto. Após ele haver despertado um amor ilícito no coração de Ranofrit pelo poder da magia, pode ter pensado em subir através dela. E talvez tenha sido para se livrar de você, para matá-lo, que ele adentrou o quarto de dormir. É possível que Ranofrit, que não estava dormindo ou que talvez haja despertado, tenha desejado detê-lo, e ele, com medo de ser pego em flagrante, fugiu. E teria sido nessa luta que o retalho da roupa foi arrancado. Fica claro, então, que, se o hebreu não a quis, sabendo-se amado, é porque seguia um plano mais obscuro e, sem dúvida, mais criminoso. Quanto à presença de Ranofrit no cárcere, é possível que ela tenha sido conduzida até lá pela vontade do hebreu, ávido de vingança.

Pálido e trêmulo, Putifar a tudo escutara. Então, levantando-se de repente, deu algumas voltas pelo aposento. Um súbito clarão acabava de surgir em seu espírito: lembrou-se da proposta de José para conseguir o consentimento daquela mesma Ranofrit, e de como o escravo fora fiel à sua palavra. Obtivera o "sim" da moça, que por sua vez parecia preferir Hor. Sendo assim, se ele tinha podido, através de um encantamento, forçar a vontade de Ranofrit, poderia tê-lo feito uma segunda vez e, desse modo, ela teria sido, de fato, vítima do perigoso feiticeiro. Outrora, ele próprio tinha levado em conta apenas a felicidade de possuir a mulher amada, sem pensar no meio que seria utilizado para tal. Agora, ele próprio se tornava vítima do mesmo poder criminoso.

Depois de suspirar profundamente, o chefe dos arqueiros parou diante de Potifera:

— Suas palavras me esclareceram muitas coisas e suas suposições são realidades para mim. Abandonemos, pois, esse assunto triste. Perdoei Ranofrit, e aquele homem maldito jamais tornará a entrar em minha casa. É preciso tratar de esquecer o elemento perturbador que turvou minha felicidade.

Quinze dias mais tarde, o sumo-sacerdote e sua família retornaram a Heliópolis. O estado de saúde de Ranofrit não apresentava mais qualquer risco e era visível que sua natureza vigorosa recuperava suas forças e mobilidade.

Na véspera da partida, Maia teve uma conversa franca com a cunhada e a jovem lhe jurou, em rios de lágrimas, que era inocente e que, na noite fatal, ela não atravessara conscientemente o limiar de seus aposentos.

Após a partida dos parentes, uma vida triste e monótona começou para Ranofrit. Não saía, fugia dos homens e a mera visão dos escravos lhe era detestável. Durante dias inteiros, ela refletia sozinha na varanda ou no teto plano, ruminando pensamentos sombrios, meditando na humilhação que se abatera sobre ela, destruindo sua honra e sua felicidade.

Todos os dias, Putifar vinha passar alguns instantes com sua jovem esposa. Não lhe demonstrava raiva, mas em seu olhar triste e grave ela podia ver que o marido não sentia mais por ela a afeição de antes.

Mas Ranofrit não ousava se queixar. Sentia que o marido tivera por ela a maior das indulgências, perdoando aquele escândalo espantoso. Porém, a frieza nascida daquele incidente e o isolamento ao qual este a condenava pesavam-lhe, e um amargo desgosto, uma dolorosa amargura lhe apertavam o coração.

O único sentimento que a lembrança de José lhe inspirava agora era aversão. Em compensação, Putifar conquistava cada vez mais seu coração. Como pensava no marido com frequência, este começava a lhe interessar e ocupava todos os seus pensamentos. Ela o considerava belo e bom. Sua voz clara e imperiosa, quando o escutava dar ordens, fazia seu coração bater, e um sentimento assustador de isolamento se apoderava dela quando se recordava do amor e dos cuidados com que Putifar a cercara outrora, dos presentes com que a tinha cumulado, da orgulhosa satisfação com que a conduzia em sociedade e de como ele era feliz em lhe consagrar cada hora em que se achava livre do trabalho.

A única confidente de suas lágrimas e de seus pesares era a velha Nefrou, que não a abandonara desde o dia de seu infortúnio, tendo se tornado para Ranofrit mais uma amiga que uma serva. Através de Nefrou, ela se mantinha sempre a par do que Putifar fazia. Sabia que ele saía muito, voltava tarde para casa e trabalhava às vezes até alta madrugada. A jovem senhora acreditava que ele o fazia para sufocar sua dor.

Mais de dois meses se passaram sem nenhuma mudança nessa situação. Mas à medida que Ranofrit recuperava sua beleza, suas forças e vivacidade de espírito, aquele abandono humilhante pesava-lhe cada vez mais. Então, após uma reflexão madura, resolveu pôr um fim naquilo, tentando uma reconciliação definitiva. Putifar era bom e a tinha amado com paixão. Seria possível que permanecesse inflexível, insensível ao seu arrependimento, caso ela se pusesse de joelhos, implorando seu perdão?

Confiou seus planos a Nefrou, que lhe beijou os pés e as mãos em lágrimas de alegria e a estimulou a perseverar naquela boa resolução. Logo no dia seguinte, Nefrou anunciou à jovem senhora que o momento de tentar a experiência era dos mais favoráveis, pois Putifar, que voltara no palácio onde havia jantado, encontrava-se sozinho em sua sala de trabalho e, ao que tudo indicava, permaneceria acordado novamente até bem tarde.

A bondosa velhinha vestiu sua senhora com um zelo todo especial. Após tê-la perfumado com as mais preciosas essências, penteou e ungiu seus longos cabelos negros, prendeu-os com uma faixa de ouro que lhe contornava a testa, cobriu-a com uma túnica de linho finamente plissada e cingiu-lhe a cintura com uma faixa bordada. Mas o que levou mais tempo foi a escolha dos amuletos que Ranofrit colocou em seu pescoço e que deveriam tornar as divindades favoráveis à sua empreitada. Por último, Nefrou colocou na sandália que calçava o pé direito da senhora uma folha de árvore da felicidade e, na que calçava seu pé esquerdo, um pedaço de cera de aroeira, enquanto pronunciava uma conjuração da qual tinha o segredo e que, segundo ela, devia infalivelmente amolecer o coração de Putifar e trazer felicidade aos jovens cônjuges.

Assim, armada de encantos visíveis e ocultos, a jovem senhora se dirigiu ao aposento onde estava seu marido. Thot, fiel servidor de Putifar, vigiava à porta, agachado e com os braços cruzados. Com um gesto imperioso, Ranofrit lhe ordenou que se retirasse e, então, ergueu a cortina de lã, enquanto lançava um olhar curioso para dentro da sala.

Uma candeia de bronze, cheia de óleo e suspensa por correntes, iluminava suavemente o aposento e a figura do chefe dos arqueiros que, curvado sobre um comprido rolo de papiros, escrevia com vigor. Uma segunda candeia, pendurada numa base de couro, derramava sua claridade pálida sobre o semblante harmonioso e enérgico de Putifar, sobre sua mão que segurava a caneta, sobre o tinteiro alongado e sobre as pilhas de tabuinhas e rolos que cobriam a mesa. Por um momento, Ranofrit, com o coração palpitante, fixou o marido, que de tal modo estava absorto em seu trabalho, que nada ouvia, nem via. Mas ele lhe pareceu tão severo, tão frio, que a jovem foi tomada pelo medo. E se aqueles olhos baixos viessem a lançar sobre ela um olhar de desconfiança e desprezo? E se aquela boca fechada, ao invés do perdão esperado, viesse a pronunciar uma frase dura, embora merecida?

Respirando com dificuldade, a jovem senhora se apoiou por um instante contra a guarnição da porta. Mas, dominando aquela fraqueza, aproximou-se sem ruído da mesa e, caindo de joelhos, segurou a mão esquerda do marido e a levou aos lábios.

Putifar estremeceu. Então, ao reconhecer sua esposa, um rubor escuro lhe surgiu no rosto.

— O que significa sua vinda a esta hora, Ranofrit, e o que quer? — ele perguntou com o cenho franzido.

— Quero que você me perdoe, que me traga de volta seu amor. Não posso mais suportar essa vida isolada, repleta de desprezo — balbuciou Ranofrit com a voz sufocada por soluços. — Oh, morrerei se tiver que levar uma existência tão miserável longe de você!

Putifar não retirou a mão que a jovem continuava a segurar entre as suas. O coração dele também batia descompassado, pois o amor apaixonado que ela lhe inspirava permanecia sob as cinzas amontoadas pelo ultraje. A súplica ardente das pupilas de veludo que se erguiam para ele tinham surtido efeito. Mas o orgulho e a dignidade masculina lutavam ainda contra sua fraqueza.

— Levante-se, Ranofrit. É difícil vê-la assim diante de mim — ele disse com profunda tristeza. — Eu a perdoei. Você continua a ser a senhora de minha casa, mas o que me pede é impossível. Meu coração sangra, porque eu a amei muito. Mas como posso entregar-lhe meu afeto depois de um passado sobre o qual ignoro a verdade?

— Deixe-me ficar a seus pés. Aqui é meu lugar. Eu lhe direi tudo, como se já estivesse diante de Osíris e dos juízes do Amenti. Depois, então, aceitarei sua sentença — murmurou Ranofrit, trêmula.

Então, em voz baixa e entrecortada, ela relatou a estranha impressão que José lhe causara desde a primeira vez em que o vira. E narrou todas as peripécias de seu louco arrastamento, reprovado por sua razão, até o momento em que o escravo, com palavras duras, fizera com que ela recordasse seus deveres.

— Quando, algumas horas mais tarde, ele penetrou em meu quarto, acreditei, em minha loucura, que ele ali viera por minha causa — confessou Ranofrit, rubra de vergonha e em lágrimas. — Mas ele tinha algum outro intuito ao se debruçar sobre a mesa, pois me repeliu quando agarrei seu braço. Lutamos e ele fugiu, deixando um retalho de suas vestes em minha mão. Depois disso, eu não mais tinha visto José, até o instante em que o vi inclinado sobre mim num local sombrio e desconhecido, sem compreender como tinha ido parar lá. Ainda hoje, minha presença naquele lugar é um mistério para mim. Apenas me recordo do horror indizível que a face lívida do miserável me inspirou, seus olhos cintilantes de maldade e seus dedos viscosos e gelados, que se enterravam em minha carne. Quis fugir, empurrá-lo, mas não pude. E como ele me ridicularizasse com palavras injuriosas, acabei por desmaiar. Agora você sabe de tudo. Tenha misericórdia de mim!

Putifar tudo escutara, respirando com dificuldade. Cada palavra da jovem senhora era a confirmação das suposições engenhosas de Potifera. E ele não se poderia vingar mandando matar o feiticeiro miserável, que desejara envenená-lo para monopolizar a mulher que tão habilmente conquistara, pretensamente para seu senhor! Instaurar contra o traidor um processo escandaloso ocasionaria mais vergonha para ele próprio e para sua esposa do que para o escravo obscuro. Ao constatar sua impotência, seus punhos se cerraram.

Ranofrit que o observava, ansiosa, estremeceu diante daquele gesto. Então, perguntou com voz suplicante:

— Você me esqueceu? Ou será que sua ira aumentou, ao invés de abrandar?

Arrancado bruscamente de seus pensamentos, Putifar se inclinou na direção dela e tomou-a em seus braços:

— Eu lhe agradeço por sua confissão corajosa e franca, e a perdoo pelo coração e pelos lábios. Esqueçamos, pois, esse passado nefasto e, a partir deste momento, comecemos uma nova vida. Prometa-me que uma confiança absoluta reinará sempre entre nós. Assim, estaremos livres de toda influência nefasta.

— Devotarei o resto de minha vida para lhe provar minha gratidão e para fazê-lo feliz — balbuciou Ranofrit, enlaçando o pescoço do marido.

Mas assim que seus nervos superexcitados se distenderam repentinamente, ela foi tomada por tal acesso de gritos e soluços, que Putifar se viu obrigado a levá-la para o quarto. Somente um sono profundo, resultante do esgotamento, é que lhe devolveu, por fim, a calma.

VI

JOSÉ NA PRISÃO

No entanto, Javé estava com José e estendeu sua solidariedade sobre ele, atraindo para ele a simpatia do chefe da prisão. O chefe da prisão confiou a José todos os detidos que estavam na prisão.

Gênesis, cap. 39, vs. 21, 22

DOMINANDO PARTE DA cidade com suas grossas muralhas denteadas, erguia--se a cidadela de Mênfis, o castelo branco, como os habitantes costumavam chamá-la por causa de suas paredes rebocadas com cal. O vasto complexo da fortaleza incluía templos, arsenais, as prisões do Estado, as casernas da guarnição, imensos armazéns de forragens e, por fim, os alojamentos de todo o pequeno exército de oficiais e funcionários necessários àquela complicada administração. Soldados recrutados em grande parte entre o povo semita que, naquele tempo, dominava o Egito, comandados exclusivamente por oficiais de sua raça, ocupavam a cidadela, mantendo em ordem a população indígena, turbulenta e com profunda aversão contra seus opressores estrangeiros.

Havia mais de 400 anos que os hicsos, ou pastores, ocupavam o delta do Nilo e uma grande parte do Egito, e, no decorrer desses longos séculos, os vencidos haviam civilizado seus vencedores, que pouco a pouco tinham adotado sua língua, seus costumes e até mesmo sua religião. Continuava-se, entre a massa dos hicsos, a adorar Soutech, a lúgubre e sanguinária divindade síria, a mesma de seus pais. Mas um dos ancestrais do rei em exercício, que se chamava Apopi como este, havia substituído os deuses bárbaros de seu povo por um deus egípcio, cujo culto oficial era celebrado com pompa por um sacerdote especial, o qual havia edificado templos magníficos em Tânis, sua residência habitual, e em Avaris, a impenetrável fortaleza e ponto de referência dos hicsos.

É difícil dizer se essa inovação teria sido inspirada pelo desejo de identificar ainda mais as duas nações ou por alguma simpatia pessoal do rei. O fato é que a escolha do deus Set em todo o panteão egípcio prova, não apenas um conhecimento profundo da religião, mas também um subintendente político bem determinado.

De fato, Set-Tifon, o assassino de Osíris, rival de Horus, o pastor do rebanho de Kemi, é também o símbolo da preponderância do Norte sobre o Sul, do território do rei dos hicsos sobre as províncias do Sul, onde vegetavam miseravelmente, como simples nomarcas, pagando tributo, os descendentes dos antigos faraós, os únicos verdadeiros reis do Egito aos olhos dos sacerdotes e de todos os patriotas.

No tempo das inovações religiosas do rei pastor, o representante da dinastia legítima residia em Tebas e se chamava Taa I, tendo como sobrenome real: Sekenen Rá, ou o sol belicoso, e seus súditos o nomeavam "o grande". Embora esse príncipe portasse apenas o título de Hak, ou nomarca, e pagasse tributo ao rei pastor, que o tratava como vassalo, ele desfrutava de incontestável superioridade sobre os outros chefes de *nomo* das províncias do Sul, e em torno dele centralizavam-se todas as esperanças, assim como todas as conspirações silenciosas de todos os partidários da independência nacional, que aguardavam o momento favorável para sacudir por fim o jugo odioso dos estrangeiros. Pois, por mais que os reis pastores tivessem adotado o título de faraós, se apoiassem num colégio de hierogramático, modelassem sua corte segundo a dos antigos soberanos, adotassem sua língua e costumes, se cercassem de funcionários escolhidos em meio à nobreza egípcia, aos olhos do povo, e sobretudo das altas castas sacerdotais e militares, não passavam de intrusos e usurpadores, uns *Hak Chasou*, como costumavam chamá-los desdenhosamente pelas costas.

O papiro Sallier, conservado no Museu Britânico, relata um episódio curioso da época das inovações religiosas do rei Apopi e das negociações que ocorreram, a esse respeito, entre ele e o rei Sekenen-Ra Taa I, chefe do país do Sul. A pretensão do rei pastor em excluir todos os deuses egípcios, com exceção de Amon-Ra, a fim de substituí-los pelo culto de Set-Tifon, foi a gota d'água que fez transbordar a paciência e a submissão secular do povo do Egito.

Naquele tempo, como em nossos dias, as questões religiosas incitaram, mais que quaisquer outras, as paixões políticas. Houve uma insurreição geral: todo o Sul se agrupou ao redor de Taa I, que ergueu o estandarte da revolta e que foi o primeiro a ousar atacar os poderosos opressores abertamente.

Mais de cem anos se haviam passado desde aquela época e, contudo, os pastores ainda não tinham sido expulsos do país. A guerra pela independência havia prosseguido com resultados diversos pelos sucessores de Taa I, mas sem resultados favoráveis. Por último, os hicsos triunfaram. Eles tornaram a ocupar Mênfis e pareciam mais poderosos que nunca. Contudo, esse poder tinha perdido a solidez, o fermento da revolta havia penetrado no povo, a lembrança de êxitos passados alimentava o entusiasmo e a esperança, tornando duplamente pesado o jugo dos estrangeiros, que por sua vez também cerravam as fileiras, observando com desconfiança a astúcia silenciosa dos vencidos. Sem dúvida, não faltavam indolentes e bajuladores na corte dos reis pastores, indiferentes entre o povo, cuja pobreza e medo obrigam ao silêncio, além de um bom número de nobres egípcios que, por necessidade ante o fato consumado e à força, serviam no exército e na administração. Mas todos eram surdos descontentes, que sentiam duplamente cada injustiça e que, no fundo de seus corações, odiavam seu soberano, a despeito das genuflexões que lhe apresentavam exteriormente.

Na época em que se passa nosso relato, era mais uma vez Apopi quem ocupava o trono. Homem de meia-idade, doentio, caprichoso e inconstante, sujeito a ataques de epilepsia, a dores de cabeça nervosas e cruéis insônias, dizia-se que o mau-olhado caíra sobre ele desde a infância. Os mais instruídos comentavam, à boca pequena, que o faraó era vítima de um terrível feitiço, visto que nenhum remédio conseguira curá-lo. Quanto ao autor do feitiço, as opiniões se dividiam: os sacerdotes hicsos acusavam os sacerdotes egípcios, que por sua vez acusavam uma mulher do harém do falecido rei, incitada por ódio e inveja contra aquele que herdara o trono em detrimento de seu próprio filho.

Parte desses boatos chegaram aos ouvidos do próprio Apopi, enchendo-o de um ódio silencioso contra a casta sacerdotal e inspirando-lhe, ao mesmo tempo, uma predileção doentia pelas ciências secretas, que ele cultivava com ardor.

Seus trabalhos de ciência oculta se alternavam com um arrastamento apaixonado por festas, mulheres, caçadas perigosas e emocionantes. Ora cercava-se de uma multidão barulhenta, ora se confinava na solidão, buscando acalmar o nervosismo e os padecimentos físicos que o torturavam através de cantos e tocando harpa. O luxo de que se cercava era exorbitante, o que inspirava preocupações a seus conselheiros, pois para satisfazer os gostos dispendiosos do faraó era preciso aumentar os impostos, que já eram suficientemente pesados sem isso. Melancólico e desconfiado, Apopi acreditava-se sempre ameaçado por conspirações, e como a prudência o impedia de castigar como gostaria, infiltrara espiões em todas as camadas da sociedade, os quais espionavam até mesmo dentro de suas próprias famílias, relatando cada palavra que lhes parecesse suspeita. Tal situação fazia com que o faraó caprichoso tivesse poucos amigos. Ele percebia isso e mudava com frequência seus favoritos, destruindo, de repente, aqueles a quem ele cumulara de honras na véspera. Assim sendo, suas boas graças quando muito evidentes acabavam por despertar mais temor do que alegria no coração dos eleitos, os quais logo passavam a sentir a própria cabeça a balançar sobre seus ombros.[4] [5] [6]

---

4 Convido o leitor a ler estes trechos de *Les pasteurs en Egypte,* de M. Chabas, e *Histoire de l'Egypte sous les Pharaons,* de M. Brugsch, visto que tais passagens confirmam a base histórica sobre a qual nossa narrativa se baseia.

5 Eis aqui, em primeiro lugar, o que diz M. Chabas: "Após ter relatado o fato apresentado pelo papiro Sallier e mencionado a inscrição funerária de Amósis, filho de Baba, o qual tendo nascido durante o reinado de Sekenen-Ra, participa do reinado de Amés I no tempo da tomada de Avaris e da expulsão definitiva dos hicsos, o sábio egiptólogo diz: "O rei Apopi, mencionado no papiro, foi contemporâneo de Sekenen-Ra, um dos chefes do Sul que trabalhara para a libertação do país. Sem dúvida alguma, ele reinou no último círculo da dominação dos pastores. Este Apopi é o único pastor registrado historicamente. Nada se sabe acerca do nome e dos atos daqueles que o antecederam, nem daqueles que o sucederam, os quais, evidentemente, foram enfraquecendo cada vez mais, até a expulsão final. O Sekenen-Ra, contemporâneo de Apopi, mencionado no papiro, e o Sekenen-Ra de Baba, pai de Amósis, são dois personagens diferentes, duas pessoas da mesma raça.

O fato de que o rei egípcio foi bem-sucedido prova-se por seu sobrenome real: "O Sol belicoso"; mas caso se continuasse a confundi-lo com o Sekenen-Ra Taa-Kene, antecessor do vitorioso de Avaris, seria preciso renunciar a atribuir à sua época o começo da guerra e independência, pois não se encontraria tempo para a longa duração que Mâneton atribui a essa guerra. Mas toda dificuldade cessa quando se fica sabendo que dois outros personagens chamados Sekenen-Ra Taa existiram, os quais assim distinguiremos: 1º Sekenen Rá, Taa-o-Grande. 2º Sekenen Rá Taa, o-muito-Grande. 3º Sekenen Rá Taa Kene, o-muito-vitorioso. Podemos agora, então: Considerar Taa-o-Grande como o primeiro chefe do Sul que se ergue contra os pastores; Taa, o muito-Grande dá continuidade à sua obra e, por fim, Taa, o muito-Vitorioso obtém, contra os bárbaros, os notáveis êxitos que permitiram que Amósis I os expulsasse em caráter definitivo. É em seu reinado que nasce Amósis, filho de Baba, chefe dos marinheiros, que narra a tomada de Avaris. Sekenen-Ra Taa-Kene III, o único designado como antecessor da 18ª dinastia, prova que os êxitos dos dois primeiros foram somente parciais".

6 Brugsch, em sua obra anteriormente citada, diz que uma "tradição cristã muito antiga, conservada pelo padre Syrcell, narra que José governou o Egito sob um rei pastor de nome Apopi, cujo reinado antecedeu o começo da 18ª dinastia em apenas

Ainda doente e sofrendo as consequências da punição cruel que lhe fora infligida, o rapaz hebreu foi atirado num calabouço que fazia parte do edifício destinado aos prisioneiros de Estado, o qual, por essa razão, era mais rigorosamente vigiado e seus ocupantes submetidos à mais dura disciplina.

O carcereiro, à cuja guarda ele foi confiado, era um hicso de nome Quapour, homem bonachão, que depressa notou a submissão e paciência de seu prisioneiro e sentiu certa piedade pelo intendente destituído por seu chefe, destituição da qual o carcereiro ignorava a causa.

Tendo muito a fazer no exercício de sua função, Quapour fazia-se substituir, por vezes, na distribuição de alimentos aos prisioneiros pouco importantes, por seu filho Atou, de 9 anos de idade. Com a astúcia e a habilidade que lhe eram características, José soube entabular conversações cada vez mais amistosas com o menino e, por fim, ofereceu-se para ensiná-lo a escrever, já que era escriba e tinha agora, infelizmente, muito tempo ocioso. O pequeno conversou com seu pai, que autorizou as aulas com satisfação e que, feliz com os progressos de seu filho, passou a se interessar pelo professor.

O primeiro resultado dessa atitude de benevolência foi a transferência de José para uma prisão mais arejada e confortável, onde lhe foi dado um colchão de palha e um cobertor. A seguir, a mãe de Atou passou a lhe enviar, ora um bom prato de carne, ora um bolo de mel ou uma pequena

---

alguns anos. E, mais adiante, encontramos por fim uma interessante confirmação de sete anos de fome no tempo de José, e isso na inscrição funerária de um egípcio de nome Baba, que viveu em El-Kab e foi indubitavelmente contemporâneo do patriarca Jacó, de seu filho José, assim como do rei Sekenen-Ra." Na inscrição funerária desse Baba em El-Kab menciona-se uma fome que se estendeu por longos anos. Os termos do texto funerário não deixam dúvida quanto à realidade do fato histórico ao qual se referem. Visto que um tempo de fome, que se estendeu por alguns anos, só é mencionado na história do Egito Antigo uma vez, no tempo de José, e que Baba, que leva o nome do pai de Amés, o marinheiro, vivia com ele em El-Kab, no tempo de Sekenen-Ra Taa III, pode-se concluir que a fome mencionada por Baba a que ocorreu na época de José são um e o mesmo acontecimento".

Por último, citemos Sayce, que em seu livro Alte Denkmäler im lichte euer forschung conta "que o egípcio Baba, sepultado em El-Kab, que na inscrição de seu túmulo menciona a longa fome que desolou o Egito, vivia, segundo opinião geral, na época que precedeu em alguns anos a ascensão da 18ª dinastia, o que fixa, de maneira positiva, a época em que José governou o Egito".

Após essa digressão histórica, indispensável para a melhor compreensão da narrativa, retomamos o fio da história, voltando à época em que José foi levado à prisão. **Nota do autor espiritual**

ânfora de vinho ou de cerveja. Por fim, o próprio Quapour veio certo dia conversar com ele, e após terem falado sobre as belas qualidades do Atou e sobre o brilhante futuro de escriba real que tais qualidades certamente lhe reservavam, o carcereiro questionou José a respeito de sua origem, de seu passado e sobre os motivos de sua desgraça.

Embora com reservas, José deu a entender que fora a vítima inocente da paixão impura de sua senhora, a quem chamou atenção e que voltasse aos seus deveres, e ela caluniara-o perante o marido.

Depois dessa conversa de caráter confidencial, o carcereiro passou a ter prazer em conversar por alguns momentos com seu cativo. Certo dia, em que vinha fazê-lo trazendo uma jarra de leite da parte de sua esposa, José notou a expressão triste do rosto do homem e, preocupado, perguntou-lhe a razão daquilo.

— Ah — respondeu Quapour, suspirando. — Tive esta noite um sonho que certamente pressagia algo e não tenho ninguém que me possa dar uma explicação sobre ele. Um primo meu, que era especialista nessas coisas, morreu no ano passado, e ir até os adivinhos do templo custa muito caro.

— Não quer me contar o que viu em seu sonho? Talvez eu possa explicá-lo. Em minha tribo havia uma mulher famosa pela ciência de adivinhação. Como era minha protetora e me adorava, ensinou-me um pouco acerca de sua arte.

— Eu lhe contarei meu sonho com muito prazer — respondeu Quapour. — Vi-me sentado, em minha residência, junto à janela. De repente, vejo um grande pássaro preto, trazendo em seu bico uma pomba branca. Batendo as asas ruidosamente, o pássaro entrou no aposento em que eu me encontrava, deixou a pomba cair bem no meio do local e desapareceu no cômodo ao lado. Lá, eu o ouvi lançar três gritos agudos para, em seguida, tornar a sair levando em seu bico uma outra pomba, que era cinza e estava morta. Não seria este sonho, pois, presságio de infelicidade? Mas espere, espere! Esqueci de lhe dizer que, antes de entrar, o pássaro esvoaçou diante da janela e deu sete gritos chorosos e prolongados.

— De fato, seu sonho é nefasto — respondeu José, após haver refletido. — Eis o que ele significa, na minha opinião: dentro de sete meses lhe nascerá uma filha, que viverá. Mas três dias após o nascimento dela, sua esposa morrerá.

Diante daquela explicação de seu sonho, Quapour se desfez em lágrimas. E durante vários dias ele se arrastou pela prisão, de cabeça baixa e oprimido pela tristeza. Mas pouco a pouco ele se acalmou e terminou por se convencer de que José não era um adivinho profissional e poderia ter se enganado. Além do mais, Seti poderia muito bem poupá-lo da infelicidade predita, se lhe oferecesse sacrifícios apropriados.

Suas esperanças, porém, não se confirmaram: o deus ingrato aceitou as oferendas, mas deixou que a mulher de Quapour morresse três dias após haver trazido ao mundo uma menina. Esse acontecimento inspirou um temor respeitoso da parte do carcereiro para com o prisioneiro hebreu e, mais tarde, o desejo de se manter nas boas graças do adivinho o levou a amenizar o destino dele. Com esse intuito, aproveitou um momento favorável para sugerir a seu chefe imediato e inspetor das prisões, o nobre Hormahou, que José, rapaz sadio e de conduta exemplar, poderia ser empregado com proveito em trabalhos de menor importância.

Hormahou aprovou a proposta, mas não correu o risco de aceitá-la antes de apresentá-la a Putifar, senhor do escravo. E Putifar, cuja cólera após tanto tempo se aplacara, autorizou seu subordinado a dispor de José, contanto que dentro da casa, sem que o rapaz ousasse transpor as muralhas da cidadela, e ordenando que ele fosse empregado mais especificamente em servir a outros prisioneiros.

José deixou, então, sua cela apertada, passando a circular livremente pelo complexo da prisão. Em breve, seu zelo, sua modéstia e sua obediência ganharam as boas graças de seus chefes e a gratidão dos cativos, aos quais ele testemunhava bondade e interesse.

* * *

NUMA ALA DO palácio real de Mênfis, cujas janelas davam para os jardins e à qual não chegava qualquer ruído exterior, via-se uma sala muito ampla, instalada com o mais refinado luxo. As paredes eram cobertas de quadros e incrustações de cornalina, lápis-lazúli e esmalte. Quatro colunas maciças, pintadas em cores brilhantes, sustentavam o teto. Esteiras espessas e multicoloridas cobriam o piso, e os móveis em cedro ou bronze esculpido e dourado eram dignos da riqueza arquitetônica da construção.

Ao fundo da sala, sobre dois degraus cobertos com peles de leão, havia um divã em ouro maciço, com almofadas de púrpura, bordadas em ouro. Sobre esse divã, amarrotado e em desordem, estava deitado, de olhos fechados, um homem de seus 36 anos, magro, de corpo bem feito. Seu rosto ossudo, de maçãs salientes e nariz curvo, era a viva imagem dessas cabeças de esfinge, de penteado estranho e traços característicos, que foram descobertas em Tânis e que os egiptólogos reconheceram como sendo efígies dos reis hicsos.

Ao pé do divã, dois sacerdotes de cabeça raspada, em trajes longos de linho, próprios de sua casta, mantinham-se imóveis. Abaixo dos degraus agrupavam-se alguns dignitários que faziam parte do serviço íntimo do faraó e, ao fundo da sala, uma multidão de oficiais, funcionários e cortesãos, o séquito obrigatório que acompanhava um rei do Egito desde o seu despertar até o momento em que se deitava.

Toda essa gente se mantinha imóvel e silenciosa, de olhos fixos no faraó, cuja respiração rouca e irregular era a única coisa que quebrava o profundo silêncio. Há vários dias Apopi se achava num estado de marasmo, que o levava a evitar as pessoas e a não sair de seus aposentos. Na noite anterior, tivera uma crise epilética.

Maltratado pelas convulsões que lhe haviam retorcido os membros, permanecia naquele estado havia horas, a cabeça tombada, a face lívida, os olhos cercados por olheiras, e apenas os espasmos dolorosos, que lhe contraíam as mãos, e a metade do rosto denotavam que ele sofria de uma dor de cabeça insuportável, que por vezes se seguiam aos ataques epiléticos.

Toda vez que um estremecimento doloroso sacudia o corpo do enfermo, os dois sacerdotes se aproximavam. Um deles molhava um pano em uma bacia carregada por um menino ajoelhado à cabeceira, e com ele enxugava o rosto do faraó, enquanto o segundo sacerdote derramava algumas gotas de um líquido escuro entre seus lábios. Cada vez que assim procediam, uma expressão de calma e bem-estar surgia nos traços extenuados de Apopi e sua respiração se tornava mais tranquila. Essa trégua, porém, era breve.

Fatigados e irritados com aquela vigília interminável, à qual seu cargo e a etiqueta os condenava, os funcionários mantinham o olhar fixo no rei, perguntando a si mesmos quando, desta vez, aconteceria uma melhora. Repentinamente, então, Apopi se levantou, seus grandes olhos passaram por um momento sobre a multidão ansiosa e muda e, em seguida, chamou com voz rouca:

— Héka!

Um rapaz que se encontrava no fundo da sala se aproximou trazendo uma harpa e foi se ajoelhar diante do leito.

— Toque — disse o faraó, tornando a cair sobre os travesseiros.

O músico fez vibrar suavemente as cordas de seu instrumento. Uma melodia doce e um tanto monótona se fez ouvir, ora elevando-se, vibrante, ora desvanecendo em acordes prolongados.

O faraó permanecia deitado e imóvel, mas pouco a pouco os espasmos nervosos que o sacudiam diminuíram, até cessarem completamente. A respiração se tornou mais calma e, por fim, ele caiu num sono pesado, mas profundo.

Um murmúrio percorreu as fileiras de cortesãos. Um suspiro de alívio lhes saiu do peito e a multidão começou a se retirar sem ruído. Sabiam que o sono assinalava sempre o fim da crise e prosseguiria por longas horas. Em breve, apenas dois sacerdotes, o tocador de harpa e alguns funcionários que estavam a serviço naquele dia permaneceram junto ao faraó, além dos guardas, que vigiavam à porta.

Cerca de meia hora mais tarde, dois homens, que ao saírem da sala tinham feito ainda uma ronda pelas áreas comuns, deixaram o palácio. Atravessando transversalmente os jardins imensos que daquele lado cercavam a residência real, dirigiram-se até uma saída que dava para o rio Nilo. Conversando em voz baixa, atravessaram com rapidez as alamedas já escuras, pois era noite. Absortos em sua conversa, não notaram que um homem os havia seguido desde sua saída do palácio, esgueirando-se por entre as árvores e prestando ávida atenção a cada uma de suas palavras.

Um dos dois interlocutores, homem de 50 anos, era Abton, chefe dos cozinheiros reais, supervisor de tudo que se cozinhava, assava e misturava no recinto do palácio. O outro, rapaz de boa aparência, era Nectanebo, copeiro real do faraó.

— Que vida cansativa! Nada de repouso, nem de dia, nem de noite. Se não são as festas, caças ou orgias que nos extenuam, são as crises de loucura, que impedem as pessoas honestas de dormir e repousar — observou o copeiro real com descontentamento.

— Mas o que é que você quer, Nectanebo? Poderia ser diferente quando um estrangeiro governa nossa pátria e ofende os deuses com sua presença? Vendo que o *chasou* negligencia seus santuários para se inclinar apenas perante Set, que ele usurpa o trono do país de Kemi em detrimento dos verdadeiros filhos de Rá, os imortais atingiram Apopi com a doença estranha e incurável que o corrói — respondeu Abton com seriedade.

O copeiro real cerrou os punhos e, então, aproximando-se do companheiro, perguntou:

— Recebeu notícias de Tebas?

— Sim, o escriba Houha chegou com notícias graves! Mas aqui não é lugar para se falar disso. Amanhã, à hora em que a Lua se levanta, venha à casa do sacerdote Mena e você ouvirá coisas que hão de alegrar sua alma.

Como haviam chegado à porta de saída, os dois homens se calaram, e após um aperto de mão silencioso, cada qual subiu na barca que o aguardava e rumou à sua residência.

Quando as duas embarcações já haviam desaparecido em meio à bruma, o personagem que havia seguido o copeiro real e seu amigo deixou a sombra profunda dos arbustos que o haviam protegido até então e foi sentar-se num banco ao pé de um grande sicômoro, deixando-se cair em profunda meditação.

Era um rapaz robusto e atarracado, vestido à moda egípcia, mas cujos traços acentuados, rosto largo e ossudo lhe denunciavam a origem. Pet-Baal, esse era o nome de nosso personagem, era um hicso e ocupava um cargo de pouca importância no palácio. Mas sendo astuto, o espírito de intriga e ambição levavam-no a desejar uma oportunidade para se destacar e sair da multidão. Com tal intuito, espionava ativamente todos os egípcios que ocupavam cargos no palácio, na esperança de descobrir alguma intriga proibida pela lei e provar, desse modo, seu zelo para com o faraó.

— Finalmente, tenho em mãos uma ponta do fio condutor — resmungou Pet-Baal entredentes. — Então, é na casa de Mena, aquele miserável intriguista, que se reúne essa sociedade de traidores e conspiradores! É bom anotar isso. E que audácia chamar de *chasou* o nosso glorioso soberano, vida, força e saúde! Miseráveis! Talvez desejem matá-lo, mas vamos dar um jeito nisso. Amanhã irei até a residência do príncipe Namourod e lhe revelarei a cena que surpreendi. E como recompensa por minha vigilância, pedirei ao faraó que me conceda o cargo de copeiro real e a permissão para desposar Nefert, a irmã de Nectanebo, permissão essa que o patife ousa me recusar. Desse modo, herdarei o cargo, a irmã e a bela residência do conspirador, o que não será nada mau.

Assobiando uma canção marcial, Pet-Baal se levantou e retomou, à pressa, o caminho do palácio.

VII

O COPEIRO REAL E O PADEIRO

O faraó ficou irado contra esses dois eunucos, o chefe dos copeiros e o chefe dos padeiros, e mandou prendê-los na casa do chefe da guarda, na mesma prisão onde estava José.
Certa noite, o copeiro e o padeiro do rei do Egito, que estavam na prisão, tiveram um sonho, cada qual com seu significado.
Três dias depois, era o aniversário do faraó. Então ele deu um banquete a todos os seus servos e, no meio desses, reabilitou o chefe dos copeiros e condenou o chefe dos padeiros. Devolveu o cargo ao chefe dos copeiros, e este voltou a colocar a taça na mão do faraó. Quanto ao chefe dos padeiros, o faraó mandou enforcá-lo, como José havia interpretado.
Gênesis, Cap. XL, vs. 2, 3, 20, 21, 22

O PRÍNCIPE NAMOUROD era primo do faraó Apopi e era visto como sendo herdeiro do trono, embora não tivesse tal título oficialmente. O rei havia perdido vários filhos, todos mortos em tenra idade, e no momento restavam-lhe apenas duas filhas, também muito pequenas. Segundo a opinião de todos, a mais velha deveria se casar um dia com Namourod, transferindo a ele seus direitos ao trono que, de acordo com o costume egípcio, beneficiariam os familiares da linha colateral masculina.

Neste ponto, assim como em todos os outros, os reis hicsos aparentemente respeitavam as velhas leis do país. Dirigiam os sacerdotes, cujo poder sobre o povo era imenso. Apopi, assim como seus antecessores, visitava os templos com assiduidade, sacrificava aos deuses e testemunhava honra e respeito a seus servidores. No fundo da alma, porém, ele os detestava. Desconfiava da casta soberba que, impenetrável e hostil, mantinha-se ao seu redor como um perigo perpétuo. Seus espiões supervisionavam os sacerdotes, buscando perceber o segredo da conspiração permanente e tenebrosa, que estendia por toda parte suas ramificações imperceptíveis, preparando a expulsão dos estrangeiros e o retorno dos reis legítimos. A descoberta de Pet-Baal tinha, portanto, seu valor, e ele podia esperar tirar bom proveito dela.

O príncipe Namourod habitava um palácio contíguo à residência real e repousava, na varanda, da noite fatigante que passara junto ao seu primo real, quando vieram anunciar que o escriba Pet-Baal lhe solicitava a honra de ser admitido à sua presença. O príncipe conhecia pessoalmente o rapaz e, embora surpreso com seu pedido, ordenou que o fizessem entrar. Seu espanto aumentou ainda mais quando o escriba, após se haver prostrado, pediu-lhe para ser ouvido sem testemunhas.

— Fale! Qual é o grande segredo que você só pode confiar aos meus ouvidos? — perguntou Namourod, apoiando os cotovelos sobre as almofadas, após haver dispensado os escravos que o abanavam.

— É uma conspiração, cujas pegadas descobri e que me parece ainda mais perigosa pelo fato de dois funcionários do palácio, Abton e o copeiro-real Nectanebo, estarem envolvidos nela — respondeu Pet-Baal em voz baixa, assim que o último escravo havia deixado a varanda.

A seguir, ajoelhando-se junto ao divã, contou tudo quanto tinha ouvido, na véspera, da conversa dos dois egípcios. Falou sobre a reunião planejada para acontecer na casa do sacerdote Mena e sobre a chegada de um emissário de Tebas, sem deixar de mencionar o adjetivo ofensivo *chasou*, que tinha sido usado para se referir ao faraó.

À medida que o rapaz falava, um tom vermelho-escuro surgia no rosto do príncipe e seu cenho franzia, enquanto um brilho de cólera saía de seus olhos. Quando o escriba se calou, o príncipe refletiu longamente e, então, disse:

— Eu lhe agradeço, Pet-Baal. Você é um servidor fiel e vigilante, que nosso glorioso faraó — que os deuses a ele concedam glória, vida e saúde — haverá de recompensar grandemente. Quanto ao caso que você denuncia, eis o que decidi: é inútil fazer grande alarde prematuramente, mas esta noite eu mesmo irei à casa do sacerdote Mena e você me acompanhará. Mas, antes disso, dê-me algumas tabuinhas. Vou escrever a Putifar, para que ele se prepare para nos acompanhar com um destacamento de arqueiros. A casa será cercada e todo o grupo de traidores será preso. Irão receber uma punição bastante severa, a fim de retirar dos outros descontentes o desejo de imitá-los.

Tendo escrito e selado as tabuinhas, o príncipe as entregou ao escriba, acrescentando com bondade:

— O rei está melhor e sente-se suficientemente forte para fazer um passeio de liteira. Desse modo, amanhã poderei anunciar-lhe a captura que faremos esta noite, sem receio de agitar Sua Majestade. Nessa ocasião, um raio da graça real cairá, com certeza, sobre você. Diga-me, pois, o que deseja e que recompensa mais alegrará seu coração.

Rubro de emoção, Pet-Baal atirou-se aos pés do príncipe:

— Meu mestre e senhor, escute sem cólera a confissão que lhe farei. Meu coração está repleto da imagem de Nefert, irmã de Nectanebo. Esse amor me consome e todo o meu ser definha. Só consigo trabalhar à custa de grandes esforços. Minha alma abandonou meu corpo e segue os passos da jovem!

— Mas por que você não se casa com ela e assim põe fim aos seus males? — interrompeu o príncipe.

— Não posso. Nectanebo se recusa a me conceder a mão de sua irmã e prometeu-a em casamento a Necho, filho de Abton, que ocupa o cargo de supervisor da casa de campo do faraó e é bem mais rico do que eu. Se, então, Sua Majestade — que os deuses lhe concedam anos intermináveis! — tivesse a bondade de isentar Nefert da punição que ela merece como irmã e prometida de traidores e me concedesse tê-la como esposa, além do cargo de copeiro real, eu seria inteiramente feliz. E, com certeza, seria a mão de um servidor fiel e devotado que passaria a encher de vinho a taça de nosso glorioso soberano!

— Espero que o faraó ouça sua súplica favoravelmente e que se Nefert vier a se tornar esposa de tão zeloso servidor, possa ser desculpada pelos crimes de seus parentes — respondeu o príncipe, dispensando o escriba.

Nenhum dos conspiradores suspeitava do perigo de morte que os ameaçava. Cada um deles se havia dedicado aos deveres de sua responsabilidade e, à hora do crepúsculo, a maior parte deles voltou para casa.

Também Nectanebo acabava de deixar o palácio real quando, não distante de sua casa, tornou a encontrar um rapaz de boa aparência, que se aproximou dele amistosamente.

— Ah, é você, Necho? Que acaso o traz a Mênfis hoje? Um amor ou um negócio? — perguntou o copeiro real, rindo.

— Ambos. Sem dúvida que estou impaciente para ver Nefert, mas tinha ainda mais pressa em falar com você. Um pressentimento sombrio me persegue, sonhos que pressagiam morte e infelicidade me atormentam. Temo que esses receios se tornem realidade, pois conheço meu pai, seu ódio pelos estrangeiros e as relações perigosas que ele mantém com o Sul. Quanto a você, tende demais a se ocupar com tais intrigas. Muito bem, quero suplicar a ambos que sejam prudentes e que não se envolvam nas conspirações dos sacerdotes. Eles se podem dar ao luxo de se arriscar em tais coisas, que custariam a cabeça de vocês. Além disso, na minha opinião, não chegou o momento de tentar algo. Ainda somos fracos demais e o povo está muito pouco preparado.

— Oh, se todo mundo fosse tão prudente quanto você, o tempo da liberdade jamais chegaria — respondeu Nectanebo com impaciência. — De resto, fique tranquilo. Não estamos planejando nada. E eis Nefert, que vem ao seu encontro. Esqueça suas tolices, beijando-lhe a boca rosada.

A presença da moça que, feliz e sorridente, saudava o noivo, pôs fim à conversa dos dois homens. Ela e Necho foram se sentar na varanda e conversaram sobre o casamento e sobre a futura instalação do casal. Depois, Necho se despediu, e Nectanebo, após o haver acompanhado, juntou-se a um dos conspiradores, para ir com ele à reunião planejada.

A residência do sacerdote Mena ficava a uma hora de caminhada de Mênfis. Vastos jardins cercavam a morada elegante e espaçosa, protegida da curiosidade dos transeuntes por um muro alto.

Naquele dia, 12 homens das altas classes da sociedade egípcia se achavam reunidos em uma sala daquela casa. Sacerdotes, guerreiros, funcionários, entre os quais Abton e Nectanebo, agrupavam-se ao redor de um jovem que falava com entusiasmo, ilustrando suas palavras com desenhos que traçava com carvão sobre uma folha de papiro.

O orador era Houha, escriba vindo de Tebas, para transmitir as ordens e informações de seu legítimo faraó, Taa III, o chefe do Sul que, tenaz, paciente e enérgico, preparava um novo levante do Egito contra seus opressores seculares.

Todos ouviam, embevecidos. Uma discussão acalorada começou a seguir sobre as melhores formas de colocar em ação as medidas prescritas pelo faraó, e Abton pronunciava um discurso patriótico, elevando às alturas os méritos da sabedoria de Taa, o muito grande e divino faraó, sem poupar ao *chasou* Apopi expressões de ódio e desprezo, quando um velho escravo, pálido de terror, entrou apressado na sala, gritando com voz entrecortada:

— Senhor, soldados adentraram o jardim e cercam a casa!

Fez-se um momento de silêncio mortal. Todos se sentiam perdidos, mas era tarde demais para fugir: já se ouviam os passos pesados dos soldados que se aproximavam e retinia o estampido de suas armas. Apenas Houha não perdeu a presença de espírito. Esgueirando-se por trás de seus companheiros, chegou a um canto escuro e rasgou em minúsculos pedaços o escrito que trouxera de Tebas, bem como o plano que acabara de esboçar. E não se deixou distrair quanto a essa grave medida de prudência nem mesmo quando a porta se abriu, dando passagem ao príncipe Namourod, seguido por Putifar e um destacamento de arqueiros.

— Finalmente, apanhamos vocês no ato, ninhada de traidores e rebeldes — disse o príncipe, enquanto seu olhar cintilante vagava pelos semblantes abatidos e derrotados dos conspiradores. — E você, Abton, que é o modelo do servidor fiel? Animal impuro! Ouvi com meus próprios ouvidos lá, embaixo da janela, os termos com que você ousa falar de seu rei, do benfeitor que fez de você o que hoje é. Faça seu trabalho, Putifar, e vigie para que nenhum dos criminosos consiga escapar — acrescentou, voltando-se para o chefe dos arqueiros, em cujo olhar sombrio surgira furtivamente um lampejo de cólera e pesar.

No dia seguinte, ao tomar conhecimento da captura importante feita por seu primo, Apopi estremeceu de ira. Aquela descoberta vinha confirmar, uma vez mais, que uma conspiração permanente, o invencível ódio dos derrotados, minava o solo sob seus pés, ameaçando-o a todo instante de uma dessas terríveis revoltas, que seu avô e seus antepassados haviam tido tanta dificuldade para dominar.

Mas apesar da evidência e do perigo que aquela situação criava para ele, o faraó não podia punir com a severidade com que desejava. Os chefes do movimento permaneciam inatingíveis e não se ousava atacar abertamente os sacerdotes, que se sabia estarem envolvidos na intriga urdida em Tebas, por receio de provocar a casta dominante, cujo domínio sobre as massas era ilimitado.

Resumindo: a busca na casa do sacerdote Mena tinha dado em nada e os fragmentos de papiro só provavam que os conspiradores tinham conseguido destruir documentos comprometedores.

A investigação se prolongou e provou a deferência habitual para com a casta sacerdotal. O sacerdote Mena, que uma indisposição impedira de comparecer à reunião, foi declarado inocente. Um outro sacerdote, apanhado na casa, morreu dois dias após sua prisão, e aproveitaram sua morte para não inquietar sua família e para soltar seu irmão. O grosso da cólera real caiu sobre os oficiais, sendo que três foram decapitados naquela mesma noite e outros, entre os quais Abton, Nectanebo e diversos funcionários, foram presos na cidadela.

De acordo com a cruel lei egípcia, todos os familiares dos culpados tiveram a mesma sorte que estes. A irmã de Nectanebo e o filho de Abton foram presos e, como acusados de segunda classe, rapidamente julgados. O pobre Necho, condenado a trabalhos forçados, foi enviado a trabalhar nas fortalezas de Avaris. Um destino não menos triste aguardava Nefert. Mas a intercessão de Pet-Baal a salvou. O príncipe Namourod não se esquecera do pedido do jovem funcionário, graças a cuja vigilância se deveu a descoberta da conspiração. Valendo-se de um momento oportuno, apresentou o pedido a Apopi, que não fez objeções quanto a perdoar a moça que, na verdade, nada soubera do que os homens tramavam. Quanto ao cargo pretendido, o faraó prometeu pensar, assim que o processo estivesse definitivamente encerrado.

Assim sendo, numa manhã Nefert foi tirada da prisão e um escriba real lhe informou que o faraó, em sua infinita mansuetude, concedia-lhe o perdão e ordenava que ela se casasse com Pet-Baal. A moça, que amava perdidamente o antigo noivo, só faltou perder a razão ao ouvir aquela notícia. Mas, o que poderia fazer? Fingiu se submeter e se deixou conduzir docilmente até a casa de uma parenta de seu atual noivo. Oito horas mais tarde, coroada de flores, mas com ódio e desespero na alma, adentrou como esposa a residência de Pet-Baal, instalada na casa que Necho havia preparado para ela e com a qual o faraó havia gratificado o delator.

Mais de quatro meses se haviam passado que Abton e Nectanebo aguardavam pacientemente na prisão do Estado, mas o faraó ainda não tinha definido a sorte de ambos. Tristes e desesperados, arrastavam sua miserável vida no apertado calabouço, onde haviam sido trancafiados juntos.

José, que prosseguia em sua vida de semiliberdade no recinto da fortaleza, era encarregado do serviço dos prisioneiros, e aquela função o levava todos os dias, por dezenas de vezes, até a cela dos desonrados chefes dos copeiros e dos padeiros. Sendo ele próprio judeu, José tinha infinitamente mais simpatia pelos hicsos do que pelos egípcios, os quais se haviam tornado odiosos para ele desde a punição que Putifar lhe infligira. Alegrava-se do fundo d'alma pelo fato de que uma tentativa de revolta tivesse fracassado tão miseravelmente. Ficara sabendo da desgraça de Abton e Nectanebo por meio de Quapour, que tinha a maior confiança no professor de seu filho e que tomara conhecimento do fato por meio do escriba, secretário de Hormahou.

Todavia, José testemunhava aos nobres prisioneiros tanto interesse e benevolência quanto lhe era possível, visto que tinha experimentado na própria pele o quanto é duro passar da condição de liberdade elevada para a prisão aviltante. Assim, trazia para Abton e Nectanebo, sempre que possível, palha fresca, água sempre pura, e conversava com eles quando tinha folga, organizando-se para deixar para visitar a cela deles por último.

Os dois prisioneiros, gratos por esses pequenos serviços, conversavam de bom grado com o jovem hebreu, surpresos por seu grau de instrução e pelo acaso que o conduzira a cumprir tão ínfimas funções. José não teve escrúpulos em contar-lhes sua história e lamentar o infeliz aprisionamento que suportava devido à paixão impura e às mentiras da esposa de Putifar.

Pela primeira vez desde que fora preso, Nectanebo riu com vontade. Aquele escândalo de família e os desvarios vergonhosos da bela Ranofrit, que se acreditava ser a mais perfeita das esposas, divertiram-no ao extremo, e durante diversos dias aquela aventura e o fracasso orgulhoso do chefe dos arqueiros tornaram-se o tema da conversa dos dois prisioneiros.

A incerteza quanto à própria sorte e as privações do cárcere fizeram com que eles esquecessem depressa aquele incidente, e a proximidade do dia do aniversário do faraó passou a lhes absorver todos os pensamentos.

O aniversário do soberano era não apenas celebrado como uma grande solenidade, com preces e sacrifícios nos templos, festejos públicos e presentes do faraó a seus familiares e aos servidores da corte, como era também a ocasião de uma espécie de pedido de indulto de todos os prisioneiros e acusados do reino. Com esse intuito, os sacerdotes e conselheiros do rei lhe apresentavam um memorando — se é que se pode aplicar esse termo moderno a práticas antigas —, resumindo todos os fatos ocorridos durante o ano, assim como um relatório dos assuntos judiciários pendentes. O faraó anistiava aqueles que julgasse dignos de seu perdão e confirmaria a condenação dos demais. Abton e Nectanebo não tinham dúvidas de que, estando seus processos ainda pendentes, seus nomes constariam do documento apresentado a Apopi e de que naquele dia sua sorte seria decidida.

Não é de se estranhar que o desejo de se conhecer o futuro, que existe no fundo de todo coração humano, tenha agitado os dois cativos, sobretudo a eles, a quem o triste desconhecido ocultava a vida ou a morte. Além do mais, eram egípcios demais para não suplicarem à divindade que lhes revelasse, durante o sono, aquilo que os aguardava. Os deuses não permaneceram surdos às suas preces e, na noite anterior ao dia em que, eles bem o sabiam, os sacerdotes e conselheiros apresentariam seu relatório ao rei, ambos tiveram sonhos proféticos, dos quais a Bíblia conservou a lembrança. Mas não bastava ter um sonho, era preciso obter dele a explicação, e nenhum adivinho tinha acesso à prisão do Estado, que era severamente vigiada, para que não houvesse nenhum contato com o mundo exterior.

Quando, pela manhã, José veio lhes trazer a refeição, encontrou Abton e Nectanebo mergulhados numa tristeza sombria e lhes perguntou o porquê daquilo. Os prisioneiros já estavam acostumados a conversar com o jovem hebreu, e o chefe dos copeiros não teve dificuldade em lhe confessar que a impossibilidade de ter quem interpretasse um sonho importante, que ele tivera, era a causa da desolação. Quanto ao chefe dos padeiros, permaneceu agachado em seu canto, com a cabeça apoiada contra a parede, sem participar da conversa.

— Conte-me o que viu — disse José. — A divindade já me ajudou uma vez a interpretar o sonho de Quapour. Talvez me inspire quanto ao significado do seu.

— Eu via diante de mim um pé de videira, da qual três brotos cresciam, pouco a pouco. Vi, num primeiro instante, botões, depois flores e, por fim, uvas maduras. Tendo em minha mão a taça do faraó, peguei esses cachos de uva, que espremi dentro da taça e dei a beber ao rei.

José apanhou a tigela de arenito do prisioneiro, encheu-a de água pura e nela mergulhou a pedra mágica, que retirou de um saquinho que trazia atado ao pescoço. Agachando-se, em seguida, junto a um banco de pedra, ele olhou fixamente para a água. Seu olhar tornou-se imóvel, seu rosto empalideceu e por alguns instantes ele pareceu se haver transformado numa estátua. Por fim, ele se levantou e disse, enquanto enxugava a fronte:

— Seu sonho é ditoso. Os três brotos da vinha simbolizam três dias, após os quais o faraó o perdoará e você tornará a ocupar seu cargo.

Nectanebo o fitou, dividido entre a alegria e a incredulidade de haver encontrado tão hábil adivinho.

— Será possível uma tal felicidade? — ele murmurou.

— Você vai ver — disse José. — E eu lhe suplico que não se esqueça de mim quando tiver reavido todas as suas honras, e que me consiga um bom cargo, intercedendo por mim junto ao faraó, a fim de que ele se digne a me tirar desta prisão, onde padeço injustamente.

— Oh, não me esquecerei, caso sua predição inverossímil se torne realidade — disse o copeiro, com um suspiro.

Aquela conversa tinha arrancado Abton de sua apatia. Um brilho de esperança iluminou seu rosto emagrecido e enrugado. Então, erguendo-se com energia, ele disse:

— Escute, José, eu também tive um sonho, que muito se assemelha ao de Nectanebo e que, talvez, também pressagie minha libertação. Via a mim mesmo trazendo sobre a cabeça três cestos de farinha. No que estava por cima, havia tudo quanto se pode preparar com massa para ser servido à mesa, e que os pássaros vinham comer.

O hebreu entristeceu e seu olhar contemplou, compassivo, os traços ansiosos do padeiro.

— Ai! Esse não é um sonho feliz. Mas, de qualquer modo, em três dias sua sorte também será decidida.

— Diga-me o que me aguarda! Não sou uma criança, que se deva poupar — falou Abton com voz rouca e ríspida.

— Já que você exige, direi que, dentro de três dias, você morrerá decapitado e, para piorar seu castigo, o faraó ordenará que seu corpo seja pendurado e os pássaros o dilacerarão.

O padeiro deu um grito e caiu desmaiado.

Na véspera do aniversário de Apopi, os sacerdotes e conselheiros vieram, pela manhã, apresentar o relatório. Melancólico e irritado pela conspiração sempre renascente que o cercava, o rei achava-se pouco inclinado à clemência. Todavia, acedeu à intercessão de Namourod a favor do copeiro. O príncipe, por sua vez, cedeu às súplicas de Pet-Baal, que não queria ver sua esposa desonrada pela condenação do irmão e que, por outro lado, desejava ganhar seu coração com aquela demonstração de bons sentimentos. O faraó levou em conta a juventude de Nectanebo e a má influência exercida sobre ele pelo padeiro e o perdoou, restituindo-lhe o cargo. Mas atingiu com toda sua cólera o velho Abton, cujo discurso insultuoso Namourod lhe havia mencionado, assim como alguns outros funcionários apanhados durante a reunião clandestina. Quanto ao cargo de chefe dos padeiros, concedeu-o a Pet-Baal.

A execução das ordens reais foi imediata e, antes do pôr do sol, Abton e seus cúmplices haviam sido mortos, enquanto Nectanebo, louco de alegria, retomava o caminho de casa, livre e reintegrado em seu cargo, conforme José lhe havia predito.

Uma surpresa desagradável o esperava em sua casa na pessoa de sua irmã que, pálida e desfeita em lágrimas, lançou-se ao seu pescoço e comunicou-lhe seu casamento com Pet-Baal. Dor e ódio encheram o coração do rapaz. Todavia, calou-se e recebeu bem a seu cunhado, pois sua prisão, a morte que ele vira tão de perto, tinham sido para ele uma dura lição de prudência. Além disso, o terrível exemplo da punição de Abton e de seus cúmplices havia intimidado os mais ousados. Tudo havia retomado a ordem e o silêncio. Os próprios sacerdotes se recolheram numa reserva muda, compreendendo que, por ora, nada se poderia tentar e que apenas o receio de provocar toda sua casta lhes havia poupado de cruéis represálias.

Nectanebo era jovem e descuidado demais para não esquecer seus infortúnios passados nos prazeres da liberdade. Quanto a interceder a favor de José, o escravo obscuro do chefe dos arqueiros não se arriscou a fazê-lo num primeiro momento e, mais tarde, a lembrança do hebreu se apagou de sua memória. Mas o que ele não esqueceu foi o escândalo picante de que tomara conhecimento sobre Ranofrit, não deixando de narrá-lo, em caráter confidencial, a todos os seus amigos, os quais o narravam a outros com a mesma reserva... Desse modo, a metade de Mênfis ficou sabendo de uma história que Putifar e sua esposa acreditavam ter sido esquecida e sepultada para sempre e, consequentemente, ignorada por todos.

VIII

O SONHO DO FARAÓ

Dois anos depois, o faraó teve um sonho.
Disse o faraó a José: "Tive um sonho e ninguém sabe interpretá-lo.
Ouvi dizer que você ouve um sonho e sabe interpretá-lo.
E o faraó continuou: "Veja: eu coloco você sobre toda a terra do Egito".
O faraó tirou da mão o anel de selo e o colocou na mão de José. Vestiu-o com roupas de linho fino e lhe colocou no pescoço um colar de ouro.
Gênesis, cap. XLI, vs. 1, 15, 41, 42

DOIS ANOS HAVIAM transcorrido sem qualquer incidente grave e, aparentemente, todo o Egito permanecia imerso em profunda paz: os chefes do Sul pagavam seus tributos com regularidade ao poderoso soberano de Mênfis e os sacerdotes lhe testemunhavam respeito e submissão. Mas Apopi conhecia a casta tenaz e pérfida, que só aspirava bani-lo, a ele e aos seus, vendo nele sempre um estrangeiro usurpador.

Do mesmo modo, apesar da benevolência que lhes testemunhava, o faraó odiava os sacerdotes egípcios e esperava sempre pela oportunidade de humilhá-los e prejudicá-los.

Os ataques da enfermidade misteriosa que consumia Apopi prosseguiam com a mesma violência. E após uma dessas crises, ele caiu num torpor profundo, durante o qual teve um sonho — ou uma visão —, que causou profunda impressão sobre ele. Via a si mesmo sentado à margem do Nilo, sobre um trono alto, cercado por uma multidão incontável, enquanto desfilava diante dele uma procissão de sacerdotes e sacerdotisas, cantando hinos consagrados à festa da inundação do rio sagrado. De repente, ele via sair das águas sete vacas gordas, belas, com as mamas transbordantes de leite, que se punham a comer nos charcos. A estas seguiram sete vacas magras, ossudas e esfaimadas, que se lançaram sobre as primeiras e as devoraram, sem por isso ficarem mais gordas. Pelo contrário, elas pareciam mais descarnadas e horrendas do que antes. Então, saiu do Nilo um crocodilo enorme, que trazia uma estrela sobre a fronte, e que veio prostrar-se diante do trono. Com voz humana, rogou ao faraó que o autorizasse a lutar contra as terríveis vacas famintas.

Tendo recebido a permissão, o crocodilo se lançou contra as bestas detestáveis e lutou com elas. Sua força e audácia eram extraordinárias, mas uma verdadeira multidão de serpentes, sapos e outros animais imundos começou a sair do charco, cercando o crocodilo e buscando asfixiá-lo. Este se defendia com dentadas e golpes de cauda. Mas, como terminou a luta? Apopi não chegou a vê-lo, pois voltou a si. Refletiu longamente quanto ao significado daquela visão. Quando por fim adormeceu, teve o segundo sonho, no qual via sete espigas cheias de grãos e sete espigas secas, sono este que a Bíblia narra. Mas este segundo sonho causou nele menos impressão e ele se convenceu de que o estado enfermiço em que ainda se achava, à noite, havia sido a causa daquela visão sem importância. Contudo, mudou de opinião quando o sonho se repetiu com precisão por duas noites consecutivas. Uma apreensão supersticiosa se apoderou dele, assim como o desejo, absolutamente natural para um homem de sua época, de obter uma explicação para aquele aviso dos deuses.

Seu primeiro pensamento foi mandar vir os adivinhos do templo, especialistas na arte de decifrar sonhos. Mas o ódio e a desconfiança que a casta sacerdotal lhe inspirava o detiveram. E se aqueles homens, que só tramavam traição contra ele, viessem a induzi-lo ao erro e dessem à visão profética uma interpretação falsa, de acordo com seus desejos? Enquanto discutia consigo mesmo sobre a possibilidade daquele tipo de fraude, ocorreu-lhe uma ideia que atenderia tanto à sua desconfiança, quanto a seu ressentimento e que, se não chegasse a lhe trazer os esclarecimentos desejados, haveria de humilhar profundamente os sacerdotes, desacreditando seu saber e prestígio perante o povo, que lhes atribuía saber e poder sobrenaturais.

Desejoso de dar a esse fracasso, caso viesse de fato a acontecer, a maior publicidade possível, Apopi declarou, pela manhã, que havia tido uma visão extraordinária, cuja lembrança o atormentava. E ordenou que todos os sábios e adivinhos de todos os templos de Mênfis fossem convocados à grande sala do trono, onde ele se encontrava, acompanhado por toda sua corte.

Após as cerimônias e saudações habituais, um velho sacerdote, adivinho renomado, pediu ao faraó, em nome de todos os seus companheiros ali reunidos, que tivesse a bondade de lhes dizer o que vira.

Apopi se acomodou, esfregou a testa, refletiu demoradamente e, por fim, exclamou:

— Aí está a dificuldade! Os detalhes do que vi se apagaram de minha memória. Apenas me restou a lembrança de que esse sonho, enviado pelos deuses, era da mais alta gravidade e tinha relação direta com o futuro e o destino da terra de Kemi. Venho então lhes pedir, veneráveis pais, sábios e adivinhos, que refresquem minha memória. Para vocês, que leem dentro das estrelas, para as quais o passado, o presente e o futuro não têm segredos, fazer com que eu me lembre do que vi, mas esqueci, será uma brincadeira.

Os sacerdotes trocaram olhares atônitos e ansiosos. Consultaram uns aos outros, interrogaram o faraó quanto aos sinais vagos que poderiam permanecer na lembrança e, por fim, solicitaram um tempo até o dia seguinte, que lhes foi concedido. Mas seus esforços foram em vão, visto que não conseguiram adivinhar o que o rei tinha sonhado.

Radiante do fundo de seu coração pela raiva e humilhação de seus inimigos, Apopi ordenou que fizessem vir de Tânis, Sai, Heliópolis e outras cidades, os mais célebres adivinhos. Mas todas suas tentativas, no sentido de refrescar a memória do rei, permaneceram tão infrutíferas quanto a de seus confrades de Mênfis.

O boato de um perigo extraordinário se espalhou rapidamente por todas as classes da sociedade, provocando medo e espanto por toda parte. Quanto ao povo, supersticioso e convencido quanto à veracidade dos sonhos, sentia-se desde já ameaçado por mil perigos invisíveis. Além disso, a impotência daqueles que eram considerados como intérpretes da vontade divina enchia a multidão de ansiedade e cólera. Olhares desconfiados, gestos ameaçadores e um burburinho surdo acompanhavam os sacerdotes cada vez que se dirigiam ao palácio.

A situação se tornava cada vez mais tensa e ameaçadora. E quando, por fim, os sábios tiveram que se declarar incapazes de decifrar o enigma, Apopi bradou com sarcasmo e desprezo:

— Sinceramente, adivinhos sábios e sacerdotes do Egito, eu tinha uma opinião mais elevada de sua perspicácia e poder. Mas vocês acabam de provar que são tão cegos quanto a multidão que desejam guiar. Bem, já que vocês se recusam, tentarei um derradeiro recurso: farei com que seja publicado, em toda parte, que quem quer que saiba adivinhar e decifrar meu sonho, ainda que seja o último dos párias, será regiamente recompensado e cumulado de meus favores.

Sem honrar com um só olhar os sacerdotes mudos e lívidos de raiva, o faraó deixou seu assento e saiu da sala.

À hora da refeição, que aconteceu pouco mais tarde, e à qual compareceram alguns dignitários, uma difícil apreensão pesava sobre todos. Nectanebo, como todos os demais, refletia, enquanto enchia a taça real, acerca do perigo não esclarecido que ameaçava o país, quando seu olhar caiu, por acaso, em Putifar. Estremeceu, então, pois, de repente, lembrava-se de José. Aguardou a partida do chefe dos arqueiros com impaciência. Quando não havia mais do que dois conselheiros junto ao faraó, Nectanebo prostrou-se diante dele e, após haver recebido permissão, contou-lhe acerca do que acontecera na prisão e sobre a interpretação miraculosamente exata de seu sonho e do sonho de Abton feita pelo hebreu.

Apopi ouviu-o com interesse e curiosidade:

— Está bem! — disse o faraó. — Fico contente com seu empenho. Se você falou a verdade e se esse hebreu interpretar meu sonho, recompensarei você e o perdoarei completamente pelo crime de que foi considerado culpado ao dar ouvidos a um traidor, a um rebelde.

Em seguida, Apopi solicitou a um dos dignitários que desse as ordens necessárias para que, no dia seguinte, José se apresentasse diante dele. Acrescentou que a audiência seria pública, numa sala aberta, por ele designada, e deu ordens para que se convocassem, não somente os sacerdotes, dignitários e toda a corte, mas também para que deixassem entrar tanta gente quanto coubesse nos pátios.

Sempre humilde, zeloso e prestativo, José continuava a cumprir, para a satisfação de seus chefes, as funções que lhe eram impostas na prisão. No fundo da alma do jovem hebreu, porém, reinava por vezes um desânimo sombrio. Depois que Nectanebo fora posto em liberdade, ele tinha esperado pela proteção do chefe dos copeiros para poder deixar finalmente aquela cidadela, cuja permanência lhe era detestável. Tinha até mesmo consultado sua pedra, e uma miragem enganadora lhe mostrara Nectanebo, acompanhado por um funcionário real que ele conhecia de vista, ambos de pé diante dele na sala do carcereiro-chefe, evidentemente para anunciar sua libertação. Seu coração palpitara de alegria. Mas como os meses haviam transcorrido sem que a visão se concretizasse, José perdera pouco a pouco a coragem e a esperança.

Foi, então, com indiferença que ele atendeu, um dia, a um chamado para que ele fosse à sala de seu chefe. Mas ao avistar o chefe dos copeiros, acompanhado pelo funcionário que lhe havia sido mostrado na visão na taça, seu coração começou a bater com ansiedade. Ao saber que era chamado à presença do faraó, ele se prostrou, aparentemente para agradecer a Nectanebo por se haver lembrado dele. Na verdade, o que o hebreu queria era disfarçar os sentimentos que transbordavam de sua alma.

Após a partida dos funcionários, José pediu a seu chefe que o autorizasse a passar o resto do dia, e também a noite, a sós em alguma cela, para se preparar, pela meditação e pela prece, para a grande prova do dia seguinte.

— Uma vez que não possuo a sabedoria dos adivinhos, só posso esperar pelo socorro dos imortais para satisfazer nosso glorioso faraó, que os deuses o conservem e cubram de glória! — ele acrescentou.

Quando ficou a sós, José se recolheu. E tendo cumprido todos os ritos que o caldeu lhe indicara, a fim de aumentar o poder da pedra misteriosa, colocou sua taça de argila cheia d'água sobre a mesa. Então, mergulhou nela o talismã. Quando o líquido adquiriu a tonalidade azulada e cintilante que costumava adquirir, molhou com ele sua cabeça e peito. Então, apoiando os cotovelos sobre a mesa, fixou a pedra que, semelhante a uma safira gigantesca, resplandecia no fundo da taça.

— Ser misterioso que venci em essência e matéria, venha me servir hoje, conforme me prometeu. Dê-me a prova definitiva de seu poder — ele murmurou.

Transcorreu um tempo razoavelmente longo. Com o cenho franzido, as veias inchadas pelo esforço da vontade e o corpo banhado de suor, José se mantinha imóvel. Seu rosto fora tomado por uma palidez cadavérica e seus olhos esbugalhados emitiam clarões fosforescentes. Sob a tênue luminosidade da lamparina colocada sobre o chão, a um canto, aquela forma humana acocorada era estranha e atemorizante.

Pouco a pouco, um vapor prateado saiu da taça. E quando essa nuvem se dispersou, o orifício da taça havia se transformado num disco polido sobre o fundo transparente, do qual se desenrolaram, lentamente, mas com perfeita nitidez, todas as cenas do sonho de Apopi. A seguir, surgiram novas nuvens, desta vez espessas, no centro das quais apareceu, vaga e como que velada, a cabeça barbuda de Schebna. Uma voz secreta, como que abafada pela distância, murmurou:

— No país longínquo, onde você um dia exercerá o poder, haverá uma calamidade rara nessas regiões. Anos de abundância serão seguidos por anos de fome. Um serviço que você prestará ao rei desse país, e que terá relação com esse acontecimento, será a causa de sua ascensão.

A visão se desfez na atmosfera e, com um suspiro rouco, José se encostou contra a parede e fechou os olhos. Esse estado de prostração, contudo, pouco durou. Logo ele se ergueu, com o rosto arrebatado.

— Seria sua sombra que me apareceu para repetir as palavras proféticas que me havia dito outrora, Schebna? — murmurou. — Sim, sim, tudo se torna realidade. Os anos de servidão e humilhação passaram e a hora do triunfo vai soar, a hora das represálias, quando pousarei meu pé sobre a nuca daqueles que me maltrataram sem piedade.

Com o coração inflado de orgulho, José deu algumas voltas em seu pequeno reduto. Em seguida, anotou numa faixa de papiro os detalhes do que tinha visto. Tornou a lê-los, a fim de guardá-los bem na memória e, então, foi se deitar.

Ao alvorecer, um dos carcereiros subalternos, seu camarada, veio despertá-lo e o conduziu até a residência do chefe, onde fizeram com que ele cuidasse das mudanças indispensáveis em sua aparência, a fim de que pudesse se apresentar perante o soberano. José tomou banho, foi barbeado e depilado cuidadosamente e depois de haver trajado uma túnica de linho branco, simples, mas fina, foi conduzido ao palácio real, onde deveria aguardar o momento da audiência.

Na sala ampla, que fora designada por Apopi, reunia-se a esplêndida assembleia, enquanto no pátio imenso e sob as colunatas que o rodeavam milhares de cabeças humanas se movimentavam como ondas: o povo fora convocado para testemunhar a incapacidade dos sacerdotes, cuja ignorância forçava o rei a pedir ajuda e esclarecimento a um antigo escravo.

Entre os dignitários, que vinham postar-se ao redor do trono ainda vazio, estava Putifar. Ele já sabia que José é que iria comparecer perante o faraó e um triste pressentimento lhe sussurrava que aquele mago, cujo poder ele havia experimentado, que dispunha de uma ciência desconhecida pelos egípcios, desvendaria o enigma, que permanecera insolúvel para os sacerdotes. E ao pensar que se tornando livre, talvez honrado com privilégios, José se vingaria, lançando o opróbio sobre o nome de Ranofrit, sua querida esposa, o rosto bronzeado do chefe dos arqueiros assumia uma palidez esverdeada e seus punhos se cerravam raivosamente.

Por fim, as fanfarras habituais anunciaram a chegada do rei e Apopi tomou seu lugar no trono. Seu olhar deslizou com odiosa satisfação pela fileira dos sacerdotes que, sombrios e mudos, reprimiam com dificuldade a humilhação e a raiva que lhes fervia por dentro.

Finalmente, chegara a ocasião de rebaixar a casta poderosa que o mantinha sob a perpétua ameaça de uma rebelião popular. Mas o que Apopi esquecia, na satisfação de sua vingança momentânea, é que daquele modo incitava ainda mais o ódio feroz daqueles homens tenazes contra o estrangeiro, o usurpador que, talvez por maldade, humilhava-os cruelmente.

Sob a ordem do faraó, trouxeram José que, pálido e emocionado, mas repleto de modesta dignidade, caminhou em direção ao trono e se prostrou.

— Levante-se e fale sem medo — disse Apopi, visivelmente tocado pela beleza estranha e impressionante do rapaz e pela distinção elegante de seu caminhar. — Quem quer que você seja, se for capaz de trazer de volta à minha memória o sonho profético que os deuses me enviaram e esclarecer seu significado, se, em uma palavra, sua ciência confundir a de todos os sábios e eruditos que consultei, eu o cumularei de riquezas e de honra.

José levantou-se e se inclinou, com os braços cruzados:

— Rei poderoso, dispensador de vida e de graça! Vosso escravo não possui nenhuma ciência, mas o deus de meu povo me inspirará e eu poderei vos dar a resposta que desejais.

Então, ele cobriu os olhos com a mão e permaneceu em silêncio por alguns instantes. A seguir, com sua voz clara e metálica, que chegava às últimas fileiras da multidão, pôs-se a contar o que a visão mágica lhe havia mostrado durante a noite.

Desde suas primeiras palavras, Apopi foi tomado por forte emoção. Inclinando-se para frente, pálido e trêmulo, escutava, com os olhos fixos nos lábios do hebreu. Os sacerdotes trocavam olhares de assombro e cólera. O gesto e a emoção do rei acabavam de convencê-los de que aquele escravo desconhecido tinha decifrado o enigma.

— Você disse a verdade! Descreveu o sonho como se o tivesse visto. Oh! É grande o poder do seu deus! — exclamou Apopi. — Mas se ele lhe revelou o que permaneceu oculto a todos os sábios do Egito, também haverá de inspirá-lo na interpretação desses sonhos proféticos.

— Vossos dois sonhos, oh, rei, significam a mesma coisa: as sete vacas gordas e as sete espigas cheias de grãos pressagiam sete anos de abundância e fertilidade. As sete vacas magras e as sete espigas vazias e queimadas, os anos de esterilidade e seca que se seguirão aos primeiros, durante os quais a fome será tão horrenda, que devorará, de algum modo, toda abundância que a terá precedido. A repetição desses sonhos é um sinal com que Deus previne o faraó quanto à Sua vontade e quanto ao que se haverá de cumprir infalivelmente e em breve. Mas vossa sabedoria, oh, rei, pai do país de Kemi, preverá a calamidade que deve consumir toda a terra, escolhendo antecipadamente um homem que honrareis com vossa mercê, como se o marcásseis na fronte com uma estrela. Ele velará com prudência e firmeza, para que durante os anos de fertilidade celeiros públicos sejam construídos e oficiais, por ele nomeados, neles acumulem a quinta parte dos frutos da terra. Que se junte todo o trigo e que este seja armazenado nas cidades, ficando sob o poder do faraó, e que desse modo o trigo seja reservado para os anos de fome que devem esmagar o Egito, mas que o povo não padecerá graças à sabedoria do maior de seus reis. Quanto aos animais rastejantes que assaltarão o homem escolhido pelo rei para comandar o Egito, estes serão os invejosos e odientos que o terão por mau e inimigo. Mas ele vencerá toda essa turba impura, pois será sustentado pela poderosa vontade do faraó, em cuja mão repousa o destino dos povos.

José silenciou. Seu olhar inspirado e flamejante, fixava o rosto pálido de Apopi que o ouvia em silêncio, respirando com dificuldade. Além disso, um silêncio mortal pairava sobre toda a assembleia. O efeito das palavras do hebreu tinha sido fulminante. Até os sacerdotes estavam estupefatos, pois nos templos havia uma predição que anunciava anos de terrível penúria, da qual tinham pensado mesmo em se valer para provocar uma revolta geral contra os hicsos, persuadindo o povo de que a calamidade era uma punição dos deuses, irritados por suportarem há tanto tempo os estrangeiros na terra de Kemi. E, de repente, um estrangeiro desvelava aquele porvir e indicava a maneira de prevenir a miséria.

Por fim, Apopi se levantou e seu olhar resplandecente e irônico passou por um instante pelas fileiras da multidão e, sobretudo, pelos sacerdotes, aqueles inimigos que o acaso lhe permitia humilhar como jamais havia esperado.

— Grande e poderoso é o deus que o inspira e sábio é o conselho que ele dita por sua boca, desvendando para mim os perigos que ameaçam meu povo. Sim, é nos anos de abundância que é preciso pensar nos de miséria e cuidar para que não falte pão ao povo, pois é o infortúnio e a fome que tornam a multidão cega e facilmente levada a todo tipo de tolices.

O faraó fitou novamente os sacerdotes e prosseguiu:

— Mas onde haverei de encontrar esse homem sábio, hábil e enérgico o bastante para cuidar do cumprimento de uma obra tão grave e complicada? Durante os dias de aflição que acabam de transcorrer, não se encontrou ninguém que fosse capaz de aliviar minha alma da angústia que a oprimia e reavivar minha memória. Apenas a você seu deus revelou meus pensamentos. Quem, então, senão você, está repleto do espírito divino? Escolho você para comandar minha casa. A partir deste dia, eu o elevo ao cargo de Adon, o governador de toda a terra de Kemi. Você será o primeiro depois de mim, e todos, desde o mais humilde até o mais nobre deste país, a você obedecerão, como se fosse eu mesmo, a fim de que você cuide da prosperidade deste povo. Que o deus que lhe revela o futuro guie suas mãos e seus passos. Agora, aproxime-se.

José se aproximou e se ajoelhou aos pés do trono. Estava pálido de emoção. Um estremecimento de felicidade e orgulho percorreu todo seu corpo quando Apopi retirou um anel de seu próprio dedo e lhe entregou para, em seguida, desatar o próprio colar e colocá-lo no pescoço de José.

Um murmúrio, semelhante a um rugido distante, percorreu cada uma das fileiras presentes. Os sacerdotes, sobretudo, estavam cheios de espanto e raiva. Aquele desconhecido, aquele escravo obscuro, filho de uma raça estrangeira e desprezada, era colocado acima deles por um capricho do *chasou*, que fazia daquele homem o chefe deles. O ultraje era cruel, a vingança, astuta. Quanto a Putifar, tinha a sensação de rolar num abismo. Que represália cruel poderia aquele homem pérfido e mau, que iria dispor de poder ilimitado, exercer contra ele próprio e Ranofrit!

Sem dar atenção aos sentimentos despertados na alma de seus súditos egípcios, Apopi se retirou para seus aposentos, após haver ordenado que José fosse provisoriamente acomodado no palácio real.

Violentamente agitada, a multidão se dispersou e a notícia do extraordinário acontecimento se espalhou num piscar de olhos por toda a capital. Grupos de pessoas se reuniam nas praças, onde se discutia ruidosamente acerca da pessoa do novo chanceler, antigo escravo de Putifar. As notícias, que chegavam a todo instante do palácio, aumentavam ainda mais a agitação e a curiosidade públicas. Ficaram sabendo, então, que o faraó presenteara José com um palácio magnífico, situado em um dos mais belos bairros de Mênfis, além das riquezas que este continha, isso sem contar um grupo numeroso de servos. Ficaram sabendo, também, que o novo chanceler seria conduzido em triunfo à sua nova residência, montado em um dos carros reais, precedido por corredores e cercado pelo séquito que sua alta dignidade comportava. Apesar dos sentimentos contraditórios que os assaltava, a multidão se preparou para assistir a tão esplêndido espetáculo.

Todavia, em nenhum lugar a repentina ascensão de José produzira tão profunda agitação quanto na residência do chefe dos arqueiros de Mênfis. Cheio de cólera e humilhação, Putifar tinha voltado para casa e comunicado à sua esposa o que acabara de suceder.

Ao saber que o antigo escravo que lhe havia inspirado uma paixão ilícita e fugidia, a quem ela agora odiava e desprezava, tornara-se príncipe e regente do Egito, Ranofrit só faltou cair para trás. E foi com o coração pesado e opresso pelos piores pressentimentos que ela se retirou para seus aposentos. Putifar, que caminhava por seu escritório como um leão na jaula, desejava estar só, para organizar suas ideias.

Durante os anos que se haviam passado, nada viera perturbar a felicidade da jovem senhora, nem a paz de seu lar. Tivera dois filhos, e sua alegria e esperanças, assim como as de seu marido, concentravam-se nas duas crianças. Naquele instante, porém, a visão dos dois menininhos era dolorosa para Ranofrit. O que não poderia inventar, para destruí-los a todos, o vingativo hebreu, que a seu pedido tinha sido chicoteado publicamente? Chorou de cólera e medo e, em dado momento, lamentou amargamente por ter intercedido outrora em favor de José. Se Putifar tivesse ordenado que o mutilassem e o enviassem para apodrecer em alguma terra distante, o miserável não teria se tornado o Adon do Egito.

A emoção e a cólera reagiram de maneira tão forte sobre o chefe dos arqueiros, que se sentiu indisposto à noite. Embora aquele mal-estar não fosse grave, ele resolveu se utilizar dele para se dispensar de assistir à solenidade do dia seguinte e à primeira audiência na residência do novo regente.

IX

O FARAÓ E SEU CHANCELER

Agora, portanto, que o faraó escolha um homem inteligente e sábio, e o coloque à frente do Egito. Que o faraó, agindo, institua supervisores sobre a terra, que recolham a quinta parte dos produtos da terra do Egito, durante os sete anos de abundância. Que eles reúnam toda a comida desses anos bons que virão, armazenem o trigo sob a autoridade do faraó e guardem os alimentos nas cidades.

Gênesis, cap. XLI, vs. 33, 34, 35

OBEDECENDO À ORDEM de Apopi, um camareiro conduzira José até um quarto suntuoso do palácio, perguntando respeitosamente se ele desejaria que lhe servissem uma refeição. O hebreu se sentia agitado e aturdido. A emoção havia deixado sua garganta e céu da boca secos, por isso ele pediu um refresco. Logo lhe serviram uma refeição requintada e o mesmo camareiro anunciou que o faraó mandava que ele fosse a sua residência, para uma conversa, após o pôr do sol. José ordenou que lhe fosse preparado um traje mais apropriado à sua posição e que depois o deixassem a sós, até o momento em que deveria se vestir para a audiência.

Assim que todos se retiraram, José se deitou sobre um divã e procurou colocar suas ideias em ordem. O sentimento de orgulho satisfeito e a alegria de ver se realizar, por fim, aquele futuro predito por Schebna absorveram-no por completo. Mas logo o encontro que o aguardava lhe trouxe um sentimento bem diferente. Compreendia que daquela primeira conversa, da primeira impressão que causasse sobre o homem doentio, caprichoso e agressivo que era seu soberano, dependia seu futuro.

Se quisesse se manter na altura vertiginosa que acabava de atingir, deveria provar a Apopi que não era apenas um adivinho obscuro a quem o rei honrava com sua confiança, mas um homem verdadeiramente instruído, um conselheiro enérgico e hábil, que a sorte colocava sob sua mão para combater os mil perigos que o rondavam, para dobrar e protegê-lo contra a casta orgulhosa e rebelde, que representava um perigo constante para o rei. Na verdade, José estava mais a par da política e das intrigas que agitavam o Egito do que alguém poderia supor. Não fora em vão que ao longo dos anos todos os prisioneiros do Estado, todos os conspiradores tinham passado por suas mãos. Muitas conversas e palavras reveladoras tinham chegado aos ouvidos do humilde escravo vigilante, do qual ninguém desconfiava. Ele tudo anotara, compreendera, e sua inteligência profunda, com seu espírito refinado e observador, traçara um quadro muito verídico da situação geral e das medidas que seria útil tomar para afastar uma nova revolta do Egito contra os opressores.

Deveria expor tudo aquilo ao rei, fazê-lo compreender que estava à altura da tarefa, se quisesse ganhar sua confiança desde o início. Numa agitação febril, José se levantou e caminhou de um lado para outro, refletindo e buscando antever com que objetivo o rei o chamava e o que haveria de dizer.

Apopi estava sozinho em sua sala de trabalho. Com os cotovelos apoiados sobre uma mesa coberta de tabuinhas e papiros, ele meditava. A luz de várias lamparinas de óleo perfumado e tochas fixadas em candelabros de bronze iluminavam o semblante pálido e os olhos cercados por olheiras do rei, que se achava visivelmente indisposto e cansado.

Quando José foi levado até ele, o faraó fitou com um olhar demorado e escrutinador o homem desconhecido que ele havia retirado do meio do povo, para fazer dele seu conselheiro. O hebreu, após haver saudado o rei conforme a etiqueta e beijado o chão, permaneceu de pé. Com ar modesto, mas confiante, olhos erguidos para Apopi, aguardava que este lhe dirigisse a palavra. Tinha agora 30 anos e sua beleza incomum chegava ao apogeu. Seu corpo alto e esbelto, sem nada haver perdido em graça e leveza, adquirira um vigor másculo. Seus traços harmônicos tinham se acentuado e transpareciam a energia tenaz que o caracterizava. Em seus grandes olhos de um castanho-esverdeado brilhava a chama de uma inteligência superior. O rico traje que vestia com desembaraço, embora jamais tivesse vestido algo semelhante, dava ainda mais destaque a suas características exteriores. Assim, o olhar sombrio de Apopi se animava visivelmente à medida que examinava aquele rosto belo e inteligente.

— Aproxime-se — disse ele, por fim, enquanto lhe designava um banco baixo. — Sente-se e leia para mim este papiro, caso você seja instruído na arte da escrita — acrescentou.

Apanhando ao acaso um dos documentos que estavam sobre a mesa aguardando por sua assinatura, o faraó o entregou ao hebreu.

José o desenrolou e sua voz clara e metálica pôs-se a ler a petição de um templo de Heliópolis, que se queixava por ter muito pouca terra para alimentar seus rebanhos e solicitava ao rei que lhe concedesse, em caráter de doação, as pastagens que designava.

— Que resposta você daria aos sacerdotes, caso essa petição passasse somente por suas mãos? — perguntou o rei, que continuava a fitá-lo insistentemente, com um sorriso sutil nos lábios.

— Meu rei e senhor, depois do que fizeste hoje, parece-me que é preciso aceder ao pedido desse templo. Mais tarde, porém, será sensato colocar um freio na avidez dessa casta insaciável e não permitir que esqueça seus limites. Os sacerdotes usam esse poder que adquiriram para prejudicar-vos, meu rei e benfeitor. E agora, menos do que nunca podereis confiar neles, pois buscarão de todas as maneiras vingar-se pela terrível afronta que lhes dirigistes ao escolher a mim, o pobre escravo, o adivinho obscuro, para ser o Adon do Egito.

— Sua resposta é correta e dá prova de perspicácia e observação — respondeu Apopi. — Mas, diga-me, onde e como você adquiriu a instrução que demonstra e qual é sua origem?

José narrou brevemente a história de sua vida na tribo, atribuindo à sua mãe as primeiras noções na arte da adivinhação. Falou sobre sua existência como escravo na residência de Putifar, sobre a acusação injusta que levara à sua degradação e, por fim, sobre sua longa permanência na prisão, que se tornara para ele uma escola de observação. Nesse ponto, ele dirigiu a questão para o terreno da política. Desenrolou um quadro sucinto, mas impressionante pela correção e profundidade, quanto ao estado dos espíritos e às intrigas que deveriam cercar o rei, cuja raiz estava em Tebas, mas cujas ramificações se estendiam de todos os templos até seu palácio.

— Mas o deus que vos protege, oh, faraó, e cujo olho vela pelo filho que a ele se assemelha pela magnanimidade e grandeza, prepara para vós, nos acontecimentos que vos revelou em sonho, uma arma invencível contra todos os traidores e rebeldes: aquela fome, que seria tão facilmente usada pelos sacerdotes e seu aliado Taa, o *haq* do Sul, para amotinar o povo exasperado pela fome, haverá de submeter o Egito inteiro a vós. Cuidarei com rigor para que se reúna todo o supérfluo que os sete anos de abundância trarão em celeiros que construirei. Mesmo nas províncias que estão fora de minha jurisdição, comprarei a baixo custo aquilo que os imprevidentes desperdiçarão sem dó, pensando apenas no presente. Mas quando soar a hora da escassez, todos desejarão se abastecer nos celeiros inesgotáveis dos quais vós sereis o dono, e venderemos a todos, bem entendido, àqueles que pagarem em dinheiro. E quando não tiverem mais nem ouro, nem prata, nem couro, entregarão a nós seus rebanhos e seus escravos. Empenharão suas terras e até mesmo seus corpos, pois não se discute com a fome. E quando, de um extremo a outro da terra de Kemi, todo o povo, arruinado e imbecil, for vosso escravo, não terá mais vontade de se rebelar. Então, Taa, o insolente chefe do Sul, que ousa estender para vossa coroa a mão sacrílega, será destruído, sem que uma única flecha seja atirada. Ele sufocará, impotente, naquelas províncias onde nem mesmo um pedaço de terra lhe pertencerá. Mesmo os sacerdotes, seus aliados, não poderão ajudá-lo. Porque ainda que nos seja preciso isentá-los dos impostos que a todos iremos impor, ainda que nos seja necessário alimentá-los com o dinheiro do Estado, cuidarei para que não se apoderem de mais nada e para que fiquem a vossos pés, como dóceis servos.

José havia se entusiasmado ao falar. Seus olhos esverdeados lançavam chamas e seu rosto pálido demonstrava uma energia tão poderosa e mesclada de astúcia sutil, que Apopi ficou como que eletrificado. O plano abrangente que fora desenrolado diante dele por aquele escravo da véspera, que dava provas de um gênio inato para a política, com uma audácia e firmeza de visão espantosas, eram prova de que o acaso tinha feito com que ele descobrisse um instrumento incomparável de repressão, um homem que tinha caráter e pulso de ferro para sufocar o espectro ameaçador que lhe obscurecia a vida, restabelecer a tranquilidade e lhe assegurar um reinado pacífico.

— Você é o homem de que preciso e hei de armá-lo com o poder indispensável, para levar a efeito o que você planeja e que eu aprovo — disse Apopi em voz baixa, pousando a mão sobre o ombro de seu novo favorito. — Lembre-se de que, depois do faraó, você é o primeiro homem do

Egito, que só receberá ordens de mim. Enfim, que você poderá aparecer em minha presença a qualquer hora do dia e da noite.

Trêmulo e com a cabeça em chamas, José prostrou-se com a face por terra, mas Apopi o ergueu com bondade, apresentou sua mão para que o hebreu a beijasse e o dispensou com a maior benevolência.

No dia seguinte, desde a aurora, massas compactas de curiosos atulhavam todas as ruas que o cortejo deveria atravessar. Por ordem do faraó, Mênfis enfeitara-se para homenagear o novo Adon. Por toda parte, agitavam-se bandeirolas multicoloridas. Guirlandas de flores subiam pelos mastros e adornavam as portas das casas. A multidão se comprimia, sobretudo, diante do palácio em que José iria habitar, admirando os ricos tapetes que lhe adornavam a entrada, e muitos escravos, sob a direção de seu feitor, distribuíam-se pela rua e pelos pátios, para saudar seu senhor. Um destacamento de soldados, a guarda do Adon, já ocupava as entradas do palácio e um exército de escribas e funcionários chegava a todo instante, para se agruparem nas salas e aguardarem as ordens relativas às audiências do dia seguinte.

A multidão observava, discutia e se impacientava. Tinham pressa de ver aquele que, tendo sido no dia anterior um dos mais humildes súditos, era agora o primeiro conselheiro do rei.

Finalmente, a fanfarra e os gritos dos corredores, que afastavam os curiosos com a ajuda de longos bastões dourados, anunciaram a aproximação do cortejo.

— Abrek! Abrek!

O povo caiu de joelhos em aclamações e todos os olhos se fixaram no carro dourado e incrustado sobre o qual o Adon vinha de pé, orgulhoso e impassível. Seu semblante transparecia satisfação altiva e seu olhar vagava com indiferença sobre a multidão que o aclamava. Era, sem dúvida, difícil reconhecer naquele belo jovem, trajado com fina túnica plissada e bordada em ouro, com um adorno na cabeça e trazendo nas mãos o cajado de ouro, insígnia de seu poder, o pobre escravo das prisões, que trajando um avental de tecido grosseiro, carregado de ânforas e pães, corria de cela em cela, para levar aos prisioneiros sua magra ração diária.

Ao descer, José foi recebido, na entrada de seu palácio, por seu primeiro intendente, que lhe apresentou, de joelhos, como sinal de boas-vindas, duas taças de ouro cheias, uma de mel e a outra de vinho. No grande salão, viu virem até ele os escribas. Tendo mandado chamar vários deles a seus aposentos, ditou-lhes ordens que determinavam aos principais dignitários do Estado que se apresentassem em sua casa no dia seguinte, a fim de lhe apresentarem seus relatórios sobre as questões atuais do Estado. Entre eles, estaria Putifar. Tendo cumprido esse primeiro dever de seu novo cargo, José dispensou a todos e, conduzido apenas pelo mordomo, percorreu minuciosamente o palácio e os jardins. Aquela agradável inspeção o manteve ocupado até a tardinha. Então, após uma ceia farta, entregou-se, por fim, ao repouso.

Na manhã seguinte, os carros e liteiras dos primeiros funcionários começaram a afluir ao palácio do Adon. Pouco depois, havia multidões nas salas e antecâmaras, pois os dignitários só entravam um por vez no gabinete de trabalho do novo chefe de Estado e as audiências eram demoradas.

Informando-se minuciosamente sobre cada detalhe de cada área administrativa, José se orientava, maravilhando os velhos conselheiros pela prontidão e segurança com que assimilava o manejo das estruturas complexas da máquina governamental. Cada um que saía de sua sala levava consigo a convicção de que uma nova era começava, que uma mão de ferro acabava de assumir as rédeas e que não era para brincar que o novo Adon se aprofundava com tanta seriedade nas questões internas e externas do país.

As audiências chegavam ao fim e José ainda não vira aparecer o funcionário que mais lhe interessava: o chefe dos arqueiros e das prisões de Mênfis, o grande chefe da polícia, como diríamos hoje.

— Há mais alguém aguardando para ser chamado? — José perguntou ao jovem escriba de serviço, que anunciava aqueles que chegavam.

— Não, senhor, somente o chefe dos escribas de sua mesa, que aguarda para receber suas ordens.

— Faça-o entrar. Em seguida, descubra por que razão Putifar não se apresentou. Constatei desordens consideráveis na administração das prisões e devo falar com ele a esse respeito.

Tendo sido informado de que uma séria indisposição impedira o chefe dos arqueiros de deixar sua residência, José franziu as sobrancelhas e lhe enviou uma ordem formal, para que se apresentasse diante dele assim que estivesse recuperado.

Vários dias se passaram. Absorvido por sua atividade febril, José se esquecera momentaneamente de Putifar. Até que certa manhã em que trabalhava sozinho em seu gabinete, vieram anunciar que o chefe dos arqueiros e das prisões solicitava ser admitido em sua presença. O coração do hebreu bateu forte. Afastou os papiros que lia e afundou em sua poltrona, entregando-se à torrente de lembranças que o assaltavam. Reviu nitidamente a sala de refeições onde Ptah, o intendente, fizera com que ele se postasse atrás do assento de seu novo senhor, cuja entrada ele aguardava com ansiedade. Aquele senhor que tinha sido sempre indulgente, generoso e confiante para com ele, até o dia nefasto em que Ranofrit, impulsionada pela paixão que ele próprio havia inspirado, fizera com que se desencadeasse contra ele a cólera de seu marido, o que causara sua própria degradação.

À lembrança do momento mais cruel de sua vida, uma nuvem obscureceu a mente de José. Quase que de imediato, um lampejo de satisfação selvagem jorrou de seus olhos. Não era espantoso o prazer que a sorte lhe havia reservado?

Naquele instante, o reposteiro foi erguido e a figura alta e máscula de Putifar surgiu. Estava em traje de desfile e trazia um rolo de papiros na mão: era seu relatório sobre a condição das prisões e do corpo de arqueiros. Caminhando em direção ao Adon, que não se movera em seu assento, Putifar lhe dirigiu uma profunda reverência, porém menos profunda do que outros dignitários lhe haviam dirigido. Em seguida, permaneceu de pé, aguardando que José lhe dirigisse a palavra. O chefe dos arqueiros estava pálido, mas seus grandes olhos escuros fitavam seu antigo servo com segurança e severidade. Por alguns instantes, um silêncio mortal reinou no aposento. Os olhares ardentes dos dois homens pareciam conectados um ao outro. Por fim, José designou com a mão um assento baixo, colocado do outro lado da mesa, e disse com um breve sorriso:

— Sente-se, Putifar. Os tempos mudam. Como pode ver, hoje sou eu quem lhe concede um privilégio, com que outrora você me honrou.

O chefe dos arqueiros permaneceu imóvel.

— A comparação é imperfeita — ele respondeu em voz baixa. — Foi ao meu escravo que concedi outrora o privilégio de sentar-se em minha presença. Hoje me encontro diante do homem elevado por meu rei à posição que você ocupa e que honro enquanto tal. Engana-se, Adon, se acredita que isso lhe dá o direito de tratar como escravos todos os egípcios livres.

Aproximando-se da mesa, nela depositou os papiros que trazia.

— Este é um relatório detalhado sobre as condições atuais das prisões e do corpo de arqueiros. E esse — ele retirou da cintura um segundo rolo — é o pedido que dirijo ao faraó por seu intermédio, para que me desincumba das funções que ocupei até este dia. Minha saúde debilitada não me permite mais servir ao Estado com ações, suportar as exigências de meu cargo. E como recompensa por meus longos e fiéis serviços, solicito me retirar à minha vida privada. É isso que vim dizer ao primeiro funcionário do reino, que me chamou até ele.

Um rubor ardente inundou o rosto de José, uma chama de mau agouro iluminou seus olhos e com a mão ligeiramente trêmula abriu o rolo, que se pôs a ler.

— Tenha prudência, Putifar — ele disse em voz baixa. — Parece dar a entender que servir sob as ordens de um homem que, todavia, a mão todo-poderosa do faraó — que os deuses lhe concedam glória, força e saúde — investiu no cargo que ocupa. Tome cuidado! Homens mais importantes e ilustres, do que você, curvaram-se ao penetrar neste aposento. Mas quero esquecer sua má vontade, lembrando-me apenas de seus méritos e fidelidade ao rei e testemunhar-lhe minha benevolência.

Putifar mediu José com um olhar gélido e intrépido.

— Honro a vontade do faraó e vim, como seu subordinado, prestar contas de minha administração e solicitar minha dispensa junto àquele que ele viu por bem nomear como Adon do Egito. Mas já que você me pergunta, respondo, apesar dos riscos: sim, não posso servir sob o comando do homem que foi meu servo. Quero ser livre. O direito de renunciar ao meu cargo é a única recompensa que peço por meu longo tempo de serviço, e o rei não tem motivos para recusá-la.

José amassou num gesto nervoso o papiro que tinha nas mãos. Seus lábios tremiam e pensamentos contraditórios o agitavam. Por fim, ele ergueu a cabeça:

— Você tem razão. Com tais sentimentos, não pode continuar sendo chefe da polícia de Mênfis. A partir de amanhã, nomearei seu substituto. Não o reterei mais.

O hebreu fez um gesto de dispensa com a mão. Putifar se inclinou.

— Agradeço, Adon. Mas permita que lhe diga uma última palavra: não force a se curvarem, com exagerada dureza, aqueles que não estão habituados a tal. O silêncio nem sempre é sinal de submissão.

Assim que ficou a sós, José saltou da cadeira. Com o rosto rubro e olhos faiscantes, caminhou pela sala. O desejo de se vingar de Putifar e fazê-lo pagar caro por sua insolência e desprezo tornou a se apoderar do hebreu. Mas, uma vez mais, a ponderação dominou aquele ímpeto e a prudência prevaleceu. Estava apenas no começo de sua carreira e seu poder sobre o faraó inconstante parcamente consolidado. Era perigoso atacar o chefe dos arqueiros, cuja fidelidade a toda prova e integridade tão bem conhecida não davam ensejo a uma acusação e haviam conquistado a estima e benevolência de Apopi. Além disso, Putifar era imensamente rico e ligado às mais importantes famílias do reino. Sem dúvida, era melhor esperar. O destino, que já lhe trouxera uma compensação tão gloriosa, haveria de lhe conceder a vingança. Chegaria o momento em que todas as considerações que agora protegiam Putifar não teriam mais peso.

Passando a mão pela testa, como se para afastar pensamentos importunos, José retomou seu lugar à mesa e deixou-se absorver no estudo de planos e contas a ele submetidos por uma comissão nomeada alguns dias antes e que estava encarregada de construir, o mais rapidamente possível, celeiros públicos em diversos pontos do reino, mas sobretudo nas proximidades de Tânis. Aqueles celeiros eram destinados a armazenar os grãos para os anos de escassez.

X

EM TEBAS

O rei Apopi era contemporâneo de Sekenen Rá Taa, um dos chefes do Sul que trabalharam para a libertação do país.

O rei pastor governava então o Baixo Egito, mas recolhia tributo de outras partes do país, que seu povo não ocupava.

Chabas, *Les Pasteurs en Egypte.*

NA ÉPOCA QUE retratamos, a segunda capital do Egito estava longe de atingir o esplendor que mais tarde haveria de imortalizá-la. Os faraós, conquistadores e construtores da 18ª e 19ª dinastias, ainda não tinham erigido os templos colossais, as centenas de obeliscos, a formidável sala das cem portas, que deveriam fazer de Tebas uma cidade única no mundo. Sem dúvida, os reis poderosos e ricos das primeiras dinastias tebanas haviam ornado sua capital com construções belas e grandiosas, e dotado o templo de seu pai, Amon-Ra, com numerosos tesouros. Mas depois deles tinha havido discórdias mesquinhas, guerras fratricidas e, por fim, a grande invasão dos pastores, cujas hordas devastadoras tinham inundado o Egito, como uma torrente desordenada, matando e pilhando à sua passagem. Por séculos, Tebas decaíra à condição de uma vila pobre de província, residência de um *haq* do Sul...

Desde o primeiro grande levante do Egito, sob a condução de Taa I, com seu sobrenome real Ra-Sekenen, o Sol belicoso, o papel dos reis de Tebas voltara a ganhar destaque, elevando-se, gradualmente, ao longo de mais de cem anos, a contar desse grande acontecimento. Ao redor de Taa III já se reuniam, como ao redor de seu chefe natural, todas as províncias do Sul.

Cerca de três semanas após a promoção de José, à hora em que o sol se punha no horizonte, um barco muito simples, mas munido de cabine, aproximava-se rapidamente de Tebas. Era ocupado por quatro remadores e um condutor, e na cabine estavam sentados dois homens que conversavam animados, relendo e fazendo anotações sobre uma longa faixa de papiro estendida entre eles. Era um ancião de 75 anos, magro e curvado. Seu rosto enrugado devia ter sido outrora de uma beleza admirável e seus grandes olhos escuros, brilhantes e apaixonados como de um jovem, denotavam uma alma ardente, sobre a qual o peso dos anos não havia prevalecido.

Esse personagem era Amenset, sacerdote do templo de Ptah, em Mênfis, respeitado especialista na arte da adivinhação de todos os gêneros. As estrelas do céu, assim como as entranhas das vítimas, não tinham segredo para ele e sua interpretação dos sonhos era infalível. A humilhação sofrida por ele e por seus colegas perante Apopi e a vitória de José haviam despertado no ancião irascível uma raiva intensa. Sentia-se esbofeteado, assim como toda sua casta, pelo *chasou* insolente. A ideia de obedecer ao escravo obscuro e impuro, que o usurpador havia nomeado Adon apenas para humilhar toda a nobreza egípcia, só faltava lhe causar um ataque de apoplexia. Mal se refizera daquele abalo, decidira deixar Mênfis, a cidade odiosa onde reinava o usurpador, indo refugiar-se em Tebas, junto de Taa III, que a seus olhos era o único rei legítimo do Egito.

Disfarçado e acompanhado apenas por um escriba, seu discípulo, ele deixara Mênfis certa noite, e nós o vemos se aproximar, feliz, do destino de sua viagem.

— Cá estamos nós em Tebas. Agora posso livrar-me de meu disfarce. Ajude-me a me vestir, Rui, e cuide deste escrito, que penso será útil ao rei — disse o ancião, tirando seu casaco escuro e a túnica grosseira, enquanto o escriba retirava de um pacote a longa veste sacerdotal.

Uma hora mais tarde, os dois homens se apresentavam à entrada do templo de Amon-Ra ou, melhor dizendo, do recinto já imenso que cercava os edifícios que pertenciam à morada do grande deus. Um servo os conduziu até a residência do sumo-sacerdote, que ficou profundamente admirado por ver diante de si o velho sábio de Mênfis, cujo nome era bem conhecido em Tebas. O sacerdote o recebeu com deferência e, ao tomar conhecimento dos acontecimentos que haviam levado o velho profeta a se expatriar, estremeceu de cólera e declarou a Amenset que seu desejo de ver Taa III se realizaria quase que de pronto, visto que o rei, acompanhado pelo príncipe Kamés, seu herdeiro, viriam ao templo para assistir uma cerimônia religiosa.

Apesar do cansaço, Amenset decidiu participar da cerimônia. Mal terminara as abluções indispensáveis, o rei chegou, acompanhado por Kamés, rapaz frágil, doentio e visivelmente indisposto. Quanto a Taa III, era homem já idoso, mas cheio de vigor, cujo rosto bronzeado transpirava energia, audácia e uma inteligência superior.

Assim que as cerimônias religiosas terminaram, Taa, Kamés, os principais dignitários do templo e Amenset se reuniram em uma pequena sala contígua ao santuário. Foi lá que o velho sacerdote, com o rosto rubro e a voz trêmula de emoção, relatou a história do sonho de Apopi e da ascensão de José.

— Toda nossa casta cobriu-se de vergonha pela maldade infame do *chasou*. Os mais altos dignitários, todos os homens nobres do Baixo Egito devem se curvar e obedecer àquele porco fétido, escravo liberto que, por escárnio, o faraó nomeou Adon do Egito. Mas não pude suportar aquilo. Sacudi o pó das minhas sandálias e vim ao seu encontro.

Torrentes de lágrimas interromperam a fala do ancião e, prostrando--se, murmurou entre soluços:

— Concede-me hospitalidade, filho de Rá, único e legítimo rei para todo coração egípcio. Deixa-me morrer aqui, junto a ti e a meus irmãos, os servidores do grande deus.

Uma emoção profunda tomou conta da assembleia e, levantando-se, enérgico, Taa ergueu o ancião, abraçou-o e disse com bondade:

— Você é bem-vindo, venerável Amenset. Viva como um pai amado junto a seu rei e consagre, em paz, o resto de seus dias ao serviço da divindade. Você é bem-vindo tanto no templo quanto em minha casa.

Depois que o sumo-sacerdote e demais dignitários testemunharam ao recém-chegado que partilhavam dos sentimentos do rei a seu respeito e que todos haviam se acalmado um pouco, Taa observou:

— As notícias trazidas pelo venerável Amenset são de tal modo graves, que me parece indispensável que conversemos seriamente acerca delas e que consultemos os deuses, implorando-lhes que nos digam se o homem impuro, elevado tão inesperadamente ao poder, será perigoso para nós. Se as calamidades previstas serão nossa desgraça ou se, tocados finalmente por nossos infortúnios, os imortais libertarão a terra de Kemi dos opressores e reunirão sobre minha cabeça as duas coroas do Egito.

— Tuas palavras, oh, rei, exprimem a sabedoria de teu pai, Rá — respondeu o sumo-sacerdote após haver consultado seus colegas. — Conforme teu desejo, iremos escolher imediatamente um dia favorável para oferecer um sacrifício ao grande deus e ler sua resposta nas entranhas das vítimas.

Três dias mais tarde, Taa, seu herdeiro e um pequeno séquito, composto por chefes militares e velhos conselheiros, chegaram ao templo e se dirigiram ao pátio destinado aos sacrifícios. Ainda era noite, mas se realizavam os últimos preparativos com uma atividade febril, pois ao primeiro raio do sol nascente, as vítimas deveriam ser imoladas e Amenset iria oficiar ao lado do sumo-sacerdote do templo. A claridade das tochas dava uma aparência fantástica às vestes brancas dos sacerdotes, assim como à estátua do deus, diante do qual carvões queimavam sobre um tripoide. Auxiliado por Kamés, que segurava as tabuinhas onde estavam anotadas todas as particularidades do ritual, as quais deveriam ser seguidas ao pé da letra para que o sacrifício nada perdesse de sua eficácia, Taa começou por fazer um sacrifício de vinho e incenso. A seguir, ele realizou as cerimônias habituais sobre as vítimas que iriam imolar. Quando, por fim, uma claridade púrpura inundou o céu, anunciando a chegada do Astro-Rei, os imoladores lançaram-se sobre os animais consagrados e os degolaram. E no momento em que o primeiro raio de sol caiu sobre as lâminas brilhantes, eles apresentaram as vísceras palpitantes, sobre as quais Amenset e o sumo-sacerdote se inclinaram com avidez.

Um silêncio solene se havia estabelecido, interrompido apenas pela respiração rouca e ofegante da assistência. Todos os olhares permaneciam fixos nos dois sacerdotes que, com o cenho franzido e as veias inchadas pelo esforço da vontade, estudavam os sinais misteriosos, através dos quais a divindade comunicava suas decisões.

De repente, Amenset pôs-se de pé e ergueu os braços para o céu. Seu rosto, lívido pela emoção, parecia petrificado em alegria extática. Seu olhar, ora flamejante, ora obscuro, parecia se perder numa longa visão longínqua e radiosa. Em seguida, sua voz soou, baixa, mas estranhamente vibrante:

— O véu que oculta o futuro se levanta e a voz do deus retumba aos meus ouvidos como um trovão e fala-me através das entranhas das vítimas. Sim, a paciência dos imortais está farta dos crimes dos estrangeiros.

Os gritos de angústia da terra de Kemi, as lágrimas e as preces dos servos chegam aos seus ouvidos. O traidor impuro que macula o trono, zombando dos filhos do Egito, de seus sentimentos, humilhando-os sem piedade, cairá por intermédio daquele mesmo homem que elevou. O escravo, a tudo atingindo com seu punho de ferro, dará desse modo o sinal para a rebelião de todo o Egito, e o inimigo secular, vencido, derrubado, recalcado em seu derradeiro refúgio, será banido para sempre. Das embocaduras do Nilo às cataratas, a terra de Kemi estará livre, e perante os altares cobertos de sacrifícios, prostrado diante do rei legítimo, que porta a dupla coroa, o povo dará graças aos deuses em gritos de júbilo. Mas até que venham esses dias de felicidade, anos de lutas e sofrimentos atrozes passarão. A fome dizimará o povo e o opressor sugará a medula de seus ossos. Dias virão em que os corações mais valentes serão tomados pelo desalento e pelo desespero. Mas a palavra do deus, que soa nesse instante, haverá de sustentá-los e fortalecê-los. Taa, o grande, tu viverás eternamente na memória da posteridade. Levarás o primeiro golpe mortal ao usurpador e sacrificarás perante Ptah em seu altar em Mênfis. Porém, nem a ti, nem a teu herdeiro está reservada a vitória completa. É Ahmés, filho amado do deus e que dorme em seu palácio, que reunirá em sua mão o papiro e o lótus, e cingirá a dupla coroa.

De súbito, a voz de Amenset se calou. Seus olhos fecharam e ele cambaleou. E teria caído no chão, se o sumo-sacerdote e outro membro do clero não o tivessem amparado e deitado gentilmente no chão. Taa e Kamés se lançaram em sua direção, fixando com pavor o corpo enrijecido do profeta.

— Amenset, o venerável servidor de Ptah, foi tomado por Osíris. Tendo falado por sua boca, o deus fechou para sempre seus lábios, que santificou — declarou cerimoniosamente o sumo-sacerdote. — Que garantia mais solene nos poderia ser dada quanto à veracidade das palavras que acabam de ser pronunciadas?

Tendo o sumo-sacerdote declarado que suas próprias observações coincidiam com as palavras do falecido e as confirmavam, Taa, repleto de admiração e respeito, ordenou que fossem feitas a Amenset exéquias reais. Em seguida, combinou com o sumo-sacerdote a convocação de um conselho secreto, no qual se estudaria a fundo o escrito deixado pelo fugitivo de Mênfis, que continha, não apenas a narração dos últimos acontecimentos, mas também um relato repleto de detalhes minuciosos e preciosos acerca do estado de ânimo, disposição das tropas e fortificações construídas recentemente pelos hicsos, com a finalidade de tornar Mênfis quase impenetrável.

Ao voltar a seu palácio, Taa foi recepcionado por um menino encantador, com cerca de 12 anos, que se afastando do escriba preceptor, que procurava detê-lo, correu na direção de Taa e Kamés.

— Ahmés! — exclamou o velho rei, tomando o garoto em seus braços e apertando-o contra o peito.

Em seguida, voltando-se para os chefes e conselheiros que o seguiam, Taa apontou para o menino e exclamou com alegria e orgulho:

— Vejam, meus fiéis, a criança escolhida pelos deuses, conforme nos apontou o falecido profeta. Está predestinado a imortalizar seu nome e a glória de sua raça. Sobre sua cabeça repousará, um dia, a dupla coroa do país de Kemi, depois que dele tiver enxotado os malditos, os pestilentos que maculam seu chão sagrado.

Como que tomados por um só impulso, os membros do séquito caíram de joelhos, e erguendo as mãos, aqueles servidores experientes gritaram entusiasmados:

— Glória, força e saúde a Taa, o muito Vitorioso, a Kamés, seu glorioso herdeiro, e a Ahmés, o futuro faraó do Alto e Baixo Egito!

No conselho, que ocorreu alguns dias mais tarde, ficou decidido que fariam todos os preparativos para a guerra de libertação e, sobretudo, que construiriam, sem ostentação, uma frota numerosa, que facilitaria o transporte das tropas e que seria indispensável caso ocorresse um cerco de Avaris, a poderosa fortaleza marítima dos hicsos, defendida, também por terra, por grandes canais. Além disso, ficou combinado que os templos também fariam uma certa provisão de grãos para os tempos de escassez e que tentariam impedir que se vendesse a José o supérfluo da colheita. A fé absoluta na predição de Amenset sustentava todos os corações e os enchia de ardor e esperança.

Enquanto se preparavam em Tebas para um combate desesperado contra os opressores execrados, os malditos, os leprosos, os demônios, conforme o ódio popular os denominava com ignomínia, e enquanto Taa e seus aliados já sonhavam com sua derrubada, José firmava cada vez mais sua posição e monopolizava completamente o frágil Apopi. As medidas enérgicas do novo Adon, a calma e a tímida submissão que sucedera a insolência turbulenta dos últimos anos agradavam ao monarca doentio, sobre quem as revoltas perpétuas e a agitação permanente atuavam como verdadeiro veneno. Além disso, cumulava José de benefícios sempre novos, divertindo-se em ver se curvarem aos pés do homem obscuro, que ele próprio elevara, todas as cabeças insolentes que tinham ousado se levantar contra ele, o descendente legítimo dos reis que havia 500 anos governavam o Egito.

Esses favores sempre crescentes enchiam José de satisfação orgulhosa e tornavam-no cada vez mais ousado e despótico. Desse modo, obtivera do faraó uma guarda pessoal, e para comandar esse destacamento, assim como para seu séquito imediato, escolhera jovens que pertenciam às mais importantes famílias genuinamente egípcias. E o fizera por escárnio, pensavam os desafortunados oficiais que acompanhavam sua liteira ou vigiavam em sua antessala. Muitos deles cerravam os dentes e os punhos, mas se limitavam a tal seus protestos, pois manifestá-los de outro modo poderia custar-lhes a cabeça. De resto, não faltavam almas vis, a quem não importava se a mão que distribuía graças e benefícios era pura ou impura, e que rastejavam perante o poder, adulando o Adon a ponto de abrirem mão de toda dignidade humana. Os banquetes se sucediam tanto na residência de José quanto em todas as casas nobres de Mênfis. O próprio Apopi tinha honrado com sua presença muitos desses banquetes, expressando grandemente a satisfação que experimentava em ver seu novo conselheiro tão bem acolhido por seus súditos fiéis. Além disso, através dos benefícios e somas em dinheiro, ele estimulava o gosto de José pelo luxo, e o hebreu se cercava de um esplendor real, não esquecendo jamais que, depois do rei, era ele o primeiro homem do Egito.

Somente um dos grandes senhores de Mênfis havia sido completamente eclipsado, e sua casa, outrora tão hospitaleira, estava fechada: Putifar, sob pretexto de estar com a saúde debilitada, havia se retirado para uma propriedade que tinha perto de Tânis, lá vivendo em absoluta reclusão e observando de longe, com tristeza e desprezo, o estado de rebaixamento moral voluntário a que se entregavam seus compatriotas. Para José, porém, a visão da casa do antigo chefe dos arqueiros, agora vazia e silenciosa, funcionava como um golpe de espora. Uma chama de ódio brilhava em seus olhos e jurava a si mesmo que aguardaria o momento em que haveria de se vingar daquele que ousava lhe testemunhar seu desprezo sem dissimulação.

Todavia, nem as distrações, nem o ressentimento silencioso impediam que o Adon se ocupasse ativamente dos trabalhos sob sua responsabilidade e até mesmo seus inimigos reconheciam suas qualidades de administrador.

Mais de dois anos se haviam passado desde sua ascensão, quando julgou conveniente fazer uma visita às províncias, a fim de inspecionar todos os centros administrativos e certificar-se, pessoalmente, de que as entregas de grãos aos celeiros públicos estavam acontecendo segundo suas ordens, uma vez que as colheitas eram de fato superabundantes. Apopi, que já testemunhara a surpreendente profundidade de visão e de cuidado de seu favorito, aprovou esse projeto. Através de um decreto, ordenou às autoridades de todas as cidades, inclusive aos colégios sacerdotais, que recebessem o Adon com honras dignas de um príncipe de sua casa e que tomassem José por seu representante direto.

XI

O ADON EM HELIÓPOLIS

O faraó disse a José: "Sou eu o faraó, mas, sem a sua permissão, ninguém poderá erguer a mão ou o pé em todo o Egito". Tinha 30 anos quando se apresentou diante do faraó, rei do Egito. Logo que deixou a presença do faraó, José começou a percorrer toda a terra do Egito.

Gênesis, cap. XLI, vs. 44, 46

NO INTERIOR DO imenso recinto que cercava o Templo do Sol e suas incontáveis dependências em Heliópolis erguia-se a residência do sumo-sacerdote, palácio elegante em meio a um jardim e em cujo terraço se reunia, certa tarde, um grupo de cinco pessoas. De pé, junto à balaustrada, o chefe da casa conversava com seu filho Armais, belo rapaz de 18 ou 19 anos, que se parecia com o pai tanto na estatura quanto nos traços, mas com grandes olhos de um azul escuro como os de sua irmã Asnath, agora uma moça encantadora, fina e delicada como uma gazela.

Sentada junto a uma mesa repleta de alimentos frescos, Asnath brincava com um cachorrinho de pelo negro e brilhante ao qual oferecia um bolo de mel enquanto conversava com sua mãe e com um oficial que não tirava os olhos dela, visivelmente apaixonado pela adolescente encantadora. Esse personagem era nosso velho conhecido Hor, antigo rival de Putifar. Após o casamento de Ranofrit, o jovem pedira para ser transferido para Heliópolis e se tornara um amigo e visitante assíduo da residência do sumo-sacerdote, que o acolhia com benevolência e parecia não desaprovar o sentimento que o rapaz nutria por sua filha.

Hor havia subido de posto: comandava agora um destacamento de arqueiros, e Armais acabava de ingressar no serviço militar sob suas ordens. Potifera teria desejado ver o filho abraçar a carreira de sábio, para que um dia pudesse ser substituído por ele na posição de sumo-sacerdote. Mas o rapaz tinha pouca disposição para os estudos e para a severidade da vida sacerdotal. O trabalho austero necessário para uma iniciação superior não se coadunava com seu caráter. Embora contrariado, Potifera tivera que se contentar em iniciá-lo nos pequenos mistérios e fazer dele um escriba hábil. Mas para que o cargo hereditário não saísse da família, o sumo-sacerdote o destinava a seu irmão caçula, Rameri, irmão de Ranofrit, que ocupava o grau de terceiro profeta do templo e já era um arquiteto de renome.

Como outrora, a adoração de toda a família de Potifera, começando por ele próprio, concentrava-se em Asnath. Vestiam-na e mimavam-na conforme sua vontade e satisfaziam-lhe os mínimos desejos. A mocinha apreciava aquela condição privilegiada. Além disso, sabia-se bela, rica e disputada, o que a tornara, em certo ponto, orgulhosa e voluntariosa, embora sua bondade inata e sua despreocupação infantil suavizassem essas pequenas imperfeições. Adorava seus pais e seu irmão, e Hor, seu amigo de infância, continuava a agradá-la mais que todos. A adoração evidente do belo oficial a divertia e encantava seu orgulho feminino, pois Hor era um partido cobiçado e as paixões provocadas por seus cabelos de ouro entre as mulheres de Heliópolis não eram segredo para ninguém. Apesar dessas boas inclinações recíprocas, as palavras decisivas ainda não tinham sido ditas.

— Olhe, pai! — exclamou Armais num dado instante. — Racapou chega à nossa casa.

As duas mulheres se levantaram ao mesmo tempo e Asnath, que se limitara a saltar até a balaustrada, observou:

— É verdade. O carro dele está parando diante de nossa porta. Mas Racapou parece agitado!

— Seria melhor descer para recebê-lo? — perguntou Maia, que tinha envelhecido visivelmente e engordado.

— Não. Estamos bem aqui. Mas vá, Armais. Receba o nobre Racapou e o conduza para junto de nós — respondeu Potifera, aproximando-se da mesa e enchendo uma taça com vinho doré da Síria para seu velho amigo e comandante de Heliópolis, cujos passos pesados já ecoavam sobre os degraus da escada.

Um instante mais tarde, o velho guerreiro entrava no terraço, trazendo um rolo de papiro nas mãos. Seu rosto carrancudo e a cólera mal aplacada que ainda ardia nele causou espanto aos anfitriões.

— O que você tem, Racapou? Aconteceu alguma coisa? Prefere me falar em particular? — perguntou Potifera, fitando, entre atônito e inquieto, o rosto rubro do comandante de Heliópolis.

— O que se passa comigo? Desejaria que Tifon me partisse o pescoço antes de receber a honra excepcional com que nos presenteia o faraó e da qual você terá sua parte, Potifera — respondeu Racapou com voz rouca de raiva, enquanto se deixava cair sobre um assento ao lado de Maia, a quem saudou com um movimento da mão.

— É evidente que suas notícias são péssimas. Em todo caso, beba uns goles para se refrescar, antes de me inteirar do que lhe estraga o humor desse jeito — falou o sumo-sacerdote com um ligeiro sorriso, virando-se para a mesa a fim de apanhar a taça.

Prevendo o gesto do pai, Asnath insinuou-se, leve como uma borboleta, entre os braços do pai, apanhou a taça de sua mão e entregou-a a Racapou, induzindo-o, com um sorriso travesso, a se refrescar e não lhe ocultar a notícia nefasta, caso esta não fosse um segredo de Estado.

O semblante carrancudo do velho soldado se alegrou ao ver sua favorita e, dando-lhe suaves tapinhas no rosto, esvaziou a taça e disse que, como o que o enraivecia não era segredo, iria contá-lo a todos.

— Veja, Hor! Essa diabinha que é Asnath quer fazer rodar a cabeça de Racapou — murmurou Armais ao ouvido do amigo, enquanto o comandante desenrolava o papiro e lia o decreto de Apopi, que ordenava que se apresentassem a José, quando de sua passagem por Heliópolis, honras quase reais.

Diante daquela leitura, a cólera e a indignação surgiram em todos os semblantes. O rosto de Potifera, porém, cobriu-se de um escuro rubor.

— Pois bem, essa exigência não ultrapassa mesmo todos os limites do possível e do permissível? — perguntou Racapou, dando um soco na mesa que fez estremecerem as peças de louça. — E isso não é tudo! Tabuinhas, anexadas ao decreto, ordenam que eu organize uma festa popular e uma série de banquetes para reverenciar o Adon, que chega na próxima semana. E como sua chegada coincide com a festa de Téfnis, ordena-se que se reserve na procissão sagrada para esse... — Racapou escarrou com força — o lugar de Apopi. De resto, você receberá, sem dúvida, instruções a respeito. Mas repito que o faraó começa a ultrapassar todos os limites, exigindo que os homens mais importantes do Egito rendam honras reais àquele animal impuro.

— Que foi escravo na casa de meu cunhado Putifar — falou Potifera com lábios trêmulos.

— Ha! Ha! Ha! — riu Racapou. — É um favorito digno daquele que o escolheu. Realmente, só um *chasou* impuro poderia elevar aquele animal imundo à posição de Adon. Bem, isso não altera nada. Será preciso acomodar o animal no palácio e, ao invés de receber o Adon como merece, com umas boas bastonadas, devemos homenageá-lo com banquetes. O mais difícil será disfarçar o ódio e o desprezo que ele nos inspira.

— Todavia, estou curiosa para vê-lo. Neftis, filha do hierogramatista Ramsés, que esteve em Mênfis no ano passado, contou-me que o Adon é belo como Horus — observou Asnath, menos sensível à questão de origem que às festividades que iriam acontecer.

— A comparação de um deus com o antigo escravo de sua tia é indigno da parte de sua amiga — disse Potifera com o cenho franzido. — Em todo caso, você não verá esse personagem, nem assistirá às solenidades, que constituem uma vergonha para nós.

— Mas, pai, todo mundo irá assistir a elas — exclamou Asnath, contrafeita.

— Penso, ao contrário, que toda mulher e moça de respeito que *puder* fazê-lo, ficará feliz em ser dispensada de tal aborrecimento — respondeu Potifera. — De qualquer modo, você e sua mãe não haverão de honrar com sua presença o homem ilustre que cuidava das sandálias de seu tio — acrescentou o sumo-sacerdote com mais severidade do que costumava testemunhar à filha mimada. E ao ver a expressão de desapontamento dela, disse: — Amanhã vocês irão para nossa casa de campo e permito que você mande construir o viveiro que há tempos deseja ter lá.

Asnath sorriu, e enquanto ela abraçava o pai, Maia perguntou a Racapou se sua esposa e filhas participariam dos festejos públicos.

— Minha esposa, sim — ele disse. — É preciso que ela presida ao banquete em minha casa. Minhas filhas, certamente que não. Não tenho o menor desejo de que o Adon acabe por escolher alguma delas como esposa. Deseja-se que ele escolha entre as mais belas e mais nobres.

— Oh, quem haveria de querê-lo por genro? Será enxotado em toda parte — exclamou Armais, rindo.

— Se for *possível* enxotá-lo — suspirou Racapou. — É mais sensato evitar a *honra* de um pedido.

— Então deixe que Nititis e Hatasou viajem conosco. Será mais divertido para elas e para mim — propôs Asnath.

O projeto foi aprovado por todos e, para evitar qualquer suspeita, ficou decidido que a esposa do sumo-sacerdote partiria já no dia seguinte com as três moças. Depois disso, Potifera e o governador desceram para conversar sobre os preparativos necessários para a chegada do Adon, que deveria acontecer no prazo de 12 dias. Armais correu a dar as ordens indispensáveis para a partida no dia seguinte, Maia foi se ocupar da bagagem e Hor dirigiu-se com Asnath para o jardim, aonde Armais deveria ir encontrá-los.

Silenciosos e absortos em seus pensamentos, os dois jovens atravessaram o jardim, para chegar a um gramado onde jogavam bola. Apesar de tudo, uma estada de vários dias no campo alegrava Asnath. Quanto a Hor, a ideia de uma separação tão longa da moça lhe era insuportável. Além disso, o silêncio dela o deixou subitamente enciumado.

— Ela só pensa naquele estrangeiro sujo e nas festividades em honra dele — o rapaz pensou consigo mesmo. — Não se importa com minha tristeza em ter que ficar separado dela por tanto tempo.

Então, ele perguntou a Asnath, de repente:

— Com o que você sonha desse jeito?

— Com nada — respondeu a mocinha com humor. — É você que só pensa na chegada do Adon, esquecendo-se de todo o resto. E eu não queria perturbá-lo.

Quase que contra a vontade, Hor deu uma gargalhada, de tal modo lhe pareceu cômica a semelhança de seus pensamentos. E como passavam, naquele momento, por um banco meio perdido à sombra de um sicômoro e de um pequeno bosque de acácia em flor, o oficial conduziu a companheira até o banco de pedra e, sentando-se perto dela, disse-lhe com um sorriso:

— É verdade, estou distraído. Não é a chegada do Adon que me preocupa, mas sua partida e a ideia de não ver, por tanto tempo, dois olhos azuis que, para mim, representam o céu.

Asnath ficou fortemente ruborizada e baixou a cabeça, indecisa. Mas, tornando a erguê-la, quase que de imediato, disse num tom travesso e com um olhar sedutor:

— Quem o impede de ir contemplar o céu?? Você sabe que será bem-vindo!

Hor tomou as duas mãos da jovem e levou-as a seus lábios:

— Você me permite, Asnath, interpretar suas palavras como meu coração deseja? Diga-me, posso amar você abertamente e pedi-la a seus pais como esposa? Mas, antes, quero ouvir de sua própria boca que também me ama.

— O que você pensa a esse respeito? — indagou Asnath num tom impertinente. — Somos amigos há tanto tempo e você prometeu esperar até que eu crescesse para se casar comigo.

— Então, você aceita recompensar minha fidelidade? — perguntou Hor, tomando-a em seus braços e beijando-lhe os lábios. — Mas, pequena malvada, não quero uma velha amizade. Exijo um amor novo e tão ardente quanto o meu.

Rubra e feliz, Asnath retribuiu o beijo de Hor e ficou combinado que, assim que Racapou fosse embora, eles falariam a Potifera e Maia sobre a afeição recíproca e pediriam sua bênção.

Foi uma noite feliz na casa do sumo-sacerdote. Ele e a esposa tinham acolhido com alegria o pedido de Hor. Conheciam tão bem o rapaz bom e leal, que confiantemente entregaram em suas mãos o futuro da filha querida. Quanto a Armais, não cabia em si de contente pelo fato de passar a ser o irmão de seu amigo.

Ficou decidido que assim que o Adon fosse embora e ficassem livres do tumulto provocado por sua vinda, as núpcias seriam celebradas. Além disso, Hor deveria visitar sua noiva com tanta frequência quanto seu serviço permitisse.

O dia marcado para a chegada do Adon amanheceu radiante. Toda a cidade assumira um ar festivo. Toda a população estava desperta e as massas de curiosos atulhavam não apenas as ruas da cidade e os telhados das casas, mas também a estrada por onde José deveria chegar.

Finalmente, surgiram os destacamentos de arqueiros que carregavam ramos floridos, assim como os corredores que antecediam o carro do Adon que, por sua vez, estava cercado por abanadores. De toda parte ergueram-se aclamações e gritos de júbilo, e a multidão se prostrou. Atrás do carro de José vinham os dos conselheiros, escribas e funcionários diversos que formavam o séquito, novos destacamentos de soldados. Uma longa fila de burros e carroças repletas de bagagem fechavam o cortejo.

À porta da cidade, José foi recepcionado por Racapou, que vinha acompanhado por todas as autoridades. Nos mais respeitosos termos, o velho governador lhe falou da alegria de toda Heliópolis em receber e hospedar, entre suas muralhas, o representante de seu rei.

Após uma breve, mas bondosa resposta àquelas palavras de boas-vindas, José deixou seu carro, para sentar-se num banco portátil ricamente incrustado. Então, cercado por todos os dignitários que acabavam de recebê-lo, dirigiu-se ao Templo do Sol, para juntar-se à procissão religiosa em honra à deusa Téfnis, cuja festa era celebrada naquele dia.

Saindo das torres gigantescas ornadas com obeliscos que formavam a entrada do lugar santo, vinham longas filas de cantores e cantoras do templo. Cada grupo era precedido por seu maestro que, com uma longa batuta dourada, marcava o compasso, enquanto um mestre de capela e de cerimônias seguia atentamente a ordem e os detalhes do cerimonial, escritos em tabuinhas.

Os sons graves do hino sagrado enchiam o ar de vibrações melodiosas. Aqueles cantos sagrados, executados com incomparável perfeição por vozes magníficas, acompanhadas e sustentadas pelo som de harpas, sempre produzia no povo uma impressão profunda e perturbadora. Involuntariamente, as cabeças se curvavam, os joelhos se dobravam e um anseio ardente para com a divindade se erguia de todos os corações. Depois dos cantos, vinham os sacerdotes de todas as graduações antecedendo o *naos*, barco sagrado da deusa, coberto por um tapete, enfeitado com flores e carregado por oito pastóforos. A seguir, vinham os grandes dignitários do templo, encabeçados pelo superior dos matemáticos, precedido pelos símbolos da música e livros de Thot (Hermes). Na sequência, vinha o Horóscopo, grão-mestre das ciências genetlíacas, relativas ao horóscopo: o relógio e a palma eram os símbolos de seu cargo. A pena, a régua e o tinteiro antecediam o escriba sagrado, grão-mestre da ciência simbólica de todas as formas e da arte hierogramática. Depois vinha o grão-mestre da justiça com seus símbolos: o côvado, simbolizando a igualdade perante a lei, e a taça, simbolizando a grande comunhão sacerdotal com a vida espiritual do universo pela iniciação. Por fim, aproximava-se o arco santo, que continha os dez livros da iniciação suprema e, atrás dele, vinha Potifera, revestido das insígnias de sumo-sacerdote, a tiara branca sobre a cabeça, o peitoral formado por pedras simbólicas resplandecentes sobre o peito e seus emblemas: os pães da comunhão e o jarro de ouro.

Tendo sido saudado pelo sumo-sacerdote, que lhe ofereceu uma flor de lótus e o aspergiu com água purificadora, José, que havia descido de sua liteira, juntou-se ao cortejo. Mais tarde, quando as cerimônias religiosas tinham terminado, ele se dirigiu ao palácio preparado para recebê-lo, convidando todos os dignitários a irem à sua residência, após terem descansado um pouco. Como desejava reuni-los num banquete, ele os persuadiu a virem uma hora antes da refeição, com o objetivo de conhecê-los melhor e conversar com eles.

Naquela reunião, as opiniões a respeito de José se dividiram: uma parte dos dignitários foi involuntariamente desarmada pela afabilidade amável, reservada, isenta de altivez daquele belo jovem, que parecia nascido para reinar e comandar, que sabia dirigir a cada pessoa uma palavra agradável e que parecia ter estudado tudo e saber tudo. Somente os legítimos egípcios e os sacerdotes permaneceram insensíveis.

O sentimento de serem humilhados pela superioridade hierárquica daquele novo-rico estrangeiro permanecia odioso e hostil no fundo de suas almas. Quanto às mulheres, colocaram-se quase que por unanimidade a favor do Adon e vários olhares de paixão e admiração foram dirigidos a ele. Não seria um falso boato, uma calúnia, que aquele homem tão elegante e belo, que vestia com tanta graça seu rico traje, tivesse outrora se curvado perante um senhor ou um bastão? Que aquela mão de dedos delgados e pele acetinada tivesse um dia desempenhado os trabalhos grosseiros de um escravo? José percebia aqueles olhares, que também já vira em Mênfis, e sabia, há muito tempo, que entre as mulheres mais belas e mais nobres encontraria quem de bom grado lhe perdoasse a origem e considerasse como uma ventura ser escolhida por ele como esposa. Porém, até aquele dia, o coração do jovem hebreu permanecera mudo. A ambição e os negócios absorviam-no por inteiro e ninguém desconfiava do abismo de ambição, orgulho, ressentimento cruel e avidez que se ocultavam por detrás de sua fronte branca e polida, sob a impassibilidade serena de seus traços harmônicos e no fundo de seus olhos profundos e impenetráveis.

Com o desembaraço que acabamos de mencionar, José presidia o banquete. Racapou sentava-se à sua esquerda e, à sua direita, sentava-se Potifera, visivelmente nervoso e agitado, apesar da deferência gentil que lhe demonstrava o Adon, que não demonstrara por uma só palavra que já o conhecia, por tê-lo visto na casa de Putifar.

Tudo fervia na alma do orgulhoso egípcio. A ideia de que trocava gentilezas, de que permanecia ali sentado, quase como um subordinado, ao lado do antigo escravo de sua irmã, que já naquele tempo ele havia abominado instintivamente, todos aqueles pensamentos se cravavam em seu coração como um aguilhão e faziam com que o sangue lhe subisse à cabeça. Além disso, o sumo-sacerdote estava cansado devido à longa cerimônia daquela manhã e um mal-estar se apoderava cada vez mais dele. Potifera procurou se dominar, mas, de repente, a cabeça girou, uma nuvem obscureceu seus olhos e ele caiu da cadeira, inconsciente.

Todos os convidados se levantaram, agitados, diante daquele acontecimento inesperado. Mas José e Racapou já se haviam antecipado para ampará-lo. Deitaram-no num divã e um dos sacerdotes presentes lhe prestou socorros, graças aos quais Potifera logo tornou a abrir os olhos. José, que durante todo aquele tempo lhe testemunhara profunda solicitude, logo se inclinou sobre ele, a fim de certificar-se de seu estado. E quando o sumo-sacerdote expressou o desejo de voltar para sua casa, ele mesmo o acompanhou até a liteira.

A multidão imensa que enchia os arredores do palácio ficou agradavelmente impressionada ao ver que o próprio Adon amparava o cambaleante Potifera, ajudando-o a se acomodar em sua liteira. Aquele respeito e interesse testemunhados ao venerável sacerdote, que era amado por toda a cidade de Heliópolis, pelo homem poderoso cuja chegada tinham assistido naquela manhã numa entrada quase real, produziu a melhor das impressões. E foi com sinceridade que o povo aclamou o representante do faraó. Os corações simples dos artesãos e dos aldeões, vindos para assistir as solenidades, não compreendiam o sentimento de ódio e orgulho ferido das classes superiores.

Durante a noite, o estado de saúde de Potifera se agravou. Uma febre alta se manifestou e Armais, muito inquieto, enviou um mensageiro para avisar Maia e Asnath acerca do infortúnio ocorrido. Naquela mesma noite, as duas mulheres chegaram e se postaram à cabeceira do enfermo. O dia e a noite seguinte transcorreram sem melhoras. A família inteira estava desolada e a tristeza se espalhava pelo templo, uma vez que o pontífice era amado por todos. Quanto ao Adon, ocupado fora da cidade em uma inspeção militar, mandara pedir notícias de Potifera.

Na manhã seguinte, José se informou mais uma vez sobre o estado de saúde do sumo-sacerdote. E tendo sabido por Racapou que ele estava pior, declarou desejar visitá-lo pessoalmente, mas sem nenhuma ostentação, a fim de evitar boatos que pudessem incomodar o doente.

Acompanhado apenas por Racapou e Hor, que estavam de serviço em seus aposentos, José dirigiu-se à residência do sumo-sacerdote. Em silêncio, o comandante de Heliópolis conduziu o visitante até o quarto do enfermo.

Na antessala reinava uma semiobscuridade, uma vez que as cortinas tinham sido descidas sobre as janelas por ordem do médico. No momento em que Hor, que estava alguns passos à frente de seus chefes, ia erguer o reposteiro que fechava a entrada do quarto de Potifera, o mesmo foi levantado por uma mão impaciente e Asnath surgiu no limiar. A moça se encontrava junto de seu pai, já que Maia se havia retirado para descansar um pouco. Ela corria para dar uma ordem da parte do velho sacerdote que não deixava a cabeceira de seu superior. A jovem trajava uma túnica simples de linho, atada a seu corpo esbelto por um cinto de prata entalhada. Um pequeno manto franjado cobria-lhe os ombros. Seus belos cabelos castanhos, repartidos em duas tranças, desciam-lhe até abaixo dos joelhos.

— Hor, afinal você veio! — ela exclamou, apresentando-lhe os lábios cor de púrpura.

O oficial, ao invés de responder àquele impulso, dirigiu-lhe um brusco gesto negativo com a cabeça. No mesmo instante, a moça avistou Racapou, que vinha acompanhado por um jovem desconhecido. Corando, confusa, ela recuou, fixando o estranho, cuja beleza incomum e nobre a impressionou e que ela supôs ser algum médico ou mago estrangeiro, trazido pelo comandante para cuidar de seu pai.

À vista da jovem, cujos olhos límpidos e azuis como o céu se erguiam para ele com curiosidade, uma chama repentina se acendeu no olhar de José.

— Esta é a única filha do sumo-sacerdote — disse Racapou. — Asnath, cumprimente nosso poderoso senhor e Adon. E agradeça pela honra insigne que faz a seu pai e a toda sua família ao cruzar o limiar da residência de vocês.

A voz do velho guerreiro era rouca e ele parecia se exprimir com dificuldade, tal a maneira como as palavras saíam lentas e entrecortadas de sua garganta. Um sorriso imperceptível, mescla de malícia e ironia, passou pelos lábios de José. Sabia o quanto custava ao egípcio fiel aquele discurso. Mas ao ouvir a palavra *Adon*, uma expressão de desencanto, frieza e desdém surgiu no rosto volúvel de Asnath. Ela, porém, inclinou-se com uma reserva polida e, erguendo o reposteiro, disse:

— Entre, senhor. Meu pai acaba de despertar de sua letargia.

José percebera a impressão que as palavras de Racapou tinham suscitado na moça. Um rubor febril surgira, discreto, em seu rosto fino e pálido, e seu olhar mergulhou como um raio nos olhos límpidos e brilhantes que se erguiam para ele com uma curiosidade silenciosamente hostil.

Uma súbita angústia se apoderou do coração de Asnath. Assim que José se assentou à cabeceira de Potifera e Racapou se postou ereto ao pé da cama, a moça se afastou, correndo para junto de Hor, que já não demonstrou qualquer reserva em abraçá-la. Conduzindo-a até uma janela, o jovem oficial procurou consolá-la quanto à enfermidade de seu pai, não deixando de acrescentar alguns adjetivos selecionados para se referir ao Adon, cuja maldita vinda era, sem dúvida, a causa do acidente que acometera Potifera.

Hor e Asnath estavam tão absortos em sua conversa, que o rapaz mal teve tempo de retirar o braço que enlaçava o corpo de sua noiva quando Racapou ergueu o reposteiro, a fim de dar passagem a seu chefe. Mas o olhar penetrante do Adon havia surpreendido aquele movimento. Uma chama sombria jorrou de seus grandes olhos castanhos e um vinco profundo surgiu em sua fronte. Respondendo com uma silenciosa inclinação de cabeça à despedida de Asnath, visivelmente perturbada e confusa, ele deixou o aposento.

Melancólico e distraído, José retornou a seu palácio sem dirigir qualquer pergunta ao governador e, dois dias mais tarde, partiu de Heliópolis. Mas, inesperadamente, Hor e dois outros oficiais receberam, alguns dias depois, ordem para irem encontrar o Adon, a fim de acompanhá-lo em sua turnê. Ninguém compreendeu a razão daquele súbito capricho do novo-rico. Na família de Potifera, porém, a partida inesperada de Hor provocou profunda tristeza. O sumo-sacerdote estava pior e a separação do noivo, num momento tão doloroso, arrancou lágrimas amargas da pobre Asnath.

Mas a natureza sadia e vigorosa de Potifera venceu a enfermidade. Lentamente, ele começou a se recuperar daquele terrível abalo. Entretanto, sua fraqueza e a ausência de Hor impossibilitaram a celebração do casamento de sua filha, que amaldiçoava o Adon, que era a causa de seu sofrimento.

Durante esse tempo José prosseguia em sua turnê. Inspecionava as construções e os corpos de tropa, controlava a contabilidade e punia, com implacável rigor, todo e qualquer desfalque. Devotava, em toda parte, atenção especial à armazenagem de grãos. Além disso, por sua ordem, agentes foram enviados às províncias do Sul para comprar todo trigo que achassem, visto que nos dois últimos anos a colheita tinha sido superabundante. Por fim, ele se dirigiu a Avaris, cujas fortificações analisou com o cuidado e o talento de um engenheiro inato. Em breve, sob a direção dos oficiais experientes, foram empreendidos, tanto no interior quanto no exterior da fortaleza, vastos trabalhos que deveriam fazer daquele campo fortificado dos hicsos um refúgio inexpugnável, no caso de circunstâncias infelizes. Caso nunca mais uma rebelião geral, uma invasão dos chefes do Sul ou uma grande derrota forçasse os hicsos a recuar, eles poderiam se reunir ali, ganhar novas forças e tornar a investir sobre o Egito.

No dia seguinte a seu retorno a Mênfis, José apresentou ao faraó um relatório detalhado acerca dos resultados de sua viagem de inspeção, e Apopi, verdadeiramente deslumbrado, agradeceu a ele, nos termos mais benevolentes, por seus serviços fiéis. Em seguida, perguntou que favor poderia conceder-lhe como prova de sua satisfação.

Um forte rubor surgiu no rosto de José e, prostrando-se, exclamou com emoção:

— Oh, meu senhor e benfeitor! Estou de tal modo cumulado pelos raios de vossa graça, de vossa bondade, de vossa confiança que me elevou tão alto, que parece impossível que eu possa desejar mais alguma coisa. E vosso olho percuciente, como o do deus do qual descendeis, leu em meu coração que aspiro a uma graça que apenas vós me podereis conceder. Amo uma mulher e desejaria fazê-la minha, mas sei que mil dificuldades entravarão meu desejo, caso vossa vontade todo-poderosa não resolva a questão a meu favor.

— Só isso? Então, fique calmo e levante-se, meu servidor fiel. Não lhe disse já há muito tempo: "Escolha a mais bela, a mais nobre das moças de

Mênfis, e eu a darei a você como esposa". Entre as mulheres, nenhuma, creio eu, terá dificuldade em se submeter à minha ordem. Diga-me o nome dela — acrescentou Apopi, fitando com olhos sorridentes a figura alta e bela de seu favorito.

— Foi ao passar por Heliópolis, que lá vi a filha do sumo-sacerdote Potifera. A graça daquela moça seduziu meus olhos, comoveu e aqueceu meu coração.

— Ela é bela? — perguntou Apopi.

— Como a deusa que derrama o amor no coração dos mortais. Seus olhos são azuis e transparentes como o azul do céu — respondeu José em voz baixa e vibrante, enquanto um raio de paixão brotava de seus olhos e um estremecimento nervoso agitava seu corpo.

— Você teme que Potifera lhe recuse a filha?

— Sim, faraó. Sabeis o quanto sou odiado pelos egípcios e desprezado duplamente por ser um escravo liberto, que vossa vontade elevou acima dos mais nobres dentre eles. O sumo-sacerdote de Heliópolis me detesta mais que todos, pois foi na casa de sua irmã que servi. Sem piedade, ele me recusará Asnath, eu sei, se vós, meu rei, não intervierdes.

— Fique certo, meu servidor devotado, de que a filha de Potifera será sua esposa. Tomarei minhas medidas quanto a isso, pois sua escolha coincide com um plano que eu mesmo já vinha amadurecendo. Conheço o orgulho criminoso desses sacerdotes. Mas será difícil para eles desprezá-lo a partir do momento em que, tendo se tornado genro de um deles, você se tornar aliado da casta sacerdotal. Seu sangue se misturará ao deles e apagará todo vestígio de impureza resultante da escravidão. Portanto, vai em paz e prepara seu palácio para receber sua jovem senhora.

XII

O FARAÓ E O SUMO-SACERDOTE

E o faraó deu a José o nome de Safanet-Fanec e lhe deu como esposa Asenate, filha de Potifera, sacerdote de Heliópolis.

Gênesis, cap. XLI, v. 45

Serviram José à parte, os irmãos à parte, e de outro lado os egípcios comiam com ele, pois os egípcios não podem comer com os hebreus, já que isso seria uma abominação para os egípcios.

Gênesis, cap. XLIII, v. 32

Assim, quando o faraó chamar vocês e perguntar: "Qual é a profissão de vocês"? Respondam: "Seus servos são pastores desde a juventude até hoje, tanto nós como nossos pais". Desse modo, vocês poderão ficar na região de Gessen, pois os pastores são uma abominação para os egípcios.

Gênesis, cap. XLVI, vs. 33, 34

POTIFERA HAVIA SE recuperado plenamente de sua enfermidade. A calma e a alegria tinham voltado à família e todos se ocupavam ativamente dos preparativos para o casamento de Asnath, que deveria acontecer assim que Hor voltasse. O jovem oficial não poderia tardar a chegar. Sua última carta anunciava que a turnê do Adon havia terminado e que sua partida para Mênfis estava marcada para o dia seguinte.

Em vez do noivo esperado, porém, o que chegou foi uma ordem real, dizendo a Potifera que se apresentasse sem demora junto a Apopi, que o chamava à sua presença devido a assunto urgente.

O faraó se apressara a enviar a mensagem no dia seguinte à sua conversa com José. O projeto matrimonial de seu favorito o agradava e atendia à antipatia secreta que lhe inspiravam os sacerdotes, aqueles inimigos incansáveis de sua paz. Ali estava uma oportunidade única de infligir uma afronta cruel à casta execrada, que fomentava todos os motins e que apenas viam em José um estrangeiro impuro. Obrigar um dos mais poderosos sacerdotes a entregar sua filha ao escravo liberto, que só havia chegado onde chegara por sua vontade e desse modo dar àquele ultraje a aparência de um favor, constituía uma satisfação toda especial.

Embora atônito, Potifera supôs que o rei desejava lhe falar acerca de algum monumento sagrado a ser construído. E como a ordem pedia pressa, o sumo-sacerdote se preparou para partir. Asnath ficou desolada com aquele novo adiamento e, ao ver sua tristeza, a mãe propôs ao marido que levasse as duas consigo. Seria não apenas uma oportunidade de rever Hor, mas também Ranofrit e o marido, que há muito tempo não viam e que se propunham a ir a Mênfis a negócios.

Potifera aceitou sem problemas a proposta da esposa, sob a condição de que o preparo da bagagem não o atrasasse. Mas Asnath ajudou tanto a mãe, que à hora prevista toda a família pôde se pôr a caminho.

Ranofrit e o marido receberam os parentes com alegria e combinaram que passariam juntos o pouco tempo que ficariam reunidos, uma vez que Putifar tinha pressa de retornar a seu lugar de retiro, tão logo fossem concluídas as questões que o haviam levado a Mênfis. O sumo-sacerdote, que também contava partir o mais depressa possível, caso o faraó não o retivesse, aceitou de bom grado permanecer com os seus na espaçosa residência do antigo chefe dos arqueiros. Sua própria casa situava-se no outro extremo da cidade, o que tinha seus inconvenientes.

O dia transcorreu em conversas. Ranofrit e a cunhada tinham mil coisas a contar uma a outra e Asnath retomou de imediato sua grande amizade com Putifar. Ela o acarinhou e monopolizou de tal modo, que acabou recrutando-o para participar de um jogo de bola com os dois filhos dele. Os dois menininhos estavam radiantes. Quanto a Putifar, ofegante e molhado de suor, declarou-se vencido ao fim de pouco tempo e pronto a pagar àqueles três adversários barulhentos um resgate em guloseimas e presentes, caso o dispensassem do restante da partida, o que foi aceito com entusiasmo e gargalhadas. À noite, Hor veio visitá-los e Asnath passou algumas horas bem alegres e felizes junto de seu noivo. Com o sumo-sacerdote e Putifar, o rapaz falou também sobre o Adon e sobre a turnê que tinha feito com ele, amaldiçoando-o pelo inexplicável capricho que atrapalhara sua felicidade. Narrou toda uma série de episódios que punham em destaque a perspicácia, a energia e, por vezes, até mesmo o espírito vivo e cáustico de José.

Aquela conversa trouxe de volta ao espírito de Asnath a lembrança do hebreu e, ao invés de dormir, ela meditou acerca do encontro fugaz que haviam tido. Com uma estranha nitidez ela reviu o rosto um pouco pálido do Adon, sua figura alta e esbelta e a mão branca e fina, que se apoiava no punhal de cabo de ouro talhado preso ao seu cinto.

Sem saber por quê, pôs-se a compará-lo com Hor: sem dúvida, este último era mil vezes mais simpático com seu sorriso despreocupado, seus olhos muito francos e seus magníficos cabelos de ouro. Mas com certeza o Adon era mais belo, com seus traços harmoniosos, com sua boca altiva e aquela indefinível expressão de poder e energia que emanava de sua pessoa... E o olhar dele, aquele olhar ardente e fascinante, que a perpassara como um raio, tirando-lhe o ar... Hor nunca tivera um olhar igual.

De repente, a moça deu uma gargalhada:

— Acho que sou louca em comparar meu leal Hor com aquele estrangeiro impuro, aquele mago que sem dúvida tem mau olhado, pois seu olhar fez meu coração palpitar. Que me importa ele? Credo!

Asnath apertou contra a testa e os lábios um amuleto que trazia ao pescoço, recitou uma invocação a Ísis para, em seguida, cair num sono profundo e calmo.

No dia seguinte ao de sua chegada a Mênfis, Potifera dirigiu-se ao palácio, para receber as ordens do faraó. Mas foi notificado de que Apopi, ainda fatigado devido a uma crise de sua enfermidade, que o acometera dois dias antes, não poderia recebê-lo de imediato, mas ordenava que ele se apresentasse em sua presença na manhã do dia seguinte.

Obedecendo àquela ordem, o sumo-sacerdote, revestido das insígnias de sua posição, trazendo pendurado ao pescoço por uma corrente o disco solar, apresentou-se na hora recomendada e foi imediatamente introduzido no gabinete de trabalho do faraó. Apopi estava sentado junto a uma mesa de madeira de cedro com pés de cobre entalhado, estando seu assento erguido sobre um degrau em cor púrpura. Seu rosto ossudo, com olhos encovados e dissimulados, exprimia naquele instante a mais perfeita bondade.

Afastando os rolos e tabuinhas espalhados diante de si, o faraó saudou o sumo-sacerdote com um aceno de mão. Enquanto este se prostrava, ordenou ao camareiro que conduzira Potifera até a sala que cuidasse para que se executasse rigorosamente o que lhe havia sido ordenado um pouco antes.

A seguir, voltando-se para Potifera, Apopi lhe indicou, com um gesto benevolente, um assento baixo, colocado à sua frente.

— Sente-se, venerável servidor do grande deus de Heliópolis. Fico feliz em vê-lo à minha frente, plenamente restabelecido. Meu fiel servidor, o Adon, havia me informado de que uma grave enfermidade quase pôs fim a seus dias.

Tendo o sumo-sacerdote tomado assento, o faraó prosseguiu:

— Foi para lhe comunicar um insigne favor em seu benefício e de sua casta, uma grande honra e alegria inesperada para sua família, que eu o chamei. O Adon, o mais belo e mais sábio dos homens do Egito, o primeiro depois de mim no reino, viu sua filha Asnath. A beleza da mocinha comoveu seu coração e ele a pediu como esposa. Acedi ao pedido dele e nossa presente conversa tem por objetivo fazer em benefício dele minha vontade real: a partir deste momento, sua filha é noiva de José.

Potifera saltou da cadeira, como se lhe tivessem batido na face. Lívido, de olhos arregalados, pondo em dúvida a própria clareza de seus sentidos, levou a mão à testa. Mas, procurando dominar-se, respondeu em voz baixa e entrecortada:

— Agrada-vos zombar de seu servidor, faraó! Além do mais, minha filha não está mais livre. É noiva do nobre Hor, guerreiro de vosso séquito, e o casamento deve ser celebrado nos próximos dias.

Apopi, que observara com satisfação íntima o efeito produzido por suas palavras no altivo pontífice, respondeu com calma, acentuando cada palavra:

— Essa circunstância não altera em nada minha vontade real. Anulo o noivado de sua filha com Hor e a faço noiva do Adon.

Numa reação súbita, todo sangue subiu à cabeça de Potifera, roubando-lhe a frieza e o domínio sobre si mesmo. Ameaçador, com o rosto inflamado e os olhos congestionados, deu um passo em direção ao rei:

— Então, é pela violência e abuso do poder que quereis agir contra mim. Não tendes esse direito, faraó Apopi, pois não sou um escravo, cujos filhos se vendem. Sou um egípcio livre, sumo-sacerdote do primeiro templo do reino. Antes de entregar minha filha àquele escravo liberto, àquele animal impuro, eu a mataria com minhas próprias mãos.

Diante daquela saída violenta, o rosto pálido de Apopi assumiu um rubor escuro. Com os olhos flamejantes, ele se levantou e pousou a mão pesadamente sobre o ombro do sumo-sacerdote, cuja raiva sacudia o corpo robusto, como num acesso de febre.

— Volte a si, velho insensato — ele murmurou com voz vibrante. — Eu bem sabia que o benefício que lhe concedo seria menosprezado e que, sob a influência de seu orgulho louco e cego, você o transformaria em ofensa. Por isso mantive a todos longe dos cômodos próximos, para que nenhum ouvido indiscreto ouvisse o modo como você falta com respeito ao seu rei e para que me seja possível poupar sua cabeça venerável. Estamos a sós. Agora você escute o que eu digo e transmita minhas palavras a seus irmãos. Não me deixo enganar por seu silêncio e humildade fingida. Sei que vocês são inimigos implacáveis de minha raça e de meu povo. Sei que por detrás das paredes grossas de seus templos todos os motins são fomentados e todas as conspirações são tramadas. Sei que, sempre ocupados em destruir meu trono, vocês mantêm correspondências criminosas com Taa, o miserável *hak* do Sul, a quem vocês consideram como o legítimo faraó do Egito. Só que vocês se enganam se acreditam que permitirei que vocês me destruam. Se até hoje não arrastei vocês a julgamento na condição de traidores e conspiradores, é porque respeito esse traje de linho que o povo venera tanto quanto ao representante de seu deus. Mas estou farto das murmurações de vocês, de suas revoltas, de sua oposição silenciosa a cada uma de minhas ordens, das quais resulta sua presente cólera. Em todas as épocas, homens de origem obscura, mas notáveis por seus méritos, desposaram as próprias filhas dos reis de vocês e ninguém viu afronta nisso. Filhos do povo são elevados com os príncipes de vocês e chegam aos píncaros das honras. Mas é porque eu, o estrangeiro detestado, elevei José, que vocês o desprezam e o enchem com sua saliva peçonhenta. Porque vocês também percebem que ele tem a índole necessária para acabar com vocês. O ódio de vocês equivale ao medo que têm! Se não fosse você, um outro sumo-sacerdote haveria de entregar sua filha por que *quero*, ouviu bem, sacerdote de Heliópolis? Eu *quero* que aquele, que há de humilhar vocês, associe-se à sua casta, que o sangue dele se misture ao seu e apague a derradeira mácula de seu passado de escravo. Pense bem, Potifera. O poder e a força ainda estão em minhas mãos. Considerarei sua recusa como uma rebeldia declarada e, então, tomarei contra vocês as medidas mais severas. Cabe a você julgar se uma investigação impiedosa, uma busca imediata nos templos de vocês, não faria surgir documentos e provas que entregariam sua cabeça ao carrasco, bem como a de muitos de seus confrades, e se não é preferível dar o exemplo de submissão e receber o futuro esposo de sua filha com respeito e gratidão, como prova de um favor real. Sua obediência destruirá os últimos preconceitos da nobreza e dos sacerdotes e se tornará, quem sabe, a base de uma era de tranquilidade. A tal preço, quero esquecer este momento e manter minha benevolência para com os templos e sua casta. Agora, responda: vai obedecer ou não?

Cada palavra de Apopi caía sobre Potifera como uma martelada. Naquele instante supremo, as posições se haviam nivelado. Aqueles dois homens que, silenciosos e trêmulos, mediam um ao outro com o olhar, não eram mais o faraó e o súdito, mas dois odientos adversários: o representante do poder oficial e o do poder religioso. Cada um deles poderia causar profundas feridas ao outro. A questão era saber: qual seria a mais dolorosa?

Potifera sentia a terrível responsabilidade que pesava sobre seus ombros naquele instante. Se, por egoísmo pessoal, desencadeasse a luta decisiva cedo demais, quando as forças eram demasiadamente desiguais e, por isso mesmo, reduzisse a nada todos os preparativos secretos, faria ruir o perigoso edifício que se erguia, esmagando sob seus escombros milhares de cabeças, os elos vivos daquela corrente política que deveria, pouco a pouco, enrolar-se como uma serpente ao redor do trono do usurpador e asfixiar o estrangeiro maldito, que se divertia em lhes infligir os ultrajes mais atrozes.

O peito de Potifera arquejava e seu coração se torcia, como se em contato com um ferro em brasa. Mas a razão sussurrava ao patriota, ao homem de política, que, ao invés de arriscar todo o futuro do Egito, deveria sacrificar sua filha.

Apopi acompanhara com olhar penetrante a agonia moral que se desenhava nos traços lívidos do vencido e, inclinando-se para ele, murmurou:

— Vejo que você me compreendeu e que, ainda que não tema por si mesmo, teme por seus cúmplices. Então, sacerdote de Heliópolis, vá dizer à sua filha quem lhe está destinado por esposo. Um decreto anunciará a todos a feliz notícia de que o Adon e os sacerdotes estabeleceram uma aliança. Enviarei à sua casa os dotes reais que lhe concedo nesta ocasião.

Sem nada responder e sem fazer as saudações prescritas pela etiqueta, o sumo-sacerdote se afastou e, cambaleante como um ébrio, deixou o aposento real e se arrastou até sua liteira.

Putifar se preparava para sair, quando os carregadores da liteira do cunhado entraram no pátio. No primeiro olhar que dirigiu ao rosto lívido, crispado e envelhecido do sumo-sacerdote, a angústia e o horror tomaram conta dele. Mas, com a determinação imediata e calma que o caracterizava, ajudou o cunhado a descer da liteira. Conduziu-o até seu quarto e, tendo feito com que o sacerdote se sentasse, fez com que ele tomasse alguns goles de vinho.

— Agora fale, Potifera. Diga-me se foi acusado de lesa-majestade ou de rebelião — pediu o antigo chefe dos arqueiros, apertando com força as mãos geladas do sacerdote, que ergueu a cabeça e murmurou com voz rouca:

— Um tal infortúnio, um ultraje tão atroz se abate sobre nossa família, que, em comparação, a morte seria uma bênção.

— Não fale por enigmas. Você me mata de impaciência! De quem e do que se trata? — perguntou Putifar, empalidecendo.

— Trata-se de Asnath, nossa Asnath, para quem o faraó, num gesto extremo de sua graça, escolheu um esposo. E esse esposo é... o escravo liberto, que ele tirou da lama para nos humilhar — respondeu o sumo-sacerdote com uma gargalhada estridente.

— Você deve estar divagando... como seria possível tal coisa? — perguntou o antigo chefe dos arqueiros, afastando-se, como se picado por uma víbora.

Fazendo um esforço para recobrar a calma, o sumo-sacerdote narrou a terrível conversa que acabara de ter e as razões políticas que o haviam forçado a dar um consentimento passivo diante da violência arbitrária exercida sobre ele.

— E amanhã o Egito inteiro saberá que minha filha está desonrada. Infeliz Asnath! Como suportará ser separada de Hor, o rapaz nobre e leal, para pertencer àquele cão fétido, que nesta mesma casa cumpriu a mais desprezível tarefa de escravo? — exclamou o sumo-sacerdote.

Num acesso de louco desespero, o homem levou as duas mãos à cabeça e, com um grito rouco, atirou-se sobre o divã.

Um silêncio pesado reinou por alguns instantes. Por fim, o sumo-sacerdote se levantou e, sacudindo o punho cerrado, murmurou:

— A hora da vingança há de soar um dia, e então, faraó Apopi, eu me lembrarei do favor que hoje me concede. Mas queira, meu irmão, ajudar-me a escrever algumas palavras aos mais importantes sacerdotes de Mênfis, rogando-lhes que venham se reunir aqui comigo sem demora. Devo consultá-los. Quem sabe, ainda haja uma saída. De qualquer modo, devo informá-los.

Quando uma dezena de tabuinhas tinham sido escritas e enviadas, o sumo-sacerdote acrescentou, cansado:

— Por favor, mande chamar minha mulher e Ranofrit. É preciso preveni-las para que, caso a tentativa fracasse, elas preparem Asnath para o infortúnio que a aguarda.

Seria difícil descrever o horror das duas mulheres ao tomarem conhecimento do que se passava. Ranofrit desmaiou e Maia, como que embotada de desespero, foi conduzida de volta a seu quarto por Putifar, que após haver confiado sua esposa aos cuidados das aias, voltou apressado para junto de seu cunhado, que com os cotovelos apoiados sobre a mesa, de olhos flamejantes, ruminava projetos, um mais fantástico do que o outro.

— Acalme-se, Potifera, e não lute tolamente contra o inevitável. Onde está seu sangue-frio de homem de Estado, sua prudência de homem sábio e instruído?

— Acabo de fazer a experiência em que o sábio, o instruído, o homem de Estado sucumbe diante do pai. É mais fácil prescrever sacrifícios do que realizá-los — respondeu Potifera com a testa molhada de suor. — E quando penso no infortúnio de minha infeliz filha, no futuro que a aguarda como esposa daquele homem desprezível e imundo, toda minha coragem me abandona.

Enquanto tudo isso se passava, a mais interessada nada sabia quanto à mudança ocorrida em seu destino, e brincava alegremente no jardim com os dois filhos de Putifar.

Uma jovem aia correu para lhe informar, toda perturbada, que a nobre Ranofrit estava desfalecida e que a nobre Maia se achava num estado espantoso: permanecia imóvel, no mesmo lugar onde seu senhor a havia colocado sentada, parecendo nada ver, nem ouvir. Mortalmente apavorada, a mocinha se dirigiu a toda pressa ao aposento de sua tia, a quem encontrou ainda desacordada.

— Mãe, o que você tem? — gritou Asnath, ajoelhando-se junto a Maia que, aérea, de olhos esbugalhados e desvairados, caída sobre a cadeira, mais parecia uma louca.

A voz e o toque da filha devolveram repentinamente a vida e o movimento à pobre mulher. Com um grito dilacerante, ela apertou Asnath contra o peito e cobriu-a de beijos. Em seguida, afastou a mocinha de maneira brusca, pondo-se a correr pelo quarto, rasgando as próprias vestes, ferindo os próprios seios, arrancando cabelos aos punhados, batendo a cabeça contra as paredes aos gritos e soluços. Ranofrit, que acabava de reabrir os olhos, juntou-se a ela, entremeando as próprias lágrimas com gritos:

— Oh, infeliz Asnath! Ver você me trespassa o coração!

Completamente aturdida, pálida de pavor, a jovem exclamou:

— Mas, então, fale! Aconteceu alguma infelicidade com meu pai? Ele está doente? Caiu em desgraça?

— Não — respondeu Maia por fim, em meio a soluços. — Seu pai está bem, não caiu em desgraça e, todavia, uma terrível tragédia nos atinge, sobretudo a você, minha filha! — a mulher tornou a apertar a mocinha contra o peito apaixonadamente.

— Hor está morto ou ficou aleijado? — indagou Asnath, fora de si.

— Não aconteceu nada com Hor, mas é preciso que você se arme de coragem. Um momento bastante doloroso a aguarda.

— Então, diga-me o que aconteceu. Não me torture com a incerteza — falou Asnath, trêmula.

— Não, não! — gritaram as duas mulheres a uma só voz. — Que seu próprio pai lhe diga a verdade. E, quem sabe, ele possa encontrar uma saída para salvar você. Roguemos antes aos imortais, para que nos ajudem e amparem.

Como que embriagada, Asnath se ajoelhou diante do pequeno altar que sustentava as estatuetas de Ptah, Ísis e outras divindades, e tentou orar. Mas o que devia implorar aos imortais? O perigo invencível e desconhecido que pairava sobre ela a enchia de terror e de uma angústia inominável. Imóvel, sem pensar, olhou fixamente para as imagens dos deuses. De repente, veio-lhe a ideia de que eles, os imortais, sabiam tudo e, portanto, conheciam o infortúnio que iria atingi-la e possuíam, também, o poder para salvá-la. Assim, desfazendo-se em lágrimas, pôs-se a implorar a proteção dos invisíveis.

Enquanto esta cena acontecia nos aposentos das mulheres, os sacerdotes, convocados por Potifera, estavam reunidos. Em palavras breves, mas claras, o sumo-sacerdote descreveu a conversa daquela manhã e o ultraje espantoso que atingia toda sua casta, na pessoa de sua filha.

— Não quis assumir a responsabilidade de comprometer o futuro do Egito e nossos planos de vingança — ele declarou. — Mas antes de desonrar minha filha, entregando-a àquele cão impuro, desejei consultá-los e perguntar a vocês se temos, ou não, a coragem de desafiar abertamente o *chasou* maldito, ou se meu sacrifício é indispensável.

O rubor da cólera e da indignação cobrira o rosto dos sacerdotes ao tomarem conhecimento da nova e requintada humilhação que atingia a casta orgulhosa. Sombrios e trêmulos de ódio, consultaram-se uns aos outros, mas a triste realidade era indiscutível: ainda não estavam suficientemente preparados, os elos da conspiração eram muito pouco sólidos e Taa III estava muito distante e ainda demasiado frágil para tentar a luta decisiva. Pálidos e silenciosos, baixaram a cabeça. Por fim, o velho sumo-sacerdote do templo de Ptah se levantou e, aproximando-se de Potifera, apertou-lhe com força a mão úmida e gelada e disse:

— Meu irmão e amigo, seu amor pela terra de Kemi e sua fidelidade aos nossos legítimos faraós já lhe indicaram a única solução possível. Sabe tão bem quanto nós que a hora da libertação ainda não soou e que uma rebelião precoce nos entregaria nas mãos do *chasou,* faria rolarem várias cabeças e comprometeria nossa causa. Sua pobre filha deve ser sacrificada ao estrangeiro, vítima pura e inocente, pelo bem da pátria. Os deuses são minhas testemunhas quando digo que, caso se quisesse aceitar em troca uma de minhas três filhas, eu haveria de entregá-la com alegria, para poupar seu único tesouro. Mas a hora da vingança está próxima.

Um gemido surdo escapou do peito de Potifera que, por um momento, enterrou a cabeça entre as mãos. Mas logo, erguendo-se, enérgico, voltou-se para seu cunhado que, pálido, dentes cerrados, a tudo escutava, encostado à parede.

— Vá, Putifar, eu lhe peço, e chame Asnath. Que ela escute dos lábios de meus veneráveis irmãos a terrível verdade e entenda a necessidade de seu sacrifício. Sinto-me incapaz de falar.

Levantando-se num movimento brusco, o antigo chefe dos arqueiros passou para a sala ao lado. Ao se aproximar dos aposentos das mulheres, os gritos e soluços que lá prosseguiam sem interrupção lhe chegaram aos ouvidos e seu rosto assumiu aspecto sombrio. Apertando o passo, ele ergueu bruscamente o reposteiro e olhou para dentro. Ao avistar sua esposa e Maia, que desgrenhadas e com as vestes em farrapos se debatiam como loucas, enquanto Asnath, ajoelhada junto ao altar parecia petrificada de pavor, Putifar franziu as sobrancelhas e bradou, severo:

— Sinceramente, acreditei que vocês fossem mais sensatas. Ao invés de fortalecerem a coragem desta menina, vocês se lamentam como se estivessem num funeral! Por Tifon, ela não caminha para a morte! O que foi que disseram a ela, para que esteja assustada dessa maneira?

— Nada. Esperávamos que ela ainda pudesse ser salva — gemeu Ranofrit, enquanto Putifar ajudava Asnath, afetuosamente, a se levantar.

— Venha, minha menina querida e pare de tremer dessa maneira. É preciso buscar o lado favorável de tudo quanto os deuses nos impõem.

Na sala contígua, ele parou, encheu uma taça com água fresca e levou-a aos lábios trêmulos da mocinha, acrescentando, amigável:

— Beba e seja corajosa. É verdade que se há de exigir de você um sacrifício pesado, que no fundo, talvez, não seja tão terrível quanto parece. Muitas mulheres do Egito invejariam sua sorte!

Asnath bebeu e pareceu se acalmar um pouco. Mas, de repente, enlaçou o pescoço de Putifar e murmurou em tom de súplica:

— Meu tio, diga-me o que exigem de mim. Que eu ouça a verdade de sua boca, não na presença dos sacerdotes estrangeiros que, pelo que ouvi, estão reunidos com meu pai.

Putifar fixou com ternura e compaixão o rosto pálido e encantador da mocinha e, mergulhando um olhar perscrutador nos belos olhos úmidos que se erguiam para ele, perguntou:

— Você viu José, o Adon do Egito?

— Sim, uma vez, quando ele passou por Heliópolis — disse Asnath.

— Você o acha belo?

Ao ouvir aquela pergunta, Asnath corou vivamente.

— Sim, ele é belo, mas que me importa? — ela respondeu com impaciência.

— A ideia de se tornar esposa dele deixaria você muito assustada?

A mocinha recuou e deu um grito de pavor, mas Putifar não lhe deixou tempo para pensar. Agarrando-lhe a mão, conduziu-a, depressa, para o quarto de seu pai.

Ao ver todos os sacerdotes em pé, sérios e silenciosos, todos com os olhos fixos nela, Asnath foi de novo tomada por um tremor nervoso e seu olhar em vão buscou o pai.

Foi Ptahhotep, o sumo-sacerdote do templo de Ptah em Mênfis, quem se aproximou e, com um gesto paternal, pousou a mão sobre sua cabeça. Asnath conhecia o venerável ancião desde a infância, amava-o e respeitava-o. A presença dele lhe deu algum ânimo.

— É uma grande e triste necessidade que nos reúne aqui — disse Ptahhotep. — E não é a uma criança que falo, mas a uma mulher, a filha do ilustre Potifera, o grande servidor de seu deus e da terra de Kemi. Vou lhe contar toda a verdade. O faraó Apopi escolheu você para ser esposa de José, o hebreu, o Adon que ele impôs ao Egito. Seria para nos ferir e humilhar nossa casta, ou para nos forçar a uma resistência declarada, que neste instante seria desastrosa para nós? Não sei dizê-lo, mas é certo, e acabamos de tratar a esse respeito mais uma vez, que nossa recusa e a sua à realização desse casamento provocaria cruéis represálias por parte do rei, o que poderia custar a vida de seu pai e dos melhores homens de nosso país. Portanto, pobre criança, curve-se perante a vontade real e, como filha digna de seu pai, sacrifique o homem que você ama e sua felicidade pessoal pela tranquilidade e pelo futuro do Egito.

Ao ver Asnath cambalear, o sacerdote amparou-a.

— O que dirá Hor? — ela murmurou, angustiada.

— Hor é um egípcio, que não há de corar perante a grandeza da alma de uma mulher. Ele é um homem e deve sacrificar, pela libertação futura de seu país e pela vingança que acarreta o momento presente, o resto de sua vida.

— Onde está meu pai? É dos lábios dele que quero ouvir minha condenação, ouvir se é da vontade dele que eu me sacrifique — exclamou Asnath, pondo-se a soluçar.

Quase no mesmo instante, Potifera surgiu à entrada do aposento. Estava pálido e desfigurado, mas sua voz soou clara e firme, quando respondeu num tom incisivo:

— Sim, minha filha, seu sacrifício é indispensável e é minha vontade que você se case com aquele homem. Então, seja forte e suporte com dignidade o que o destino lhe impõe.

Sem responder, Asnath se atirou nos braços do pai. Mas a emoção das últimas horas, a superexcitação de seus nervos tinha sido forte demais e ela acabou por desfalecer. Potifera levou-a para o quarto e providenciou para ela os primeiros socorros com a ajuda de um dos sacerdotes. Em seguida, tendo proibido com severidade à sua esposa e irmã qualquer demonstração de sofrimento, o que só iria aumentar a irritação da mocinha, voltou para junto de seus colegas. Quando estes se retiraram, o sumo-sacerdote conversou com Putifar sobre as providências necessárias para aqueles acontecimentos imprevistos. Em primeiro lugar, ficou decidido que Potifera e sua família se instalariam, a partir do dia seguinte, em sua própria casa, a fim de poupar o chefe dos arqueiros de ter que ver e receber José, cuja primeira visita deveria, provavelmente, acontecer em três dias. O Adon partira na véspera para resolver uma questão urgente e era certo que ele só apareceria para celebrar oficialmente o noivado. Era certo que ele não se iludia quanto à reação provocada por aquela aliança.

Quando Asnath voltou a si, uma prostração apática veio substituir a anterior superexcitação. Estava incapaz de pensar e acabou por cair num sono pesado e febril. Mas após algumas horas de repouso, despertou mais calma e, no silêncio e na solidão da noite, refletiu acerca do raio inesperado que viera despedaçar seu destino e dar-lhe nova direção.

A imagem de José surgiu em sua memória com uma claridade incômoda. Ao recordar o olhar de fogo que a transpassara como um relâmpago, estremeceu. Como ele a olharia agora, que ela o reveria na qualidade de noivo? A despeito de si mesma e de todo mal que ouvia falarem de José, não chegava a sentir por ele o desprezo e a aversão que o hebreu inspirava a seus parentes. Ele era belo, poderoso, o primeiro homem do Egito. Tanto sua aparência quanto suas maneiras eram como as dos homens da sociedade a que ela pertencia.

Mas a lembrança de Hor e o futuro ignorado que a aguardava acabaram por ensombrar todos os seus pensamentos. Ao invés do homem amado, era um desconhecido de origem obscura quem estaria ligado a ela para sempre. Como se haveria de desenrolar aquela vida conjugal, que ela tinha sonhado tão diferente? Como seria, na intimidade da vida, aquele homem que ela só tinha visto uma vez e que nunca lhe dissera uma única palavra de amor? O medo e a angústia invadiram seu coração e, sob o efeito desses sentimentos, a beleza e a elevada posição do Adon desapareceram, transformando-o num espectro assustador, medonho, que com uma mão cruel sufocava sua felicidade e suas esperanças. Com o rosto entre as mãos, Asnath se desfez em lágrimas.

* * *

Pela manhã, ela despertou pálida, triste, mas aparentemente calma. O barulho e a movimentação da mudança deixaram-na indiferente. Tinha apenas um desejo: rever Hor, apertar uma última vez sua mão leal e lamentar com ele a felicidade perdida. Mas o jovem oficial continuava ausente, uma vez que o Adon o levara em sua viagem.

Mal a família se havia instalado na nova residência, Asnath viu chegar do palácio do faraó uma fila de escravos e servos que traziam os presentes reais à noiva do Adon. Apopi se mostrara generoso: as corbélias e cofres continham verdadeiras maravilhas da ourivesaria, joias e tecidos preciosos. Mas a jovem não dirigiu um único olhar àqueles tesouros, e o obséquio do faraó lhe pareceu uma malvada ironia.

O dia transcorreu como um sonho. Toda a casa se agitava nos preparativos para o dia seguinte, pois José tinha enviado tabuinhas, anunciando que, no dia seguinte, se apresentaria para saudar a futura esposa e oficializar o noivado. Todos os escravos se ocupavam em tecer guirlandas, estender tapetes e pendurar bandeirolas. Toda a casa do sumo-sacerdote assumia ares de festa, mas a jovem heroína da solenidade que se preparava permanecia melancólica e indiferente. Imersa num devaneio triste, ela se havia refugiado num quarto contíguo ao de seu pai, mais distante do burburinho. E pensava em Hor, quando um rumor súbito de passos, ressoou na galeria ao lado. Então, o jovem oficial, pálido e de olhos flamejantes, surgiu à porta.

Ao vê-lo, Asnath deu um grito, que era um misto de alegria e sofrimento. Num impulso apaixonado, atirou-se nos braços de Hor. Mas o rapaz afastou-a com dureza e perguntou:

— É verdade o que se diz em toda a cidade e que os preparativos que enchem esta casa confirmam? Você traiu a palavra dada, para se tornar noiva do Adon, aquela mácula do Egito?

— Hor, como pode me acusar de infidelidade, quando são os sacerdotes e meu pai que me obrigam a desposar José? — exclamou Asnath, angustiada e atingida no coração pela cólera de seu noivo.

O oficial pareceu acalmar-se diante daquela resposta e, atraindo-a bruscamente a si, perguntou, mergulhando nos olhos de Asnath um olhar febril e indagador:

— Você não ama aquele homem?

— Hor, acho que você está louco! — bradou a mocinha com despeito. — Eu, amar aquele escravo liberto, que só vi uma vez e que me inspira antipatia e aversão?

Um forte rubor cobriu o rosto do jovem egípcio. Apaixonadamente, ele apertou Asnath contra seu coração e a cobriu de beijos.

— Você não o ama! — ele disse, por fim, respirando a plenos pulmões. — Então, nada está perdido. Fuja comigo para Tebas! Lá tenho um parente que nos acolherá e eu saberei protegê-la. A despeito de tudo, seremos felizes.

— Você está louco? Quer entregar nossas cabeças ao carrasco, para satisfazer um sonho de amor irrevogavelmente destruído? — perguntou naquele instante a voz de Putifar, o antigo chefe dos arqueiros.

Os jovens se voltaram e viram o sumo-sacerdote e seu cunhado de pé, à entrada do quarto do primeiro.

— Mas eu não quero abrir mão dela. Asnath é meu bem, minha noiva e tenho o direito de protegê-la de uma união odiosa — respondeu Hor, desafiador e revoltado, enquanto a noiva se agarrava a ele.

Putifar quis responder, mas o sumo-sacerdote o afastou num gesto de cansaço. Então, aproximando-se de Hor, colocou a mão em seu ombro.

— Venha comigo, meu filho — ele disse. — Devo lhe falar por alguns instantes. Quanto a você, Asnath, espere. Em 15 minutos, poderá vir se juntar a nós em meu quarto.

Amparada pelo tio, que tentava consolá-la, a mocinha sentou-se numa poltrona e se desfez em lágrimas.

Profundamente perturbado, Hor seguira Potifera. O semblante pálido e envelhecido do sumo-sacerdote, as rugas profundas que lhe marcavam a fronte desde a última vez que o vira, dois dias antes, davam prova do abalo terrível que sua natureza confiante e robusta tinha sofrido. A noite caíra e a claridade oscilante das candeias dava uma impressão geral ainda mais lúgubre.

— Meu filho querido, mais amado e mais próximo que nunca de meu coração. Escute, avalie e suporte como homem um infortúnio inevitável. Você calcula, penso eu, toda a humilhação, toda a dor pungente que experimentamos. Mas vou lhe revelar, sem restrições, o que nos força a agir desse modo.

Em breves palavras, mas com imensa clareza, Potifera expôs toda a situação política, o vasto plano de libertação traçado pelos sacerdotes, a situação presente da conspiração e o perigo mortal que ameaçava todo o futuro do Egito caso uma rebelião precoce, talvez premeditada deliberadamente pelo faraó miserável e seu instrumento, o Adon, viesse a comprometer os templos, todos os membros do complô e provocar uma perseguição cruel por parte do *chasou*.

À medida que o sumo-sacerdote falava, mais o jovem oficial egípcio baixava a cabeça. Acabava de compreender a importância da causa pela qual Asnath era sacrificada.

— Agora, meu filho, você compreende que não posso agir de outra forma. Como você, eu também perco um ser amado, pois ver Asnath como esposa daquele animal impuro é pior do que ver minha filha morta. E, agora, eis o que decidi a seu respeito: você não pode ficar aqui e servir sob as ordens do infame que rouba sua felicidade. Talvez sua própria vida viesse a correr risco, pois é possível que José ficasse com ciúme de você. Por isso, já tomei todas as medidas necessárias para facilitar sua fuga para Tebas. Você partirá ainda esta noite, disfarçado de escriba. Uma barca, preparada com remadores vigorosos e hábeis, espera por você e o levará de templo em templo, escondendo você, se necessário for, até que chegue a Tebas. Entrego-lhe cartas para o sumo-sacerdote de Amon-Ra e alguns outros dignitários, e para nosso legítimo e glorioso faraó Sekenen-Ra — que os deuses o conservem em glória, vida e saúde! —, que receberá você com honras, como servidor devotado. Você trabalhará para a vingança e libertação do Egito e, quem sabe, para sua própria felicidade, pois com a derrota do *chasou* soará a hora da morte de sua criatura. E Asnath, tornando-se livre, será sua legítima recompensa. Ainda uma última palavra: em

Tebas, o sumo-sacerdote lhe entregará 12 talentos da Babilônia de minha parte, para que você possa viver de acordo com sua posição.

Vendo que Hor abria a boca para protestar, Potifera acrescentou com autoridade:

— Nenhuma palavra! Você é e continuará a ser meu filho, e considero meu direito inquestionável velar por seu futuro. Agora vou chamar Asnath, para que você se despeça dela.

No primeiro olhar que a mocinha lançou para o rosto pálido e desfeito de seu antigo noivo, compreendeu que toda esperança estava perdida. Apesar da tepidez do ar perfumado que entrava pela janela aberta, Asnath estremeceu e seus dedinhos gelados se agarraram à mão do homem que ela haveria de perder para sempre.

— Vejo que você desistiu de mim — ela murmurou.

Lágrimas, que ele não tentava conter, escorriam pelo rosto de Hor.

— Sim, eu parto. Mas, sem você, viverei apenas para a vingança. E você, Asnath, não vai me esquecer?

A raiva e o desespero desenhavam-se em seus olhos e vibravam em sua voz. Subitamente, ele arrastou a mocinha até um nicho, ao fundo do qual estava uma estatueta de Toum, o deus-Sol de Heliópolis, iluminada por uma lâmpada de óleo perfumado. Inclinando-se sobre Asnath, o rapaz disse com voz entrecortada:

— O mais duro sacrifício é partir sem manchar meu machado no sangue do covarde que me rouba a felicidade. Mas pelo menos jure, perante a imagem do nosso deus, que você ama somente a mim.

— Eu amo você, Hor. Eu juro! E se puder lhe servir de consolo, mate-me — murmurou Asnath, esmagada pelos mais diversos sentimentos.

— Agora jure que você jamais amará aquele homem, que sua boca jamais lhe dirá "Eu te amo" como acaba de me dizer. Jure por nosso amor, pelo bem de todos nós. Deixe-me levar, em meu exílio, a suprema consolação de que o ouvido daquele miserável não ouvirá essa palavra inebriante... E que os deuses atinjam você com toda sua cólera, se você quebrar esse juramento.

A mocinha, trêmula e confusa, permaneceu calada. Mas o sumo-sacerdote, que acompanhava com um olhar ardente as peripécias daquela cena, interveio e disse com voz lenta, acentuando cada palavra:

— Como é que você pode temer que Asnath venha a esquecer um dia esta hora nefasta em que perde você, em que vê as angústias de seus parentes e a humilhação de sua casta? Ela sacrifica a própria alma, mas permanece senhora de si mesma. E para sempre se lembrará de que é a filha de Potifera, o primeiro dos sacerdotes do Egito, que estará unida a um escravo, a um inimigo de seu povo, a um estrangeiro impuro. Mas se um dia — a voz de Potifera soou como um trovão — ela vier a se esquecer da vergonha destas horas de desgraça, para trocar juras de amor com nosso mais cruel inimigo, eu a renegarei como filha e a amaldiçoarei, assim amaldiçoada ela será por toda nossa casta.

— Pois bem, você vai me jurar fidelidade eterna ou está com medo de que aquele homem belo e poderoso ganhe seu coração, apesar de tudo? — perguntou Hor, com olhos brilhantes.

Asnath quis responder, mas seus lábios trêmulos se recusaram a obedecer. O instinto incorruptível de seu coração inocente lhe sussurrava que aqueles dois homens, cegos pelo ódio, ciúme e humilhação, queriam constrangê-la com um juramento contrário à sua natureza, exigindo dela a promessa de detestar e ultrajar um homem de quem era forçada a se tornar esposa. Como numa visão, o rosto belo e inteligente de José surgiu em seu pensamento. Ela tornou a ver seu olhar fascinante e, tomada por uma súbita fraqueza, murmurou com voz apagada:

— Todavia, devo pertencer a ele. E se ele for bom para mim, poderei eu testemunhar-lhe ódio por toda a vida?

— Bom para você, menina louca? Pode esperar bondade de um chacal faminto? — interrompeu o sumo-sacerdote com o rosto rubro. — Você se esquece de que é a vontade do faraó que dispõe de você como se fosse uma escrava e que essas núpcias, mais lúgubres para nós do que um funeral, marcam-nos com uma vergonha perpétua?

— Não diga palavras inúteis, meu pai. Não percebe que os olhos verdes do estrangeiro cativaram o coração de sua filha? E você, Asnath, não jure pelo que já teme transgredir. A esposa do Adon poderá se lembrar de um fugitivo miserável?

Uma tal raiva desesperada vibrava na voz do jovem egípcio, tal amargura transbordava de seu olhar, que Asnath esqueceu tudo e, vendo que ele se virava para sair, correu até ele e o deteve.

— Hor, Hor, não me deixe assim, com o coração cheio de fel e de desconfiança indigna. Jamais amarei José como amo você e não tenho medo de lhe jurar fidelidade até a morte.

Resoluta, ela se aproximou da estátua do deus e fez rapidamente um sacrifício de vinho e incenso. Então, com voz firme, pronunciou o juramento exigido de amar Hor enquanto ele vivesse e de nunca jurar amor ao Adon.

Ébrio de amor, o jovem egípcio apertou-a em seus braços. A seguir, Potifera os abençoou, abraçou e, então, ajoelhando-se diante do nicho, pronunciou com unção:

— Deus poderoso, agradeço-te por me haver dado uma filha tão forte e grandiosa na hora do infortúnio.

A despedida foi breve: Asnath e Hor trocaram um último beijo, um derradeiro abraço e, em seguida, Hor vestiu seu casaco e deixou a casa. Arrasada de corpo e alma, Asnath arrastou-se até seu quarto.

O sumo-sacerdote ficou a sós com seu cunhado, que ao longo de toda aquela conversa permanecera calado. Fez-se um longo silêncio. Por fim, Putifar, que caminhara de um lado para outro do cômodo, parou diante do sacerdote e disse com gravidade:

— Compreendo e compartilho de seus sentimentos. Você é vítima de uma violência inaudita. Mas, meu cunhado, o ódio o torna cego e injustamente cruel para com a pobre Asnath, sobre a qual recai a parte mais penosa do sacrifício. Nós apenas teremos que tolerar aquele homem como parente, mas ela terá que suportá-lo como marido. E você condena por uma vida inteira essa vítima inocente a uma posição falsa. Rouba-lhe toda possibilidade de uma vida tolerável e talvez a entregue à vingança daquele homem cruel.

O sumo-sacerdote ergueu-se, enquanto um raio de fanatismo selvagem jorrava de seus olhos. Então, agarrando o braço de Putifar, murmurou:

— Prefiro vê-la morta do que feliz nos braços daquele impuro. E você não compreende que a partir do momento em que ela o amasse, iria tornar-se sua aliada, inimiga de nossos interesses? Que ela trairia nossos mistérios e seria instrumento de nossos perseguidores? Não, eu tinha que abrir um abismo entre Asnath e aquele homem belo e perigoso, pois um coração de mulher é coisa frágil.

XIII

O ADON E SUA NOVA PARENTELA

Seu rosto (de José) é belo e agradável; as moças correram sobre a muralha para vê-lo. Mas aqueles que estavam armados com dardos feriram-no com palavras ácidas, discutiram com ele e o invejaram.

Gênesis, Cap. XLIX, vs. 22, 23

NUM ESTADO DE alma difícil de descrever, após a partida de Hor, Asnath entrou em seu quarto, dispensou sua ama fiel e deitou-se em sua cama completamente vestida.

Parecia ter o peso de uma rocha em seu peito. O futuro se estendia diante dela como um negro abismo sem saída, que nenhum raio de luz clareava. Numa angústia inominável, seu pensamento vagava de seu noivo, que acabava de perder para sempre, para aquele futuro esposo, que ela tinha jurado odiar. Quanto mais pensava, tanto mais sua aflição moral crescia. Por fim, cansada de chorar, moral e fisicamente aniquilada, caiu num sono pesado e febril.

Mas todo o ser da mocinha estava superexcitado demais para que pudesse encontrar repouso. Um sonho estranho e incômodo veio agitá-la. Parecia que Hor e José escavavam seu peito furiosamente, arrancavam seu coração e, ardendo de ódio e fúria, disputavam aquele fragmento sangrento, enquanto ela caía, atormentada por uma dor atroz, num abismo, que logo reconheceu como sendo o Amenti, o reino dos mortos. Ela lutava com dificuldade contra todos os obstáculos que o livro dos mortos descrevia e que a alma deve superar antes de penetrar no palácio de Osíris. Sem saber como, ela se viu de repente perante o juiz supremo e seus 42 conselheiros, enquanto Thot pesava seus atos na balança da justiça eterna. Todavia, em vão o deus buscava seu coração para colocá-lo sobre o segundo prato: havia ficado na Terra. Então, Osíris fitou-a com olhar penetrante e perguntou com severidade:

— Por que você vem sem seu coração? Por que você deixou que ele fosse despedaçado por dois homens? Você não sabia que ele só poderia pertencer àquele que lhe estava destinado pela divindade? Volte, então, para a Terra. Entregue seu coração àquele que você ama e traga-o com suas mãos para ser pesado nesta balança. Do contrário, há de vagar sem descanso, sombra sofredora, mentira viva, entre o céu e o Amenti, buscando para sempre seu coração perdido.

Trêmula, encharcada de suor, Asnath despertou e apertou com a mão ansiosa seu coração palpitante. Lá estava ele, o pequeno órgão que carregava em si todos os impulsos para o céu e todos os sofrimentos do inferno.... Um universo, no qual bramem tempestades, erguem-se ondas tumultuosas que, entretanto, despedaçam-se, impotentes, contra os muros frágeis desse mundo estranho e misterioso. Na verdade, que mistério há mais estranho do que o coração humano, sempre o mesmo, que nem os séculos, nem os cataclismos conseguem modificar! Os continentes desmoronam, novos povos surgem, para desaparecerem, eles também, no abismo insondável do passado, mas o coração humano não mudou: os mesmos sentimentos de ódio e de amor, de alegria e dor o agitam. Frágil e, todavia, indestrutível, ele se choca contra a rocha da fatalidade, aí se aniquila momentaneamente, para renascer sempre.

Pensativa e abatida, Asnath deixou o leito e, sentando-se junto à janela, meditou. Aquelas horas de luta moral tinham-na amadurecido e feito, da criança despreocupada e risonha, uma mulher. Até mesmo seu exterior se havia modificado: suas faces tinham perdido o frescor, seus olhos brilhantes estavam velados pela melancolia, uma expressão amarga e acerba marcava sua boca pequena, outrora tão risonha e travessa.

A visão da mudança que se havia operado em todo o ser da filha inquietou e desolou a esposa do sumo-sacerdote. Mas a pobre mulher não tinha sequer tempo para se lamentar, pois por toda a casa reclamavam a presença da senhora e suas últimas ordens. Quando Ranofrit chegou, querendo ajudá-la sem aparecer na festa, Maia lhe pediu que ficasse junto de Asnath e cuidasse de sua toalete. O ar abatido da mocinha também causou profunda impressão na esposa do antigo chefe dos arqueiros, aumentando ainda mais a ira e o ressentimento que nela ardiam contra José. Asnath deixou-se vestir com a mais completa indiferença. Apenas se recusou frontalmente a usar qualquer dos enfeites enviados pelo faraó e por seu noivo, aceitando apenas usar joias dadas por seus pais. Assim que acabou de ser vestida, a mocinha dispensou as servas, a fim de retomar sua meditação silenciosa.

Ranofrit, que verificara cuidadosamente o conteúdo das corbélias e cofres enviados pela manhã da parte do Adon, ao qual Asnath não se dignara a dirigir um único olhar, jogou-se de repente sobre um banco e exclamou, num misto de cólera e zombaria:

— Jamais poderia crer que aquele escravo sujo, que urrava de fazer tremer a casa quando era castigado por suas más ações, viria a ser um dia membro de nossa família e enviaria presentes de noivado quase reais!

Visivelmente espantada, Asnath pediu à tia uma explicação sobre aquelas palavras, e Ranofrit, deixando-se levar por suas lembranças, não se fez de rogada: relatou em detalhes o aviltamento e a punição vergonhosa sofridos pelo antigo intendente de seu marido, antes de ser enviado para a prisão.

A palidez da mocinha e o tremor nervoso que a sacudiu fizeram com que Ranofrit compreendesse, de repente, que fora mal inspirada ao fazer aquele relato e se deteve, atemorizada e confusa. De fato, a orgulhosa Asnath sentia-se como se tivesse sido esbofeteada. Os detalhes ignóbeis narrados por sua tia tinham, de repente, despojado José da auréola com que sua beleza e posição o haviam cercado, apesar de tudo. Naquele instante, ela sentia que era o escravo, o miserável conhecido dos servos de Putifar, que com suas mãos o haviam castigado, quem lhe daria, dentro de uma hora, o beijo de noivado. O peso daquela humilhação a esmagava, enquanto a imagem de Hor adquiria novo poder.

A entrada da mãe, que vinha para conduzi-la para junto de seu pai, interrompeu os pensamentos lancinantes da mocinha. Abatida, mas resoluta, ela se apressou. E depois de haver trocado um beijo silencioso com Maia, tão pálida e abatida quanto a filha sob seus ricos adornos, dirigiram-se ambas para o salão principal. Potifera já se encontrava lá, acompanhado por seu escriba pessoal e por alguns sacerdotes de Heliópolis, que formavam seu séquito oficial e o acompanhavam durante suas ausências da cidade do sol.

O rosto bronzeado do pontífice, embora envelhecido e empalidecido, tinha readquirido a expressão de calma severa que lhe era habitual. Aproximando-se da filha, apertou-lhe a mão com força, mantendo-a na sua, como que para lhe dar coragem. De fato, a visão do pai agira de maneira salutar sobre a alma perturbada de Asnath. Ela ergueu sua bonita cabeça, coroada de flores, com altivez, e como os clamores longínquos anunciavam a aproximação do Adon, ela se postou resoluta ao lado da mãe, enquanto Potifera ia ao encontro do futuro genro.

José também havia tido uma noite agitada. A política, assim como seu coração, tinha ditado sua escolha. Tinha necessidade daquela elevada aliança para assegurar seu prestígio diante do povo e nivelar o preconceito que o separava das altas castas. No Egito, onde a nobreza e os direitos provêm da mulher, o genro de Potifera se tornava igual aos mais nobres e seu filho pertenceria, por direito, à primeira casta do reino. Ele se associava à família onde servira como escravo, o que era um feliz acaso. Uma satisfação irônica encheu sua alma ao pensar que entraria como senhor e igual na casa onde tinha sofrido a mais terrível humilhação de sua vida, e que o orgulhoso Putifar, que havia desdenhado de servir sob suas ordens, deveria abraçá-lo como parente.

Mas, pouco a pouco, todos os seus pensamentos se concentraram em Asnath. Como ela haveria de recebê-lo, ela, cujo coração tinham, sem dúvida, enchido de fel e desprezo por ele? Então, a imagem de Hor apresentou-se a seu espírito, enchendo-o de um ciúme amargo e ardente. Buscou afastar aquele sentimento. Afinal, não era ele também belo e mais poderoso do que o oficial insignificante? Asnath haveria de esquecê-lo. Era jovem e inocente demais para partilhar dos preconceitos de sua família e acabaria por amá-lo. Sim, ela iria amá-lo, porque ele assim desejava. Pouco a pouco, então, ideias mais risonhas tomaram conta dele. Sonhou com a felicidade de chamar de sua a adorável mocinha, cuja simples lembrança fazia bater seu coração como nunca antes, a qual o dominara com um só olhar de seus olhos azuis.

Tendo se vestido com todo o luxo que a circunstância admitia, José subiu em uma liteira dourada e enfeitada com flores, como era o habitual para um noivo. Acompanhado por um séquito numeroso e elegante, assim como por seus carregadores de leques, o hebreu dirigiu-se à residência do sumo-sacerdote. O povo, que se aglomerava à sua passagem, aclamava-o ruidosamente, entusiasmado por seu belo aspecto e pela riqueza de seu cortejo.

Quando a liteira parou, José saltou leve para a terra, entregou seu casaco branco para um oficial que o acompanhava e subiu os degraus com determinação. No alto dos degraus estava Potifera, que, cercado por seu séquito, aguardava pelo Adon, silencioso e altivo.

Parando diante do sumo-sacerdote, o hebreu se inclinou e disse, estendendo-lhe a mão:

— Eu o saúdo, nobre Potifera, e bendigo os deuses que me permitem vê-lo em plena saúde, e cuja bondade o livrou do perigo que ameaçava sua vida.

O pontífice pousou a ponta dos dedos na mão que se estendia em sua direção e respondeu em voz baixa:

— A vontade dos imortais é sábia. É o homem que, em sua cegueira, desconhece sua misericórdia e mendiga uma vida que rejeitaria com horror, se pudesse prever o que lhe reserva o futuro. Mas, agora — ele ergueu a voz —, deixe-me dar-lhe as boas-vindas sob este teto, Adon do Egito. Traga-lhe honra e felicidade, e que possam os deuses abençoar sua entrada em minha casa, no momento em que você estende a mão para lhe arrebatar a alegria, seu mais belo ornamento: minha filha Asnath.

— Entregue-a a mim sem receio, ilustre e venerável pai. Sua filha será feliz, amada e honrada na casa de seu esposo. Como Rá, de quem o senhor é o primeiro servidor, ela encherá com os raios de sua beleza meu palácio vazio, que espera por sua senhora. E, agora, permita que eu lhe dê o beijo de um filho.

Potifera se deixou beijar por seu futuro genro, impassível como uma esfinge de pedra. A seguir, tomando a mão de José, conduziu-o para junto de sua esposa e de Asnath, que mantinha os olhos baixos, mas cuja palidez e ar de desolação falavam muito claramente.

Um brilho fugidio brotou dos olhos de José, que tomou a mão da moça e, tirando de seu dedo um magnífico anel, colocou-o na mão dela. Melancólica e muda, Asnath deixou que ele o fizesse, enquanto seu olhar se mantinha obstinadamente preso ao chão. O acolhimento por parte de Maia também foi frio, mas o sumo-sacerdote pôs fim àquela situação tensa, convidando todos os presentes a passarem para a sala contígua, onde guloseimas foram servidas e onde brindaram à saúde dos noivos. Em seguida, uma conversação geral começou.

Uma vez terminada a breve refeição, José combinou, primeiramente com o futuro sogro, a data e os detalhes do casamento, que foi marcado para dali a dez dias. Em seguida, aproximou-se de Asnath, que apenas molhara os lábios na taça de vinho, e convidou-a a dar uma volta com ele pelo jardim. A moça levantou-se em silêncio e, sem trocarem uma só palavra, desceram os degraus do terraço, passando para uma alameda sombria. Tendo chegado junto a um banco de pedra, o rapaz deteve-se e, encostando-se a um sicômoro, disse com calma e seriedade:

— Não quer se sentar, Asnath, e olhar para mim em seguida? Ainda não fez isso hoje.

Ela ergueu os olhos, mas as pupilas azuis estavam sombrias e fitaram--no com uma hostilidade não dissimulada, enquanto o olhar de José nelas mergulhava cintilante e perscrutador, como se quisesse ler até o fundo da alma de sua noiva.

— Quis ficar a sós com você para conversarmos e tentarmos nos entender — disse José, enquanto um ligeiro suspiro lhe elevava o peito. — Estamos nos ligando um ao outro por toda a vida, nos encontramos apenas uma vez e, no entanto, não preciso de palavras para decifrar seus traços, o olhar, todo o ódio, todo o desprezo que você nutre pelo estrangeiro. Os sentimentos de sua família e de sua casta não são segredo para mim, e você se encontra sob a influência deles. Você odeia e despreza, sem questionar se aquele a quem dirige tais sentimentos de fato os merece.

— Se ele os merece? — repetiu Asnath com desdém. — Você pergunta se o homem que arranca o noivo da mulher que o ama, impondo-se a uma família que não o deseja, abusando de um poder que um capricho da sorte lhe concedeu, zombando da dor dessa família e de sua impotência, merece o desprezo? Pois bem, eu lhe direi! — um forte rubor surgiu no rosto de Asnath e uma expressão desafiadora brilhou em seus olhos. — O que você faz é covardia. Eu o odeio! A vontade do faraó pode me forçar a aceitá-lo como esposo, mas jamais a amá-lo.

Múltiplos sentimentos se refletiam nos grandes olhos castanhos de José, que fixavam obstinadamente o rosto expressivo e agitado de sua interlocutora. Após um instante de silêncio, ele disse em voz baixa:

— Sei que esta é uma hora difícil para você. É jovem demais para compreender as diversas razões que, além do amor que você me inspira, levaram-me a pedir sua mão e seu pai a concedê-la a mim. Sei que a instigaram contra mim, mas o tempo haverá de acalmá-la. Aí, então, você me julgará de maneira mais imparcial e seu próprio coração, não a vontade do faraó, levará você a me amar. E por que não haveria de me amar? Não sou pior do que Hor e você o esquecerá. O simples oficial jamais lhe concederia tantas honras quanto você terá como minha esposa.

Asnath ergueu a cabeça e um desprezo irônico vibrou em sua voz:

— Prefiro ser a esposa de um simples soldado, honrado por sua origem e parentela, do que a de um Adon que chegou ao poder por caminhos obscuros e que tem amigos escravos, que se recordam de tê-lo castigado vergonhosamente por suas más ações.

José recuou, pálido até nos lábios. Em seguida, aproximando-se bruscamente, segurou o braço da mocinha e, mergulhando nos olhos dela um olhar faiscante, murmurou com voz abafada:

— Quem lhe disse isso? Quem maculou sua alma com essas palavras venenosas?

Fascinada, paralisada por aquele olhar fulgurante de pupilas esverdeadas, Asnath permaneceu em silêncio, sem nem sequer protestar contra a pressão dolorida em seu braço delicado. Acabava de compreender que tinha ferido desmesuradamente e de maneira imprudente o orgulho daquele homem, que tinha o poder de se vingar daquilo.

E quando José repetiu com violência:

— Quem lhe falou isso?

Asnath perguntou, por sua vez:

— É mentira? Se o que me disseram não é verdade, diga-me.

José soltou o braço da noiva e se apoiou novamente contra o sicômoro, tentando dominar a tempestade infernal que bramia dentro dele. Após um momento de doloroso silêncio, disse com voz vibrante:

— É verdade, e foi Ranofrit quem lhe relatou esse episódio. Mas o que ela não lhe disse, sem dúvida, foi que ela me perseguia, então, com um amor ilícito. E quando rejeitei seus ataques clandestinos, ela me acusou perante Putifar de tentativa de violação. Iludido por aquela calúnia, ele fez com que me castigassem. Mas, neste momento, não lamento mais que o bastão do vigia tenha se levantado contra mim, pois isso não me impediu, orgulhosa Asnath, de tomá-la como esposa. Tenha cuidado para não desprezar demais o homem que, depois de Apopi, é o mais importante do Egito. E não abuse de sua fragilidade feminina, nem do poder de sua beleza. Você recusou um bom entendimento entre nós e respondeu com insultos às minhas palavras conciliadoras e afetuosas. Um dia, você poderá se arrepender por isso e vir a mendigar o amor que hoje desprezou.

Tendo dito isso, José deu as costas à noiva e retomou o caminho até a varanda a passos lentos. Tudo fervilhava e tremia nele. As palavras inspiradas a Asnath por sua imprudência e ressentimento infantil haviam atingido em cheio o coração orgulhoso do hebreu, colocando em evidência o abismo que separava a filha do ilustre sacerdote de Heliópolis e o escravo liberto, tirado de seu opróbio por um capricho do faraó. À dor experimentada por seu amor-próprio, juntava-se uma inveja pungente: Hor não tinha sua posição, mas sua nobreza era indiscutível. Ele era igual a Asnath. A lembrança do rival preferido tornava ainda mais amargo para José o desprezo que a mulher que ele amava, agora ainda mais do que antes, apesar do insulto, acabara de lançar em seu rosto.

Inconscientemente, a cólera do rapaz se dirigia agora, com toda violência, para as castas elevadas, que eram suas inimigas.

— Por mais importantes e nobres que vocês sejam, eu hei de caminhar sobre vocês como sobre vermes da terra — ele murmurou, cerrando os punhos.

Mas ao notar a presença dos trajes brancos dos sacerdotes e dos oficiais de seu séquito, José reprimiu os sentimentos tumultuosos que ainda bramiam dentro dele e, calmo e amável, aproximou-se de Potifera, que com surpresa no olhar procurava pela filha, sem nada dizer.

Após haver trocado algumas palavras sem importância, José indagou, inesperadamente:

— Por que faltam à nossa reunião dois parentes próximos da família: o nobre Putifar e sua esposa? Espero que eles não pensem que guardo qualquer rancor quanto ao passado. Faz muito tempo que perdoei a impetuosa jovem por ter desejado meu amor e por se haver vingado de minha frieza. Quanto a Putifar, agiu sob o impulso de um ciúme legítimo. Além disso, consolo-me com a ideia de que, se fui castigado injustamente, foi por uma das mais encantadoras mulheres do Egito.

José falava alto o suficiente para ser ouvido por todas as pessoas reunidas na varanda, sem se importar com o silêncio embaraçado dos ouvintes ou com a ira malcontida de Potifera, nem com Asnath, que voltava para junto dos convidados, prosseguindo com calma e bom humor:

— Por favor, transmita ao seu cunhado que depois de amanhã, caso o dia lhe seja conveniente, irei vê-lo. Guardei a melhor das recordações do homem que foi para mim, um senhor indulgente e generoso. Será agradecendo e bendizendo a Eloim, o Deus poderoso de meu povo, que adentrarei o limiar daquela casa onde vivi como escravo e de onde ele me retirou, para que eu ascendesse ao poder presente.

O sumo-sacerdote ouvira o hebreu com o rosto pálido e com o cenho franzido. O que José acabava de dizer era uma sombra ultrajante para a honra de sua irmã e não conseguia compreender que fantasia inspirava aquele homem a exibir com ostentação sua origem obscura e o castigo vergonhoso que sofrera outrora. Será que queria apenas obrigar Putifar a recebê-lo com todas as honras devidas a um parente e ao Adon?

Naquele momento, o olhar de Potifera se dirigiu ao rosto enrubescido de sua filha. Veio-lhe a desconfiança de que algo se passara entre os noivos, que acabara por provocar aquele tipo de vingança.

— Seu desejo honra meu cunhado, Adon — o sumo-sacerdote respondeu, dominando o próprio ressentimento. — Putifar e sua esposa ficarão felizes em recebê-lo no dia sugerido.

— Espero ter a alegria de vê-lo por lá, nobre Potifera, assim como minha bela noiva. Mas agora devo me despedir. Adirom! — ele chamou, voltando-se para um dos oficiais de seu séquito. — Mande vir minha liteira!

Então, com a mais amável cordialidade, José se despediu de sua noiva e família, saudou o séquito do sumo-sacerdote e partiu.

Assim que Potifera ficou a sós com os seus, Ranofrit foi ao seu encontro, curiosa para saber como tinha sido aquele primeiro contato. Mas quando o irmão lhe comunicou a visita que a esperava e lhe falou sobre o discurso equivocado com que o Adon precedera o anúncio desta, a jovem mulher foi tomada por um terrível desespero. Desfazendo-se em torrentes de lágrimas, arrancou os próprios cabelos e gritou:

— Aquele monstro, aquele miserável quer pôr em dúvida minha fidelidade conjugal, culpar-me diante de todos, desonrar-me pela eternidade... E eu ainda terei que recebê-lo sob meu teto, acolher como parente aquele desalmado cínico? Jamais! Preferiria me afogar no Nilo.

— Pare com esses gritos! Não mudam em nada uma situação que você teria evitado, se tivesse sido mais prudente no passado — disse Potifera com impaciência.

Em seguida, aproximando-se de Asnath, que não participava da conversa, ele perguntou:

— O que você disse ao Adon? Por que voltaram separados? Não aconteceu algo na conversa de vocês, que tenha podido provocar, como represália, a investida dele contra Ranofrit e seu passado?

— Sim. Quando ele quis me convencer de que não é pior do que Hor, eu o fiz recordar de como foi açoitado por seus erros, coisa que jamais aconteceu com Hor — respondeu Asnath com desprezo.

— Isso foi imprudente e insensato. Mas eu não sabia que você tinha conhecimento desse incidente.

A mocinha nada respondeu, mas seu olhar se dirigiu à sua tia, que se achava prostrada sobre uma poltrona.

— Ranofrit teria sido tola a ponto de lhe contar isso? — indagou o sumo-sacerdote, contrafeito.

— Sim, fui eu que contei a ela, para que Asnath possa ter noção de toda a audácia do miserável — bradou a jovem senhora, saltando da poltrona e batendo os pés com raiva, antes de prosseguir. — Ah, que boba que eu fui de ainda orar por ele! Se tivesse deixado Putifar fazer o que pretendia, se o miserável tivesse sido mutilado conforme merecia, não ergueria a cabeça tão alto e, ao invés de se casar com Asnath, apodreceria em alguma terra distante.

— Você não teria orado, se sua consciência não a tivesse obrigado a fazê-lo — observou o sumo-sacerdote com severidade. — E, agora, basta de gritos! Se quiser aceitar um bom conselho, não conte a seu marido sobre os resultados de sua bisbilhotice. Será melhor para vocês dois. Quanto a vocês — acrescentou ele, voltando-se para sua esposa e filha —, eu as proíbo de falar a Putifar sobre o que aconteceu.

* * *

NA RESIDÊNCIA DE Putifar, a notícia da visita do Adon provocou uma verdadeira revolução. O antigo chefe dos arqueiros tinha, de início, recebido a notícia com alguns xingamentos enérgicos. Mas retomando logo sua calma habitual, deu todas as ordens necessárias para a recepção e fez com que Ranofrit compreendesse que suas lágrimas e desespero tão somente os comprometia e que, uma vez que o casamento de Asnath tornava o encontro com José inevitável, era melhor que o hebreu é que viesse à casa deles primeiro.

Mas no pátio, entre os escravos, que em sua maioria conheciam José desde o dia em que Ptah o comprara, a agitação aumentava a cada instante. Não se falava de outra coisa e todos aqueles em cuja consciência pesava algum mal feito contra José experimentavam o mais profundo desconforto. Dois corações, em particular, constrangiam-se de pavor: o de Pineas, antigo subintendente, que sucedera a José no cargo, e o de Bébi, vigia dos escravos, sendo que ambos tinham participado ativamente no aviltamento e castigo de seu antigo chefe. Somente uma pessoa em meio à criadagem aguardava com impaciência e repleta de orgulho a vinda do Adon: era Acca, a dama de companhia que fora beneficiada, no passado, pelas boas graças do hebreu. Ela era agora dama de companhia do segundo filho de Putifar e, em sua ingenuidade, imaginava que José não deixaria de reconhecê-la se ela se colocasse no caminho dele e que a cumularia de presentes.

Não vivendo mais em Mênfis, senão por raros intervalos, Putifar teve que fazer esforços excepcionais para deixar a casa em condições de receber dignamente tão ilustre visitante. Todos os servos tinham, portanto, muito trabalho. Entretanto, Bébi e Pineas se tornavam mais lentos, distraídos e broncos à medida que o momento decisivo se aproximava. Desde a manhã do dia da visita do Adon, os dois pobres diabos sentiam antecipadamente o peso de seu braço. Assombrados por uma infinidade de apreensões a respeito do tipo de suplício que seu antigo intendente inventaria para castigá-los, faziam tudo errado, nada compreendendo das ordens de seu senhor. Por fim, esquecendo-se de tudo, reuniram-se junto a uma pequena varanda que dava para os aposentos particulares de Putifar e sua esposa.

— Oh, oh, Pineas! José acaba de enviar presentes para nossos senhores e dentro de duas horas ele próprio estará aqui — bradou Bébi. — Infeliz sou eu por ter vivido até este dia! Mas, também, quem haveria de prever, quando eu o arrastava pelo pátio, dando-lhe pontapés, que ele viria a ser o Adon?

— E eu, então? — exclamou Pineas, torcendo os braços. — Você se lembra, Bébi, que quando ele tentou se desculpar diante de nós, acusando a senhora, eu lhe dei uma tal bofetada, que suas mandíbulas estalaram e o sangue jorrou do nariz dele? José não pode ter esquecido disso e, decerto, serei enforcado antes que Rá se levante amanhã.

— Vamos nos lançar com a face por terra, até que ele tenha passado. Talvez ele não nos veja — propôs Bébi.

No mesmo instante, porém, uma voz enérgica e irritada gritou:

— Vocês estão loucos, seus preguiçosos miseráveis? Procuram por vocês em vão. Nada está pronto e vocês ficam aqui, onde nada têm a fazer?

Era Putifar que, rubro e contrafeito, acabava de surgir à porta. Ao perceber a expressão aturdida e desesperada dos dois homens, ele perguntou, espantado:

— Aconteceu alguma coisa? Vocês parecem desvairados!

— Oh, senhor, salve-nos! Ele vai nos enforcar! — os dois gritaram a uma só voz, prostrando-se diante de Putifar e agarrando-se aos joelhos dele.

— Que disparate é esse? Quem é que vai enforcar vocês? — perguntou o homem, sem nada compreender do que eles diziam.

— Ele, o Adon — berrou Bébi. — Quando o arrastei pelo pátio para ser castigado, dei-lhe pelo menos dez pontapés, coisa que o senhor não tinha me mandado fazer.

— E eu bati tanto nele, que o sangue lhe escorreu do nariz. E ainda ordenei que ele mantivesse *sua boca suja* fechada! E agora ele é o Adon! — acrescentou Pineas, chorando.

Um sorriso triste e sarcástico passou furtivamente pelos lábios de Putifar. Então, estendendo a mão para o velho intendente, ele disse com bondade:

— Levantem-se e nada temam. O Adon é o noivo de minha sobrinha. Ele vem como convidado e amigo. Nem passa pela cabeça dele fazer mal a servos fiéis, que apenas agiram segundo minhas ordens. Peguem, cada um, um jarro de vinho, para se recompor. E voltem depressa às suas tarefas. Garanto que a vida de vocês está em segurança.

Com gritos de alegria, os dois homens beijaram os pés de seu senhor para, em seguida, correrem, repletos de novo entusiasmo, para os últimos preparativos.

Pouco depois, chegou Potifera com sua família, e Ranofrit lhes mostrou os presentes que o Adon lhe enviara. A jovem senhora se havia enfeitado e estava tão bela quanto outrora. Mas não conseguia manter o sangue-frio, só faltando irromper em soluços a cada instante, apesar das tentativas do irmão e do marido para acalmá-la.

Desta vez José chegou sem pompa alguma, acompanhado apenas por seu condutor de carro. Enquanto atravessava a fileira de escravos, que se prostravam à sua passagem, seu olhar caiu sobre Bébi e Pineas que, por cautela, mantinham o rosto contra o piso. Apesar disso, José os reconheceu e um sorriso de desdém surgiu em seus lábios.

Putifar o recebeu à porta de sua casa com amável reserva, mesclada pela bondade inata que lhe caracterizava e que fazia com que ele desejasse, para o bem de Asnath, estabelecer relações menos tensas com aquele homem que todos odiavam e com quem, no entanto, forçavam a mocinha a se casar.

Ao reencontrar o olhar leal e bom de seu antigo senhor, aquele mesmo olhar indulgente que reanimara e acalmara o adolescente choroso e isolado quando, pela primeira vez, assumira o serviço junto a ele, uma emoção estranha tomou conta de José. Era verdade que agora era rico e poderoso, mas continuava tão só e isolado quanto no dia em que Ptah o conduzira sob aquele teto como pequeno escravo desconhecido. A acolhida simples e isenta de hostilidade de Putifar fez com que o rapaz se sentisse bem. Apertando com força a mão que o antigo senhor lhe estendia, José inclinou-se e murmurou de maneira a ser ouvido apenas por ele:

— Agradeço-lhe pela acolhida cordial e por seu olhar bondoso. É o primeiro que encontro em meio a esta multidão servil e rancorosa que me cerca. Como eu ficaria feliz se você quisesse ser um amigo para mim, depois de ter sido um senhor generoso no tempo de minha escravidão.

Putifar olhou para ele, atônito. Mas reconhecendo uma emoção verdadeira no olhar brilhante de seu antigo favorito, respondeu a seu aperto de mão.

— Suas palavras me alegram, Adon, e ficaria feliz se você recordasse apenas as horas de paz que passou sob meu teto — disse ele, em voz igualmente baixa. — Grande é a força do deus que o conduziu ao poder. Que ele possa guiá-lo em todos os seus atos, para a felicidade do país que ele lhe confiou. Um homem, mesmo um faraó, nunca é infalível por si mesmo. Foram os imortais que guiaram sua escolha. Assim sendo, é um mandato celeste que eles confiaram a você. Cumpra-o com honra.

Sem esperar resposta, Putifar conduziu o convidado até o salão principal. José saudou Potifera e, em seguida, aproximou-se de Ranofrit, que, pálida e de olhos baixos, balbuciou algumas palavras de agradecimento pelos presentes recebidos. A agitação da jovem senhora e as lágrimas a duras penas contidas que enchiam seus olhos eram tão visíveis, que o Adon se inclinou, apertando-lhe a mão, e perguntou com um toque de bom humor:

— É minha presença ou minha ascensão que a importuna, nobre Ranofrit?

— Ambas — ela respondeu com uma franqueza desesperada.

José riu.

— Eu o lamento. Mas, apesar disso, levante a cabeça, nobre senhora. Esqueçamos o passado e aceitemos o presente como sendo a vontade dos deuses.

Em seguida, Putifar apresentou a José seus dois filhos, que ele abraçou. Mas, para decepção de Acca, ele não lhe deu qualquer atenção, apesar da saia em tom amarelo brilhante e do adorno multicolorido que ela usava na cabeça. E quando, no mesmo dia, o intendente do Adon distribuiu gratificações a todos os escravos, ela recebeu apenas uma semelhante à das outras mulheres, fato que a ofendeu enormemente.

Graças à conversação amável mantida por Putifar, a refeição transcorreu com menos tensão do que se esperava. A pessoa mais silenciosa era Asnath que, pálida e apática, não se interessava por coisa alguma. O olhar ardente do jovem hebreu se fixava a todo instante em seu rostinho tristonho, que exercia sobre ele uma estranha fascinação, fazendo com que se esquecesse das palavras maldosas que ela lhe havia dirigido, restando nele apenas o profundo desejo de ver o sorriso renascer em seus lábios rubros.

Após o jantar, dirigiram-se ao jardim e, aproveitando a primeira oportunidade, José levou a noiva para um passeio a dois. Mais uma vez, permaneceram em silêncio. Mas parando repentinamente, o rapaz perguntou em voz baixa:

— Por que você está tão pálida e triste, Asnath? É a ideia de me pertencer que a aflige dessa maneira?

A jovem estremeceu e ergueu os olhos. Ao se deparar com o olhar do noivo, não mais duro e altivo como de costume, mas que, úmido e repleto de amor mergulhava no seu, ela corou e baixou a cabeça, visivelmente perturbada.

— Pobre criança! Tente esquecer o passado. Reflita antes de condenar e examine antes de desesperar. Talvez a realidade seja melhor do que a fantasia — prosseguiu o rapaz, atraindo-a para si e beijando o rosto aveludado da mocinha.

Asnath não ofereceu resistência. Pensava apenas: "Ele não guardou ressentimento de minhas palavras maldosas e cruéis".

Sentiu vergonha e teria dito talvez uma palavra de conciliação, mas a lembrança de Hor e do juramento que fizera surgiram, enchendo-a de angústia. Calou-se e duas lágrimas rolaram de seus olhos. José suspirou, mas aquele silêncio e o fato de seu beijo ter sido aceito sem repugnância já eram um progresso. E ele se pôs a esperar que assim que ela lhe pertencesse e, fora da influência dos parentes, acabaria por amá-lo.

* * *

O TEMPO QUE se seguiu foi tomado pelos preparativos para o casamento. José preparava seu palácio com luxo digno da realeza. Nada lhe parecia belo o bastante, rico o suficiente para a mulher que adorava e cuja beleza o escravizava cada vez mais. Quando acontecia de lhe arrancar um sorriso, um brilho de alegria e malícia de seus olhos azuis, ele se sentia feliz. O rapaz nada suspeitava do estranho estado de alma da noiva e do processo perigoso que aí se desenrolava, sem o conhecimento de ninguém.

De fato, Asnath estava tomada pelos mais contraditórios sentimentos. Todas as pessoas ao redor dela, exceção feita a Putifar, continuavam a odiar, denegrir e maldizer José em segredo. Quanto a ela, porém, as visitas frequentes do Adon o haviam tornado familiar e menos do que nunca ela chegava a sentir por ele a aversão e o desprezo que os demais lhe dirigiam. Entretanto, a ideia de que poderia vir a amar seu futuro esposo a enchia de pavor. Pois não apenas seu juramento e a maldição de sua casta se colocava entre eles, mas ela se lembrava das palavras ditas por José: "Talvez chegue o tempo em que você mendigará o amor que hoje você despreza". A simples ideia de tal humilhação fazia todo o ser da mocinha orgulhosa se encher de revolta e uma angústia irascível se apoderava dela. A perspectiva de uma vida em comum erguia-se diante dela como um fantasma ameaçador. Sentia que o olhar daquele homem exercia um poderoso fascínio sobre ela, que o amor que ele lhe testemunhava, ao invés de afastá-la, enchia seu ser de satisfação e de uma estranha quietude. O que aconteceria quando ela estivesse completamente entregue a ele, longe de seus parentes, cuja autoridade e proteção se desvaneceriam à entrada do palácio do Adon? José desejava dominá-la, arrancar dela uma jura de amor, não havia dúvidas. E se ela sucumbisse, haveria de se tornar perjura, maldita e desonrada.

— Oh — pensou Asnath —, se eu pudesse morrer, o sacrifício estaria completo. Não se poderia acusar meu pai de se opor à vontade do faraó e eu escaparia a todo esse infortúnio presente e futuro.

Essa ideia perigosa, uma vez nascida no espírito da mocinha, aí se fixou. E a chegada de seu irmão Armais veio lhe dar novo estímulo. O rapaz impetuoso, cheio de um ódio louco por José, não encontrava expressões fortes o bastante para rebaixá-lo. Se uma ordem severa de Potifera o forçava a se dominar em público e perante o futuro cunhado, ele o compensava em suas conversas com Asnath, desequilibrando-a a tal ponto, que a jovem, exaltada, tomou a firme resolução de morrer, para resolver, desse modo, uma situação insuportável.

Uma vez tomada a resolução, a mocinha encontrou também o meio de pô-la em execução. Tinha ouvido falar de uma espécie de feiticeira e cartomante, que vivia em um subúrbio de Mênfis e gozava de péssima reputação. Sob pretexto de consultar a adivinha sobre seu próprio futuro e o de Hor, convenceu sua ama a acompanhá-la, em segredo, à casa daquela mulher. A ama, cegamente devotada à menina e nada suspeitando de seus verdadeiros planos, aceitou. Quanto à feiticeira, que mantinha ativo comércio de venenos e que conhecia a filha do sumo-sacerdote, não teve o menor escrúpulo em lhe vender, por um bom preço, um frasco de essência incolor, que assegurou ser suficiente para matar dez homens de imediato e sem dor.

Uma vez de posse daquele tesouro, Asnath ficou mais calma. Por outro lado, uma apatia mortal tomou conta dela. Já se considerava como uma morta e todos os preparativos que a cercavam não lhe inspiravam nada, senão um sentimento de angústia, mesclada de indiferença.

Chegou, assim, o dia do casamento. Muda e distante, Asnath se deixou trajar com o vestido bordado em ouro e pérolas finas que a esposa do faraó lhe havia dado para aquela ocasião, e adornar seu pescoço, cabeça e braços com joias caríssimas. Não dirigiu um único olhar ao espelho de metal que Ranofrit lhe apresentava. Mas seus olhos passaram, perturbados e incertos, pela bela figura de José, particularmente elogiável em seu rico traje. Em compensação, o olhar do rapaz se fixou, inebriado, no rosto de sua jovem esposa, que nunca lhe parecera mais adorável.

O banquete de núpcias aconteceu no palácio real e em presença de Apopi, em cujo rosto ossudo se refletia profunda satisfação. Os jovens recém-casados ocupavam lugares de honra, ao lado do monarca. Mas apesar da alegria do rei e da benevolência que ele demonstrava aos convivas, sobretudo a Potifera e ao jovem casal, algo de lúgubre pesava sobre a assembleia. Asnath estava pálida e abatida de causar dó e os rostos bronzeados dos sacerdotes mostravam-se imóveis e graves como os das estátuas dos deuses. Tinham expressado, com palavras pomposas, infinita gratidão por todos os donativos ofertados ao templo pelo faraó por ocasião daquele casamento. Porém, nenhuma nota de sentimento sincero vibrara naqueles discursos empolados.

Terminado o banquete, o rei, com sua esposa e séquito, retirou-se para seus aposentos particulares, e José se preparou para levar a esposa para seu palácio. Mas antes que ele fosse até sua liteira, todos os membros da família de Asnath se retiraram por um momento para uma salinha contígua, a fim de se despedirem da noiva sem testemunhas.

Potifera parecia calmo e impassível e somente Asnath notou que um calafrio nervoso o agitava, no momento em que ele a apertou contra o próprio peito e a abençoou. Armais mal conseguia dominar sua agitação. Maia e Ranofrit irromperam em soluços. Pareciam tão desesperadas quanto se conduzissem a mocinha à morte.

José se encostara a uma mesa e, de braços cruzados, contemplava aquela cena pouco agradável para si. Seus dentes mordiam com força o lábio inferior, denotando que sua calma era apenas aparente. Todavia, não disse uma só palavra e não fez um único gesto para apressar aquelas despedidas. Foi Putifar quem pôs fim a tudo aquilo, dirigindo palavras severas à sua esposa em voz baixa. Em seguida, abraçando Asnath, colocou sua mão na do marido e disse com ternura:

— Vá, minha querida. Que os deuses do Egito a protejam e que Rá ilumine cada passo de sua vida.

Ao ouvir aquelas palavras, o sumo-sacerdote se voltou bruscamente e saiu da sala, sem nada dizer. A raiva, o ódio e a humilhação de sua casta o sufocavam. Mal atravessara a porta, uma mão segurou a dele e uma voz murmurou ao seu ouvido:

— Venha!

Era o sumo-sacerdote do templo de Ptah, em Mênfis, que silenciosamente o conduziu por uma galeria, para, a seguir, fazê-lo subir uma escada. Em breve, acharam-se na varanda de um dos altos pilares que cercavam a residência real.

— Volte a si, meu irmão! Aqui estamos a sós e posso lhe dizer que sinto e sofro com você — disse o sacerdote de Ptah.

Potifera nada respondeu. Encostou-se à balaustrada e, com um olhar ardente, fixou o longo trajeto de fogo que, em ondulações, estendia-se a seus pés, perdendo-se cada vez mais na distância das ruas. Eram as chamas de centenas de tochas, que acompanhavam o cortejo em direção ao palácio do Adon. Lá ia sua filha e lhe parecia que cada passo que o afastava dela abria entre eles um abismo mais profundo. Tomado repentinamente por um verdadeiro desvario, Potifera sacudiu seu punho cerrado e gritou com voz rouca e sibilante:

— Maldito! Maldito! Cão impuro, que não pude matar antes que manche com sua impureza indelével minha casta e minha filha!

— A filha de Potifera permanece sempre pura, como a pedra preciosa à qual nenhuma impureza adere. E a vingança que se aproxima haverá de lavar, no sangue do impuro, o insulto feito à nossa casta — murmurou o sacerdote de Ptah.

O que vibrava na voz do homem e o que cintilava no olhar malévolo com que ele acompanhava a longa fileira de tochas acabou por devolver a calma a Potifera. Em silêncio, os dois sacerdotes trocaram um aperto de mão.

XIV

A NOITE DE NÚPCIAS

De cabeça baixa, Asnath seguira seu marido e se sentara ao lado dele na esplêndida liteira dourada e incrustada, que a conduzia à sua nova residência. Um silêncio bastante longo se estabeleceu entre os recém-casados. Mas, de repente, José se inclinou e, apertando a mão de sua jovem esposa, murmurou:

— Os seus a lamentam como a uma morta. Esqueça, portanto, esses vínculos passados. Que eles sejam aniquilados em seu excesso de orgulho. Entregue-se inteiramente a mim. Confie-me seu coração e seu futuro. Jamais haverá de se arrepender.

— Nunca poderei amar você. Entre nós está Hor e a maldição de minha casta — ela respondeu com voz hesitante, mas num tom de angústia e de verdade, do qual não tinha consciência.

José estremeceu com violência, mas não teve tempo de responder, pois a liteira acabava de parar diante da entrada de seu palácio, encantadoramente enfeitado e iluminado. Lampiões multicoloridos marcavam cada um de seus ângulos. Chamas brilhavam em imensas taças de bronze ou de pedra. Por toda parte se estendiam tapetes, tapeçarias de cor púrpura e guirlandas de flores. Em meio a fileiras de escravos que carregavam tochas, tendo à frente crianças que atiravam flores e pequenas guirlandas de ervas mágicas a seus pés, a fim de livrá-los de qualquer má influência oculta, os recém-casados chegaram ao vestíbulo de sua residência. Lá, foram recebidos por um sacerdote de Hator, que lhes ofertou amuletos e derramou sobre suas cabeças punhados de grãos de trigo, símbolo da fartura que deveria encher-lhes a casa. Em seguida, o intendente lhes apresentou, de joelhos, duas taças de ouro: uma cheia de mel e a outra de vinho. José bebeu um gole e, em seguida, passou a taça à sua esposa. Quando ambos haviam provado o vinho e o mel, o Adon conduziu a jovem esposa até a entrada dos aposentos que lhe estavam reservados. Ele próprio voltou para junto dos jovens pertencentes à elite das famílias de Mênfis, que os haviam acompanhado, a fim de esvaziar com eles uma última taça de vinho e oferecer a cada qual uma lembrança preciosa daquele dia solene.

Asnath foi recebida em seus aposentos por sua ama e por todas as mulheres destinadas a servi-la. A jovem esposa acolheu com bondade as felicitações que lhe dirigiam e fez com que a livrassem depressa dos pesados enfeites que a adornavam. Quando, por fim, vestiram-na com uma camisola leve e acabaram de trançar seus cabelos longos, ela dispensou a todas, exceto sua ama.

Assim que a ama deixou discretamente o quarto para ir acocorar-se, como um cão fiel, à entrada do aposento contíguo, a mocinha foi buscar o frasco que tinha comprado da feiticeira e o colocou sobre o criado-mudo, junto à cabeceira da cama. Em seguida, dirigiu-se apressada até o nicho, fez um sacrifício de vinho e incenso. Então, ajoelhando-se, ergueu as duas mãos e orou baixinho:

— Osíris, pai de todas as coisas, vós que me haveis feito com vossas próprias mãos. E vós, Ísis, mãe divina, vede a angústia de minha alma e sustentai-me no momento do sacrifício de minha vida. Morro para a terra de Kemi, a fim de livrar de toda mácula a casta augusta de vossos servidores. Venho pura perante vós. Não maculei minha alma com nenhuma abominação, honrei os deuses, não fiz mal a nenhum homem. Vesti quem estava nu e saciei quem tinha fome. Ninguém chorou por minha causa, ofereci amplamente sacrifícios a vós e rendi as honras devidas às vossas imagens. Sou pura, pura, pura. E apelo a ti, Anúbis, condutor das sombras: guia-me e sustenta-me em minha viagem pelo reino das sombras. Defende-me dos perigos e dos monstros do Amenti. E vós, Osíris, e vós, 42 juízes, recebam-me no país da luz eterna. Abre meus olhos e meus ouvidos. Consola meus pais, que estão em aflição.

Com o rosto rubro e os olhos brilhantes por uma exaltação febril, a moça se levantou e correu para junto da cama. Sobre a mesa estava preparada uma taça, já cheia de vinho, e uma pequena ânfora de prata cinzelada. Com a mão levemente trêmula, Asnath destapou o frasco. Mas no momento em que ia derramar todo o veneno no vinho, ela estremeceu e se deteve. Uma ideia repentina lhe ocorrera: Por que haveria de morrer sozinha? José com certeza se vingaria cruelmente de seus parentes e de toda a casta sacerdotal por sua morte, e depois se consolaria: uma outra moça, outra filha de sumo-sacerdote, viria ocupar o lugar que ela deixava vazio.

Um estranho sentimento, misto de cólera e ressentimento de algo que não conseguia definir, encheu, de repente, o coração de Asnath.

— Morre, também — ela murmurou com um sorriso enigmático. — Desse modo estarei livrando o Egito, de um só golpe, de um opressor e de um impuro, que ousa reinar sobre ele e rebaixar os servidores de seus deuses.

Chamou a ama:

— Onde está a caixinha que mandei que você trouxesse, Tanafi?

— No quarto de dormir, senhorinha — respondeu a ama, erguendo uma pesada portinhola, franjada com tecido da Babilônia.

O quarto de dormir era um grande cômodo quadrado, iluminado durante o dia por duas janelas, que naquele momento estavam atrás de cortinas listradas. As paredes eram cobertas por pinturas que imitavam tapetes suspensos e o teto era coberto por esteiras grossas e multicoloridas. O fundo era ocupado por um estrado cercado por tecidos listrados em vermelho e branco, sobre o qual se via a cama em madeira de cedro, incrustada de ouro e marfim. Em um dos lados, sobre um nicho no alto de três degraus, estavam dispostas imagens de vários deuses, enfeitados com flores e fitas. Sobre uma mesinha entalhada encontrava-se tudo que era necessário para um sacrifício. Lamparinas de óleo perfumado iluminavam suavemente o nicho e o aposento.

Aproximando-se de uma caixinha que Tanafi lhe indicou, Asnath a abriu e dela retirou tabuinhas, nas quais faria inscrições e selaria.

— Você as levará amanhã pela manhã a meu pai — ela disse depois à ama. — E agora, deixe-me a sós. Vou orar aos deuses — acrescentou com voz abafada.

A sós, derramou metade do veneno em uma taça para, depois, esvaziá-la num só gole. A seguir, tornou a encher a taça com o restante do frasco.

— Antes de se deitar, José beberá o vinho. Morreremos juntos e serei sua última vítima.

A moça aproximou-se de uma das janelas, ergueu a cortina e atirou o frasco vazio em um dos bosquezinhos do jardim. Em seguida, apoiando-se, aspirou profundamente o ar tépido e perfumado da noite. Seus aposentos ficavam no primeiro andar e, por um espaço entre as árvores, ela avistou ao longe o Nilo, que cintilava sob o luar. Barcos enfeitados com lampiões cruzavam o rio em todas as direções, e o murmúrio alegre da multidão, à qual eram distribuídos cerveja e mantimentos, chegava até ela. Era sua festa de casamento que despertava toda aquela animação, enquanto ela...

ia morrer! Não veria mais aquele céu estrelado, não respiraria mais aquele ar perfumado e os raios do sol nascente iluminariam apenas seu cadáver. O coração de Asnath apertou dolorosamente. Um terrível medo da destruição e um desejo ardente de viver se apoderaram dela, que apertou a cabeça entre as mãos com um suspiro rouco. Mas, como um relâmpago, veio-lhe um novo pensamento: mais de quinze minutos haviam transcorrido desde que bebera o veneno e nenhum efeito se fazia sentir.

— Terá a feiticeira me enganado e o líquido que me deveria salvar do amor do homem impuro não passaria de água inofensiva? — murmurou a moça, entre esperançosa e encolerizada.

Naquele instante, porém, um calafrio gélido a sacudiu e um peso de chumbo invadiu seus membros. Não, não tinha sido enganada. Era a morte que se aproximava.

Com esforço, apoiando-se nos móveis, Asnath se arrastou até a cama e aí caiu pesadamente, suspirando, aliviada. Se ela tivesse caído do outro lado do quarto, talvez seu marido não bebesse sua porção de veneno. Todas as faculdades da mocinha se concentravam agora no desejo de matá-lo. Apesar do entorpecimento e do frio mortal que tomavam conta dela, sua lucidez de espírito se mantinha perfeita. Não conseguia mover um dedo, mas sua visão e audição tinham adquirido uma acuidade estranha e incômoda. Assim, ela notou o ruído imperceptível de passos ligeiros sobre as esteiras do cômodo vizinho. Em seguida, viu uma mão impaciente erguer o reposteiro e seus olhos arregalados fixaram a figura alta de José, que vinha em sua direção.

Ele havia retirado o ornamento da cabeça e seus trajes cerimoniais, trajando agora apenas uma fina túnica de linho, e os cachos castanhos curtos e espessos que lhe caíam sobre a testa alteravam muito sua fisionomia, dando-lhe um ar quase juvenil. Por um momento, sua silhueta se delineou contra o fundo da portinhola. Junto ao criado-mudo, ele se deteve, hesitante, apanhou a taça e a esvaziou.

— Que os deuses sejam louvados! Eu e o Egito estamos livres — pensou.

No mesmo instante, porém, uma dor aguda lhe correu pelas veias, sua vista escureceu e ela perdeu a consciência.

— Asnath! — murmurou o rapaz, tomando a mão da moça.

Depois, inclinando-se, ele beijou os lábios da esposa. Quase de imediato, porém, ergueu-se, estremecendo. O que significavam a rigidez e o frio glacial da mão e da boca que acabava de tocar?

— Asnath, o que você tem? — gritou outra vez, tentando erguê-la.

Vendo-a cair, inerte, ele correu para apanhar um lampião. Mas quando a claridade lhe permitiu ver o rosto lívido e abatido, os dedos azulados e os olhos abertos e vidrados da moça, um grito surdo escapou de seus lábios e, por um instante, a raiva e o desespero quase lhe roubaram a razão. Sacudindo Asnath com força, ele tentou, em vão, reanimá-la. Ela parecia morta. De repente, ele se lembrou da pedra mágica. Se algo no mundo ainda pudesse salvar Asnath, seria aquele poderoso antídoto.

Como louco, correu até sua sala de trabalho, trazendo de lá a taça na qual ele fizera guardar a pedra. Encheu-a de água e voltou para o quarto. Não chamou ninguém. Havia recobrado a presença de espírito e não queria alarmar todo o palácio. Se conseguisse salvar a esposa, seria melhor calar acerca daquele incidente. Enquanto procurava pôr um pano e uma faca para descerrar os dentes da jovem, a água da taça adquirira uma tonalidade azulada e fosforescente, que a pedra misteriosa lhe conferia. Ajoelhando-se junto à cama, José forçou os dentes enegrecidos de Asnath a se afastarem e derramou, aos poucos, em sua boca o líquido azulado que, ao contato com esta, fervia e crepitava, como se tivesse sido tocada por um metal em brasa. De repente, uma convulsão sacudiu o corpo inerte da moça e suas pálpebras baixaram.

Naquele mesmo instante, o rapaz foi acometido por uma fraqueza e por um calafrio gélido, aos quais não deu nenhuma atenção, atribuindo aquela fraqueza ao terror e à emoção que acabara de experimentar. Sentando-se na beirada da cama, ele se inclinou sobre Asnath, que tinha todo o corpo coberto por um suor enegrecido e espesso, mas que voltava visivelmente a ganhar calor e flexibilidade.

Cheio de alegria, José apanhou o pano que havia molhado antes e enxugou com ele o rosto, o pescoço e os braços da moça. Repentinamente, porém, seu próprio braço caiu inerte, um frio mortal lhe invadiu as veias e teve a impressão de que todo o seu corpo se petrificava.

— Ela quis que eu compartilhasse de seu destino. Eu a salvei, mas vou morrer!

Este pensamento passou como um raio pelo cérebro do rapaz. Mas, não, a salvação estava lá, a dois passos dele. Sobre o criado-mudo, que pouco antes ele havia afastado para o pé da cama a fim de agir com maior liberdade, estava a taça cheia até mais da metade com o líquido libertador. Bastava esperar. Fazendo uso de toda sua vontade, José se levantou, mas depressa perdeu o equilíbrio e caiu sobre as peles de tigre que cobriam o estrado, ficando estendido, incapaz de se mover.

Algo de infernal se passava dentro dele. Morrer daquela maneira, no ápice do poder, às portas da felicidade, atingido por aquela jovem insensata, fanatizada por sua maldita casta, era ainda mais horrível tendo a salvação ao alcance de sua mão. Uma fosforescência cada vez mais intensa erguia-se da taça, acima da qual parecia pairar agora uma nuvem azulada e cintilante.

Mas José não conseguia se mexer. Seu corpo parecia feito de pedra e ele sentia, com dolorosa clarividência, que uma estranha cisão se operava nele: que seu ser era duplo e que uma dessas metades, a matéria grosseira que se haveria de dissolver, cravava-o à terra da qual havia sido criada, prendendo-o a ela pelas imutáveis leis da atração e da gravidade, enquanto seu corpo astral tentava se desvencilhar com terrível sofrimento, elevar-se, unir-se, no espaço, a seu elemento primitivo. E era para morrer assim, desgraçadamente, sentindo todas as fases daquela destruição que o invadia, que ele vencera o destino e lutara contra a fatalidade? Ele, que tinha dominado a serpente vinda do Amenti, haveria de se deixar vencer por aquela matéria inerte que o abandonava?

Com desespero selvagem e força sobre-humana, que provavam mais uma vez que a vontade, esse poder incalculável, propriedade da centelha divina que nos anima, é, de fato, mestra da matéria, José se levantou. A força invisível erguia e dirigia a massa inerte, pesada como uma rocha, pendurada a ela. Lentamente, o rapaz rastejou em direção ao criado-mudo, ergueu-se sobre os joelhos e, dominando uma dor atroz, estendeu a mão, dura como a de uma estátua, em direção à taça e a trouxe até seus lábios. Em sua face azulada, crispada, apenas seus olhos dilatados e fulgurantes pareciam continuar vivos. Mas à medida que ele bebia com avidez, o peso esmagador que o chumbava ao solo parecia se dissipar e torrentes de fogo corriam por suas veias.

De repente, tudo pareceu girar em torno dele, que se sentiu rolar em um abismo. A taça caiu de suas mãos e, pesadamente, ele se chocou contra os degraus do estrado.

* * *

O DIA RAIOU, sua claridade pálida penetrou através das fendas das cortinas, mal fechadas por Asnath. Mas no quarto nupcial tudo permanecia imóvel e silencioso. Os jovens esposos continuavam deitados como mortos. Por fim, um raio de sol começou a brilhar sobre o rosto de José. E como se o brilhante mensageiro do astro vivificante o tivesse reanimado, o rapaz abriu os olhos. No primeiro instante, não conseguiu se lembrar do que havia acontecido. Por que estava ali, deitado no chão, e o que significava a fraqueza e o peso que sentia em todo o corpo? A taça caída no chão, que José viu de repente, fez com que ele se lembrasse do que se passara. Uma onda de amargura e cólera lhe invadiu o coração. Então, aquela tinha sido a causa da despedida dilacerante dos pais de Asnath: em seu ódio cego, Potifera e os seus tinham colocado nas mãos da mocinha a arma mortal! Haviam enchido seu coração com tanto fel e desprezo, que ela decidira morrer e matar seu marido. Mas ele haveria de se vingar, acusando Potifera perante o faraó por ter feito de sua filha um pobre instrumento de seu ódio sacerdotal.

Com esforço, José se levantou e alongou seus membros entorpecidos. Em seguida, cambaleante, apoiou-se contra o pé da cama. Sua cabeça rodava e um tremor nervoso o sacudia. Com um sentimento indefinível, fitou Asnath que, mergulhada em pesado torpor, permanecia imóvel. Calafrios convulsivos sacudiam seu corpo frágil e gracioso, e seu rosto encantador, de traços infantis, exprimia indizível sofrimento. A ira de José derreteu. Dividido entre a paixão e a amargura, inclinou-se sobre ela e murmurou:

— Não é você, pobre menina, que é a maior culpada, mas eles, os malditos que, pelo ódio que têm contra mim, obscureceram sua razão e seu coração.

Cerrando os punhos, ele virou para o outro lado, apanhou a taça e deixou o aposento. Como na véspera, a ama se mantinha acocorada junto à porta do outro lado, aguardando que Asnath chamasse por ela.

— O que se passa, senhor? — ela exclamou, levantando-se, assustada, ao ver a palidez cadavérica de José, as olheiras ao redor de seus olhos e seu passo incerto.

Um único olhar para o semblante honesto e apavorado da ama bastou para que o rapaz se convencesse de que ela nada sabia sobre o atentado secreto.

— Depressa, Tanafi. Vá para junto de sua senhora. Ela está muito doente. É preciso friccioná-la com essências aromáticas e dar-lhe vinho quente para beber, enquanto o médico não chega — ele disse.

Enquanto a ama corria para junto de Asnath, José foi para sua sala. Fingindo não perceber o espanto que seu aspecto abatido causava em seus servos, ordenou que enviassem imediatamente dois mensageiros, um ao templo de Ptah, para chamar o médico-profeta, e o segundo, para ordenar que Potifera viesse encontrá-lo, a fim de discutir um assunto grave.

Todos ainda repousavam na residência do sumo-sacerdote. Maia, cansada de tanto chorar, dormia, enquanto Potifera tornara a se deitar depois de ter, a despeito do cansaço, realizado todas as cerimônias e sacrificado ao Sol levante, conforme lhe prescrevia o ritual de seu cargo. Somente Armais acabara de se levantar e tomava uma taça de vinho com bolo, quando chegou o filho de Tanafi, trazendo tabuinhas que Asnath havia entregue à sua ama, com a recomendação de que fossem levadas por seu filho à casa do sumo-sacerdote.

O rapaz ficou um tanto surpreso. O que podia querer Asnath? Talvez tivesse esquecido algum objeto, que quisesse que lhe enviassem. Com indiferença e sem perguntar se o escrito era destinado a ele próprio, Armais abriu as tabuinhas. Mas seu coração quase parou de bater, quando leu as seguintes linhas:

> *Não posso viver com o homem impuro, cujo contato seria para mim uma mácula indelével. Minha morte será, também, uma libertação para a terra de Kemi. Seu opressor morrerá com o mesmo veneno que me há de matar. Derramei a metade do frasco na taça dele. Quando essas tabuinhas lhe forem entregues, sua Asnath já terá descido ao reino das sombras. Rogue aos deuses, meu pai querido, para que sejam indulgentes para com minha alma e para que minha memória permaneça para o senhor. Eu me mantive pura e sacrifiquei a mim mesma pelo Egito. A Hor e a todos vocês, meus bem-amados, um último beijo.*

Por um momento, Armais ficou como que petrificado. Em seguida, correu como louco em direção ao quarto de seu pai. A leitura da mensagem da filha não causou efeito menos terrificante no sumo-sacerdote. Por alguns instantes, apenas o pai falou e lágrimas ardentes rolaram por seu rosto bronzeado. Mas, dominando a fraqueza inicial, ele se levantou e disse, solene:

— Ela foi uma menina heroica. E se os imortais tiverem aceito seu sacrifício, sua vida breve equivalerá aos méritos da mais longa existência e sua lembrança viverá eternamente pura e gloriosa como os raios de Amon-Ra. E você, Armais, mantenha por ora o silêncio sobre o que acabamos de saber. Irei agora mesmo ao templo de Ptah, para deliberar sobre a maneira como enfrentaremos a cólera do faraó.

O sumo-sacerdote acabava de se vestir, quando lhe vieram anunciar a chegada de um mensageiro do Adon. Atônito, ele mandou que o fizessem entrar. Era Pibisi, o escravo favorito de José que, prostrando-se, declarou a Potifera que o Adon o chamava incontinente à sua presença, devido a um assunto urgente.

— Ele está vivo? — indagou Armais, imprudente.

— Sem dúvida. Meu senhor só está doente e manda chamar o venerável Ptahhotep — respondeu o escravo com espanto e desconfiança.

Dirigindo ao filho um olhar de profundo desagrado, o sumo-sacerdote dispensou o mensageiro, dizendo que iria encontrar-se imediatamente com o genro.

Com o coração pesado e o cenho franzido, o sumo-sacerdote subiu em sua liteira. Estava claro que o plano de Asnath tinha falhado. Talvez ela estivesse morta, ao passo que o miserável vivia. A ação impensada da mocinha apenas criava a mais equívoca e perigosa posição para os sacerdotes.

No palácio do Adon, tudo aparentava a ordem e a calma habituais e o oficial de serviço pediu a Potifera que fizesse o obséquio de passar à salinha contígua, uma vez que o venerável sacerdote Ptahhotep estava com Zaphnath-Paaneach, título oficial egípcio de José, que significa chefe de ...

O sumo-sacerdote declarou que voltaria e, tendo chamado o supervisor dos escravos, ordenou-lhe que o conduzisse aos aposentos de sua filha. O homem obedeceu, sem qualquer ressalva. Se Asnath estava morta, nenhum dos empregados sabia, era evidente, e um sentimento mesclado de medo e esperança encheu o coração de Potifera.

À entrada dos aposentos das mulheres, ele foi recebido por uma jovem dama de companhia visivelmente emocionada. Tomado por um mau pressentimento, o sumo-sacerdote parou e, com mão nervosa, ergueu uma cortina, atrás da qual se fazia ouvir a voz lamuriosa de Tanafi.

Envolta apenas em sua túnica de linho, com os olhos fechados e visivelmente exausta, Asnath estava deitada na cama. Duas damas de companhia friccionavam seus pés e as mãos, enquanto a ama tentava derramar vinho em sua boca.

Por um momento, Potifera não pensou em mais nada. Ao ver o rostinho lívido e abatido de sua filha, uma onda de amor e sofrimento inundou sua alma e, fazendo com que Tanafi se afastasse, ele ergueu Asnath e apertou-a junto ao seu peito. A mocinha abriu os olhos, trêmula, e um lampejo de felicidade brilhou.

— Saiam! E que ninguém ouse entrar nos aposentos contíguos a este — disse o sumo-sacerdote.

Assim que as servas desapareceram, ele se inclinou e murmurou em tom de reprovação:

— O que você tentou fazer? Que golpe para nossos corações, se você estivesse morta!

— Oh, pai, quis restituir a liberdade a todos vocês e me subtrair ao amor do homem impuro. Mas os deuses não aceitaram o sacrifício de minha vida.

Potifera não teve tempo para responder, porque naquele momento Ptahhotep entrou. O velho sacerdote parecia animado e seus olhos brilhavam sob as sobrancelhas espessas.

— Que bom encontrá-lo, irmão. Preciso falar com você — ele disse, apertando com força a mão do sumo-sacerdote. — Mas, antes, preciso ver do que Asnath precisa.

Tendo examinado cuidadosamente a moça, ele se ergueu, balançando a cabeça:

— Menina insensata! O que fez? Onde achou o terrível veneno com o qual quis pôr fim à sua vida e à do homem perigoso, que dispõe de forças ocultas e desconhecidas para ter conseguido salvar a ambos de uma morte inevitável? As consequências de sua ação tresloucada podem ser terríveis. José está fora de si! Ameaçou acusar toda nossa casta perante o faraó por haver tentado envenená-lo e entregar você à punição imposta pelas leis. Esqueceu-se, infeliz, de que a mulher que atenta contra a vida do marido é condenada a ter a mão direita cortada e a ser apedrejada viva para, em seguida, ser enterrada até os ombros numa cova?

Asnath deu um grito e, fora de si, agarrou a mão de seu pai. Um rubor escuro surgira no rosto do sumo-sacerdote, dando lugar, quase que de imediato, a uma profunda palidez. Na alegria de encontrar a filha viva, esquecera-se das consequências possíveis de sua tentativa desesperada. Todavia, o pavor de Asnath e seu olhar perdido lhe devolveram, de imediato, o sangue-frio e a sensatez. Beijou a testa da mocinha e disse, apertando-lhe a mão com força:

— As palavras de Ptahhotep são verdadeiras. Mas acalme-se, minha filha corajosa. Se esse opressor miserável fizer com que você seja condenada pela lei, não deixarei que a entreguem ao carrasco. Será por minhas mãos que você morrerá.

— Obrigada, pai — murmurou Asnath, beijando a mão de Potifera com gratidão.

— Conte com nossa ajuda a todos, meu irmão — disse Ptahhotep com olhos cintilantes. — E se o impuro ousar tentar contra sua cabeça venerável, haveremos de nos levantar todos, como se fôssemos um só homem. Que os acontecimentos se desenrolem conforme a vontade dos deuses. É na emanação dos astros que estão escritos os destinos humanos. Os homens nada mais são do que instrumentos cegos da sorte. Em sua maldade e fraqueza, pensam dirigir a roda que eleva e esmaga. Se nosso sangue tiver que escorrer, é porque será necessário, como sementes fecundas de acontecimentos graves. A estrela que clareia o destino do condenado, e que parece tão brilhante, pode se apagar inesperadamente e ele rolar no abismo, impelido pelos eflúvios da vergonha, do infortúnio e do desespero que causou. Não se pode perturbar impunemente o equilíbrio das forças visíveis e invisíveis que regem o universo. E todas essas emanações do ódio e do mal, emitidas pelos corações atormentados dos fracos e dos oprimidos, acabarão por cair sobre ele, como um turbilhão destruidor, e o abaterão.

Potifera inclinou a cabeça.

— Você diz a verdade, meu irmão — ele murmurou. — Somos apenas fracos e ignorantes quando o perigo nos ameaça. As lições da sabedoria são esquecidas, os interesses mesquinhos nos cegam e tememos os homens, quando deveríamos tremer apenas perante o destino. Você, minha filha, fique calma e espere na bondade dos deuses.

Potifera abraçou a mocinha e saiu para se encontrar com o genro, enquanto Ptahhotep fazia as prescrições necessárias no tocante ao estado de saúde de Asnath.

* * *

José estava deitado sobre um divã, com os pés enrolados num cobertor. Sua conversa com Ptahhotep o cansara e deixara ainda mais impressionante a mudança nele provocada pelo veneno. As olheiras ao redor de seus olhos e as unhas azuladas davam provas do perigo mortal que ele tinha corrido. À entrada de seu sogro, um estremecimento raivoso o sacudiu e, por um instante, os olhares dos dois inimigos se atingiram mutuamente, como dois raios fulminantes.

— Vocês são intérpretes hábeis da vontade dos deuses, quando eles os inspiram a se livrarem de pessoas incômodas — José disse com voz vibrante. — Como vê, seu remédio infalível não conseguiu me matar. Mas tomarei medidas que arrancarão de sua casta o gosto por envenenar os dignitários do Estado escolhidos pelo faraó, mas que, infelizmente, desagradam aos sacerdotes. Darei queixa ao rei, acusando você, sua casta e sua filha pelo atentado contra minha pessoa.

Potifera se apoiou ligeiramente à mesa e seu olhar passou com desprezo glacial pelo rosto abatido de seu antagonista.

— Acalme-se, Adon, e reflita antes de fazer uma acusação tão grave. Você toma por excessivamente tolos os sacerdotes de Mênfis e de Heliópolis. Se tivéssemos decidido experimentar essa estratégia duvidosa para libertar o Egito, teríamos exterminado você antes que minha filha lhe fosse entregue pela lei. E se um sacerdote da minha posição tivesse querido se macular com um assassinato, não seria nas mãos inocentes de sua filha que ele teria posto a arma assassina. Nem eu, nem sacerdote algum de Mênfis ou de Heliópolis sabia coisa alguma sobre o plano insensato de Asnath. E continuo ignorando onde ela achou o veneno com o qual, em seu furor infantil, quis matar vocês dois. Lembre-se, Adon, de que tirou de Asnath um noivo que ela ama, para forçá-la a uma união que lhe causa repulsa. O faraó foi capaz de lhe conceder a mão dela, não seu coração.

— E você, tome cuidado para não envenenar o coração dela e enchê-la de ódio pelo esposo ao qual está unida. Creio que a lei considerará pouco válidas as razões que você me apresenta para se desculpar quanto a um ato inaudito — José observou com amargura.

— Não vim aqui para me desculpar, nem para pedir perdão — respondeu Potifera cheio de orgulho. — Abra esse processo contra mim e contra os sacerdotes de Mênfis e Heliópolis, que responderemos aos juízes. Quanto a Asnath, bem sei que pode fazer com que seja condenada.

Por outro lado, a morte dela romperá o elo que você pretendia estabelecer com nossa casta. Não rogarei pela vida dela, nem pela minha, caso você se arrisque a tal golpe baixo. Mas, cuidado! Numa guerra como essa, é difícil saber quem sairá vencedor. Sou e continuarei a ser, para o povo do Egito, o primeiro servidor do grande deus de Heliópolis, enquanto você será sempre um estrangeiro, tirado da ralé para o lugar que ocupa. Caso desencadeie a guerra declarada, deveremos aceitar.

Sem esperar resposta, Potifera deu as costas e saiu, enquanto a ira que fervia na alma de José o enfraqueceu de tal modo, que ele adormeceu, para só acordar muitas horas mais tarde. Aquele repouso o reconfortou e, com a fria determinação que o caracterizava, refletiu acerca da situação e calculou as possibilidades. Potifera tinha razão: abrir um processo escandaloso contra a casta poderosa e venerada pelo povo oferecia riscos. E será que o próprio Apopi haveria de querê-lo? Apesar de seu ódio contra os sacerdotes, o faraó sempre lhes testemunhava, oficialmente, respeito e benevolência. Quanto a condenar Asnath à morte, só arrancaria dele, para sempre, a mulher deslumbrante, cuja mera lembrança fazia bater seu coração.

— Devo me calar, mas me lembrarei do que aconteceu hoje e a oportunidade para me vingar da casta maldita não há de faltar — José murmurou entredentes.

Na noite daquele mesmo dia, o rapaz escreveu a seu sogro:

> *Refleti e decidi nada dizer ao rei quanto ao atentado do qual fui vítima, sob a condição de que você e os seus deixem Mênfis nos próximos dias. Perdoo sua filha e a manterei em minha casa, na posição que lhe é devida. Mas não a quero sujeita à influência odiosa de vocês, que lhe inspiram sentimentos contrários a seus deveres. Se, por outro lado, você teimar em ficar aqui e afastar de mim o coração de minha esposa, serei forçado, a contragosto, a recorrer aos rigores da lei.*

Ao receber essa carta, Potifera suspirou aliviado. A perspectiva de um processo escandaloso desagradava sobremaneira os sacerdotes, qualquer que fosse a questão, e a ideia de matar sua própria filha, para livrá-la da mão do carrasco, atormentara com um ferro em brasa o coração do sumo-sacerdote. Além disso, compreendia que a rara beleza de Asnath exercia seu domínio sobre José, que não queria perder a esposa conseguida com tamanha dificuldade. Por mais repulsivo que aquele amor fosse a seus olhos, era o melhor por ora. Sem demora, Potifera ordenou que tudo fosse preparado para seu retorno a Heliópolis.

No dia seguinte, o sumo-sacerdote, acompanhado pela esposa e o filho, dirigiu-se ao palácio do Adon. José os recebeu um tanto surpreso, mas compreendeu que aquela visita era uma resposta à sua carta. Potifera declarou que assuntos urgentes o chamavam de volta a Heliópolis e que, decidido a partir no dia seguinte, vinha com os seus para se despedir dele e de Asnath.

Dada a presença de um escriba e de um funcionário de serviço, as despedidas, apesar de rápidas, foi repleta de uma ternura formal. Maia controlou corajosamente as lágrimas e se deixou abraçar pelo genro, assim como Armais. A seguir, José declarou que, uma vez que sua esposa estava ligeiramente indisposta, ele se encarregaria de conduzi-los até ela. Tendo os acompanhado até a entrada dos aposentos da moça, o Adon retirou-se.

Mas com Asnath, também, a despedida foi breve. Potifera não queria agitar ainda mais a filha, ainda fraca e abatida, com lágrimas e despedidas aflitivas. Contentou-se em apertá-la em seus braços, informá-la, em breves palavras, de que não seria aberto um processo e acrescentou:

— Por sua ação impensada, você poderia ter arruinado a si própria e a nós também. Seja mais prudente no futuro. Não irrite a serpente e sujeite-se aos deveres inevitáveis de sua nova condição. Se eu precisar de que uma mensagem chegue até você sem passar pelo controle oficial de seu marido, você ouvirá, no pequeno bosque mais próximo à sua janela, o pio de uma ave noturna, repetido por cinco vezes. Você deverá, então, ir até o jardim, ou meu enviado encontrará um meio de lhe transmitir minhas ordens ou minhas recomendações.

Após a partida de seus pais, a jovem se desfez em lágrimas. Sentia-se só, abandonada e infeliz para além das palavras. Os seus agora estavam longe e a ideia de rever José a enchia de angústia e de raiva. Não fechou os olhos à noite, pensando, a cada ruído que ouvia, que era ele quem vinha. Mas o rapaz não apareceu. José, por sua vez, esperava que ela viesse lhe pedir perdão. Como essa esperança também mostrou ser em vão, ele escreveu à Asnath no dia seguinte, pedindo uma explicação para sua conduta.

"Sou culpada com relação a você e aguardo pelo que você decretará para meu destino", respondeu a egípcia orgulhosa.

A moça sentia que devia ter se desculpado, ao menos por seu ato criminoso, mas preferia morrer a fazê-lo!

A resposta da esposa produziu uma impressão desagradável e dolorosa em José, mas as necessidades do serviço e uma sobrecarga de assuntos impediram-no de se entregar a reflexões. A noite havia chegado quando, finalmente, dispensou seu último escriba. Fatigado de alma e de corpo, ele desceu até o jardim. De cabeça baixa, caminhou por muito tempo pelas alamedas sombrias. Depois, sentou-se num banco de pedra e, recostado à esfinge que dava acabamento ao encosto, pôs-se a pensar. Um silêncio profundo reinava ao redor dele, fazendo-o recordar das belas noites calmas passadas nas planícies verdejantes e desertos, por onde sua tribo vagava. Era pobre, então. A vida monótona e rude o cansara e, mais de uma vez, enquanto guardava os rebanhos, o jovem pastor sonhara com a vida refinada das cidades grandes, de que lhe falava Schebna. A afeição de seu velho pai lhe parecera de pouca importância, e seus irmãos, que o invejavam e a quem ele vigiava e denunciava por cada uma de suas tolices, também lhe tinham sido indiferentes e, por vezes, odiosos. Agora tudo isso estava distante e, como lhe havia predito o caldeu, encontrava-se no auge do poder. Mas era feliz?

— Não! — gritou sua alma ferida. — Você é mais infeliz do que o pobre pastor, porque nessa subida vertiginosa você está só. Se o arrependimento ou o medo, a alegria ou o desespero fizerem pulsar seu coração, você não terá ninguém a quem o confiar.

Um suspiro rouco ergueu o peito de José. Era verdade! Naquela cidade imensa, naquele país que governava, nenhum coração palpitava por ele. Todos os que rastejavam ao seu redor eram interesseiros ou inimigos que aguardavam sua morte. Uma verdadeira tempestade se ergueu de repente no coração impetuoso do rapaz. Sentiu um desejo imenso de ter um ser amado que fosse dele, que pudesse apertar contra seu coração solitário e a quem ele pudesse confiar tudo quanto oprimia sua alma. Ou, então, de fugir para bem longe daquela maldita multidão odienta que o desprezava, voltar para o deserto e buscar seu pai, para reencontrar a paz em seus braços. Reprimindo com esforço os soluços que o sufocavam, José cobriu o rosto com as mãos e lágrimas silenciosas escorreram entre seus dedos.

— Ainda sou capaz de chorar, quando meu coração deveria ser duro como o granito das pirâmides! — ele murmurou com amargura.

Um leve ruído fez com que ele erguesse a cabeça. Atônito, avistou Asnath, de pé a dois passos dele, fitando-o, espantada. A moça também não encontrava repouso e, sentindo-se asfixiada em seus aposentos, tinha ido ao jardim. Ou, então, o acaso a conduzira até aquele banco. Ao avistar um homem, ela se detivera, surpresa. Mas, de repente, reconheceu José e viu que ele chorava.

Aquela descoberta produziu uma verdadeira comoção na jovem. Jamais pensara que aquele homem orgulhoso e altivo, investido de poder real, pudesse se sentir infeliz a ponto de chorar. Que ele pudesse se sentir solitário e mais pobre do que o mais miserável dos pecadores do Nilo que tivesse uma família que amasse e que partilhasse de suas dores e alegrias. Um sentimento de profunda compaixão, somada àquela atração agradável e poderosa que o olhar do hebreu exercia sobre ela, despertou no coração de Asnath.

— Você está chorando, José? — ela murmurou com voz hesitante.

Aquela emoção, assim como da beleza da moça que o fitava, pálida e perturbada, provocaram na alma de José uma brusca explosão de dor e paixão.

Tomando as duas mãos de Asnath, ele a trouxe bruscamente para si e disse com voz entrecortada:

— Sim, sim, Asnath. Choro porque estou só. Porque todos que me cercam me odeiam e desprezam, e porque até mesmo a única pessoa que deveria ser meu apoio e minha alegria tentou me matar. Não fique assim agitada, porque sei que não foi em seu coração inocente que nasceu esse mau pensamento. Mas eu lhe suplico, me ame um pouco, para que eu saiba que nesta vasta cidade inimiga seu coração palpita por mim.

— Não posso amar você, José — balbuciou Asnath com voz sufocada. — Mas se você quiser aceitar minha amizade, eu a darei a você com prazer e procurarei fazer com que você não se sinta tão só, nem me tenha por inimiga.

— Compreendo. Eles ameaçaram você com a maldição de sua casta, caso você me amasse — disse José com amargura. — Não importa, aceito sua amizade e posso ver em seus olhos inocentes que me dará mais do que promete. Então, façamos as pazes e que possam os deuses proteger nossa união.

José beijou os lábios de Asnath, que apoiou a cabeça, em silêncio, contra o peito dele. Um sentimento indefinível, misto de dor e de feliz quietude, invadiu todo seu ser. Um quarto de hora mais tarde, os jovens cônjuges subiam lentamente os degraus da varanda, para dar início a uma vida ignorada.

SEGUNDA PARTE

PODER REAL E PODER SACERDOTAL

I

O ADON E SUA ESPOSA

Durante os sete anos de fartura, a terra produziu abundantemente. E José ajuntou todos os alimentos dos sete anos de fartura na terra do Egito. Armazenou os alimentos nas cidades, trazendo para cada cidade a produção dos campos nos arredores. Antes de chegar o primeiro ano da fome, José teve dois filhos de Asnath, filha de Potifera, sacerdote de Heliópolis.

Gênesis, cap. 41, vs. 47, 48, 50

Os primeiros meses que se seguiram a essa reconciliação não trouxeram nenhum acontecimento marcante, mas, sim, uma multidão de pequenos incidentes provocados pela situação estranha e artificial que, apesar de tudo, reinava entre os cônjuges, impedindo que uma harmonia verdadeira se estabelecesse. Cego pela paixão, à qual se entregou de início sem restrições, José só pensava em conquistar o coração de sua jovem esposa, mimando-a ao máximo, cobrindo-a de presentes e atenções, concedendo-lhe plena liberdade de ação e sujeitando-se, com a submissão de um homem genuinamente apaixonado, a todos os desejos e caprichos dela. Se Asnath se tivesse deixado levar sem restrições por seus próprios impulsos, teria provavelmente retribuído ao amor do marido, cuja pessoa sedutora exercia poderoso domínio sobre ela. Mas o juramento feito a Hor, assim como a ideia de que atrairia o desprezo de sua casta caso se entregasse ao sentimento que a impelia para José, provocaram na jovem, desde o início, uma desarmonia íntima. Bastava a lembrança do antigo noivo para que ela contivesse qualquer ímpeto de ternura e confiança. Como se fosse a presença de um sacerdote, a lembrança do olhar pesado e inquiridor com que Hor a fixara tinha sobre ela o efeito de um balde de água fria. Nesses momentos, ela se petrificava, por assim dizer, num orgulho gélido e respondia com grosserias à ternura que José, apaixonado demais para fingir, testemunhava-lhe mesmo diante das atitudes maldosas de Asnath.

Apesar da exasperação momentânea que tais incidentes provocavam nele, José tornava depressa a ceder aos encantos da jovem esposa. Bastava um sorriso ou um beijo dela para desarmar sua raiva. A consciência de tal poder sobre um homem perante o qual todo o Egito tremia passou a divertir Asnath enormemente, assim que ela se deu conta do domínio que exercia sobre ele. Sob a influência dos sentimentos diversos que tinha pelo marido, a jovem se divertia em lhe provar que, se para todos ele era o poderoso e temível Adon, para ela não passava de um homem obscuro, que devia dar-se por feliz em ser o joguete de seus caprichos.

Apesar de sua cega paixão, José era inteligente demais para não compreender a situação e não perceber a influência perniciosa que a casta sacerdotal exercia sobre a esposa. Embora não tivesse provas palpáveis dessa influência oculta, seu ódio pelos sacerdotes e pelos parentes de Asnath aumentava. Ele resolveu, então, que dominaria sua fraqueza e mostraria à jovem mulher que não se deixaria maltratar indefinidamente e que, se pelo aspecto da afeição ela tudo podia em relação à sua pessoa, ele iria usar da indiscutível autoridade de marido no tocante a seus caprichos e grosserias.

A ocasião de colocar em prática aquele novo modo de agir surgiu cerca de oito meses após o casamento, quando uma viagem de inspeção obrigou José a deixar Mênfis por três semanas. Quando ele anunciou sua partida, Asnath, sem consultá-lo, decidiu que empregaria o tempo da ausência do marido para fazer uma viagem a Heliópolis em companhia de Ranofrit, que também queria visitar Potifera e a esposa, enquanto Putifar permanecia numa terra distante, onde um incêndio causara danos consideráveis. Mas qual não foi o espanto de Asnath quando o intendente lhe comunicou, respeitosamente, que o Adon havia proibido que se pusesse à disposição dela o material e o séquito necessário para uma viagem e que, de maneira geral, qualquer viagem da jovem esposa durante a ausência dele estava proibida.

A jovem ficou petrificada, depois muito rubra, e, com um gesto de impaciência, dispensou o intendente. Assim que o homem saiu, ela correu até a sala de José, onde Pibisi lhe informou que seu senhor se encontrava sozinho na galeria, ao lado de sua sala de trabalho.

O Adon caminhava pensativo sob as arcadas, parando de tempos em tempos junto a uma mesa para anotar algo nas tabuinhas abertas, quando avistou a esposa que vinha correndo em sua direção. As faces rubras e os olhos flamejantes de Asnath fizeram-no compreender, de imediato, do que se tratava. Cruzando os braços, ele se apoiou contra uma coluna, preparando-se para enfrentar a tempestade. Ele tinha um sorriso nos lábios, fato que a moça percebeu e que a deixou ainda mais exasperada.

— Desde quando sou prisioneira aqui? E como é que você ousa me expor diante dos criados, proibindo-os de cumprir minhas ordens? — Asnath gritou, batendo o pé. — Pretendo visitar meus pais e quero ver se você vai me proibir!

— Desde que você se tornou minha esposa tenho o direito de proibir que você faça o que considero nocivo e minhas ordens devem ser respeitadas por você e por todos nesta casa — José respondeu com calma. — Além disso, peço que você não se esqueça diante de quem está. Não sou um escravo com quem se possa gritar desse jeito. Você não irá ver sua família. Já suporto o suficiente sem a influência de sua casta sobre minha vida íntima. Não tendo a coragem de se rebelarem contra mim, os veneráveis sacerdotes lhe sugerem habilmente a ideia de me afrontar. Mas lhe possibilitar, além disso, a ocasião de ouvir todos os títulos honoríficos com que seu pai e seus amigos me presenteiam já seria demais!

Por um momento, Asnath baixou os olhos. Mas, quase que de imediato, ergueu a cabeça e disse com ironia:

— Acha mesmo que todo mundo tem a obrigação de se deixar encantar por sua grandeza, mesmo em seu foro íntimo? Todos esses homens veneráveis podem se calar diante da violência tirânica de Apopi, mas jamais se sujeitarão a rastejar diante de você.

— Mais uma razão para mantê-la longe deles. Você está suficientemente iniciada no desprezo que me deve. Longe das lições de seus mestres será possível despertar em você o respeito devido à minha posição. E, agora, ouça o que lhe proponho: se está entediada aqui em Mênfis, venha comigo. Você não conhece Tânis e as festas e honras com que cercarão a esposa do Adon haverão de distrair você.

Em outro momento, a proposta teria certamente agradado Asnath, que não desprezava a oportunidade de desempenhar o papel mais importante e de se ver cercada por honras e adulações. Mas agora ela estava excessivamente irritada para apreciar a intenção conciliatória do marido. Assim sendo, balançou a cabeça e disse, com um sorriso impertinente:

— Agradeço-lhe por tais honrarias. Você se esquece de que sou egípcia e sei o que elas custam aos egípcios que se respeitam. Quanto às honras dos *chasous*, disponho delas aqui em abundância!

As narinas delicadas do Adon estremeceram e um raio sombrio saiu de seus olhos.

— Asnath, não abuse de seu poder e de minha paciência — ele disse, dando um passo na direção dela. — Sei que você me despreza por minha origem, assim como a casta que dita sua conduta. Nesse sentido, você pode sentir e pensar o que quiser, mas eu a proíbo de dizê-lo, compreende? Cerre os dentes em silêncio, como seus queridos egípcios, mas do mesmo modo que eles se curvam perante o Adon, que tem o poder de esmagá-los, você deve testemunhar respeito e obediência a seu marido. E agora me deixe. Tenho o que fazer.

Então, dando as costas à esposa, ele puxou um banco e pôs-se a escrever.

Repleta de ira, Asnath voltou a seus aposentos, ruminando planos de vingança. No dia seguinte, assim que José partiu, ela foi até a casa de Ranofrit e lhe contou, em tom de indignação, a cena que tivera com José.

— Só faltava você deixar aquele cão insolente mandar em você! Venha comigo e prove a ele que você não precisa de sua permissão — observou a mulher de Putifar com expressão de desprezo.

Asnath voltou radiante para casa e, dois dias mais tarde, disse ao intendente que partia em companhia de sua tia. E como ela não levou consigo nenhum escravo, contentando-se em levar apenas a ama, e nem mesmo uma mula para suas bagagens, o homem não ousou impedir a jovem senhora de partir. Asnath deixou Mênfis toda alegre por ter enganado José.

Tendo chegado a Heliópolis, a moça e a tia cuidaram de não contar a verdade a Potifera, que ficou feliz com a visita de sua filha. Achando natural que ela aproveitasse a viagem do marido para se ausentar, ele nem sequer desconfiou de sua desobediência. Além disso, o sumo-sacerdote estava sobrecarregado de trabalho, pelo fato de que edifícios estavam sendo construídos no templo, dispondo ele apenas de raros momentos para dedicar à sua família. Maia ficou um tanto assustada quando lhe contaram a verdade. Mas as duas visitantes acalmaram-na, convencendo-a de que era indispensável dar uma lição no hebreu insolente.

Asnath estava há cerca de 15 dias em Heliópolis, quando Putifar chegou, de inesperado, certa manhã. Estava visivelmente triste e contrariado, e dirigiu-se sem demora à presença do sumo-sacerdote.

— Eis que não pressagio nada de bom — disse Maia.

De fato, os dois homens logo apareceram e Potifera repreendeu a filha severamente, não apenas por haver desobedecido o marido, mas também por nada ter dito a ele próprio sobre aquela circunstância. Ele disse a Asnath que ela iria voltar a Mênfis com o tio dentro de duas horas.

— Não quero voltar para junto do Adon! Ele me maltrata, humilha e atormenta de todas as formas — gritou a moça, pondo-se a soluçar.

— Você não tem vergonha de inventar histórias e de se portar de maneira tão leviana, quando seu pai lhe recomendou que fosse prudente? — interrompeu Putifar com desagrado.

Quanto ao sumo-sacerdote, abraçou a filha e procurou acalmá-la. Disse também que José, muito contrafeito, tinha declarado que, caso retivessem sua esposa em Heliópolis por um único dia, imporia à terra dos templos um imposto sobre os grãos, que ele os obrigaria a entregar aos celeiros públicos. Só de pensar na possibilidade de tal violência ser imposta à sua casta, coisa da qual José bem era capaz, Potifera se exasperava.

Apesar de sua raiva, Asnath teve que partir. Mas estava tão furiosa, que mal se despediu dos seus, chegando a duvidar da afeição de seu pai. Em vão Putifar a aconselhou, recomendando prudência e tentando fazer com que ela compreendesse a seriedade e responsabilidade de sua posição, uma vez que sua pessoa representava uma arma terrível nas mãos do Adon. Mas por enquanto a moça zombava da política e das razões de Estado e só pensava em rever o marido, para armar uma cena como ele jamais vira até então.

Não longe de Mênfis, um enviado de José veio encontrá-los e pediu a Putifar que conduzisse a esposa do Adon a uma casa de campo próxima da cidade e a acomodasse por lá. Essa nova mudança de planos deixou Asnath ainda mais irritada e Putifar estava inquieto quando a deixou.

Trêmula de impaciência, a mocinha esperou em vão pelo marido. Mais de 15 dias se passaram sem que ele aparecesse e Asnath ficou de castigo na vila, sem ver ninguém e sem poder sair dos muros que cercavam os vastos jardins. Asnath só faltou perder o juízo. Mas, certa tarde, enquanto estava deitada no terraço plano, de onde se podia ver a estrada de Mênfis, uma nuvem de poeira surgiu no caminho. Em breve, ela reconheceu o carro, seguido por vários cavaleiros, que pertenciam à guarda de seu marido. Um turbilhão acordou dentro dela. Ele não perdia por esperar! Em vez do Adon, porém, quem veio até ela foi um pequeno escravo, que lhe disse que seu senhor pedia que ela descesse. Asnath fechou os olhos e permaneceu no mesmo lugar. Quinze minutos mais tarde, então, o carro e os cavaleiros tornaram a partir.

De novo, mais quinze dias se passaram no silêncio e na solidão. Asnath compreendeu que seu marido a estava punindo e queria forçá-la a reconhecer seus erros. Mas ela preferia morrer a lhe dar tal satisfação. Todavia, sua raiva se aquietou, dando lugar a um sentimento de rancor odiento e sombrio. Ela não se arrumava mais, ficando deitada durante dias inteiros. Mas, então, ela começou a se ocupar, inventando novos arranjos na casa e nos jardins.

Certa manhã, Asnath se ocupava com dois jardineiros e algumas damas de companhia em transplantar flores e arbustos raros para os terrenos ao redor de um pavilhão. Aquele era seu lugar favorito e ela queria enfeitá-lo também com vasos que, em parte, já estavam ocupados por plantas extraordinárias, quando um escravo se aproximou, esbaforido, para anunciar a chegada do Adon.

Um rubor forte surgiu no rosto de Asnath e um sentimento amargo e ruim agitou seu coração. Como no mesmo instante ela avistou a silhueta alta de José no outro extremo da longa alameda de sicômoros, ordenou a seus servos que entrassem na casa, visto que entendia que a conversa que se seguiria não seria feita para os ouvidos dos escravos. Assim que os servos desapareceram, ela se apoiou à entrada do pavilhão e seu rostinho adquiriu uma expressão de gélida indiferença. Mostraria àquele cão impuro que, se ele podia sequestrar e maltratar sua pessoa, não tinha nenhum poder sobre sua alma.

José se aproximava a passos rápidos e seu olhar passou como uma chama pelo rosto encantador da esposa, que refletia uma obstinação feroz e nada pressagiava de bom. Um suspiro profundo ergueu o peito do rapaz. O brilho febril de seus olhos e os batimentos acelerados de seu coração sob a túnica de linho fino teriam denunciado, a um observador mais atento, que ele estava longe de experimentar a calma que aparentava exteriormente. Na verdade, José sofria com a longa separação de sua esposa e, por necessidade, desempenhava o papel de marido severo e impassível. Se escutasse apenas seu coração, teria tomado a adorada antagonista em seus braços e selado a paz com um beijo. Mas sentia que Asnath, incitada contra ele por seus inimigos, abusaria do poder que exercia sobre ele para desafiá-lo e humilhá-lo sem piedade. Somente domando sua natureza orgulhosa e sua revolta poderia ter esperança de lhe inspirar o afeto e abrir caminho ao amor que a jovem de fato sentia por ele, mas contra o qual lutava por ordem de sua casta e por sua teimosia.

Parando diante de Asnath, que parecia se haver transformado em estátua, José disse com calma:

— É assim que você recebe seu marido depois de uma separação tão longa e depois de tê-lo desafiado e ofendido com sua desobediência? Com insolência e obstinação, ao invés de um pedido de desculpa ou de uma palavra de afeto?

A moça ergueu a cabeça num gesto desafiador e seus olhos azuis brilharam, cheios de desprezo e escárnio.

— Pelo que sei, o faraó Apopi ainda não decretou que toda esposa egípcia deve se prostrar à vista ou em presença de seu marido *chasou*. E como não tive o menor desejo de revê-lo, Adon, não me sinto forçada a expressar tão enorme gratidão por sua visita. Sinto-me tão bem nesta solidão absoluta, que não desejei minimamente ser incomodada.

José empalideceu de leve e o tremor de suas narinas foi o único indício da tempestade que rugia em seu interior. Mas nada respondeu, porque não queria falar antes de haver recobrado o autodomínio. Seu olhar vagueou indiferente pelos vasos, montes de terra fresca e arbustos deitados sobre a grama, para então se fixar num pacote de varinhas de junco que estava sobre um banco a seu lado e que eram destinadas a sustentar as flores recentemente plantadas. Maquinalmente, ele apanhou uma das varinhas e dobrou-a num gesto nervoso de suas mãos. Mas Asnath viu naquele gesto a intenção de agredi-la e se inflamou como um pedaço de estopa. Agarrando a machadinha de que o jardineiro se havia servido, investiu contra o marido. Erguendo o objeto, ela gritou com voz irreconhecível:

— Você que ouse me bater, que eu o mato!

José, que nem sequer pensara em semelhante coisa, fitou-a, atônito. Então, dando um passo para trás, disse com severidade:

— Vejo que você mesma entende o tipo de tratamento que mereceria. Mas não tenho a intenção de fazer uso desse método, para fazer com que você se torne mais gentil. Não é pela força de minhas mãos, mas sim pelo poder de minha vontade que ensinarei você a me respeitar. E, agora, solte a machadinha. Seria lindo se as pessoas vissem você erguendo uma arma contra mim. Solte a machadinha agora mesmo! — ele repetiu, franzindo as sobrancelhas e dirigindo à esposa um olhar de tal modo imperioso e flamejante, que após um momento de hesitação, ela obedeceu.

José, por sua vez, atirou também para longe a varinha de junco que tinha nas mãos e prosseguiu em tom calmo, mas enérgico:

— Bem, agora vou lhe dar uma explicação definitiva. Estou farto de ouvir insultos, que você não tem o direito de proferir. Eu me aproximei de você, há pouco, sem palavras ofensivas, na intenção de restabelecer uma convivência tolerável entre nós e não para mendigar seu amor. Acredita mesmo que eu poderia fazê-la sentir meu poder de modo doloroso, ainda que você seja a filha de Potifera? Ao mandá-la de volta para cá, seu pai provou que não deseja me desafiar e que compreende muito bem onde terminam os direitos do pai e começam os do marido. Se você estivesse casada com um egípcio, jamais ousaria desafiá-lo assim. Mas para comigo, o escravo liberto, você acredita que pode fazê-lo. Eu afirmo, porém, que você se engana. A este escravo liberto, que se tornou seu senhor, você deve respeito e obediência, tanto quanto o deveria a Hor ou a qualquer outro homem de sua raça com quem se tivesse casado. Não aceitarei que você me testemunhe desprezo abertamente. E agora ouça minha decisão quanto ao fato provocado por sua desobediência. Já que você rejeitou um entendimento amigável, eu a farei experimentar minha severidade. Caso você não venha, como convém a uma esposa submissa, me pedir perdão, permanecerá aqui na solidão, fora da sociedade, talvez pela vida inteira. Os deuses são testemunhas — ele ergueu as mãos — de que nenhuma súplica me fará mudar de decisão. A seu pai, assim como ao faraó, responderei que faço uso de meu direito inalienável para com uma esposa rebelde. E caso você não venha me pedir perdão até a hora de minha partida, amanhã pela manhã, será a pé que você terá que ir a Mênfis se mudar de ideia, pois não haverá para você nem carro, nem liteira, se não deixar a aldeia comigo. Pense bem, Asnath, nas consequências de sua teimosia e escolha: quer voltar amanhã ao palácio de Mênfis ou prefere a solidão? O que acabo de lhe dizer é minha última palavra.

Com um grito de raiva e desespero, a jovem deixou-se cair sobre um banco e escondeu o rosto entre as mãos. José, que já se havia afastado alguns passos, voltou ao ver as lágrimas que escoavam por entre os dedos de Asnath e ouvir os soluços convulsos que a sacudiam. Tornou a se aproximar, decidido, e, inclinando-se para ela, murmurou em voz baixa:

— Asnath, seja boa, seja justa e deixe seu coração falar, não o fel que nele infiltraram. Diga-me uma palavra de conciliação, de afeto, e estarei disposto a esquecer este momento e tantos outros não menos dolorosos.

Com o coração apertado, ele esperou. A jovem lutava visivelmente contra si mesma, o que sua respiração opressa e lábios trêmulos denunciavam. Todavia, permaneceu muda, com um sorriso amargo.

José deu meia-volta, dirigiu-se a seus aposentos e mandou chamar os escribas que o acompanhavam, procurando mergulhar no trabalho os pensamentos lancinantes que o oprimiam.

Asnath também se fechou em seu quarto. Proibiu a todos de entrarem sem terem sido chamados e, uma vez a sós, entregou-se a um verdadeiro frenesi de desespero, que só se acalmou em uma prostração completa, semelhante a um desmaio.

A noite caía quando esse estado letárgico se dissipou e a jovem reagiu. Sentia-se alquebrada, mas recobrara a capacidade de pensar. Sentando-se junto à janela, ela refletiu.... Com dolorosa clarividência, analisava as consequências de sua teimosia. Não havia dúvidas de que José não cederia em nada quanto às condições que havia estabelecido, e era certo que seu pai não suportaria facilmente vê-la prisioneira e abandonada naquela cidadezinha. Que conflitos poderiam nascer daqueles incidentes e, por causa dela, humilhar cruelmente a casta sacerdotal! E que vergonha para ela e para os seus se, ao final de tudo, aquele escravo liberto a obrigasse a ir a pé a Mênfis, para mendigar seu perdão! A razão lhe sugeria que cedesse e pusesse um fim àquelas eventualidades, mas o orgulho se contorcia e revoltava contra tal necessidade.

Com um gemido rouco, Asnath fechou os olhos e se apoiou contra o encosto da poltrona onde se sentava. De repente, estremeceu e aguçou os ouvidos: o pio de um pássaro noturno acabava de soar em um pequeno bosque próximo à sua janela. Em seguida, a intervalos regulares, o pio se repetiu por mais quatro vezes. A jovem se levantou, enrolou-se num manto escuro e esgueirou-se até o jardim. Não tinha dúvidas de que algum servidor do templo iria lhe transmitir uma mensagem secreta de seu pai e, através do sinal convencionado, anunciava-lhe sua presença. Com cuidado, Asnath adentrou o pequeno bosque, esgueirando-se por entre os arbustos, quando de repente uma mão segurou a sua e ela percebeu uma sombra vaga que acabava de sair por detrás de uma árvore. Então, uma voz murmurou ao seu ouvido:

— Evite tudo quanto possa gerar conflitos entre os sacerdotes e o Adon. O momento em que todas as humilhações serão vingadas se aproxima. Vai, pois, pedir perdão ao cão insolente. Ceda à sua ordem. Essa é a vontade de seu pai. Que Rá a proteja!

Um leve farfalhar de folhas se fez ouvir, a sombra se dispersou na escuridão e Asnath, como se petrificada, tornou a ficar sozinha. Trêmula, voltou aos seus aposentos. Nem por um instante pensaria em resistir a uma ordem do templo. Mas como é que seu pai podia saber do que se passara entre ela e o marido algumas horas mais cedo? Foi quando se lembrou, de repente, de que seu pai, não raro, havia sido informado acerca de coisas desconhecidas por todos e que tinham acontecido em lugares distantes. Tanto que no dia da ascensão de José à posição de Adon em Mênfis, Potifera tinha falado sobre o fato a Racapou. Ela própria havia surpreendido, por acaso, algumas palavras da conversa e sabia que aquelas notícias graves eram transmitidas de templo em templo com extraordinária rapidez. Mas de que maneira acontecia tal transmissão, ela ignorava. Além disso, o fato pouco lhe havia importado naquela ocasião. A humilhação inevitável que deveria sofrer a absorvia por inteiro e, com o coração apertado, como que em meio a um cerco, dirigiu-se lentamente até a sala de José.

Conduzida por um escravo, a jovem atravessou a sala de refeições, onde se podia ver que a mesma permanecia intacta. Em seguida, adentrou o terraço contíguo, onde logo avistou o marido sentado sobre a balaustrada. A chama de dois tripoides altos, repletos de alcatrão, iluminava sua veste branca e curta e as joias que lhe adornavam o pescoço e os braços. Contra aquele fundo avermelhado, o perfil altivo e harmonioso do rapaz se destacava. Ele estava estranhamente pálido e uma indescritível expressão de amargura e cólera lhe contraía os lábios.

Asnath se deteve, tomada por súbita fraqueza, e suspirou pesadamente. Sua cabeça girava e só lhe faltava cair. Mas aquele suspiro opresso chegara aos ouvidos do Adon, que caminhou até a jovem, envolvendo-a num longo e melancólico olhar. Fez-se silêncio. Sem nada dizer e com o cenho franzido, ele observava a luta íntima visível no rosto abatido de Asnath. Por fim, ela murmurou, maquinalmente, em voz baixa:

— Perdoe-me, José.

— Muito bem. Amanhã você retornará a Mênfis — ele respondeu com frieza. — Executou bem a ordem que lhe enviaram do templo. Deixe que eu lhe diga que você é orgulhosa demais para ceder à voz de seu coração e da justiça. Mas esse mesmo orgulho faz de você uma escrava e um instrumento cego na mão dos sacerdotes, humilhando-se por ordem deles sempre que isso lhes é útil.

O duro e frio desprezo que vibrava na voz de José atingiu Asnath como uma bofetada. O fato de que o marido tinha conhecimento da vinda do sacerdote a espantava. A moça cambaleou, e se José não a tivesse amparado a tempo, ela teria caído no chão. Vendo que ela estava inconsciente, José a levou até um divã e tentou fazer com que ela voltasse a si. Sua raiva se desfizera ao ver o rostinho pálido e sofrido de Asnath. Mas ao se lembrar daqueles que lhe instigavam todos os seus padecimentos, ele cerrou os punhos.

— Oh, como hei de me vingar de vocês, casta execrável, cuja maldade infernal encontrou um modo de matar a felicidade que tenho em meus braços? — ele murmurou com lábios trêmulos.

Quando Asnath voltou a si e a primeira coisa que viu foi o semblante ansioso do marido, que se inclinava sobre ela, tornou a fechar os olhos com força. Então, após um instante, ergueu-se e murmurou, sem olhar para ele:

— Vou para meu quarto. Sinto-me bem agora.

— É verdade? Sente-se bem e quer ir embora? Não sente nenhuma necessidade de ficar perto de mim, de fazer as pazes com sinceridade e esquecer um pouco os espectros vestidos de linho que se colocam entre nós? — José perguntou, erguendo a cabeça e mergulhando nos olhos de Asnath um olhar entre zombeteiro e apaixonado.

A jovem corou. O sorriso caricioso, a voz velada e o brilho fascinante daqueles grandes olhos esverdeados exerciam sobre ela seu poder habitual. O coração da moça batia apressado e não resistiu quando José a trouxe para si e disse:

— Repita para mim agora, por sua própria vontade, as palavras que meus inimigos lhe ditaram.

— Perdoe-me, José — Asnath murmurou.

A voz dela era hesitante, mas havia um sorriso em sua boca empalidecida. Então, José esqueceu e perdoou todos os erros dela, todas as palavras ofensivas de sua adversária frágil e sedutora, a partir do momento em que, vencido, tomou-a em seus braços. Tinha consciência de sua fraqueza, da paixão que o escravizava e que tornava tão indulgente e conciliador o severo, impiedoso e cruel chanceler de ferro do faraó Apopi.

II

ISRAEL NO EGITO E A FOME

Tomem o pai e a família de vocês e venham para cá. Eu lhes darei a melhor terra do Egito e eles poderão comer os melhores produtos da terra.
Não se preocupem com o que deixarem, pois tudo o que houver de melhor na terra do Egito pertencerá a eles.
Gênesis, cap. XLV, vs. 18, 20

O INCIDENTE QUE acabamos de narrar exerceu profunda impressão sobre Asnath e provocou uma mudança acentuada em seu caráter e modo de ser. Ela se tornou mais prudente, mais reservada, evitando cautelosamente toda e qualquer ocasião de desagradar a José, conformando-se, em silêncio, aos desejos dele. Não queria mais dar margem a conflitos, nem atrair humilhações. Contudo, essa restrição imposta à sua natureza arrebatada e voluntariosa criou uma penosa tensão no relacionamento entre eles, um tédio monótono que, às vezes, fazia com que José sentisse falta das tempestades e alternâncias entre chuva e sol que tinham caracterizado os primeiros tempos de seu casamento. Não precisava mais se queixar de palavras ofensivas, mas a obediência passiva e quase temerosa da esposa por vezes o exasperava.

O nascimento de um filho trouxe uma alegria indescritível ao rapaz. Sobre a cabeça daquele menino, José depositava as maiores esperanças, pensando que ele se tornaria não apenas um elo de reconciliação com a rancorosa e arrogante casta sacerdotal, mas também que Asnath, tendo se tornado mãe, esqueceria os preconceitos que os separava e transferiria ao pai o afeto que o filho lhe devia inspirar.

Tal esperança, contudo, não se concretizou. Nos primeiros tempos, Asnath bem parecia se apegar ao recém-nascido, mas uma visita de Potifera a Mênfis acabou por estender uma camada de gelo sobre aquele sentimento nascente. Embora refeita do parto, a jovem ainda permanecia em seus aposentos quando o sumo-sacerdote veio vê-la. A ama se apressou a lhe apresentar o pequeno Manassés, mas ao invés de abraçá-lo e abençoá-lo, Potifera afastou o pequeno escravo com um gesto de indiferença. Sem parecer notar a presença da criança, aproximou-se decidido da filha e, apertando-a contra o peito, murmurou:

— Você continua sendo minha filha querida, que tive que sacrificar, mas a quem os deuses purificarão quando soar a hora da libertação. Mas o filho daquele cão impuro me é tão detestável quanto o pai e jamais desfrutará do amor de nossa família.

Pálida e contrita, Asnath baixou a cabeça. Tinha compreendido que a proibiam de amar o filho como a haviam proibido de amar o pai e, a partir daquele dia, tornou-se ainda mais pensativa e silenciosa.

O nascimento de seu segundo filho em nada mudou aquela situação. Potifera e a mulher testemunharam aos netos uma gélida indiferença e Asnath pouco se ocupava dos filhos, demonstrando-lhes a mesma frieza que demonstrava ao marido. Somente às vezes seus olhos fitavam demoradamente as graciosas criaturinhas e uma carícia furtiva parecia trair seus sentimentos mais profundos, mas sempre dissimulados.

É compreensível que aquela situação fosse, por vezes, intolerável para José. Chegara mesmo a provocar, de início, cenas de cólera e recriminações. Mas sua indignação se cansara diante da resistência passiva de Asnath. Então, o estranho poder que a beleza da jovem esposa exercia sobre ele sempre o levava de volta para ela e, com o passar do tempo, relações friamente corretas se estabeleceram entre os cônjuges. José também dissimulava a paixão que ardia em seu coração, mas seu ódio pelos sacerdotes e pela nobreza egípcia tinham chegado ao auge. Um amargo desejo de se vingar deles pelos fracassos de sua vida conjugal o corroía. Além disso, os negócios de Estado o absorviam ainda mais do que antes, pois a fome predita havia chegado e há dois anos desolava o Egito. A miséria começava a se fazer sentir duramente e aqueles que quisessem obter pão nos depósitos da coroa teriam que pagar à vista. Nisso o Adon não tinha misericórdia.

Desde o início daquele tempo de fome, a corte havia deixado Mênfis, para se estabelecer em Tânis. As causas de tal mudança tinham permanecido obscuras para o povo. Mas os sacerdotes e os nobres compreendiam que o faraó e seu ministro tinham preferido se estabelecer, naqueles anos difíceis, em meio às populações semíticas que habitavam o Delta, as quais, por sua origem, assim como por sua religião, adoravam Set-Tifon ou o Baal-Sírio. Eram aparentadas dos hicsos e, por isso, menos hostis do que o povo puramente egípcio. Além disso, em Tânis estavam mais perto de Avaris, a temível fortaleza dos pastores, que mantinham naquele acampamento entrincheirado uma guarnição de quase 200 mil homens, o que lhes garantia abrigo seguro e uma base de operações, em caso de um levante do país, provocado pela miséria e apoiado por Taa III e pelos sacerdotes, cuja hostilidade silenciosa, mas incessante, nada pressagiava de bom.

E, de fato, sem ostentação, mas com uma persistência que nada conseguia desanimar, os sacerdotes espalhavam o boato de que a seca e a fome eram um castigo infligido pelos deuses, a fim de punir o povo por sua covardia em tolerar por tanto tempo o jugo do faraó estrangeiro, que desprezava as divindades do país de Kemi, negligenciava os sacerdotes e oprimia o povo derrotado. Quanto a José, era apresentado como um monstro suscitado pelo deus cruel dos *estrangeiros*, para impedir qualquer revolta e manter o povo, pela miséria, na obediência e submissão.

Tais boatos encontravam muito respaldo na dureza com que o Adon fazia uso do terrível poder que os imensos depósitos de trigo, acumulados nos celeiros públicos, colocavam em suas mãos e que, na acepção da palavra, faziam dele o árbitro da vida e da morte das populações famintas que, provenientes de todas as províncias do Egito, assim como da Síria e do país de Canaã, afluíam a Tânis, trazendo seu ouro, sua prata, assim como, não raro, sua porcelana preciosa e as joias de suas mulheres, a fim de trocá-los pelo pão indispensável à sua subsistência.

Com a energia e o espírito prático que o caracterizavam, José tomara as mais amplas medidas para garantir seu poder, assim como o funcionamento regular do tráfico de trigo. Todo o quadro de funcionários ligados aos celeiros públicos, assim como os quadros de tropas que cuidavam de sua segurança, compunham-se exclusivamente de hicsos. Os chefes eram homens de fidelidade comprovada e, em geral, os altos cargos do Estado, ainda confiados aos egípcios, como desde o início do reinado de Apopi, passavam para homens indicados por José, que reunia assim, em seu pulso de ferro, todas as engrenagens da máquina governamental, que o frágil faraó, mais adoentado do que nunca, entregava plenamente ao seu favorito.

O palácio do Adon também havia mudado de aspecto. No grande salão, onde outrora ele recebia os procuradores ou atendia os enviados estrangeiros antes que se apresentassem ao faraó, havia agora uma grande bancada. Cercado por escribas acocorados sobre esteiras, José sentava-se sobre um estrado. Impassível e inflexível, comercializava cada medida de trigo em troca de ouro, de gado, ou, até mesmo, da liberdade dos desafortunados que passavam diante dele e se submetiam aos mais duros sacrifícios, apenas para serem alimentados, assim como suas famílias. Quando finalmente todas as condições haviam sido estabelecidas, os escribas tomavam nota delas, o comprador e as testemunhas assinavam o documento e o Adon o marcava com o selo do Estado. Em troca de tal ato, era-lhes entregue um certificado, com o qual o comprador se dirigia a um armazém, onde lhe entregavam a quantidade de grãos estipulada. À entrada do salão e na galeria que a antecedia havia balanças, onde se pesavam os metais, as especiarias e os preciosos alimentos, enquanto joalheiros especializados e outros artesãos examinavam e avaliavam as joias, pedras, tapetes da Babilônia, tecidos da Fenícia e as armas de defesa, trazidas de toda parte.

Aquela ampla sala mais e assemelhava a uma loja de penhores de nossos dias e nada se fazia ali sem o consentimento de José. [...]

Citarei agora o que a antiga crônica dos hebreus registrou sobre a atividade de José no Egito:

Tendo-se acabado, pois, o dinheiro na terra de Canaã, foram todos os egípcios a José e disseram: Dá-nos pão. Por que haveremos de morrer em tua presença? Porquanto o dinheiro nos falta.

Gênesis, cap. XLVII, v. 15

José respondeu: Se vos falta dinheiro, trazei o vosso gado. Em troca do vosso gado eu vos suprirei com o trigo.

Gênesis, cap. XLVII, v. 16

Então trouxeram o seu gado a José; e José lhes deu pão em troca de cavalos, de rebanhos, de gado e de jumentos.

Gênesis, cap. XLVII, v. 17

Findo aquele ano, foram a José no ano próximo, dizendo: Não podemos esconder isso ao senhor: nosso dinheiro, o rebanho e os animais domésticos já pertencem ao senhor. Só nos falta oferecer ao senhor nossos corpos e nossos campos.

Gênesis, cap. XLVII, v. 18

Por que haveríamos de morrer em sua presença, nós e nossos terrenos? Compre, portanto, a nós e nossos terrenos em troca de pão, e assim nós e nossos terrenos seremos servos do faraó. Dê-nos sementes, a fim de que continuemos vivos e não morramos, e nosso terreno não fique abandonado.

Gênesis, cap. XLVII, v. 19

Assim José comprou para o faraó todos os terrenos do Egito. Pois os egípcios, forçados pela fome, venderam seus campos. Desse modo, toda a terra tornou-se propriedade do faraó.

Gênesis, cap. XLVII, v. 20

Quanto aos homens, ele os colocou na servidão, de uma extremidade a outra do território do Egito.

Gênesis, cap. XLVII, v. 21

Somente os terrenos dos sacerdotes não foram comprados, pois os sacerdotes recebiam uma renda do faraó e viviam da renda que o faraó lhes dava. Por isso, não precisaram vender seus próprios terrenos.

Gênesis, cap. XLVII, v. 22

Essas citações bastarão, creio eu, ao leitor imparcial, de que se José salvou o Egito da fome, ele o fez pagar com dureza. E é bem difícil acreditar que os egípcios tenham considerado uma satisfação e admirado como um benefício a necessidade de vender tudo quanto possuíam, até mesmo sua liberdade pessoal, esse bem supremo do mundo antigo. Não, os mesmos sentimentos que experimentamos animavam essas gerações extintas, e nos corações daqueles homens, que se desfizeram de todos os seus bens para salvar a própria vida, ardia um ódio implacável. Somente quando todo o recurso se havia esgotado é que eles se dirigiam ao palácio do Adon. Seus rostos emagrecidos e bronzeados se crispavam de ira e dor quando a vinha hereditária, o colar de honra recebido de um antepassado, ou o rebanho que constituía sua riqueza e orgulho passavam, à força de alguns traços de pena de um escriba indiferente, para as mãos do estrangeiro implacável.

A chegada dos irmãos despertou no coração de José sentimentos diversos: a satisfação de fazer com que aqueles homens que desumanamente o haviam vendido sentissem a força de seu poder e, ao mesmo tempo, um profundo desejo de rever seu pai e seu irmão Benjamin, aqueles dois parentes próximos, não apenas pelos laços de sangue, mas pelo coração. Em seu palácio, em meio a honras, ele se sentia só, ao lado daquela esposa que não sabia nunca com certeza se o amava ou não, e cuja família lhe testemunhava uma hostilidade e um desprezo mal dissimulados, que nada conseguia vencer.

Mas o sentimento de satisfação provocado pela vinda dos irmãos se desfez rapidamente. Tinha sonhado que seria muito diferente o triunfo de lhes dizer: "Vejam para que futuro de grandeza vocês me venderam!" Mas aqueles homens selvagens e simples só experimentaram humilhação e medo diante dele. Nem mesmo consideravam mais como irmão o dignitário altivo, exteriormente elegante, bem cuidado e de maneiras refinadas. Prostraram-se de boa vontade diante dele, beijaram-lhe os pés e as vestes num gesto de adoração tão ingênua e sincera que, para José, que estava habituado a fazer com que se curvassem as mais orgulhosas frontes do Egito, a supremacia sobre os pastores pobres perdera todo o interesse. Mas desejava ver seu pai. Encontraria no sábio ancião um amigo verdadeiro, um confidente útil e fiel de seus pensamentos.

Por fim, após longas semanas de espera, José recebeu a notícia, impacientemente aguardada, de que a imensa caravana, que trazia seu pai e sua família do país de Canaã, aproximava-se de Tânis. Decidiu ir ao encontro dela imediatamente e ordenou a Asnath que o acompanhasse.

A jovem senhora não fez nenhuma objeção e, como de costume, respondeu:

— Estarei pronta para quando você mandar.

Na noite seguinte, porém, ela recebeu uma ordem formal do templo para que não participasse da recepção ao pastor impuro, a quem o filho só queria dar destaque para escarnecer dos egípcios. Asnath ficou ao mesmo tempo satisfeita e inquieta com aquela proibição. O fato é que não tinha vontade alguma de ir receber o tal grupo de nômades. Aqueles homens barbudos e selvagens, que ela vira presenteados por seu marido e a quem ele chamava de irmãos, inspiravam-lhe uma repugnância insuportável. Mas, por outro lado, as divergências com José também a desagradavam. Sua desobediência declarada, ainda que ela provocasse uma cena desagradável, perturbaria, sem dúvida, a convivência pacífica e entediante, mas tranquila, que por ora reinava entre eles. Após uma reflexão ponderada, decidiu usar de astúcia.

Ordenou que preparassem tudo como se fosse acompanhar o marido, e somente no momento em que José só esperava por ela para subir na liteira é que uma criada correu para anunciar que uma indisposição súbita e violenta impedia sua senhora, que acabava de se deitar, de sair de casa.

Um forte rubor surgiu no rosto do Adon. Mas, sem responder, nem ir para junto da esposa, como sempre fazia quando ela estava indisposta, dispensou a liteira, ordenou que atrelassem os cavalos ao seu carro e partiu.

Asnath pensou que quando o marido voltasse faria uma cena desagradável, mas ele nem sequer voltou ao quarto dela. E quando não jantava no palácio real ou em casa de conhecidos, passou a ordenar que suas refeições fossem servidas em seus próprios aposentos, até mesmo o jantar. Triste e pensativa, Asnath passeava no jardim certa noite, quando, numa curva do caminho, uma mulher surgiu de trás dos arbustos e se atirou aos pés dela, murmurando:

— Por favor!

Atônita ao ver uma desconhecida, Asnath parou e a interrogou. Mas a suplicante, criatura jovem e bonita, parecia louca de desespero e, irrompendo de repente em soluços convulsos, limitou-se a dizer:

— Salve Neitotep, nobre senhora! Rogue ao Adon por ele!

Quando aquele acesso de dor se abrandou um pouco, Asnath foi informada de que se tratava de um empregado subalterno de um armazém próximo a Tânis, que tinha sido acusado de desfalque e desvios consideráveis. Embora movido por um bom sentimento, o homem tinha primeiro distribuído e depois vendido trigo a pessoas pobres, seus familiares e conhecidos. A coisa fora descoberta, Neitotep tinha sido jogado numa prisão e José o condenara a uma punição física cruel, à perda de seu cargo e a ser deportado para uma das fortalezas da fronteira, para trabalhar nas fortificações que ali eram construídas. A jovem esposa de Neitotep, louca de desespero, tinha pensado em implorar a Asnath que intercedesse junto ao marido para obter, senão o perdão, ao menos uma diminuição da pena do infeliz, que já no dia seguinte deveria ser castigado e deportado, dias mais tarde, num transporte de condenados.

— Por que você não veio antes? — indagou Asnath.

— Oh, tentei todos os dias chegar até a senhora, mas foi em vão. Além disso, a senhora não saía do palácio. Somente nesta noite foi que consegui adentrar o jardim — respondeu a mulher de Neitotep, aos prantos.

Asnath apoiou-se contra o encosto do banco em que se sentava e refletiu. Uma profunda compaixão se apoderara dela por aquela pobre gente e os teria ajudado de bom grado. Mas como fazê-lo? Conhecia a severidade de José em relação a delitos daquele tipo. E como ela, que jamais lhe pedia coisa alguma, rogaria a ele um favor, sobretudo naquele momento em que ele estava zangado com ela, em que ela o ofendera profundamente? E se ele dissesse não? E se ela se humilhasse em vão? O sangue lhe subia à cabeça só de pensar! Mas ao tornar a olhar para o rosto lívido e abatido da jovem mulher, que com os olhos fixos nela colocara-se de joelhos, Asnath voltou a amolecer.

— Você ama muito seu marido? — ela perguntou de repente.

— Se eu o amo? Sacrificaria dez vezes minha vida para salvar a dele! — respondeu a pobre mulher.

O tom daquelas palavras tocou Asnath profundamente, enchendo seu coração de um tipo de inveja amarga daquela mulher insignificante e infeliz, mas que tinha o direito de amar o marido com toda sua alma, a ponto de não ter hesitado em ir lhe pedir o favor.

— Tentarei salvar Neitotep — ela disse, então, num gesto determinado. — Vá para aquele pequeno pavilhão, ali à esquerda, Toua, e espere por mim. Não perca a esperança se eu demorar muito. Terei que esperar até que o Adon esteja sozinho, para falar com ele.

— Esperarei até a aurora, rogando aos deuses que a inspirem e amoleçam o coração de seu esposo — respondeu Toua, beijando com gratidão a veste da jovem senhora.

Asnath entrou em casa, ajeitou a fina túnica bordada que trajava, assim como as joias que lhe adornavam a cintura, braços e cabelos, e, após lançar um último olhar para o espelho de metal, dirigiu-se com passos hesitantes à sala de trabalho de José.

— O senhor está sozinho, Pibisi? — ela perguntou ao escravo que, como sempre, vigiava à entrada do aposento contíguo.

— Sim, nobre senhora. O escriba Hapi acaba de sair.

Asnath atravessou o aposento com passos rápidos, ergueu a cortina listrada e adentrou a sala de trabalho, iluminada por candeias de óleo perfumado. José estava sentado à mesa coberta de papiros e tabuinhas, mas não trabalhava. Com a cabeça apoiada em uma das mãos, entregava-se a profundas reflexões. Tinha colocado sobre um banco, ao lado dele, o adorno de cabeça que usava habitualmente, e a suave luz da candeia brincava sobre seus lindos cabelos castanhos e encaracolados e em seu rosto pálido, que exprimia tristeza e revelava profunda fadiga.

A jovem parou a alguns passos da entrada. Mil sentimentos contraditórios se agitavam dentro dela. O arrependimento, o desconforto e o orgulho incitavam-na a fugir. Por outro lado, a compaixão e sua bondade inata obrigavam-na a ficar e tentar interceder. José parecia triste e isento de cólera. Talvez fosse acessível à piedade. Num gesto nervoso, ela passou a mão pela testa, o que fez tilintarem seus braceletes e os amuletos de seu colar. José se virou bruscamente e, ao ver a esposa, corou ligeiramente.

— É você, Asnath?

— Sim, sou eu. Desculpe-me por incomodá-lo — ela respondeu num esforço.

Um sorriso triste e irônico passou pelos lábios do Adon.

— Eis uma desculpa que, com certeza, seria desnecessária na maioria dos lares de Tânis. Em geral, uma esposa amada sente-se sempre bem-vinda.

— Venho perturbá-lo com um pedido, coisa que você detesta, eu sei, e receio tê-lo incomodado em vão — falou Asnath, corando fortemente.

— É mesmo? E você lamenta antes de sequer ter falado? — José observou com calma. — Aproxime-se e sente-se aqui — ele disse, indicando o banco a seu lado, de onde retirou seu adorno de cabeça, que atirou no chão.

Vendo que a esposa hesitava, ele acrescentou:

— Prefere ficar aí na porta, em posição de suplicante?

Asnath sentou-se de olhos baixos, pensando em como faria melhor a pergunta. José olhou-a fixamente e seu coração pôs-se a bater mais forte. A fascinação que a beleza da jovem esposa exercia sobre seus sentidos voltava a se apossar dele. Seu amor, sempre rechaçado pela frieza de Asnath, sempre irritado pelos obstáculos e dissensões, aumentava, ao invés de diminuir. Parecia-lhe que há muito tempo não a via tão sedutora como naquele momento, tão frágil, tão graciosa, com uma expressão de incômodo e temor no rosto infantil.

— Pois bem, fale, mais rara requerente nesta sala, e diga-me se é ao Adon ou a seu esposo que vem suplicar? — ele indagou com voz vibrante.

Asnath ergueu a cabeça, mas ao se deparar com o olhar ardente, de pupilas esverdeadas que olhavam fixamente para ela, experimentou repentina fraqueza. Sabia que o Adon nada lhe concederia e, por outro lado, seu relacionamento com o esposo era tão estranho.... Sentiu, mais uma vez, a amargura e a inveja que sua conversa com Toua haviam provocado em si e a tensão de seus nervos cedeu de repente, de modo que se apoiou na mesa e desfez-se em soluços.

— O que você tem, Asnath? — José falou, inclinando-se para ela com interesse.

— Nada, nada — ela respondeu, tentando conter as lágrimas.

Então, expôs rapidamente a razão que a trazia até ali, a fim de evitar explicações delicadas.

O Adon escutava em silêncio, sem tirar os olhos do rosto encantador e cheio de vida, e da boquinha trêmula de sua interlocutora.

Assim que ela terminou, José apanhou duas faixas de papiro sem nada dizer, traçou algumas linhas em ambas, marcou-as com seu selo e entregou-as à jovem senhora.

— Do que se trata? — perguntou Asnath, confusa.

— Um deles é uma ordem ao chefe das prisões para que liberte Neitotep, pois eu o perdoo. Pode mandar entregar este papiro imediatamente por um dos oficiais de serviço. Mas como não posso deixar que esse homem continue a serviço do Estado, eu o envio, na qualidade de intendente, à nossa aldeia próxima a Mênfis, visto que o velho Anubis acaba de morrer. Você tem em mão a nomeação. Nosso primeiro intendente fará o resto, quando seu protegido se apresentar diante dele.

Um rubor de alegria surgiu no rosto de Asnath.

— Obrigada, José! — ela exclamou com olhos brilhantes.

Sentia-se tão feliz e tão grata naquele momento que, cedendo ao primeiro impulso, desejou atirar-se ao pescoço do marido. Mas, contendo-se, limitou-se a lhe apertar a mão e repetir:

— Obrigada! Obrigada!

— Está proibida de me agradecer com mais ternura, mesmo quando seu coração lhe pede que o faça? Sabe que o que acabo de fazer, ninguém no mundo teria conseguido — observou José com silenciosa irritação.

— Não, não, eu lhe sou grata de toda minha alma, sobretudo neste momento em que sei que você está aborrecido comigo — Asnath murmurou, empalidecendo.

— Aborrecido com o quê?

— Você não acreditou que eu estivesse adoentada na semana passada — ela falou tão baixo, que somente a audição apurada de José conseguiu compreender suas palavras.

— Oh, pelo contrário — disse o rapaz com irônica simplicidade. — Acredito nessa doença terrível e perigosa prescrita pelo templo e sei que você está sujeita a enfermidades desse tipo. Não negue — ele segurou a mão da esposa e puxou-a para si. — Asnath, seus olhos refletem uma alma pura, um coração amoroso e bom. Consegue me olhar e dizer que estava, de fato, doente?

A jovem baixou a cabeça em silêncio.

— Eu sei o bastante — disse José com uma amargura mesclada de raiva. — Oh, como sua casta abusa da minha paciência! Eu os perdoaria pelo ódio e desprezo pelo estrangeiro, mas a intromissão deles em minha vida íntima ultrapassa os limites. A infâmia de me arrancar o ser que me é mais próximo e que está unido a mim pelo laço mais sagrado, de lhe inspirar sentimentos antinaturais, matando em você, pela influência nefasta deles, a mãe, assim como mataram a esposa, cuja boca se cala, mas quer dizer: "Eu te amo! "... Ah, disso eu me hei de vingar contra eles e serei tão impiedoso quanto eles são para comigo.

A voz do rapaz vibrava com uma exasperação malcontida e seus olhos esverdeados brilhavam como duas chamas destruidoras.

— O que você está dizendo, José? — Asnath indagou, assustada.

— A verdade e não tente negá-la. Quaisquer que sejam os sentimentos que a agitam, você permanece calada, porque treme diante do desprezo de sua casta e me deixa só, embora tenha prometido ser uma amiga para mim.

Perturbada, dividida entre a angústia de faltar com seu juramento e a gratidão pelo que o marido acabava de fazer, impelida pelo sentimento estranho, mas profundo, que José lhe inspirava, enlaçou o pescoço do marido, apertando o próprio rosto contra o dele. Suas lágrimas rolavam. Num gesto nervoso, José apertou-a contra seu corpo.

— Eles também hão de me pagar por essas lágrimas — ele murmurou em voz baixa.

Asnath ergueu a cabeça e se podia ver uma angústia mortal no olhar que ela dirigiu ao marido:

— José, José, não lute contra os sacerdotes, não os desafie com tanto orgulho — ela exclamou com voz suplicante. — Sua luta será em vão e você acabará por sucumbir. Você reina sobre o Egito pela força e pela opressão, enquanto eles comandam as almas. Você é um, enquanto eles são centenas. Aos olhos deles você continua a ser o estrangeiro impuro, elevado à posição de Adon por um faraó usurpador e impuro como você. Seja prudente, José, porque a força dos templos é terrível, o poder desses homens que falam com a divindade e já sondaram todos os mistérios da natureza é enorme. Eles dispõem de forças desconhecidas e destruirão você.

José a ouviu com um brilho no olhar.

— Eu lhe agradeço por suas palavras ditadas pelo afeto e pela amizade — ele disse, beijando os lábios de Asnath. — Mas a paz entre eu e sua casta não é mais possível. Eles me atingiram de maneira dolorosa demais, para que eu não lhes pague ódio com ódio, e lutarei impiedosamente contra eles. Sozinho, é verdade, mas foi também sozinho que eu os enfrentei a todos, e quanto mais eles me ferirem, mais caro eu os farei pagar. É com lágrimas de sangue que eu os farei pagar cada hora que eles envenenaram.

José se levantou e havia um tom de inflexível resolução em sua voz. Seu olhar transbordava de orgulho e ódio. Com um suspiro profundo, Asnath baixou a cabeça. O que poderia fazer além de resignar-se e sofrer, flor frágil que era, atirada pelo destino entre os dois elementos destruidores, que se lançavam um contra o outro, e cujo choque devia fazer tremer até os alicerces a velha terra do Nilo.

III

COMENDO, SE ABRE O APETITE

Portanto, não foram vocês que me mandaram para cá. Foi Deus. Ele me colocou como pai do faraó, como senhor de toda sua casa e governador de todo o Egito.

Gênesis, cap. XLV, v. 8.

O INCIDENTE QUE narramos no capítulo anterior estabeleceu relações mais amigáveis entre José e Asnath. Entretanto, no fundo da alma, a jovem esposa estava triste, oscilando entre os dois partidos que disputavam o Egito e sentindo-se vinculada tanto a um quanto a outro. Sofria com as ofensas que trocavam entre si e sabia que, se José era bom para ela, ele era impiedoso para com o povo, que a miséria devorava. Seu coração apertava como num torno quando sua liteira passava junto à fila de homens macilentos, de semblantes crispados, que levavam ao palácio do Adon seu derradeiro pedaço de terra ou mesmo seu próprio corpo, para oferecer em troca do pão de cada dia.

Ela estremecia também diante dos olhares sombrios, repletos de ódio e desprezo, que a fitavam. Em tais ocasiões, o luxo real que a cercava e as joias que a cobriam pesavam como correntes de ferro para a jovem egípcia.

Na tristeza e isolamento que, apesar de tudo, pesavam sobre ela, foi uma alegria inesperada para Asnath saber que seu irmão Armais, que servia em Heliópolis, expressara o desejo de ser transferido para Tânis e para a guarda do faraó.

José, que sabia da antipatia mal dissimulada que o jovem oficial nutria por ele, ficou atônito com aquela solicitação. Entretanto, acedeu ao desejo do cunhado, e Armais foi nomeado para um cargo importante na guarda do rei.

O belo adolescente tinha se tornado um homem sério e altivo, reservado e pouco comunicativo. Na aparência exterior, lembrava muito a irmã e sua pessoa sedutora atraiu, de pronto, a atenção das mulheres, sobretudo porque o jovem era solteiro. Tinha sido noivo da filha do primeiro hierogramatista do Templo do Sol em Heliópolis, mas, tendo morrido a jovem, ele não dera início a uma nova relação.

José o observou, esperando para ver que atitude o rapaz tomaria quando estivessem frente à frente. Mas o jovem se apresentou de maneira cerimoniosa, como um subordinado perante o chefe. Na sequência, manteve relações meramente oficiais, visitando raras vezes a irmã, nos momentos em que acreditava que iria encontrá-la sozinha, só se apresentando em reuniões mais numerosas por convite expresso dela. Tal conduta inspirou em José a suspeita de que, com aquela mudança de residência, Armais estivesse buscando algum objetivo secreto e ignorado, e decidiu supervisioná-lo de perto.

Os acontecimentos políticos absorviam o Adon por inteiro. O plano gigantesco que ele expusera a Apopi no próprio dia de sua nomeação começava a se realizar. Chegavam do Alto Egito, cada vez com mais frequência, mesmo dos lugares mais longínquos, suplicantes que empenhavam suas terras ou derramavam seu ouro entre as mãos do cruel financista que, lenta, mas infalivelmente, envolvia a terra de Kemi e depois o Delta, até as cataratas, como numa rede invisível, mas indestrutível, uma vez que a fome, a necessidade e a miséria é que teciam suas malhas.

Enquanto a miséria e as privações oprimiam cada vez mais o povo egípcio, a colônia de nômades, que tinham vindo com Jacó e se estabelecido na parte mais fértil da terra de Gessen, vivia na abundância e até mesmo na riqueza, pois José colocara na instalação de sua família uma grandiosa generosidade. Nas proximidades de Tânis, Jacó e seus filhos ocupavam uma residência ampla e confortável, cercada por jardins. Recebiam trigo e outros alimentos mais, que nem chegavam a consumir, e as mais belas cabeças de gado dos inumeráveis rebanhos que o Egito empenhava ou vendia passavam, pouco a pouco, para os estábulos da tribo dos Beni-Israel. Além disso, os recém-chegados haviam sido nomeados supervisores dos rebanhos do faraó, fato que lhes dera uma posição ao mesmo tempo honrosa e lucrativa.

Não é difícil imaginar que a visão daqueles estrangeiros fartamente alimentados e ricos, instalados como que numa ilhota verdejante e plena de fartura em meio a um oceano de miséria e desespero, cujas ondas turbulentas e retumbantes cercavam, despertava nos corações dos egípcios um ódio furioso, uma raiva concentrada que crescia, pressagiando, para o momento em que transbordasse, uma daquelas assustadoras tempestades populares, que semelhantes a um ciclone destroem tudo que encontram à sua passagem.

José não dava qualquer atenção àqueles sintomas perigosos. Talvez nem sequer os percebesse. A ambição lhe invadia a alma, e o orgulho devido à sua força e poder o cegava, levando-o a desafiar, cada vez mais duramente, os preconceitos e a soberba das altas castas. Afinal, não era ele o verdadeiro faraó? O frágil e doentio Apopi não era apenas um titular, um instrumento cômodo, que garantia ao Adon o poder legal?

Prosseguindo no plano de garantir aos membros de sua família posições de destaque, José levara para sua casa duas meninas de sua tribo. Uma, criança de apenas 4 anos, era filha de seu irmão Benjamin; a outra, Serag, com quase 15 anos, o Adon pretendia casar com algum dignitário, embora ainda não tivesse feito a escolha. Enquanto isso, as duas meninas deveriam se formar no palácio do tio, para adquirir os refinamentos e maneiras das mulheres egípcias.

Asnath opusera violenta resistência à instalação daquelas criaturas selvagens e mal-educadas, que lhe inspiravam profunda repulsa. A tenacidade do marido, porém, a obrigara a ceder. Mas ela testemunhava às intrusas invariavelmente uma gélida indiferença, entregando tudo quanto dizia respeito à educação delas, assim como a seus trajes, às cuidadoras escolhidas por José.

Aquelas novas lutas íntimas irritavam profundamente o Adon e, sempre que possível, ele ia para junto de seu pai, para conversar de coração aberto e desabafar o que lhe ia na alma junto à do único ser cuja plena afeição lhe era garantida.

Certo dia, em que José se sentia particularmente irritado devido a um incidente fútil, mas doloroso para ele, ordenou que atrelassem seu carro e, acompanhado apenas por alguns cavaleiros de sua escolta, dirigiu-se à casa de Jacó. Desde a véspera, a cólera fervilhava dentro dele. Havia feito com que Serag participasse de um banquete, no qual reunira a elite da sociedade de Mênfis. A sobrinha do poderoso chanceler fora acolhida com afabilidade e tratada sem discriminação. Mas a mocinha rude e inculta pusera tudo a perder, não apenas por estar usando um traje de mau gosto, mas também por cometer gafes grosseiras, que a sociedade hipócrita fingira não notar, mas que fizera subir o rubor da ira ao rosto de José.

Asnath não havia dito uma só palavra, nem fizera um único gesto para disfarçar o mau jeito da mocinha, e os olhos brilhantes de Armais tinham fitado a jovem israelita com tal expressão de desprezo e escárnio cruel, que José chegara a estremecer. Aquele olhar não tinha durado mais que um brevíssimo instante e quase de imediato o rapaz se voltara para o outro lado. Mas mal ele sabia o quanto haveria de lhe custar aquele olhar.

Jacó tinha recebido o filho com alegria, como sempre, e os dois homens tinham ido se sentar num banco à sombra de um sicômoro plantado no centro de uma vasta clareira, o que os colocava a salvo de qualquer ouvido indiscreto.

O patriarca tinha mudado muito desde a primeira vez que o apresentamos ao leitor. Era agora um ancião decrépito, curvado e meio-cego, cuja vida visivelmente se aproximava do fim. Trajava uma túnica de lã ricamente bordada e, sobre a mesa, ao lado dele, havia uma taça de prata talhada e uma ânfora de vinho de Perugia.

Todos os irmãos de José tinham desaparecido depois de se prostrarem para recebê-lo, coisa que ele não podia impedi-los de fazer, uma vez que sua natureza primitiva e grosseira guardava uma insuperável desconfiança pelo poderoso Adon, pouco sentindo o parentesco que os unia. Temiam sempre que o irmão, tão maltratado por eles, fosse tomado por um súbito desejo de vingança e os fizesse pagar duramente, afinal, por sua vilania de outrora. José conservava o ressentimento e disso dera prova pelo medo que lhes infligira quando da primeira vinda deles.

Naquele momento, José se havia apoiado à mesa e meditava. Parecia triste, fatigado, e seus dedos bem cuidados e ornados com anéis arrancaram, maquinalmente, um pequeno galho de uma moita próxima ao banco.

— Você está preocupado hoje, meu filho. Teve algum aborrecimento nos negócios de Estado ou o faraó o sobrecarregou de trabalho? — indagou o ancião, quebrando um longo silêncio e colocando a mão sobre o ombro de José, que se aprumou, como se despertando de um sonho, e respondeu, balançando a cabeça:

— Não, pai, não é isso que me preocupa. Estou habituado ao trabalho e há anos o peso do governo recai sobre mim. Mas vejo que se aproxima a realização de um plano no qual venho trabalhando há muito tempo e cuja solução definitiva é um problema que ainda não chego a resolver conforme minha promessa.

— Que plano é esse, meu filho? Não quer me falar sobre ele? Talvez a experiência de minha longa vida me inspire um conselho que lhe seja útil.

— Com prazer, pai! Afinal, o senhor não é a única pessoa com quem posso me abrir sem restrição? — disse José. — A ideia que persigo é de unir, sob o mesmo cetro, o Alto e o Baixo Egito e, desse modo, extirpar para sempre o perigo incessante que nos ameaça da parte do insolente *haq* do Sul, Taa, que, apoiado pelos sacerdotes, sonha destituir Apopi. O meio de alcançar esse objetivo eu encontrei na fome que assola o país e que já nos rendeu contribuintes das regiões mais longínquas. Dentro de um ano ou dois, no máximo, não restará mais um único pedaço de terra para Taa e seus aliados. Todos estarão arruinados e seu povo suficientemente exausto, para tornar, não apenas impossível uma guerra ofensiva, mas também para torná-los incapazes de uma resistência séria. Então, o momento de ocupar o território deles com nossas tropas terá chegado. E quando Tebas e todas suas cidades e fortalezas tiverem guarnições de soldados hicsos, comandados por chefes fiéis e experientes, será possível destruir facilmente Taa e forçar os outros *haqs* menos perigosos a uma plena rendição. Ao mesmo tempo, os sacerdotes perderão seu apoio mais sólido, sua base de operação, e será possível fazê-los compreender, de maneira radical, que só se deverão ocupar com preces e sacrifícios, e que intrigas políticas e conspirações haverão de entregar suas cabeças raspadas ao carrasco, assim como qualquer outra.

— Sua ideia é grandiosa e, se a colocar em execução, o faraó ficará devendo a você eterna gratidão e recompensas excepcionais — disse o ancião, fitando com amor o belo rosto do filho, repleto de orgulho e energia.

— O faraó? Ora essa! — uma expressão de indizível menosprezo surgiu, por um instante, nos lábios de José. — O que pode ele me dar a mais do que já tenho? Não é a recompensa que ele me concederá o que me preocupa, mas saber quem herdará o reino supremo que fundarei. Apopi está gravemente enfermo. Uma das terríveis crises que sofre poderá arrebatá-lo inesperadamente. O príncipe Namourod nunca se recuperou da queda que sofreu durante uma caçada e deve ter lesado algum órgão interno. Ele também não há de durar muito, e sua esposa, com tal infortúnio, deu à luz um filho natimorto e não terá mais filhos. O trono ficará vazio. O que o senhor acha, meu pai — começou José, inclinando-se com olhos faiscantes —, se eu galgasse o último degrau que me separa do trono real, para atingir, eu mesmo, a dupla coroa?

— Se essa for a vontade de Eloim, ele, que o elevou tão alto, há de lhe dar, também, a coroa do faraó. Mas os sacerdotes não o processarão como usurpador? — perguntou o ancião muito emocionado.

— Haverá um modo simples e fácil de comprá-los e legalizar minha posição. Ah! — José suspirou profundamente. — Se Asnath, filha do primeiro príncipe dos sacerdotes, fosse minha aliada, ao invés de ser um instrumento servil do templo, não haveria dificuldades.

— Eu sei. Você me falou sobre seus dissabores domésticos e me disse que não pode contar com a ajuda de sua mulher. Nesse sentido, é uma pena que a lei egípcia não admita a poligamia, pois você poderia, então, desposar a segunda filha do rei e alcançar o mesmo objetivo.

Um rubor ardente surgiu no rosto de José.

— Desposar Hichelat! — exclamou o rapaz. — Tem razão, pai. Isso eliminaria a dificuldade. Mas, não, é impossível — ele acrescentou após um instante de reflexão. — Apesar de tudo, amo Asnath. Apenas utilizarei seu conselho de outro modo e cuidarei para que a princesa não se case com alguém capaz de me prejudicar. Mas está na hora de deixá-lo, pai. Ainda tenho muito a fazer hoje.

Triste e preocupado, José retomou, a toda velocidade, o caminho para Tânis. Mas no momento em que seu carro ia entrar no pátio, ele puxou bruscamente as rédeas, desviando o veículo leve para um dos lados da rua, a fim de dar passagem a uma liteira aberta, cercada por abanadores, que saía pelo grande portão de entrada.

Sobre o assento portátil estava uma mocinha vestida de branco e penteada com um adorno de cabeça, enfeitado com uma serpente. Aos pés dela, estava acocorado um anãozinho extremamente aborrecido.

José saltou do carro para saudar a princesa com respeito e humildade. Ela respondeu com ligeira inclinação de cabeça, fitando José com fria indiferença.

A princesa Hichelat, a filha mais jovem e a favorita do faraó, tinha 15 anos e era uma criatura encantadora. Seu rosto fino e delicado em nada lembrava os traços rudes e ossudos de seu pai. Filha de uma princesa asiática, que morrera ao dar à luz a menina, Hichelat tinha herdado a beleza orgulhosa de sua mãe, e Apopi, que muito amara a segunda esposa, direcionara à filha uma afeição exclusiva.

Embora orgulhosa, voluntariosa e friamente reservada, a princesa tinha desenvolvido grande afeição por Asnath e, pouco a pouco, uma amizade sincera se estabelecera entre a melancólica jovem senhora e a moça altiva e séria. Visitavam-se tão frequentemente quanto possível e, não raro, para evitar a ostentação de uma visita, Hichelat vinha ver a amiga, atravessando os jardins reais, que chegavam até os jardins do palácio do Adon. Em geral, ela se fazia acompanhar por Ouna, seu anão, pobre ser mutilado cruelmente por um fabricante de monstros desse gênero, que a princesa havia comprado de um saltimbanco, que o exibia pelas ruas. Ouna tinha jurado à sua benfeitora uma gratidão apaixonada e lhe era devotado como um cão. Fazia dois meses que Hichelat passara a vir com ainda mais frequência que antes, e as duas mulheres conversavam demoradamente. Levada pelo interesse e pelas perguntas da princesa, Asnath lhe falara de sua infância, de seus pais, de sua vida em Heliópolis e de seu irmão Armais, o alegre e fiel companheiro de brincadeiras. Absorvida em suas recordações, ela não notara que, à menção do nome do jovem oficial, um leve rubor havia surgido no rosto pálido e transparente de Hichelat e que seus grandes olhos negros tinham sido tomados por uma expressão indefinível.

De cabeça baixa, José entrou em casa. O encontro com a princesa tinha reavivado nele a lembrança das palavras de Jacó e despertado um sentimento estranho, que não lhe teria sido possível definir. Mas ele não teve a oportunidade de devanear por muito tempo, porque seu secretário veio ao seu encontro, anunciando que uma mensagem do rei, que o chamava incontinente ao palácio, chegara há mais de uma hora. José deu um suspiro de tédio e impaciência. Tinha uma necessidade insuperável de repouso e solidão. Porém, dissimulando aquele sentimento, ordenou que lhe trouxessem um traje novo e, meia hora mais tarde, adentrava a sala de trabalho do faraó.

Pálido, com o cenho franzido, Apopi caminhava de um lado para outro, visivelmente agitado. Ele também tinha envelhecido e rugas profundas marcavam seu rosto emagrecido. Ao ver José, que se prostrava, ele se deteve e fez sinal para que o rapaz se levantasse.

— Finalmente você chega, Adon! Há mais de uma hora que o aguardo — Apopi disse, com ligeiro desagrado.

— Perdoe-me, filho de Rá, pelo atraso involuntário. Tinha ido ver meu velho pai, que está doente — respondeu José, respeitoso.

— É grave o estado do ancião?

— Não, faraó. Pela graça de Eloim, ele está melhor.

— Ótimo. Agora passemos à questão pela qual mandei chamá-lo — disse Apopi, sentando-se. — Uma comissão de sacerdotes solicita uma audiência e quer, eu bem sei, apresentar uma petição para que, em vista da miséria atroz do povo, o trigo seja distribuído gratuitamente aos mais pobres e vendido em condições menos onerosas aos pais de família que têm mais de dez bocas para alimentar, incluindo os escravos. O pedido é justo e desejaria aceder a ele. Qual é sua opinião quanto a este assunto?

José permaneceu impassível, mas uma chama intensa iluminou seus olhos esverdeados.

— Vossa vontade, faraó, é minha lei. Mas já que vos dignais a pedir a opinião de vosso servidor, devo expressar o que o meu devotamento me inspira. Se dermos de graça uma única quantidade de grãos, ninguém mais vai querer pagar. A porta estará aberta a mil falcatruas e subterfúgios, e a força incalculável concentrada em vossas mãos escoará, como areia, em benefício de vossos inimigos. Atualmente, todas as províncias do Alto Egito vêm entregar em nossas mãos seus tesouros e suas terras. Em breve, não restará senão escravos ao redor de Taa. E mesmo que ele ainda tenha anéis de ouro, não será com o metal que ele satisfará seus soldados, e uma coincidência única de circunstâncias em breve entregará em vossas mãos vosso inimigo mais perigoso. Se, ao contrário, se começar a alimentar gratuitamente os assim chamados 'mais pobres', os depósitos acumulados se escoarão depressa e a multidão saciada, ingrata por natureza, terá ocasião para fazer motins facilmente incitados pelos sacerdotes, que lhes dirá que é muito pouco o que recebem. Por que os veneráveis sacerdotes, ao invés de apelar para vossa generosidade, não vêm, eles próprios, em auxílio dos esfomeados? As terras deles não são apenas isentas de impostos, nós ainda lhes damos trigo em troca de nada.

Apopi tinha escutado, melancólico e pensativo. Quando José se calou, o faraó esfregou a testa num gesto nervoso.

— Você tem razão, como sempre. No entanto, é muito difícil para mim deixar que homens morram de fome, quando se poderia ajudá-los. Aliás, você não teme que o povo, exasperado, acabe por saquear os celeiros?

— Que tentem! Os celeiros estão bem guardados. Esteja certo, faraó, de que eu saberei fazer com que, em toda parte, respeitem sua autoridade e o bem do Estado.

— Nesse caso, aja como julgar útil — respondeu Apopi. — Só não quero tratar dessa questão pessoalmente. Direi que estou doente e ordenarei à comissão que se dirija a você. Responda aos sacerdotes como quiser.

— Tratarei de mostrar a eles que não os tememos. Ceder seria prova de fraqueza — respondeu José, despedindo-se do rei.

Quando, três dias mais tarde, a comissão formada pelos mais veneráveis sacerdotes do país se apresentou perante o Adon, ele, em termos frios e arrogantes, temperados com certas alusões cruéis, recusou categoricamente o pedido deles.

Após o insucesso dessa suprema tentativa, no intuito de aliviar a situação do povo, tudo pareceu cair no silêncio e numa triste apatia. Cada qual parecia pensar apenas numa maneira de garantir sua subsistência, e os templos, na medida de suas possibilidades, aliviavam os sofrimentos dos infelizes famintos. Mas, sob aquela calma aparente, rugia um vulcão, e nas cabeças exaltadas começavam a germinar os mais arriscados e sanguinários projetos, para pôr fim àquela situação intolerável e se vingar do opressor que, diante de inesgotáveis provisões de pão, deixava seres humanos morrerem de inanição.

Cego pelo orgulho e absorvido inteiramente pela ambição, que fazia resplandecer diante de seu espírito o trono dos faraós, José pouco se importava com os sentimentos de seus futuros súditos. Por outro lado, cuidava com severidade para que nenhum sinal exterior traísse o descontentamento deles. Tinha organizado, de maneira admirável, uma polícia de segurança e uma polícia secreta que desfaziam e abafavam, com impiedosa dureza, qualquer tentativa de motim e qualquer conspiração que se tramasse contra sua pessoa ou a do faraó.

Além disso, movido pelo sentimento sombrio que as palavras do pai tinham despertado nele, José vigiava Hichelat com desconfiança. E, cheio de cólera e espanto, surpreendera nos olhos da princesa, quando esta fitava Armais, uma expressão que não deixava dúvida quanto ao interesse que seu cunhado inspirava à filha do faraó.

Tendo feito essa descoberta, José pôs-se a refletir. As eventualidades criadas por aquela circunstância imprevista o desagradavam sobremaneira. O domínio que Hichelat exercia sobre o pai fazia supor que ela seria capaz de conseguir dele o que quisesse, e a origem nobre de Armais tornava a união com ele perfeitamente plausível.

A possibilidade de tal casamento fez José ferver de raiva. O filho do sumo-sacerdote de Heliópolis, passando a ser genro do faraó, poderia ser para ele, do ponto de vista político, um rival demasiadamente perigoso. Assim, após ter avaliado a situação com maturidade, tomou uma resolução que lhe pareceu satisfatória sob todos os aspectos.

Alguns dias mais tarde, José encontrou Armais no momento em que este saía dos aposentos reais. Com fria indiferença, o rapaz lhe dirigiu as saudações de praxe. Mas José se aproximou e apertou-lhe a mão.

— Você nos negligencia, Armais — ele disse amigavelmente. — Asnath se queixou, ainda esta manhã, de que faz uma eternidade que não o vê. Além disso, devo lhe falar sobre um assunto. Venha ver-me amanhã.

— A que horas devo me apresentar? — perguntou o jovem oficial, cerimonioso.

— Estarei esperando por você depois do conselho.

IV

ÁGUA MOLE EM PEDRA DURA...

É bem conhecido o fato de que os egípcios não suportavam um jugo estrangeiro e eram incansáveis em suas revoltas contra tal dominação. Isso se pode dizer, mais do que tudo, em relação ao ódio que lhes inspiravam seus inimigos seculares: os hicsos.

Brugsch, Königsbuch

NO DIA SEGUINTE, cerca de uma hora antes da estipulada, Armais compareceu ao palácio do Adon. Contudo, dirigiu-se aos aposentos de sua irmã. Asnath estava sentada sob a coluna, ao lado de sua sala de trabalho, e examinava uma pilha de tecidos e trajes bordados que a supervisora das escravas, auxiliada por duas mulheres, mostrava-lhe, um a um.

Ao avistar o irmão, dispensou imediatamente as mulheres e, com um belo sorriso, estendeu ambas as mãos:

— Finalmente, você vem me ver, Armais! Por que foge de mim? Não percebe que sinto necessidade de ver um ser próximo e amado?

O rapaz sentou-se no banco, ao lado dela e, abraçando-a com ternura, disse com voz baixa:

— Sabe que não é a falta de afeto por você que me impede de visitá-la com frequência. Mas me enoja sobremaneira adentrar a casa onde reside esse chacal, que oprime o Egito! Alguma coisa se agita dentro de mim quando respiro o mesmo ar que ele. Saber que você está em poder dele, como esposa, despedaça-me o coração, quando você poderia ter sido tão feliz com... — ele se calou.

Asnath suspirou, sem nada responder. Após um instante de silêncio, ela voltou a falar, fitando o rosto sombrio do irmão com um olhar indagador.

— Algo o aborrece, Armais? Parece tão preocupado!

— Seu todo-poderoso marido me mandou vir aqui hoje para um negócio — respondeu o jovem oficial.

— Como não tenho negócio algum com ele, o convite me parece um mau sinal.

— Você tem algo a temer?

— Não exatamente. Mas ele me odeia tanto quanto eu o desprezo. E quando essa serpente deseja falar com alguém em particular, isso nada prenuncia de bom.

Pálida, Asnath olhou fixamente para o irmão.

— Seja sincero, Armais. Não se envolveu imprudentemente em alguma conspiração? Sei que tramam algo, mas é em vão. Diga se é disso que se trata e eu o protegerei, ainda que tenha que pagar com minha vida. Além disso, você é meu irmão, parente próximo de José. E ele não ousaria tocar sua cabeça.

O oficial se voltou para o outro lado, a fim de disfarçar um sorriso de amarga ironia. Mas, recobrando o autodomínio, acrescentou:

— Não fique com ideias tenebrosas, minha irmã! A triste situação de nossa pátria basta para me deixar preocupado. A miséria e a cólera geral aumentam a cada dia. E o que realmente exaspera a população arruinada é ver aquele bando de animais que se comprazem na opulência, enquanto ao redor deles tudo morre de fome. Caso nunca venha a ocorrer uma explosão de desespero, os queridos irmãos de seu marido bem poderão passar por maus bocados...

— Cale-se! — interrompeu Asnath, dirigindo um olhar significativo para o jardim.

Numa alameda lateral, aproximava-se Serag, acompanhada por sua guardiã egípcia. Era sem dúvida uma bela criatura, com sua tez mate, suas tranças de ébano e seus grandes olhos brilhantes. Uma autêntica beleza oriental, provocante e voluptuosa. Mas uma túnica salpicada de cores berrantes, sandálias tingidas de vermelho e uma quantidade exagerada de joias davam-lhe um aspecto grosseiro e selvagem.

— Eis ali uma hóspede que deve lhe dar bastante trabalho e cuja educação não será fácil de realizar — observou Armais.

— Não tomo parte nisso — respondeu Asnath. — Já é suficientemente desagradável suportar essa selvagem em minha casa, e não entendo por que José teima em tê-la aqui.

— Para casá-la com algum dignitário, é claro — o rapaz respondeu com ironia.

O objeto daquela conversa se havia aproximado durante aqueles instantes e, depois de uma saudação desajeitada, pôs-se a encarar Armais com a mais ingênua insistência. Mas o olhar gélido do rapaz acabou por incomodá-la e, virando-se de repente, enveredou pelo jardim.

— Uma autêntica selvagem. Lamento pelo infeliz que José vier a presentear com essa esposa encantadora — murmurou Armais, levantando-se. — Adeus, minha irmã. Está na hora de me apresentar diante do Adon.

— Você voltará para cá? Fico preocupada com essa conversa.

— Sim, caso ele não me retenha por tempo demasiado e se algo de grave não acontecer.

José caminhava por sua sala de trabalho com os braços cruzados. Acabara de dispensar uma comissão de egípcios de Tebas, que tinham vindo comprar trigo e parecia preocupado. Ao ver entrar o cunhado, José o saudou com uma inclinação de cabeça e, sentando-se diante da mesa, indicou-lhe um banco com um gesto da mão.

— Eis-me aqui, às suas ordens, Adon. O que deseja me dizer? — falou Armais, recusando o assento e indo encostar-se à janela aberta.

José nada respondeu. Apoiando-se à mesa, dirigiu um demorado olhar para o jovem e elegante oficial, cujo belo rosto exprimia um desprezo frio e repleto de orgulho. Um sorriso ácido surgiu nos lábios do Adon: como aquela calma cheia de menosprezo se haveria de transformar em cólera e violência, e a que custo o jovem egípcio dobraria o dorso altivo sob seu punho de ferro!

— Aguardo o que você tem a me dizer, pois acredito que não tenha sido para ficar me olhando que você mandou que eu viesse — falou Armais, por fim, com impaciência mal dissimulada.

— Exatamente. Dizia a mim mesmo que um homem tão generosamente dotado pela natureza, de tão ilustre origem e tão bem colocado na sociedade, deveria se casar — respondeu José, apanhando uma caixa de marfim esculpido, de onde tirou dois rolos de papiro e algumas tabuinhas. — Há uma mulher com quem desejo vê-lo casado.

— Sua bondade não conhece limites, mas eu mesmo prefiro escolher, no que diz respeito a algo tão íntimo — respondeu o oficial, tremendo de indignação.

— É possível, e a culpa é sua se não fez essa escolha há muito tempo. Mas já que decidi por você, será sábio de sua parte aprovar minha escolha e se casar com minha sobrinha Serag. É ela quem escolho para ser sua esposa.

O sangue subiu com tal violência à cabeça de Armais, que ele cambaleou. As veias de suas têmporas incharam, como se fossem cordas. Mas quase que de imediato, lançou-se na direção do cunhado, espumando, louco de raiva. Havia perdido completamente o autodomínio e gritou com voz entrecortada:

— Acho que você está louco em me insultar desse modo! Eu, casar-me com essa moça suja e selvagem de sua tribo? Eu não haveria de querer nem por concubina essa besta desprezível. Já basta à nossa nobre família a vergonha de contar com um escravo liberto como um de seus membros! — o rapaz calou-se, pensando sufocar.

José empalideceu e seu olhar malévolo e penetrante, como o de uma serpente, fixou o rosto do egípcio.

— Conheço a honra de sua família e me pergunto o que haveria de desonrá-la mais: o parentesco com um antigo escravo ou com um traidor e conspirador, que planeja assassinar o rei? Examine isto — José desenrolou um dos papiros que havia tirado da caixa de marfim — e você se convencerá de que sua cabeça balança sobre seus ombros e que você e seus cúmplices bem poderiam acabar na forca.

Ao primeiro olhar dirigido à faixa de papiro, Armais empalideceu como um morto. Tomado de vertigem, agarrou-se à mesa para não cair.

— Muito bem, futuro regicida! Sua arrogância parece ter diminuído consideravelmente — observou José com desprezo. — Agora, deixe-me dizer-lhe que repudio as conspirações de vocês, brincadeiras de criança que sufocarei com a mesma facilidade com que amarfanho esse pedaço de papiro. Mas queria lhe provar que, em minha mão, você não é mais do que um fragmento de palha. Se entendeu o que eu disse e tem amor à própria cabeça e à de seus tolos camaradas, não colocará mais empecilhos para desposar a moça bela e inocente que escolhi para você.

Armais fechou os olhos. Tal tempestade bramia dentro dele, que acreditou, por um instante, que o sangue que corria em suas veias, como uma torrente em chamas, haveria de matá-lo. Sentia-se como uma mosca, apanhada em uma teia de aranha. Se apenas sua cabeça estivesse em jogo, haveria de morrer com alegria, ao invés de chamar de esposa aquela mulher que lhe inspirava um ódio feroz. Mas poderia ele sacrificar as cabeças dos mais nobres jovens do Egito, seus amigos e companheiros, mergulhar no luto e na miséria numerosas famílias? Aquele homem tinha razão: as conspirações que havia descoberto, e que sufocava com extraordinária sagacidade, não o atemorizavam. Ceder à vontade dele, no entanto, era um sacrifício que ia quase além de suas forças.

Um silêncio desconfortável reinou no ambiente. Por fim, Armais aprumou-se e dirigiu um olhar transbordante de ódio e menosprezo ao seu antagonista, que mais se assemelhava a uma chama destruidora. Mas havia recuperado o autodomínio.

— O que você diz é verdade, Adon. É muito hábil no que diz respeito a garantir uma vida preciosa ao faraó e a si mesmo — ele disse com voz rouca. — Há anos você se diverte em humilhar, arruinar e matar o povo egípcio, cujo destino foi colocado em suas mãos por um infeliz acaso. Escolheu especialmente nossa família para ser a marionete de sua maldade. Não lhe bastou ter maculado Asnath, ao uni-la a você. Agora é minha vez e, para atingir meu pai em pleno coração e desonrá-lo, você quer me impor como esposa essa moça repugnante e contaminar o sangue puro, que corre em minhas veias, com o sangue desprezível de sua raça. Você bem sabia que a morte pela mão do carrasco, caso atingisse apenas a mim, me seria preferível a tal união. E é pela vida de meus amigos que você me obriga a me submeter. Mas se engana se pensa em impor submissão também ao povo através dessa união. Todos saberão e compreenderão que sou vítima de sua violência, assim como Asnath. Para todos os egípcios você continua sendo o antigo escravo impuro e sua família um bando de intrusos, que se farta com os bens extorquidos aos verdadeiros filhos de Kemi.

José tinha se levantado. Ele não havia interrompido o cunhado, mas seus lábios trêmulos e seus olhos flamejantes davam prova de que, dentro dele, também bramia uma tempestade.

— Você abusa desmedidamente do privilégio de ser um parente, para me lançar no rosto todo tipo de insultos possíveis — ele disse, por fim, em voz baixa. — Você me censura pelo que, dia após dia, o acaso da guerra poderia lhe infligir. Foi a infelicidade, não minha origem, que fez de mim um escravo. Sou filho de um chefe de tribo, de um *haq* livre, mais livre que os príncipes de vocês, que portam tal título e pagam tributo a Apopi. Nossa aliança não é uma vergonha, mas é justamente porque vocês se julgam uma raça superior que resolvi misturar nosso sangue com o de vocês.

E agora ouça qual é a minha vontade inalterável: se amanhã você não vier, para pedir Serag oficialmente em casamento, você e seus companheiros serão presos como conspiradores contra a vida do rei. Mas se você vier como noivo, guardarei silêncio. E, agora, vá! Estou lhe dando tempo para recuperar a calma.

Sem responder, Armais deixou a sala. Um violento mal-estar se apoderara dele. Seus ouvidos zumbiam, nuvens escuras lhe obscureciam a visão e suas ideias se agitavam. Entretanto, um vago desejo de voltar aos aposentos de sua irmã nele permanecia. Maquinalmente, com passos hesitantes, retomou o caminho dos aposentos de Asnath e, sem perceber o espanto provocado nos escravos por sua aparência, deixou-se conduzir até uma varanda ampla onde, conforme lhe diziam, estava a dona da casa.

Asnath tinha visita. Como era de costume, a princesa Hichelat viera pelos jardins, para visitar a amiga. Pondo de lado, momentaneamente, suas inquietações, a jovem senhora e sua ilustre visitante se haviam sentado junto a uma mesinha, à sombra de um pequeno bosque de arbustos perfumados, enquanto saboreavam bolos de mel e conversavam acerca da próxima festa do Nilo, ocasião em que se preparavam cerimônias religiosas, com a finalidade de obter dos deuses o benefício da inundação. Ao avistar o irmão, que lívido e de olhos aflitos vinha em sua direção com passos cambaleantes, Asnath saltou de sua cadeira.

— O que você tem, Armais? O que aconteceu? — ela gritou, enquanto corria até o rapaz.

O jovem nada respondeu. Sua cabeça rodava e, sem notar a presença de Hichelat, que se tinha levantado, atônita, ele tateou, buscando, com a mão, um apoio. Como havia um banco por perto, ele se deixou cair sobre o mesmo, com a cabeça pendida para trás e os olhos fechados.

Com a rapidez de um raio, as duas mulheres foram para junto dele.

— Depressa, Asnath! Traga água e alguma essência aromática — disse Hichelat, pálida de emoção, enquanto amparava, com as próprias mãos, a cabeça inerte do jovem oficial.

Asnath apanhou uma pequena ânfora com água, que estava sobre a mesa, e ordenou a uma jovem negra, que vigiava à porta, que trouxesse depressa sua caixa de remédios. Mas ela tremia tanto, que a ânfora quase lhe escapava das mãos.

— Segure-a — ordenou Hichelat energicamente à amiga.

Então, depois de ter enchido uma taça com água, derramou nela a essência que estava num pequeno frasco, preso à sua cintura por uma corrente de ouro. Molhou um pedaço de pano com a essência e com ele enxugou o rosto de Armais. Ao toque da água fria fortemente aromatizada, o rapaz estremeceu e abriu os olhos. Seu olhar, ainda obscurecido, fitou o rosto ansioso que se inclinava para ele. Mas ao reconhecer a filha do faraó, estremeceu e tentou se levantar. A princesa, que recuara e enrubescera, colocou a mão no braço dele e disse, com graciosa autoridade:

— Permaneça sentado, nobre Armais, e procure se refazer. Quanto a mim, parto agora mesmo e você poderá repousar, enquanto Asnath me acompanha até a saída.

Ela fez um aceno com a graça altiva que lhe era característica e, voltando-se para o outro lado, desceu com firmeza os degraus da varanda, enquanto Armais balbuciava algumas palavras de agradecimento e de desculpas.

Assim que a princesa ficou a sós com Asnath na alameda ensombrada, deteve-se e, apertando a mão da amiga, disse:

— Volte para junto de seu irmão. Pode-se dizer que ele está doente ou sob o efeito de violenta emoção. Irei sozinha até o pavilhão, onde Ouna e Abracro esperam por mim. Mas peço-lhe que esta noite ou, no máximo, amanhã pela manhã, você venha me ver. Se precisar de ajuda ou de algum favor da parte do faraó, pode contar comigo.

Sem esperar pela resposta, a graciosa mocinha voltou-se e, leve como uma gazela, desapareceu num meandro da alameda.

Quase correndo, Asnath voltou para a varanda, onde Armais se apoiava à mesa. Podia-se perceber um desespero sombrio em seu semblante.

— Diga-me o que aconteceu. Foi algo de terrível, posso sentir — ela murmurou, pendurando-se ao pescoço do irmão e apertando seu rosto contra o dele.

O jovem levantou-se, num gesto nervoso.

— Asnath, aconteceu um infortúnio tal, um tamanho vexame, que minha língua se recusa a expressá-lo. Aquele cão impuro achou que a taça de humilhação, com que ele encharca nossa família, não estava amarga o suficiente, e me obriga a desposar aquela menina nojenta da tribo dele, que atualmente infecta sua casa.

— Serag? Impossível... E você aceitou? — indagou Asnath, fora de si.

— Precisei aceitar — murmurou Armais. Em seguida, falando ao ouvido da irmã, acrescentou em voz baixa, de modo que somente ela pudesse ouvir. — Você também não foi sacrificada? Se eu pudesse entregar apenas minha cabeça ao carrasco, eu o faria de bom grado, ao invés de aceitar um infortúnio que é o mesmo que uma morte interminável. Mas há outras 14 pessoas comprometidas comigo — ele citou vários nomes. — E como condição para preservar minha vida, ele me impôs esse casamento.

— Infame! Como ousa insultá-lo desse modo? — falou Asnath, trêmula.

— Além disso — prosseguiu o oficial —, encontra-se na cidade um homem que lhe foi caro, a quem amo como a um irmão, e que, caso fosse descoberto, seria morto, sem dúvida.

Asnath ficou pálida como uma morta.

— Ele, aqui? Por que razão? — ela falou.

— Como sacerdotes e mercadores de Tebas vieram para comprar trigo, ele se infiltrou no meio deles, disfarçado como um escriba subalterno e está escondido no Templo de Ísis.

— Ah, se eu pudesse vê-lo!

— Você o faria feliz. Ele a ama como outrora e permanece fiel a você. Se vier ao Templo de Ísis esta noite, avisarei Chnoum e você será conduzida até ele.

A jovem senhora permaneceu calada. Era visível que lutava consigo mesma. Então, de repente, ela ergueu a cabeça e murmurou, num gesto desafiador:

— Pois diga-lhe que eu irei vê-lo.

Assim que Armais se retirou, Asnath recolheu-se em seu quarto. Ordenou que fechassem as cortinas, dispensou todas as criadas e deitou-se num divã, tentando colocar as ideias em ordem. Uma raiva indescritível fervia dentro dela contra José, cuja ideia cruel de casar Armais, seu belo e querido Armais, com aquela menina obscura e de raça desprezível, causava-lhe imensa revolta. Naquele estado de irritação, o sentimento estranho, mistura de ódio, ciúme e paixão, que o marido lhe inspirava, se desfez por completo. Naquele instante, apenas odiava o homem implacável, que se vingava de maneira tão cruel contra sua família pelo desprezo que lhe testemunhava. Na excitação daquele momento, a imagem do antigo noivo surgia diante dela, envolta numa auréola radiante. Como ele era delicado, generoso e profundamente bom! Diante do olhar amoroso dele, suas fúrias infantis sempre se haviam transformado em alegre calma. Jamais havia visto no olhar do antigo noivo a expressão que a fazia tremer e estremecer, característica do olhar de José. Que vida tranquila, repleta de doce harmonia, ela teria tido com Hor! Um desejo imenso de revê-lo se apoderou dela e, entregando-se por inteiro às suas recordações, a jovem fechou os olhos.

Nem Asnath, nem José suspeitavam de que a própria estranheza de seu relacionamento os vinculava, um ao outro. A jovem se debatia num caos de sentimentos, que tanto a faziam detestar o marido, quanto a tornavam escrava de seu poderoso fascínio. Na presença dele, o fantasma do juramento que fizera e a lembrança de sua família ultrajada tornavam-na fria e calada. Mas quando ele estava longe, ela, por vezes, teria desejado estar com ele, atirar-se em seus braços, dizer "eu te amo" e embriagar-se com seu olhar resplandecente, com seu beijo apaixonado. José, por sua vez, devorado por uma violenta paixão, da qual estava consciente, sentia-se perpetuamente ofendido por uma frieza que acreditava ser apenas uma máscara, mas que não conseguia desfazer. Seu orgulho lhe sugeria que punisse Asnath pela indiferença que demonstrava, até conseguir dobrá-la e forçá-la a confessar humildemente o seu amor. E era, de fato, essa luta silenciosa dos dois elementos contrariados que criava o ímã que os atraía mutuamente, fazendo com que os sentimentos de ambos conservassem, passados dez anos, o frescor e a intensidade dos primeiros dias de seu casamento.

Asnath já havia passado horas sonhando com o passado, e de tal modo se identificara com este, que se esquecera completamente do presente. Assim, não ouviu o rumor dos passos de José no cômodo ao lado, nem o viu entrar em seu quarto. Foi somente quando ele perguntou com sua voz sonora: "Está doente, Asnath? Desde a manhã permanece fechada neste quarto escuro", que a jovem senhora voltou à realidade.

Ao ver o marido que abria as cortinas, a cólera da jovem despertou. Rubra de raiva, com os olhos flamejantes, saltou do divã e exclamou:

— Você ainda me pergunta por que desperdiço o dia? Seria natural que eu fugisse da vida depois do insulto sem precedentes que você nos dirige, homem miserável e rancoroso!

Pela primeira vez em anos, era a antiga Asnath, colérica, desafiadora e cheia de revolta que ressurgia. Num arrebatamento secreto, José fixou seu rosto cheio de vida, suas faces rubras, os pezinhos impacientes prestes a pisotear sobre a esteira, e a cena do pavilhão, em que ela se havia atirado sobre ele com a machadinha na mão, voltou como um raio à sua memória. Porém, dissimulando, como sempre, o que sentia, ele falou, calmo:

— Pediria que você se abstivesse de me ofender. Não sei em que eu possa ter-lhe insultado.

— Ah, não sabe? Você é tão ingênuo... Imagino que atrair Armais para uma armadilha, para em seguida aviltá-lo, é um insulto.

— Não sou eu, mas é seu irmão que avilta a si mesmo, ao se envolver em intrigas criminosas. O casamento dele com Serag só é humilhante na imaginação de vocês.

— Eu não quero aquela menina por cunhada! Aquela estúpida, mais grosseira que a última das escravas, e que, para Armais, é tão repugnante quanto um réptil! José, desista desse plano, inspirado apenas pelo ódio e pelo horrível desejo de nos humilhar! — exclamou Asnath, fora de si.

— *Minha* mulher não deveria dizer *nos* humilhar, quando se trata de uma aliança com minha parente — falou José com amargura. — Sempre a encontro ao lado dos meus inimigos. Quanto a alterar uma resolução já tomada, você deveria saber que não está entre meus hábitos. O irresistível Armais se casará com Serag, a qual não há de enfear, nem por sua aparência, nem por seu dote, a família de Potifera.

— Você pretende beneficiar essa guardadora de porcos? Sem dúvida, com o ouro, as joias e as terras que você extorque aos famintos! Armais vai ter que mandar colocar uma placa em sua liteira, ou ordenar aos corredores que anunciem que ela é a esposa dele. Do contrário, os antigos proprietários das joias a tomarão por uma ladra dos subúrbios — respondeu Asnath com ironia mordaz.

José enrubesceu e franziu as sobrancelhas.

— Vejo que será preciso que eu espere até que possa conversar com você, até que você recobre a calma e o juízo. Adeus!

Dito isso, ele deu as costas à esposa e saiu.

Furiosa, Asnath caminhou a passos largos pelo quarto, aguardando, com impaciência, o momento de se dirigir ao templo. Com a mesma profundidade do ressentimento que experimentava por José naquele instante, ela desejava rever Hor. Sim, aquilo que José aspirava em vão ouvir, palavras de amor e aquele ímpeto de ternura que ela obstinadamente lhe recusava, haveria de entregar a seu rival.

Quando a noite veio, Asnath mandou que preparassem a liteira e, acompanhada apenas por sua ama, dirigiu-se ao Templo de Ísis. Como ela o fazia com frequência e era sabido que ela gostava de assistir aos sacrifícios noturnos oferecidos a Osíris, ninguém deu atenção àquela saída da jovem senhora. Deixando, como sempre, sua liteira e seus criados diante da entrada do lugar santo, Asnath penetrou sob a coluna escura, vagamente iluminada por um candeeiro. Um sacerdote, que vigiava junto à porta, recebeu a ilustre visitante e a conduziu, de imediato, ao fundo do templo.

Parando ao pé de uma estátua, cujos colossais contornos distinguiam-se vagamente naquela semiobscuridade, o sacerdote murmurou:

— Permite, nobre senhora, que eu te vende os olhos e confia-te a nós sem medo.

— Faça o que é considerado necessário — respondeu a jovem em poucas palavras.

O sacerdote colocou uma venda sobre seus olhos e, no instante seguinte, ela sentiu que estava sendo carregada por braços fortes. Foi impossível para a jovem se orientar, saber em que direção estava sendo levada. Sentiu que o sacerdote descia uma escada e, em seguida, que atravessava um corredor estreito, uma vez que suas vestes roçavam contra as paredes. Por fim, ele a colocou no chão e removeu a venda.

Asnath lançou um olhar curioso e espantado ao seu redor. Encontrava-se em uma longa sala subterrânea, suspensa por colunas curtas e maciças. As paredes da cripta, assim como as colunas, eram pintadas em cores brilhantes, representando desenhos alegóricos e sinais misteriosos. Em um dos cantos, uma ampla mesa, coberta por rolos de papiros e cercada por bancos, evidenciava que aquele lugar, destinado à celebração dos mistérios, servia naquele momento como sala de reuniões secretas. Numerosas lamparinas, que desciam do teto, iluminavam todos os objetos. Mas Asnath estava a sós e o sacerdote havia desaparecido.

Agitada e trêmula, a jovem senhora colocou seu casaco e seu véu sobre um banco, e se encostou à parede. Ela bem que tentou disfarçar sua impaciência, examinando os desenhos bizarros que enchiam um painel à sua frente, mas não lhe foi possível conciliar as ideias. Toda sua alma concentrava-se em ouvir. Foi então que um rumor de passos firmes, do outro lado da sala, fez com que ela estremecesse. Voltando-se, de repente, viu-se diante de um homem tão pálido e emocionado quanto ela.

— Hor! — ela murmurou com voz abafada.

Sem nada dizer, impulsionado por seus sentimentos, o rapaz apertou-a contra o peito. O misto de felicidade e de amargura que lhe enchia a alma o fazia calar. Trêmula, presa de sentimentos contraditórios, a jovem senhora apoiou a cabeça no ombro de seu antigo noivo.

Hor se refez mais depressa, e conduzindo Asnath para junto de um banco, fez com que ela se sentasse ao seu lado e disse, repleto de emoção:

— Obrigado por ter vindo, minha bem-amada. A alegria de revê-la me encherá de coragem renovada, para o tempo da ausência e da espera. Mas, diga, você não me esqueceu? Ainda me ama?

— Mantive a palavra, Hor — murmurou Asnath. — Jamais disse "Eu te amo" àquele homem.

Hor se inclinou e seu olhar, ansioso e inquiridor, mergulhou no da jovem senhora.

— Obrigado! Mas, diga-me, Asnath, como é sua vida íntima com ele? Você é feliz?

— Não, eu não sou feliz! — ela exclamou, irrompendo em soluços convulsos. Sou como estrangeira em minha casa. Vivo sob o peso de um rochedo e José odeia todos os meus parentes. Agora mesmo ele avilta Armais com um casamento infame!

Todo o ressentimento causado pela briga da jovem senhora com o marido se apoderou dela. Um desejo cruel de feri-lo, de fazê-lo sofrer a invadiu. E encontrando o olhar franco e amoroso de seu noivo de outrora, pareceu-lhe que somente ele poderia lhe proporcionar a felicidade calma, a quietude de alma que faltava em seu relacionamento com José.

— Sim, Hor, é você, somente você que eu amo! E ao perdê-lo, perdi também minha felicidade! — ela exclamou, lançando-se ao pescoço do rapaz.

Trêmulo de alegria, Hor apertou a jovem contra seu coração.

— Espere, Asnath. Ainda que a liberdade não venha tão depressa quanto desejaríamos, ela se aproxima. E assim que o monstro que oprime o Egito for abatido, você virá, como um raio de Rá, iluminar minha casa vazia. Agora, acalme-se. Suas lágrimas, que não posso secar, despedaçam meu coração.

Para distrair a moça, Hor passou a lhe descrever sua vida ao longo dos anos que se haviam passado, até que a conversa foi interrompida por um dos sacerdotes que se reuniam em conselho secreto e que pediam à jovem senhora que se retirasse, a fim de que sua ausência, demasiado longa, não viesse a levantar suspeitas. Após uma breve despedida, Asnath foi reconduzida à sua liteira.

Aquele encontro tinha deixado uma impressão estranha no espírito da jovem. Assim que recobrou a calma, ela deu-se conta de que algo em seus sentimentos por Hor havia mudado. Sim, amava-o com toda sua alma, e ele parecia ser a personificação de uma felicidade pura e tranquila. Mas apesar disso, confessou a si mesma, palpitante, Hor não exercia sobre ela o fascínio inexplicável que José a fazia sentir, a despeito das tormentas e do constrangimento que caracterizavam sua vida conjugal.

* * *

A NOTÍCIA DO noivado de Armais e Serag causou espanto geral. A gélida indiferença do rapaz era de tal modo evidente, que a suspeita de que uma coação havia sido exercida sobre ele se propagou em silêncio. Potifera e sua esposa ficaram profundamente angustiados com aquele casamento nada condizente. A mensagem de Armais produzira uma tal comoção no sumo-sacerdote, que ele passou mal. Aquela indisposição, porém, foi o único indício de sofrimento e desgosto que ele testemunhou. Aparentemente, tinha recobrado a calma, mas passava longas horas no santuário e aparentava estar triste e concentrado. Desejando que aquele casamento que muito lhe interessava se realizasse o mais breve possível, José fixou uma data bem próxima para a celebração do casamento, que desejava realizar com pompa real, a julgar pelos preparativos que aconteciam no palácio e pelo enxoval destinado à noiva.

As relações entre os futuros cônjuges não poderiam ser mais tensas e difíceis. Oficialmente, Armais se conformava a todos os deveres da situação. Enviava flores e outros presentes, preparava sua casa e ia visitar a noiva. Mas evitava, ao máximo possível, ficar a sós com ela e testemunhava-lhe a mais fria gentileza, só conseguindo disfarçar a muito custo a aversão que sentia quando a noiva lhe tocava a mão ou aproveitava um momento de isolamento para abraçá-lo. Serag, indisciplinada e impetuosa, fora tomada de paixão pelo belo oficial, que sempre lhe agradara.

Muito pouco amadurecida para compreender as razões que a tornavam odiosa para o rapaz, irritava-se com sua frieza, sem saber dominar os próprios sentimentos.

Potifera chegou na véspera do dia marcado para o casamento. E, quando ficou a sós com o pai, Armais deu vazão a seu desespero. Parecia-lhe que suportar a vida que o aguardava estava acima de suas forças.

— Acalme-se, meu filho, e espere pela misericórdia dos deuses. Da noite para o dia, podem acontecer muitas coisas — observou o sumo-sacerdote com um olhar de tal modo estranho, que o rapaz estremeceu, não ousando, contudo, questioná-lo.

Asnath veio à noite. Mas a preocupação de seu pai era tão evidente, a chama sinistra e ameaçadora que brilhava em seus olhos era tal, que ela se retirou, inquieta e sufocada. Pela primeira vez em sua vida, tivera medo de Potifera.

A jovem senhora teve uma noite insone e agitada. Pela manhã, atormentada por pensamentos dolorosos, ela se virava de um lado para outro na cama. Até que um rumor longínquo chegou a seus ouvidos. Ela ficou escutando, ansiosa, e logo percebeu que o tumulto aumentava. Gritos e lamentos podiam ser agora claramente ouvidos.

Apavorada, acordou José que, não menos atônito, levantou-se. Ele fez, porém, com que ela se acalmasse, prometendo vir tranquilizá-la, assim que soubesse o que se passava.

Apavorado, Pibisi disse ao Adon que algo de grave tinha acontecido nos aposentos da nobre Serag. Que as damas de companhia dela haviam dado o alarme e pareciam enlouquecidas, mas que ninguém sabia ainda, ao certo, o que ocorrera. Tomado por um pressentimento funesto, José foi a toda pressa até o quarto da sobrinha. Mulheres com as vestes em farrapos e semblantes aflitos comprimiam-se à porta, em lamentações estridentes, que repercutiam pelo palácio. Ao verem seu senhor, pareceram ter enlouquecido e lançaram-se aos pés dele.

— Perdão! Não temos culpa de nada — gritavam.

Afastando-as com raiva, ele entrou. E sem dar atenção a algumas criadas que, com gritos de desespero, rolavam pelo chão, José se aproximou do leito. Mas no primeiro olhar que dirigiu a Serag, que jazia inerte, com uma expressão de terror insano no rosto arroxeado, ele recuou, espantado. Ao redor do pescoço da moça se enrolava uma serpente da mais perigosa espécie, e uma pequena ferida enegrecida na pele explicava claramente o que havia sucedido.

Refeito do primeiro choque, José se inclinou sobre a morta. No mesmo instante, a serpente ergue a cabeça, sibilando, e lançou sobre ele um olhar malévolo. O Adon sentiu uma súbita fraqueza e um calafrio gélido correu por seus membros. Parecia estar vendo as pupilas aterradoras do inimigo invisível, da serpente misteriosa que ele havia derrotado na matéria e na essência. Tão branco quanto a veste que trajava, ele recuou e murmurou, com voz abafada:

— Matem o monstro!

Como se tivesse entendido a ordem, a serpente se desenrolou antes que um dos servos conseguisse se aproximar, deslizou sobre o peito gélido de Serag e desapareceu entre as pregas do leito de morte.

Com uma expressão sinistra, o olhar flamejante, José voltou para seu quarto de dormir, onde Asnath, pálida e espantada, ouvia o relato incoerente de uma dama de companhia.

— É verdade? Como é possível que Serag esteja morta? — ela exclamou, voltando-se para o marido.

— Sim. É evidente que os deuses de Heliópolis são muito favoráveis a seu irmão, livrando-o de um casamento tão pouco desejado — ele respondeu com um riso sarcástico.

Em seguida, apanhou a chancela que havia deixado sobre seu travesseiro e retirou-se do quarto.

Assim que se recuperou do choque, Asnath escreveu algumas linhas a Armais, informando-o acerca do acontecimento.

O rapaz não tinha fechado os olhos a noite inteira e, pela manhã, foi para junto do pai que, para seu grande espanto, ainda estava deitado. Diante do questionamento inquieto do filho que perguntava se ele estava doente, o sumo-sacerdote respondeu que passara a noite acordado. Fez-se silêncio a seguir e Armais preparou-se, com grande desgosto, para ir se vestir para a cerimônia. Foi quando vieram lhe trazer a mensagem de sua irmã. Mal lera o que estava escrito, caiu estupefato sobre uma cadeira, exclamando:

— Serag está morta, pai! Isto é resultado da ação do templo — ele acrescentou baixinho e com voz hesitante.

— Essa é a mão da divindade que, farta dos abusos daquele homem, quis provar a ele que pode marcar a data de um casamento, mas que o cumprimento dos destinos humanos depende de um poder superior ao dele — respondeu Potifera lenta e solenemente.

Mas a expressão de implacável dureza que se lia nos traços do sumo-sacerdote assustou Armais. Jamais tinha visto aquela expressão nos olhos calmos e límpidos de seu pai.

— Agora vá e prepare-se para testemunhar a dor devida a um acontecimento tão cruel — falou Potifera. — Além do mais, deve-se render honras aos mortos. Sua vida está livre de uma esposa odiosa. Quanto a mim, vou sacrificar aos deuses — acrescentou o sumo-sacerdote, dispensando o filho.

V

O ADON E O CALDEU

Em seguida, José ordenou aos médicos que estavam
a seu serviço que embalsamassem o corpo de seu pai.
E o Egito pranteou Jacó por setenta dias.
O faraó respondeu: "Suba e enterre seu pai, conforme o juramento que você fez.
José subiu para enterrar o pai, e com ele foram todos os servos do faraó, os anciãos de
sua casa e todos os anciãos da terra do Egito.
Gênesis, cap. L, vs. 2, 3, 6 e 7

O DIA DIFÍCIL, que começara com a morte de Serag, chegava ao fim. José não havia tido um só momento de descanso. As visitas dos ilustres convidados, que pensando estarem indo para um banquete, chegavam a uma casa enlutada, a vinda oficial de Armais, que vestido em traje de luto, com a testa manchada de pó, rendera a homenagem convencional de louvores e lamentos à sua falecida noiva e, finalmente, as providências a serem tomadas para o embalsamamento tinham mantido o Adon ocupado. Já era noite quando ele se recolheu à sua sala de trabalho, para enfim refletir à vontade acerca do que acabava de acontecer. Sombrio e carrancudo, caminhava, agitado. Era evidente que Serag tinha sido vítima de um crime misterioso. Mas a habilidade com que alguma mão sub-reptícia havia libertado o filho de Potifera de um casamento humilhante para a casta sacerdotal, ainda mais afrontoso do que o seu com Asnath, dava o que pensar.

De fato, era mesmo impossível formular uma suspeita. Os aposentos das mulheres eram guardados por servos numerosos e dedicados. Além das criadas egípcias, Serag tinha também a seu serviço várias mulheres de sua tribo, que ali vigiavam. Ninguém tinha visto ou ouvido coisa alguma. Ninguém havia percebido o momento exato em que a morte acontecera. Contudo, a moça devia ter acordado, a julgar pelo pavor estampado em seu semblante. Tinha sido, portanto, uma mão bem hábil que introduzira a serpente em seu leito, ou então a ciência secreta dos templos havia dado aquela prova aterradora de seu poder. Ele se recordava de ter ouvido Schebna afirmar que era possível à magia suscitar aqueles mensageiros da morte que, sob a forma de serpentes, escorpiões e outros bichos peçonhentos, chegavam até a vítima designada e a atacavam, sem que ninguém pudesse impedir. O caldeu não lhe revelara o segredo de tal ato de magia, mas José não duvidava de que aquilo fosse possível. Nesse caso, sua própria vida estaria por um fio, caso os sacerdotes decidissem fazer uso daquele meio para destruí-lo.

Após um longo suspiro, José enxugou a testa molhada de suor. Oh, como odiava aqueles sacerdotes! Porém, era preciso calar. Afinal, como poderia provar que a serpente não estava escondida entre as flores, ou que não tivesse vindo do jardim para o quarto de Serag? Casos como aquele não eram raros.

A entrada de Pibisi, seu escravo favorito, interrompeu o curso dos pensamentos tumultuados do Adon.

— Senhor! — ele começou — está aí um homem que parece vir de um país distante e que tem uma aparência fatigada. Ele afirma conhecê-lo e deseja lhe falar incontinente.

— É um louco, sem dúvida — respondeu José. — Mandem o imbecil para o olho da rua e digam-lhe que venha num dia de audiência, caso tenha um pedido a fazer.

— Ele teima, senhor, e não se deixa intimidar. Quando tentamos enxotá-lo, ele disse que o senhor nos puniria se o fizéssemos, uma vez que tem coisas graves a lhe dizer.

José refletiu por um momento.

— Nesse caso, traga-o aqui e cuide para que ninguém nos ouça.

Alguns instantes mais tarde, um homem alto, envolto em um casaco escuro, cujo capuz lhe cobria a cabeça, adentrou o aposento e, prosternando-se diante do Adon, tocou o assoalho com a fronte. Com um olhar inquiridor, José examinou as vestes empoeiradas e as sandálias gastas do desconhecido, que devia ser um ancião, a julgar por sua longa barba branca.

— Quem é você e o que quer? Fale depressa. Não tenho tempo a perder — o Adon falou, breve.

— Eu trataria, poderoso senhor, de me conformar à sua ordem — respondeu a voz melodiosa, cujo timbre familiar fez José estremecer, embora não fosse capaz de dizer onde a tinha ouvido.

Naquele instante, o desconhecido tirou o capuz.

— Schebna! — exclamou José, recuando como se tivesse visto um fantasma.

O velho sábio não havia mudado. Os longos anos tinham passado por ele sem deixar vestígios e o ardor juvenil de outrora brilhava em seus olhos quando disse, sem se levantar:

— Sim, sou eu. A hora que eu lhe havia predito chegou, meu aluno de outros tempos. Você reina cercado de honras, enquanto eu, com a fronte por terra, venho pedir sua hospitalidade. A fome também me expulsou de minha casa e venho me refugiar junto de você.

— Sabia que me encontraria aqui? — indagou José em voz baixa.

— Não, eu tinha perdido você de vista. E talvez nem mesmo a própria miséria me tivesse arrancado de meu canto tranquilo, onde eu só vivia para a ciência. Preciso de tão pouco! Uma taça de água fresca e algumas raízes me bastam. Foi uma ordem divina que me fez apanhar o bastão de viajante. Vou lhe contar o que se passou. Mas não vai me autorizar a levantar? A idade me torna difícil ficar de joelhos.

Vendo José fazer um rápido movimento de mão, Schebna se levantou e se apoiou a uma mesa.

— Certa noite, enquanto eu trabalhava, apareceram à minha frente três homens vestidos de branco. Tinham aparência venerável e o rosto marcado pela tristeza. "Venha em nosso auxílio", eles disseram, beijando-me os pés. "Você adquiriu um saber e um poder que não possuímos. Livre-nos, então, de uma serpente que penetrou em nossa pátria. Aperte seus anéis de ferro até fazê-la sufocar. Ela oprime o inocente e arranca o último bocado da boca do pobre, que morre de fome". Eu lhes respondi que voltassem em paz para sua pátria, porque eu consultaria os astros e, se tal fosse a vontade dos imortais, haveriam de me indicar o país a ser libertado e a maneira de fazê-lo. Nos eflúvios onde estão traçadas as paragens do destino, eu li: "Parte e nós te conduziremos". Pus-me a caminhar e cheguei ao país de Kemi, onde grassam a fome e a miséria. Ao passar por esta cidade, escutei seu nome, e me lembrando de que o poderoso Adon tinha sido meu aluno, desejei revê-lo, repousar sob seu teto e também lhe perguntar, a você que conhece todos os reinos próximos, qual é o país sufocado por uma opressão implacável e qual é essa serpente, que os homens vestidos de branco pedem que eu destrua.

O mago se calou, mas seu olhar ardente se fixou no rosto subitamente empalidecido de José, que passava a mão trêmula pela fronte gotejada de suor. "Foram os sacerdotes que o chamaram e foi ele quem matou Serag", foi o pensamento que passou como um raio pelo cérebro de José.

— *Você* não saberia quem são aqueles homens, meus inimigos implacáveis, e quem é aquele que eles odeiam e caluniam, chamando-o de serpente e opressor? — José observou com amargura. — O que eles lhe deram, Schebna, em troca de minha destruição? Em todo caso, eu lhe prometo o triplo por sua amizade.

O caldeu balançou a cabeça:

— Você de fato se esqueceu de meus ensinamentos, se pensa que é possível comprar um mago, sobretudo para cometer um crime. Os visitantes veneráveis fizeram um apelo ao meu auxílio em nome da justiça, da liberdade e das forças celestes. Pediram-me que livrasse seres inocentes da miséria e da fome. Jamais pensou no preço que representa uma vida humana, perante o trono do Ser único, do Ser Inefável, cujo nome só se pronuncia tremendo? Tome cuidado, José! As lágrimas, as maldições e a angústia pelo sofrimento imerecido sobem ao céu como uma nuvem escura. De acordo com a lei imutável, que faz com que todo peso na Terra caia sobre o lugar de onde partiu, você bem poderia ser esmagado.

— Veio aqui para me ameaçar?

— Não. Vim para tocar sua consciência e amolecer seu coração. Tenha piedade daqueles que sofrem! Não se deixe cegar pela ambição e lembre-se do que eu lhe disse outrora: "Seu futuro é estranho e majestoso, mas uma nuvem paira sobre seu fim. Não se esqueça jamais de que o homem pode usar, mas não abusar dos favores do destino, pois esse abuso pode se tornar o escolho de seu destino". Eu, que o instruí, que o armei para a luta, que o muni com o poderoso talismã, sem o qual você nunca teria chegado à altura vertiginosa que ocupa, creio-me no direito de lhe falar como faço agora.

José nada respondeu. Uma tormenta bramia em seu coração e em sua mente. A morte de Serag, seguida pela vinda do caldeu, as palavras duras que acabava de ouvir, tudo se juntava para criar um perigo incessante ao seu redor. Era evidente que a morte de sua sobrinha devia ser um aviso, que precedeu o aparecimento de Schebna. Mas teria José forças para lutar, se deixasse nas mãos de seus inimigos aquele terrível instrumento de destruição, que tinham encontrado só Deus sabia como? Inteiramente absorto em suas reflexões, o rapaz não notou o olhar ardente do mago e o sorriso indecifrável que estava em seus lábios.

— Você tem razão — o Adon disse. — Devo escutar tudo que vem de você e a hospitalidade em minha casa é sua por direito — ele disse, aprumando-se. — Siga-me. Vou lhe servir alguns alimentos frescos e bebidas. Em seguida, você descansará, pois está fatigado.

Sem objeção, o caldeu o seguiu. Depois de passar por uma longa galeria, por um pátio interno e, em seguida, por um corredor abobadado, José conduziu seu hóspede até um aposento, cujos muros eram guarnecidos com prateleiras repletas de rolos e tabuinhas. Uma cama, uma mesa cercada por bancos e um armário completavam o mobiliário daquele local, iluminado por uma lamparina a óleo, que descia do teto.

Depois de ter feito com que o caldeu se sentasse, o Adon retirou do armário uma taça, um cestinho repleto de confeitos e uma ânfora, que colocou sobre a mesa. O sábio ancião bebeu e disse, com um sorriso:

— O vinho é embriagador e pressagia um sono profundo e reparador.

— Beba e coma, depois descanse naquela cama. E que os deuses abençoem seu sono. Amanhã, tornaremos a nos ver — disse José, saudando Schebna com um gesto de mão.

— Eu lhe agradeço por sua hospitalidade e me recordarei de sua boa acolhida.

Uma hora mais tarde, José voltou. Tinha fechado a porta a sete chaves, ao sair. Tudo estava calmo e silencioso e o ancião encontrava-se na cama, mergulhado em um sono profundo como a morte. Abrindo um pacote de cordas fortes, o Adon amarrou com cuidado os pés e as mãos do caldeu, que não despertou. Em seguida, acendeu uma tocha e, aproximando-se da parede, acionou uma mola. Uma parte das prateleiras se abriu como se fosse uma porta, deixando entrever um gabinete contíguo, de onde uma escada em espiral conduzia a um subsolo bastante amplo, onde havia prateleiras e cofres repletos de papiros e objetos preciosos. Eram os arquivos secretos e o tesouro provisório do terrível chanceler de Apopi. Tendo pendurado a tocha num gancho, o Adon tornou a subir com passos leves, tomou Schebna em seus braços fortes e desceu para o subsolo.

— Que ele fique aqui por ora. Assim, não poderá me prejudicar. Veremos se seu poder o fará sair deste lugar — José disse entredentes, colocando o caldeu no chão. — Bem que ele elogiou meu vinho — acrescentou, irônico.

Naquele instante, Schebna deu um longo suspiro e abriu os olhos. Por um instante, ele olhou em seu redor.

— É para impedir que eu o prejudique, que você me joga neste subsolo, amarrado como se fosse um malfeitor? Cego, ingrato! Desse modo, você apenas me deu provas de que é, de fato, a serpente de que me falaram aqueles homens em trajes de linho.

A voz do mago soava vibrante e severa e seus olhos pareciam lançar chamas. José sentiu-se paralisado e, mudo de espanto, viu o ancião se sentar, erguer as mãos amarradas e entoar um canto bizarro, do qual apenas uma parte lhe era compreensível.

Entremeando o canto ritmado com fórmulas misteriosas, Schebna invocava os quatro elementos e os deuses supremos da Caldeia[7]: Anou, o rei do Universo, e espíritos celestes e terrestres; Ea, rei do Oceano e condutor dos destinos; Samas, o juiz supremo, e Adar-Samdan, o destruidor do mal.

À medida que a voz do caldeu se tornava mais retumbante, um assovio, semelhante a uma tempestade, enchia o subsolo. O chão tremia como se fosse se despedaçar e nuvens surgiam ao redor do evocador, envolvendo-o numa bruma avermelhada. De repente, um raio fulgurante atravessou obliquamente o subsolo, uma trovoada fez as paredes tremerem e, diante de José, que estava apavorado, ergueu-se a esfinge, que já lhe aparecera uma vez. O rosto do ser enigmático era severo e ameaçador. Seus olhos serenos se haviam tornado sombrios. De seus seios inchados e aflitos pingavam gotas de sangue e sua voz bramia como uma tempestade longínqua.

— Que a infelicidade venha sobre você, ingrato, se não parar com seu orgulho e com sua dureza impiedosa! Você abusa de meus benefícios e não é mais leite que você suga, mas meu sangue. Tome cuidado, para que eu não me volte contra você, pois, então, eu o submeterei com a força de um touro. Minhas garras de ferro o farão em pedaços, minhas asas o farão cair das alturas em que você plana, e da estrela que coroa minha fronte há de brotar um raio que o destruirá.

---

7 Ver *La magie chez les Chaldéens* — Lenormant.

Cambaleante, atordoado, cego por uma claridade ofuscante, José caiu por terra e fechou os olhos. Quando voltou a si, apenas a tocha iluminava o subterrâneo vazio e as cordas estavam no chão. Quanto a Schebna, tinha desaparecido.

Com a cabeça baixa e o coração pesado, o Adon voltou à sua sala. Mas, à medida que recobrava a calma, a raiva começava a ferver dentro dele. O mago havia escapado e era duplamente seu inimigo agora. Mas como teriam os sacerdotes tomado conhecimento da existência de Schebna, lançando contra ele aquele inimigo perigoso e inatingível? Isso ele tinha que saber, assim como o lugar onde o caldeu se ocultava. Sem hesitar, José correu para buscar o estojo que continha a taça, da qual ele se servia para suas adivinhações. O talismã infalível haveria de lhe desvendar tudo. O rapaz raramente o consultava agora, apenas em casos extremos, para não se esgotar pelo esforço da vontade e da concentração, indispensáveis ao fazê-lo. Naquele momento, porém, ele precisava saber, qualquer que fosse o preço. Com uma mão impaciente, José apanhou a taça, a fim de enchê-la de água. Mas, repentinamente, ficou lívido e um grito surdo escapou de seus lábios: a pedra misteriosa se partira em toda a espessura, como se um raio a tivesse atravessado.

Como se tivesse levado uma martelada na cabeça, José caiu desmaiado.

* * *

O ADON SE recuperou lentamente daquele terrível abalo. Mas sua natureza de aço não era daquelas que se dobram ou quebram ao primeiro choque. Além disso, como nenhum incidente novo veio provar que Schebna buscava se vingar, José se tranquilizou. Seu orgulho e a consciência de sua força lhe devolveram o equilíbrio e uma sobrecarga de trabalho e negócios diversos abrandaram nele a impressão sofrida. Mas uma vaga inquietude tinha permanecido no fundo de sua alma, o que, às vezes, deixava-o triste, nervoso e inquieto. Em suas horas sombrias, parecia-lhe que sua situação era precária, que o ódio e a traição, que o cercavam por todos os lados, iriam derrubá-lo das alturas que ocupava e que, talvez, o abandono e a miséria viessem a ameaçar o fim de sua existência. Apreensões desse gênero, expostas nas conversas com seu pai, tinham feito nascer um plano, a cuja execução ele se dedicou com o ímpeto e a energia que o caracterizavam e que faziam ressaltar um traço distintivo da raça semita.

Já rico e cumulado de bens por Apopi durante os anos de abundância, José havia, desde que a fome começara a reinar, acumulado uma fortuna colossal. Pois se ele entregava ao tesouro do faraó, pelo menos oficialmente, a maior parte das riquezas que o Egito e a Ásia colocavam em suas mãos, o fato é que guardava para si uma parte seleta, que era menos volumosa, mas não menos substancial, como as longas caravanas de asnos e de carruagens transportavam até a residência real e à sua tesouraria. É justo dizer que o próprio faraó tinha autorizado seu chanceler a guardar para si uma parte de seus bens. José apenas aproveitava generosamente daquela permissão.

Foi o plano de colocar em segurança, por medo do futuro, uma parte dessas riquezas, que monopolizou o espírito do Adon. Segundo a opinião de Jacó, os tesouros de seu filho ficariam em maior segurança na tribo do que em seu palácio, que poderia ser pilhado na primeira rebelião popular. E que, para assegurá-los definitivamente contra o ressentimento e a raiva dos egípcios, era urgente transportá-los para fora do país e colocá-los em lugar seguro.

O patriarca, que sentia que seu fim estava próximo, declarou que o túmulo de família, que ele possuía nas proximidades de Hebron, era o local mais seguro. Disse, também, que se José acompanhasse o corpo de seu pai, para sepultá-lo no sepulcro da família, teria toda facilidade para levar consigo o tesouro, sem levantar a menor suspeita. Tendo isso sido decidido, em princípio, Jacó reuniu seus filhos e colocou-os a par do que estava sendo preparado. E obrigou-os, sob juramentos tremendos e sob a ameaça de serem por ele amaldiçoados, a nunca tocarem nas riquezas, que não apenas pertenciam a José, mas estavam também destinadas a constituir o tesouro de Israel, recurso supremo em caso de perigo ou de infortúnio para ele e seus descendentes. O segredo só deveria ser comunicado aos chefes de tribos e revelados sob juramento. Somente José tinha o direito de mexer no tesouro enquanto vivesse, e seus descendentes, apenas se saíssem do Egito ao transportar seu corpo. Por fim, todos os detalhes dessa pilhagem misteriosa da terra de Kemi foram cuidadosamente estabelecidos. Na reunião secreta, todos os irmãos juraram respeitá-los, e o juramento era sincero, pois José os ameaçou de vir, mesmo como fantasma, destruir o ousado que desafiasse sua vontade. A fama do Adon como mago terrível estava muito bem estabelecida, para que alguém se arriscasse a desobedecê-lo. E, de fato, o segredo relativo àquele tesouro foi tão bem guardado, que somente Moisés, com o consentimento de todos os chefes das tribos, dele tomou posse, visto que a libertação do povo de Israel da terra da opressão foi considerada como caso extremo, previsto pelo grande homem de Estado e mago, condutor daquele povo.[8]

Além disso, sempre prevendo a possibilidade de uma catástrofe, José estabeleceu que seus dois filhos, caso ele próprio viesse a perecer de morte violenta, voltariam para a tribo, da qual continuavam a ser membros. Ruben foi nomeado como eventual tutor deles e uma grande soma foi entregue em suas mãos, destinada a ser repassada aos sobrinhos, quando de sua maioridade.

A organização de todas essas questões, a ordenação e transporte clandestino de tudo quanto colocava em segurança absorveram de tal forma o Adon, que ele deu apenas atenção secundária a uma circunstância que, entretanto, deveria desagradar-lhe sobremaneira: tratava-se da repentina aproximação entre Hichelat e Armais. Enquanto o rapaz estivera noivo, a princesa se mantivera afastada. Mas desde a morte de Serag, a jovem tornara a ser vista frequentemente no palácio do Adon. Armais quase sempre visitava a irmã quando Hichelat se encontrava na casa dela. José concluíra que sua esposa era favorável à simpatia de sua amiga ilustre, e avisava a tempo, ou a princesa, ou seu irmão.

O Adon passou a ir inesperadamente aos aposentos de sua esposa e logo se convenceu de que seus maus pressentimentos estavam prestes a se concretizar: um casamento entre seu cunhado e a filha do faraó se tornava cada vez mais provável. José punha-se a buscar seriamente um meio de impedir que aquilo acontecesse, quando a morte de Jacó veio distraí-lo mais uma vez.

José testemunhou e experimentou verdadeiramente uma dor profunda. Perdia seu amigo mais fiel, aquele que o amava incondicionalmente e sem segundas intenções. Depois de haver dado ordens para que embalsamassem com todo o cuidado o corpo de seu pai e encomendado um sarcófago de múmia dourado e incrustado, o Adon, em trajes de luto, dirigiu-se ao palácio real, onde Apopi, com sua costumeira benevolência, dirigiu-lhe palavras de condolência. Tendo agradecido ao rei, José prostrou-se:

8 O leitor poderá conferir a saga do povo hebreu no Egito lendo *O faraó Merneftá*, do mesmo autor espiritual. Editora EME, Capivari, SP. **Nota do revisor**

— Venho, meu Senhor e benfeitor, lhe pedir um favor. Jurei ao meu pai moribundo que o sepultaria no túmulo de nossa família, próximo a Hebron. Permiti que eu cumpra esse dever filial. Mas como o falecido era pai do homem que o senhor elevou tão alto, me daria autorização para comunicar o falecimento dele aos egípcios e a ser acompanhado por um séquito de sacerdotes e dignitários, conforme minha posição?

Apopi fitou José, atônito, e uma expressão de desagrado e ironia surgiu em seus lábios. Apesar do domínio que seu favorito exercia sobre ele e do hábito que tinha de permitir que ele fizesse tudo que queria, a pretensão de decretar luto nacional pela morte de tão insignificante personagem lhe parecia, e com razão, exorbitante.

— Seu desejo é estranho, e os sacerdotes e nobres do Egito decerto haveriam de considerar como provocação e ofensa premeditada que se exija deles que pranteiem, como a um rei, um simples pastor de raça estrangeira, além de lhes impor a fadiga de uma viagem tão longínqua, para acompanhar a múmia à sua derradeira morada. Mas, está bem. A você, eu o permito.

O olhar brilhante de José mergulhou como um raio de fogo no olhar inexpressivo de Apopi.

— Diz a verdade, faraó. Meu pai era apenas um simples chefe de pastores. Mas o filho dele é, depois do senhor, o primeiro homem do Egito, e as honras que forem feitas à memória de meu pai só poderão aumentar o respeito devido a este seu servidor e a obediência passiva que cada uma de suas ordens deve despertar. Sua vontade, oh, poderoso senhor, é minha lei. Mas prefiro depositar aos seus pés o poder com o qual me investiu, antes de deixar de honrar meu pai como ele merece.

O rei encostou a cabeça contra o encosto de sua poltrona e fechou os olhos. Seu rosto magro e pálido exprimia um cansaço indescritível.

— Faça como quiser — ele disse, após um instante de silêncio. — Se você ousa fazer isso e não teme um motim, promulgue uma ordem, a qual, repito, será considerada como provocação e chacota. Mas decrete o luto e os funerais em seu próprio nome. Estou doente e não quero ser importunado por reclamações da parte dos sacerdotes e dignitários.

Embora furioso com aquele meio-consentimento, José não se deu por vencido. Sem hesitar, promulgou uma ordem que prescrevia ao Egito um luto de setenta dias. Anunciou, também, que um séquito considerável de escribas reais, conselheiros e outros funcionários, assim como dois abanadores do faraó, o sumo-sacerdote de Tânis e toda uma legião de sumidades sacerdotais o acompanhariam até Hebron, a fim de celebrar, com sacrifícios e cerimônias religiosas, as exéquias de Jacó. Além disso, José soube influenciar Apopi tão bem, que este mudou de ideia e declarou abertamente sua satisfação quanto às ordens dadas pelo Adon.

Esse decreto inesperado provocou verdadeiro estupor entre os egípcios. Mas, pela primeira vez, boas gargalhadas se misturaram à raiva. A obrigação de manter luto e de enterrar como rei aquele pastor insignificante, de raça considerada de tal modo desprezível, que nenhum egípcio teria desejado comer um pedaço de pão à mesa com ele, era tão incrivelmente ridícula, que os comentários sarcásticos quase superaram as imprecações. Entretanto, houve cabeças quentes que levaram mal a coisa e teriam respondido àquela ousadia insolente com um motim e massacres, caso os chefes do movimento nacional, que mantinham relações contínuas com Taa III, não tivessem considerado o momento como desfavorável para uma revolta e imposto a calma aos furiosos. Tudo permaneceu, então, em silêncio, e os dignitários egípcios se prepararam docilmente para a viagem cansativa que o opressor lhes impunha. Quanto aos hicsos, que ocupavam os cargos mais elevados no governo de José, deram prova de zelo e devotamento sem limites e aceitaram positivamente a honra de acompanhar o Adon e a múmia de seu pai.

* * *

DURANTE AQUELAS SEMANAS de luto, Asnath se sentiu um pouco à vontade. Era informada por Armais sobre o que bramia na alma de seus compatriotas e sofria com eles, devido ao insulto e ao ridículo que lhes eram infligidos. Até mesmo Hichelat parecia indignada quanto à exagerada condescendência de seu pai e certas críticas severas haviam traído, diante de Armais e de Asnath, o descontentamento da princesa em face da petulância do Adon. Asnath recebeu quase que com alegria a oportunidade de deixar Tânis. Aproveitando-se da notícia de uma enfermidade muito grave de Ranofrit, pediu ao marido que a deixasse partir por duas ou três semanas, a fim de cuidar de sua tia, com o que José concordou.

Um incêndio, ocorrido à noite na casa que Putifar tinha em Mênfis e que quase tinha custado a vida de um de seus filhos, havia causado um susto terrível em Ranofrit, fato que desencadeara sua doença. Putifar instalara a enferma na casa de seu cunhado, e quando Asnath lá apareceu, encontrou seus pais, que tinham chegado dois dias antes. Quase duas semanas transcorreram em vigílias e cuidados incessantes. O perigo foi afastado, mas os dois fiéis enfermeiros ficaram completamente esgotados.

Uma noite, Maia, após a insistência da filha, foi se deitar. A enferma dormia e Asnath se dirigiu ao jardim, para respirar o ar fresco e perfumado da noite. De início, ela caminhou um pouco, mas, sentindo-se logo fatigada, sentou-se num banco junto à casa, que ficava parcialmente escondido por ramos de jasmim. A alguns passos de distância do banco ficava uma janela, que dava para a sala de trabalho do sumo-sacerdote. Já há cerca de 15 minutos, talvez, a jovem meditava em silêncio, quando ouviu seu pai entrar com um estranho. Os dois homens acenderam uma lamparina, cuja luminosidade avermelhada se projetava sobre a folhagem. A conversa deles pouco interessava a Asnath. Jamais ouvira o nome de Schebna. E que lhe importava o caldeu, cuja ausência seu pai lastimava, irritando-se pelo fato de o homem se haver retirado para um local desconhecido, a fim de orar e jejuar, justo no momento em que mais se tinha precisado dele.

Irritada com aquele rumor de vozes, quando ela desejava o silêncio e a solidão, a jovem se dispunha a entrar, quando ouviu seu pai e o visitante se levantarem decididamente e, um instante mais tarde, a voz do sumo-sacerdote do templo de Ptah indagar, ansiosa:

— Estamos a salvo de ouvidos indiscretos?

— Fale sem medo — respondeu Potifera. — Todos os escravos estão longe, conforme seu desejo. Minha mulher dorme e Asnath vela junto à Ranofrit.

— Então, posso lhe anunciar que o momento da libertação soou e que o cão fétido, que zomba de nossa dignidade, não entrará mais em Tânis.

Asnath ergueu a cabeça, trêmula, e pôs-se a escutar, ansiosa. Embora o sacerdote falasse em voz baixa, seus sentidos superexcitados permitiam que ela ouvisse cada detalhe do plano que ele revelava: um jovem sacerdote imolador, de nome Ra-hotep, inimigo fanático de José, apresentara-se aos anciãos do templo em segredo e declarara que estava decidido a sacrificar a própria vida para a libertação de seu país e que, no primeiro momento propício, durante os sacrifícios funerários, ele decapitaria o Adon.

— Você sabe que lá, na terra de Canaã, ninguém suspeitará de um atentado, além do que a energia e a força extraordinária de Ra-hotep garantem o sucesso do atentado. Os funerais pomposos do velho cão serão, portanto, a última infâmia do opressor, e seus irmãos poderão depositar, de imediato, a carcaça dele ao lado da de seu pai ilustre — finalizou o sumo-sacerdote.

Trêmula como uma folha, a cabeça quente, Asnath se levantou do banco e, como uma sombra, dirigiu-se ao seu quarto. Deixando-se cair sobre uma poltrona, apertou com ambas as mãos o peito opresso. Um sentimento infernal atormentava seu coração, suscitando nela uma luta como jamais havia experimentado. Sem desejar, tinha se tornado cúmplice de um assassinato, o de seu marido, e não podia preveni-lo, nem impedir que acontecesse o atentado. Desde que escutara que José estava irremediavelmente condenado à morte, todos os seus ressentimentos contra ele se haviam dissipado, deixando de pé somente a dor de perdê-lo. No entanto, seus lábios estavam selados, pois como poderia ela trair sua casta e entregar ao carrasco os mais ilustres sacerdotes e, talvez, seu próprio pai?

A jovem passou uma noite insone. Então, no dia seguinte, aproveitando-se de uma mensagem de pouca importância que José lhe enviava, declarou que o marido chamava por ela e, no mesmo dia, voltou a Tânis. Apenas Maia ficou impressionada com seu ar abatido, que atribuiu ao excesso de cansaço. Os homens estavam tão preocupados, que nada notaram.

Quando José, todo feliz pelo retorno imediato da esposa, foi cumprimentá-la, ficou preocupado com sua fisionomia abatida.

— Asnath, você está doente, excessivamente fatigada, pobre menina — ele disse, enquanto a abraçava com ternura.

— Sim, acho que peguei friagem — respondeu a jovem, fazendo um esforço quase sobre-humano para se dominar.

O Adon mandou chamar um médico, que declarou que Asnath tinha febre e prescreveu repouso absoluto. Ela se conformou de bom grado àquela recomendação: estava feliz por poder ficar a sós. O que se passava no íntimo dela era indescritível, e José ficou aflito com o estado de sua esposa, que lhe parecia estranho e perigoso.

Por fim, chegou o dia da partida. Desde a aurora, uma multidão enorme enchia todas as ruas nas cercanias do palácio do Adon. Queriam ver a imensa caravana que partia rumo à Síria. Admiravam o majestoso sarcófago, colocado sobre uma carruagem, e a tenda de couro bordado que o cobria, os carros de duas e quatro rodas, ocupados pelos sacerdotes, escribas reais e outros dignitários, além da fila interminável de asnos e de camelos, que transportavam a bagagem sob a supervisão de um exército de escravos, assim como os destacamentos de soldados que deviam escoltar o cortejo.

Tudo estava pronto. Aguardava-se José, cujo carro, puxado por dois magníficos corcéis, estava diante da entrada principal. Mas o Adon demorava a vir.

Uma hora antes, José se aproximara da esposa, a fim de se despedir dela. Ele a encontrara junto à janela. Sua palidez mortal e a agitação febril que visivelmente a devorava, encheu o coração do Adon de nova ansiedade. Ele a abraçou com ternura, recomendando-lhe que se cuidasse durante sua ausência. Asnath ergueu a cabeça e a expressão estranha com que seus olhos azuis o fitaram, causou nele forte impressão. Mas o tempo urgia e ele despediu-se dela, uma última vez, com um gesto de mão e caminhou em direção à porta.

— José — Asnath murmurou de repente, com voz sufocada.

Então, correndo até ele, lançou-se agitada ao seu pescoço. Espantado com o impulso da jovem, sempre tão brava e reservada, José apertou-a apaixonadamente contra o peito. Um imenso sentimento de felicidade o invadiu e, inclinando-se para ela, murmurou:

— O que é que você tem, minha querida? Não fique tão agitada.

Sem responder, Asnath escorregou entre seus braços e ele viu, assustado, que ela tinha desmaiado.

José a levou até a cama e, somente depois que o médico lhe assegurou que o estado da esposa não apresentava gravidade, é que ele se decidiu a partir, antes que ela tivesse recobrado os sentidos. Com o coração cheio de pesar, ele beijou mais uma vez sua boca pequena e descorada, seus olhos fechados, e saiu do quarto. Dentro de minutos, ele saltava para dentro de seu carro e dava sinal de partida. Mas todos perceberam a preocupação triste que parecia pesar sobre ele. Por outro lado, ninguém suspeitava que um tesouro considerável deixava clandestinamente a terra de Kemi.

VI

Para o ambicioso, não há obstáculos

...bem como toda a casa de José, seus irmãos e a casa de seu pai. Deixaram na terra de Gessen somente suas crianças, suas ovelhas e seu gado.
Com José, subiram também carros e cavaleiros, um grande e imponente acampamento.
Chegando a Goren-Atad, no outro lado do Jordão, fizeram um funeral grandioso e solene. E José guardou luto de sete dias por seu pai.
Em seguida, José voltou para o Egito, com seus irmãos e todos os que o tinham acompanhado no sepultamento de seu pai.
Gênesis, cap. 50, vs. 8, 9, 10, 14

O vale estreito, cercado por montanhas cobertas de árvores, ao fundo do qual se erguia Hebron, tinha um aspecto insólito. Ao redor da colina solitária e silenciosa, aos pés da qual se achava aberta a gruta funerária, reinava, há dias, o barulho e a animação de um vasto acampamento. De um lado se podia ver, em linhas simétricas, as tendas egípcias, no meio das quais se erguia a tenda ampla do Adon. À entrada dessa tenda, onde estavam fincados dois troncos de árvores enfeitados por bandeirolas, sentinelas vigiavam. Do outro lado, separado dos egípcios por toda a largura do vale, erguia-se o acampamento dos pastores hebreus.

No dia seguinte à sua chegada ao Vale do Hebron, José, acompanhado apenas por seus irmãos, depositou a múmia de Jacó no túmulo. E durante duas noites consecutivas, sob pretexto de celebrar os ritos religiosos de seu povo, os filhos do patriarca voltaram sozinhos à gruta e lá enterraram os tesouros que haviam trazido. Ninguém os incomodou. Cheios de aversão e desprezo, os egípcios se mantiveram afastados, convencidos de que os "impuros" imolavam vítimas humanas em segredo, crianças, sem dúvida, as vítimas preferidas de seu deus sanguinário.

Na manhã do terceiro dia, começaram, conforme ordens de José, as cerimônias funerárias, segundo o ritual egípcio. Sinistros e silenciosos, os sacerdotes e os dignitários se reuniram e o imponente cortejo, acompanhado por cantos comoventes, desceu até a gruta, em cuja entrada eram sacrificadas numerosas vítimas. Sem dar atenção ao silêncio sinistro e ao ódio mal dissimulado de todos os egípcios presentes, José presidiu aos sacrifícios, ativo e impassível. A cerimônia se aproximava do final, quando um incidente inesperado aconteceu. Um boi acabava de ser imolado e o sacerdote imolador se levantava, supostamente para decepar os membros ainda palpitantes do animal. Foi quando ele, subitamente, lançou-se na direção do Adon, erguendo o cutelo sagrado, do qual escorria sangue. Era um sacerdote jovem, de estatura colossal, cujo rosto crispado e olhos vermelhos, flamejantes de um ódio selvagem, eram, de fato, aterrorizantes. Instintivamente, José deu um passo para trás, enquanto um oficial de seu séquito, hicso de nascimento, agarrou-se ao braço do alucinado no exato momento em que este dirigia um golpe furioso contra o Adon. A arma desviou e, ao invés de transpassar o peito, atingiu fundo a coxa do Adon.

Gritos se fizeram ouvir:

— Assassinato! Traição! Tentam assassinar o Zaphenat-Peaneah!

Houve tumulto. Uns corriam para amparar José, que caía, coberto de sangue. Outros seguravam o sacerdote, tentando desarmá-lo. O jovem, porém, dotado de força hercúlea, lutava, com vantagem, contra uma dezena de adversários. Num momento em que vários deles, gravemente feridos, rolavam por terra, o imolador se soltou, de repente, e deu um passo atrás.

— Morro por meu país — ele gritou com voz retumbante. — Uma mão mais hábil do que a minha saberá encontrar o caminho até seu coração, cão fétido e maldito!

Então, com a velocidade de um raio, o jovem sacerdote enterrou o cutelo no próprio peito e caiu pesadamente no chão.

José foi levado para sua tenda. Ataram-lhe a ferida, que não era fatal. Mas uma grande perda de sangue e dores atrozes o mantiveram no leito, retardando em mais de oito dias a partida da caravana.

Aquela tentativa de assassinato tinha provocado um verdadeiro alvoroço nos dois acampamentos. No primeiro dia, os gritos e clamores só cessaram às altas horas da noite. Todos os hicsos espumavam de raiva contra aquele atentado audacioso e acusavam a casta sacerdotal de conivência. Os sacerdotes, por sua vez, mantiveram a calma. Ninguém podia provar coisa alguma contra eles, nem lhes atribuir a responsabilidade pelo ato insano de um fanático, que agira movido pelo impulso do momento. Nem o faraó, nem o Adon se arriscariam a fazê-lo. No fundo da alma, bem entendido, lamentavam amargamente que um infeliz acaso tivesse frustrado o plano de Ra-hotep e custado a vida do corajoso patriota.

Assim que suas forças o permitiram, José retomou o caminho de volta ao Egito. Mas durante as longas horas em que, embalado pelo rumor dos passos cadenciados de seus carregadores, permanecera a sós consigo mesmo, havia meditado sobre o passado e o futuro. Um indescritível sentimento de amargura, raiva e angústia lhe apertara o coração. O atentado de Ra-hotep tinha lançado uma luz inteiramente nova sobre a conduta de Asnath desde seu retorno de Mênfis e em seu desesperado adeus. Era de um plano maquinado de longa data, e não do louco arrependimento de um fanático, que ele quase tinha sido vítima. Asnath sabia que desejavam assassiná-lo e se calara. Contudo, ela o amava e o havia demonstrado como nunca antes. Aquela certeza fazia com que o coração do Adon batesse com um sentimento em que a felicidade e a dor coexistiam. Durante dias inteiros ele refletia, buscando sondar aquele coração de mulher, que era para ele um enigma. Diante daquela preocupação, todas as complicações e dificuldades de sua vida política acabaram por desvanecer. Com impaciência febril, José desejava rever Asnath e ler em seus olhos azuis a impressão que seu retorno haveria de produzir nela.

Em Tânis, a notícia da tentativa de assassinato, levada por um mensageiro, deu o que falar, despertando as mais diversas sensações. Todos os egípcios tremeram de raiva e de desgosto pelo fato de o opressor haver escapado. Por outro lado, todos os hicsos aclamavam triunfalmente a salvação do homem que todos consideravam como sendo seu mais sólido sustentáculo. Apopi testemunhou profunda cólera e numa conversa com o sumo-sacerdote de Ptah, que ele tinha mandado chamar, afirmou que declararia toda a casta sacerdotal responsável, caso outra tentativa tão odiosa contra seu primeiro conselheiro viesse a se repetir. Além disso, ordenou que se festejasse, com sacrifícios e cerimônias da ação de graças, o dia feliz em que o Adon voltasse são e salvo à capital. Enviou, também, corredores para dar as boas-vindas a seu predileto.

Quanto a Asnath, a notícia de que José havia escapado do perigo que o ameaçava causou profunda comoção. A ideia de revê-lo são e salvo fazia com que seu coração palpitasse de amor e felicidade. Por outro lado, o temor pelas consequências que o atentado poderia vir a trazer à sua casta e as represálias cruéis que seu marido não deixaria de exercer contra os sacerdotes enchiam-na de desesperada angústia. Sua perturbação era tal, que nem chegou a pensar na posição enganosa que a imprudência com que havia traído a confiança de José poderia vir a afetá-la.

Asnath era mulher na acepção plena da palavra. Impulsiva e exaltada por natureza, nascida sob os raios ardentes do sol tropical, aspirava ao amor, à felicidade. Hor estava longe, longe dos olhos e do coração, e ao homem mais belo e mais ilustre do Egito, que lhe pertencia como esposo e por quem ela sabia ser amada com paixão, ela devia odiar e tratar com indiferença, por ordem de sua casta. Seu coração jovem debatia-se sob o impulso de duas correntes contrárias que a dilaceravam, pois para o amor não existia ódio de raça, nem preconceito de casta. E, todavia, a disciplina imposta por este último sobre a filha de Potifera era de tal modo poderoso, que ela neutralizava o sentimento mais poderoso do coração humano.

Mas aquele conflito íntimo jamais fora mais incômodo e doloroso para Asnath do que no dia do retorno de José a Tânis. Tinha se sentido incapaz de comparecer à recepção, da qual Apopi fizera uma verdadeira consagração, e para lá enviara apenas os filhos com seus cuidadores.

O dia da chegada do Adon foi celebrado em Tânis como se fosse o da entrada do próprio rei. Sacrifícios foram oferecidos em todos os templos desde a aurora. O sangue das vítimas queimava sobre os altares. De dentes cerrados e com fel na alma, os sacerdotes se prostravam diante das estátuas dos deuses, agradecendo-lhes por haverem protegido a preciosa vida do primeiro funcionário do Estado. Mas, talvez, nunca antes tantas maldições secretas se haviam acumulado sobre a cabeça odiada daquele que era reverenciado oficialmente, por ordem do faraó. A seguir, pomposas procissões sacerdotais, ao som dos cantos de sacerdotes e sacerdotisas, dirigiram-se para fora das portas da cidade para receber, *vivo,* o herói do dia e lhe apresentar felicitações. O próprio Apopi tinha vindo ao encontro do Adon no templo de Sochet, coisa que era rara. E quando José se prostrou e beijou o solo com lágrimas de alegria e reconhecimento, o rei se levantou, abraçou-o como a um filho e lhe deu permissão para lhe beijar os pés no futuro.

Depois de ter oferecido sacrifícios no templo de Sochet, o faraó, acompanhado por seu chanceler, voltou à residência real, onde um esplêndido banquete reunia os mais importantes homens da corte e da cidade.

De volta a seu palácio, José ainda teve que se sujeitar a ser recepcionado por toda uma série de comissões de subordinados. Só ao cair da noite é que se retirou, finalmente, aos seus aposentos particulares e dispensou a todos, proibindo que o perturbassem sob qualquer pretexto. José ainda estava fragilizado devido ao ferimento e as fadigas do dia o haviam esgotado. Pálido e debilitado, ele deitou-se num divã sob a colunata e esperou por Asnath, que deveria vir cumprimentá-lo. A ausência dela na cerimônia daquela manhã não o havia surpreendido: a jovem não quisera revê-lo diante do rei e sob os olhares dos sacerdotes.

Mas José esperou em vão. A cada mínimo ruído ele erguia a cabeça, pensando ouvir o rumor dos passos da jovem egípcia ou ver sua silhueta esbelta surgir à sombra da colunata. Será que ela não ousava vir, por se reconhecer cúmplice dos sacerdotes? Já nervoso e superexcitado, José foi repentinamente tomado por um desespero, uma mágoa inominável. Afundou a cabeça nas almofadas e lágrimas ardentes transbordaram de seus olhos. Oh, por que pusera os pés naquela terra de Kemi? Por que o destino irônico fizera do pastor selvagem, mas livre e feliz, o Adon do faraó Apopi?

Nos desertos verdejantes da terra de Canaã, ele não havia conhecido tantas honras, mas também não tinha colhido tanto ódio! Todos os privilégios de que gozava não eram senão aparência enganosa, sob a qual se propagavam, na surdina, de fato, o desprezo e o ódio. Não era verdade que naquela mesma manhã, enquanto escutava com gélida altivez as palavras dos sacerdotes e as torrentes de bajulação que eram derramadas a seus pés, seus olhos tinham procurado, no meio da multidão, se entre os homens trajados de linho ou entre os guardas de honra que o aclamavam, iria surgir algum alucinado, erguendo um machado brilhante ou uma faca cortante para abater, como a um réptil peçonhento, aquele que era aclamado como o *filho* mais glorioso do Egito? Tudo aquilo com que ele se embriagava era uma mentira e não conseguia preencher o vazio de seu coração. Aquele vasto palácio era um deserto árido e, de repente, aquela solidão e aquele silêncio lhe pareceram insuportáveis. O desejo de rever Asnath, de apertar entre seus braços a filha de Potifera, seu inimigo mortal, apoderou-se dele com violência. José sentia um estranho prazer em chamar de esposa, sabendo-se amado por ela, aquela cujo pai o tomava por um cão fedorento. Além disso, ele queria ouvir dos lábios dela, se tinha conhecimento de que ele deveria morrer.

José se levantou do divã. Suas têmporas pulsavam, todo seu corpo ardia e calafrios nervosos se faziam sentir. Atravessou a galeria, quase correndo, e adentrou o quarto de sua esposa.

Asnath também estava sozinha. Sentada em uma poltrona junto à janela, lutava consigo mesma há horas, buscando compreender o que lhe dilacerava a alma e pôr um fim àquele combate fatigante. Desejaria ter corrido para junto de José, que lhe parecia um ressuscitado. Mas um sentimento que ela não saberia definir a impedia de fazê-lo. Reclinada contra o encosto da poltrona, de olhos fechados e mãos ansiosamente unidas sobre os joelhos, a jovem se achava de tal modo mergulhada em seus pensamentos, que não ouviu o marido entrar, nem percebeu que o rapaz se inclinava sobre ela. O caos de seus sentimentos se estampava de maneira tão clara em seu rosto abatido, que José estremeceu.

— Asnath! — ele murmurou, num misto de angústia e amor.

A jovem mulher ergueu a cabeça, trêmula e, em seguida, esquecendo-se de tudo, atirou-se nos braços do esposo. Por um momento, permaneceram abraçados, ambos em silêncio. De repente, porém, José se afastou e, inclinando-se, perguntou em tom imperioso:

— Asnath, você sabia que eu deveria morrer?

Ela recuou, pálida como uma morta.

— José, José, não me pergunte nada — ela disse, com um olhar suplicante.

— Fale — ele insistiu, com voz rouca, apertando as mãos da esposa, como se fosse esmagá-las.

Mas ao ver a angústia mortal da jovem, ele acrescentou, esforçando-se para manter o autocontrole:

— Fale sem receio. Eu juro, pela memória de meu pai, que jamais trairei suas palavras. Mas quero saber, finalmente, a verdade. Você sabia que eu caminhava para uma morte certa, quando me deixou partir?

Asnath tremia como folha verde, mas vencida pelo olhar flamejante que a observava, respondeu com voz sufocada:

— É verdade. Eu sabia que queriam assassiná-lo. Mesmo em tais circunstâncias, porém, eu devia deixá-lo partir, a despeito de meus sentimentos, uma vez que minha memória seria amaldiçoada, caso eu traísse minha casta.

José a afastou e apoiou-se, cambaleante, a uma cadeira. A tempestade que bramia dentro dele roubava-lhe o ar. Mas, quase que de imediato, ele se aprumou.

— Venci o destino e vencerei sua casta — ele declarou, com olhos flamejantes. — Mas que esperem pelo pior, pois inventarei as torturas do Amenti, para fazê-los expiar todo mal que me fazem.

José deu as costas a Asnath e voltou para sua sala. Todo seu cansaço tinha momentaneamente desaparecido. Com passos firmes, caminhou de um lado para outro, tomado por um furacão interior. Uma onda de pensamentos cruéis e maus, inspirados pela exasperação que sacudia cada fibra de seu ser, inundou seu cérebro. Daquele caos se destacava o desejo amargo e tenaz de subtrair Asnath à influência deletéria de sua casta. Mas onde poderia escondê-la? Onde ocultá-la de todos com segurança, de modo que nem a mão, nem a voz dos sacerdotes pudessem alcançá-la? Mil projetos irrealizáveis surgiam, para serem depressa descartados. Por fim, aniquilado e exausto, José deixou-se cair sobre o divã e sua louca superexcitação acabou por se diluir num sono pesado e profundo como um desmaio.

Quando acordou bem tarde no dia seguinte, sua natureza de aço havia recuperado o equilíbrio. Mas no fundo de sua alma permanecia acumulado o fel provocado pela tempestade moral que tinha sofrido, assim como a ideia de subtrair Asnath a todos os olhares. No momento, porém, aquele plano vago e informe foi adiado, devido a assuntos mais prementes. Em primeiro lugar, uma sobrecarga de assuntos diversos se havia acumulado durante sua ausência. Além disso, a questão política se agravara ainda mais: os relatórios de seus agentes secretos lhe haviam confirmado que a silenciosa agitação das massas populares, absolutamente arruinadas, aumentava a cada dia. Calavam-se, ainda, mas algo de pesado e indefinível pairava no ar, nada pressagiando de bom. Bandos de larápios esfomeados vagavam pelos campos, grupos se haviam formado em torno dos celeiros públicos, e embora aquela multidão maltrapilha nada houvesse tentado, tendo sido dispersada todas as vezes que os soldados se haviam aproximado dela, gritarias, ameaças e até mesmo gritos insurgentes como – "Abaixo o Adon! Morte ao usurário" – tinham sido ouvidos.

Por último, diziam que grande número de homens, fortes e desprovidos de tudo, haviam encontrado abrigo nos templos, onde esses mesmos indivíduos poderiam vir a se tornar, num dado momento, uma arma terrível nas mãos dos sacerdotes.

José apertou ainda mais as rédeas com seu punho de ferro. Patrulhas de soldados passaram a percorrer os campos, perseguindo e punindo sem piedade, com bastonadas e prisões, os infelizes que abandonavam suas cidades devastadas. Os destacamentos que protegiam os celeiros foram duplicados. Um triplo cordão de sentinelas vigiava, noite e dia, ao redor da residência real e do palácio do Adon. Por fim, estabeleceu-se uma vigilância tão severa quanto possível sobre os templos. Ali, no entanto, o controle era dos mais difíceis, dada a vasta extensão dos recintos sagrados, a enorme população que abrigavam e a desconfiança hostil e arrogante com que as corporações sacerdotais se opunham a toda e qualquer intromissão e controle em suas questões internas. É compreensível que tal situação tenha tornado duplamente incômodo e mesmo perigoso para José o casamento próximo de Armais com Hichelat. Uma conversa entre Asnath e o irmão, que o Adon surpreendera um dia, dera-lhe a conhecer que tinha havido um entendimento entre o jovem oficial e a princesa. Ele ficara sabendo que assim que Armais voltasse de uma viagem que se propunha a fazer a Heliópolis, aproveitariam a primeira ocasião favorável para falar a Apopi e obter seu consentimento.

José supôs que seu cunhado desejava se entender com Potifera antes de dar um passo decisivo. E quem poderia prever a vantagem que o orgulhoso sumo-sacerdote poderia tirar daquela união? Ele poderia, de qualquer modo, propor a Apopi um acerto que dissiparia todos os obstáculos, caso o faraó designasse o marido de sua filha como herdeiro da coroa. Todos os sacerdotes se associariam, de boa vontade, àquele faraó descendente de sua casta. Desse modo, desapareceriam, de um só golpe, todas as conspirações e todas as intrigas clandestinas com Taa III. Para alcançar tal resultado, era possível que Apopi sacrificasse seu chanceler, a criatura que ele havia elevado e que poderia destruir. José, então, cairia como vítima expiatória e o povo, tendo saciado seu ódio, haveria de se unir abertamente à dinastia reinante.

A perspectiva de tal possibilidade fazia José estremecer. Era por demais um homem de Estado, para se fiar na gratidão ou contar com a fidelidade de quem quer que fosse. Pensou também em se garantir e, como primeira medida preventiva, tentou casar Hichelat com um príncipe estrangeiro. Mas o rei, evidentemente influenciado pela filha, declarou que não queria se separar dela. Foi quando veio à mente do Adon o plano secreto, sugerido por seu falecido pai: casar-se, ele próprio, com Hichelat, e ocupar, ele próprio, o trono dos faraós, ao invés de permitir que seu inimigo mortal o assumisse.

Quanto mais examinava e ruminava aquele último plano, tanto mais este lhe agradava, visto que lhe seria maravilhosamente útil, tanto para satisfazer à sua ambição, quanto ao seu ódio e mesmo ao sentimento que o perseguia desde que voltara de Hebron: um desejo selvagem de sequestrar Asnath e de separá-la de tal modo de sua casta, que nenhuma sombra de influência desta pudesse tornar a alcançá-la.

A resolução de José se tornou definitiva e ele tratou de colocá-la em ação com a energia e perspicácia que lhe eram próprias. Em primeiro lugar, preparou o esconderijo onde sua mulher deveria permanecer inacessível para que, uma vez oficialmente livre, ele pudesse se casar com Hichelat. Para forçar a princesa a aceitá-lo, o Adon contava com os meios que considerava imbatíveis.

Havia dois anos, José tinha mandado construir anexos e edifícios diversos em seu palácio. E como jamais havia confiado na afeição do povo, a maioria desses edifícios era de construção sólida, o que tinha tornado a residência do Adon mais semelhante a uma fortaleza do que ao palácio arejado, leve e alegre de um egípcio ilustre.

Num daqueles misteriosos anexos, onde, segundo o povo, o Adon escondia os tesouros que extorquia da população, havia também várias criptas bastante amplas, sendo que uma delas se comunicava, por meio de um corredor, a pequeno pátio cercado por muralhas espessas e altas. Por um segundo caminho secreto, esse corredor desembarcava no Nilo. De fato, aquele local destinara-se, de início, a servir de refúgio para José e sua família em caso de uma rebelião. De lá, quando caísse a noite, poderia alcançar o rio e se dirigir a Avaris. E foi naquele esconderijo indetectável que ele resolveu instalar a desafortunada Asnath. Aquele lugar tinha ainda a vantagem de se comunicar com seus próprios aposentos por meio de corredores secretos, o que era perfeito para seu plano de visitar a jovem mulher, sem que ninguém suspeitasse daquelas visitas clandestinas.

Tendo preparado tudo e escolhido como futuro guardião da prisioneira um negro surdo-mudo, estúpido e devotado como um cão, José ficou esperando apenas o momento certo para agir.

A partida de Armais para Heliópolis lhe pareceu ocasião favorável e um dia, após a partida do jovem oficial de Tânis, uma inesperada catástrofe colocou toda a cidade em comoção.

Asnath sempre havia gostado de fazer passeios solitários no Nilo à tarde e não raro à noite, e tanto em Mênfis quanto em Tânis todos conheciam a embarcação pintada e dourada na qual a jovem, acompanhada por sua ama e uma dama de companhia, fazia seus passeios diários.

No dia ao qual nos referimos, Asnath tinha jantado com o marido em seus aposentos e reclamara de uma dor de cabeça. Em seguida, acreditando que o frescor da noite lhe faria bem, havia partido como de costume. Mas as horas se passaram, sem que ela regressasse.

Quando José, que trabalhava até bem tarde, foi se deitar e ficou sabendo que sua mulher não tinha voltado, foi tomado por uma fúria assustadora, pelo fato de não ter sido avisado sobre tal fato. Imediatamente, deram o alarme, e o próprio José comandou as buscas no rio, que se revelaram em vão. Só no dia seguinte foi que pescadores encontraram a embarcação de Asnath, que flutuava com o casco para cima. Encontraram, ou as águas haviam arremessado, os cadáveres das duas acompanhantes e de um remador. Os corpos dos outros três ocupantes e o da jovem esposa do Adon não foram achados. O que teria acontecido? Que acaso teria provocado a aventura trágica? Ninguém conseguiu desvendar aquele mistério.

Enquanto toda Tânis discutia a morte prematura de Asnath e lágrimas e lamentos dolorosos enchiam o palácio do Adon, a jovem senhora repousava, mergulhada num sono letárgico, na cripta onde deveria vegetar, no futuro, como uma morta-viva. Já na barca, sentindo-se pesada como chumbo, a jovem tinha adormecido e não tivera qualquer consciência da catástrofe que havia feito sua embarcação virar, nem tampouco de seu transporte para a cripta subterrânea.

A noite caía quando ela, finalmente, despertou. Não pôde, de início, compreender o que se passara, nem por que razão se achava naquele lugar desconhecido e estranho. Fatigada e com a cabeça pesada, Asnath se levantou. Mas à medida que examinava a cripta iluminada por duas candeias presas ao teto e mobiliada apenas com uma mesa, um divã, dois bancos e um armário entalhado, acabou por constatar que era numa prisão subterrânea que ela se achava encarcerada. Um tremor nervoso se apoderou de Asnath. Como que enlouquecida, ela se pôs a correr pelo subterrâneo, batendo contra as paredes e dando gritos desesperados.

Não duvidava de que José a tivesse aprisionado naquele lugar. Mas, por quê? Para se vingar de seus familiares ou para deixá-la morrer de fome e se livrar dela? Lançando um grito selvagem, a jovem agarrou a cabeça com as duas mãos e caiu por terra. Desta vez ela não estava inconsciente, mas uma espécie de torpor tinha se apoderado dela. E foi como através de um véu que ela viu a porta maciça se abrir e um velho negro e alto se aproximar, trazendo uma taça e uma ânfora.

Ele ergueu Asnath, fez com que ela se sentasse num banco e, com um gesto, obrigou-a a beber.

— Quero sair! — ela gritou com voz rouca, mas o negro não pareceu escutar.

Com bondade, ele removeu um pano que cobria a mesa e lhe indicou pratos repletos de carnes frias e pedaços de bolo. A seguir, abriu um cesto comprido e lhe mostrou que ali havia túnicas e uma caixinha de joias, assim como o armário continha bacias para se lavar e todos os pequenos objetos indispensáveis à toalete de uma mulher. Mas Asnath não via. Estando convencida de que tinha um carcereiro e de que este era surdo-mudo, foi tomada por tal desespero, que a cabeça girou e ela caiu por terra, inconsciente. Ao vê-la no chão, o negro sacudiu a cabeça e a carregou até o divã. Em seguida, visivelmente confuso, deixou o subterrâneo.

Uma hora mais tarde, a porta tornou a se abrir e José entrou, seguido pelo guardião. Animado e inquieto, ele se aproximou do leito de púrpura onde sua jovem esposa estava deitada, lívida e inerte, como morta. Lançando uma maldição sufocada, José a tomou nos braços como se a uma criança e fez um sinal para o negro, o qual se apressou em abrir uma portinha tão bem escondida na muralha, que Asnath não a tinha visto. Atravessando um longo corredor abobadado, ele levou a jovem até o pátio cercado por muros, do qual falamos acima.

Lá havia um banco de pedra junto a uma fontezinha, que corria, murmurando, para cair em uma bacia de pedra. O Adon se sentou, sempre carregando a esposa. Então, molhando a outra mão na fonte, ele umedeceu a fronte e as têmporas da jovem. O frescor da água e o ar puro e aromático da noite acabaram por tirar Asnath da prostração. Abriu os olhos e, vendo-se nos braços do marido, seu primeiro pensamento foi de que havia tido um pesadelo. Mas lançando um olhar para aquele pátio deserto, cercado por muralhas, convenceu-se do contrário. Então, saindo bruscamente dos braços de José, gritou, com voz entrecortada:

— Por que você me aprisiona aqui, como uma criminosa? Explique-me o que significa essa violência detestável. Eu quero saber!

A respiração lhe faltou e, ofegante, apertou o peito com as mãos. José a fitava, inebriado, com o olhar flamejante. Ela nunca lhe parecera mais deslumbrante do que naquele momento de desespero e exaltação: frágil, diáfana, toda trêmula, com seus grandes olhos cintilantes e cheios de lágrimas, envolvida, como num manto, por seus cabelos que se haviam soltado na agitação.

— Você bem poderia adivinhar a razão que me levou a agir — ele disse, após um momento de silêncio. — Uma esposa que se torna cúmplice do assassinato de seu marido é uma criminosa. Além disso, não acha natural que eu queira afastá-la, finalmente, da maldita influência de sua casta? Aqui, o olhar gélido de nenhum sacerdote haverá de deter seus ímpetos, nem se consagrará sua memória à execração pelo fato de você dizer "Eu te amo"!

— Foi para se vingar que você inventou a crueldade de me enterrar viva aqui, condenando toda a minha família às angústias indescritíveis da incerteza quanto ao meu fim?

— Sua família!... — um sorriso inclemente delineou-se nos lábios de José. — Tenha certeza de que sou mais clemente para com os seus do que eles jamais foram para comigo. Dou-lhes a possibilidade de se acalmar e de pranteá-la em paz. A esta altura, todos acreditam que você está no fundo das águas do Nilo.

Asnath nada respondeu. Sentia-se incapaz até de chorar. A ideia de que a tinham por morta, de que nenhum de seus familiares sequer a buscariam, de que ela estava perdida, destruída, encheu-a de tão desesperada angústia que, por um momento, acreditou que seu coração se faria em pedaços. Um gemido surdo escapou de seus lábios.

José imediatamente se aproximou:

— Acalme-se, Asnath — ele disse. — Outras razões ditaram minha conduta. Eu te amo e somente aqui, onde nenhum olhar inimigo a verá e nenhuma voz odiosa chegará aos seus ouvidos, é que você há de se tornar finalmente minha por inteiro. Poderei inebriar-me com sua beleza, confiar-lhe o que atormenta minha alma.

Ele a enlaçou e quis beijar seus lábios, mas o toque de seus braços pareceu despertar a jovem. Ela se afastou e empurrando-o, horrorizada, murmurou com voz sufocada:

— Ainda ousa me tocar, monstro? Seu amor não passa de impureza e infortúnio. Eu te odeio, carrasco da minha vida, da minha felicidade, assim como é o carrasco do Egito. Se você se aproximar, eu o esgano! — ela exclamou, sacudindo as mãos, irritada.

José empalideceu ligeiramente, mas seu olhar continuava fixo no rosto abatido da jovem esposa, flamejante de paixão.

— Criança tola — ele murmurou em voz baixa. — Entenda que você está em meu poder absoluto e deve me amansar e não me afrontar. É com essas mãozinhas frágeis que você pretende me esganar, quando dispõe de armas muito mais poderosas para me dominar? Repito que te amo, Asnath, e que virá o tempo em que lhe devolverei a liberdade. Você se sentará ao meu lado no trono dos faraós. Mas para que eu suba esse último degrau do poder, você deve desaparecer momentaneamente. O que teria me custado matá-la, se tivesse desejado me livrar de você? Mas eu nunca faria isso, porque a amo e não posso viver sem você.

Ele se havia entusiasmado enquanto falava. Toda sua paixão, amordaçada e dissimulada há anos, extravasava naquele instante. Outrora, ele tinha procurado, com cautela, não dar mostras do quanto era escravo de Asnath, para que nem ela, nem seus familiares abusassem de sua fraqueza. Mas naquele instante em que os muros e o céu eram as únicas testemunhas de seu arrebatamento, José se deixou levar, e diante daquele elemento desencadeado, de cujo poder ela não suspeitava, Asnath se calou, atônita. Como que paralisada, não resistiu quando ele a puxou para si e a cobriu de beijos ardentes. Subitamente, porém, ela cobriu o rosto com as mãos e irrompeu em soluços convulsos.

José estremeceu. As lágrimas que molhavam suas mãos o perturbavam, apesar de tudo. Não tinha imaginado que aquele momento traria amargura *para ele* também.

— Asnath — ele murmurou, colocando-se aos pés dela. — Não chore assim. Eu juro por Eloim — ele disse, erguendo a mão solenemente —, que lhe devolverei a liberdade e que tudo que eu puder fazer para amenizar este aprisionamento momentâneo, eu o farei. Diga-me o que deseja. Todos os objetos que quiser ter aqui, você terá. Todas as tardes ou noites, virei passar algumas horas com você. Apenas me ame e acredite em mim. Veja, eu suplico a seus pés.

— Farei tudo que você quiser. Só me tire deste lugar medonho — ela murmurou, estremecendo.

— Eu o farei assim que seja possível. E se você me ama como eu te amo, suportará com paciência este tempo de reclusão. Eu virei aqui para ganhar forças, para lhe confiar meus planos. Apenas você saberá de tudo, lerá em minha alma, conhecerá o momento em que empenharei o cetro e sairá deste subterrâneo, para compartilhar meu trono.

Toda a ambição, todo o orgulho desmedido que enchia a alma de José, flamejava em seu olhar, vibrava em sua voz, e aquela energia, aquele poder dominador que emanava de todo o seu ser, tornava sua beleza indubitavelmente fascinante. Por um momento, Asnath, enfeitiçada, esqueceu que era seu carrasco quem estava a seus pés. Não imaginou que as palavras enganadoras, a torrente de paixão com que José a inundava, não eram mais que o véu enganador de uma horrível realidade. Viu apenas os olhos resplandecentes de amor. O murmúrio daquela voz sonora a inebriava e, enlaçando o pescoço do marido, encostou seus lábios à boca dele, aquela boca traidora, que lhe prometia o céu e a condenava ao inferno.

VII

OS PRIMEIROS RUMORES DA TEMPESTADE

A história do Egito só menciona um Adon (além de José), que comandou o país inteiro. O rei Horemhib – Horus segundo Manethos –, da décima oitava dinastia, de acordo com o relato de um monumento preservado em Turim, antes de subir ao trono ocupou vários altos cargos, que o aproximaram da pessoa do faraó. Este ficou tão satisfeito com seus serviços, que finamente o elevou à condição de Bo-hir, ou seja, de Epitropo ou procurador geral de todo o país. Nessa qualidade, sem ter nenhum igual a seu lado, Horemhib foi Adon ao longo de um período de vários anos, até que se tornou herdeiro do trono e cingiu a coroa real em definitivo.

De tudo isso decorre que o Adon do país inteiro ocupava um cargo tão elevado, que José tinha por direito o título de Moschel ou Schallith, ou seja, de príncipe ou regente do reino.

Brugsch, *Histoire de l'Egypte sous les Pharaons.*

MUITAS SEMANAS SE haviam passado. A notícia da morte trágica de Asnath enchera de estupor e desespero toda a família de Potifera. Maia, de coração partido e envelhecida, passava os dias em lágrimas e preces, e somente o sumo-sacerdote, após um primeiro momento de dolorosa prostração, havia reconquistado uma estranha calma. Recusou-se a celebrar as cerimônias funerárias em memória da filha antes que se passasse um ano, esperando, dizia ele, que as águas arremessassem, quem sabe, seus restos mortais. E à recompensa estipulada por José para quem quer que encontrasse o corpo da esposa, Potifera acrescentou uma quantia equivalente.

Enquanto centenas de pescadores e pessoas de toda condição exploravam os caniços e o rio em toda sua extensão até o mar, movidos pelo desejo de ganhar uma fortuna, a pobre Asnath continuava a vegetar em sua prisão. Há muito tempo se havia desfeito nela o arrebatamento passageiro provocado pela ardente cena de amor que se havia desenrolado entre ela e o marido no primeiro dia de seu encarceramento. José tinha mantido a palavra: quase todos os dias a visitava, trazendo-lhe presentes e guloseimas, jurando-lhe seu amor apaixonado, contando-lhe as novidades da corte e da cidade, confidenciando-lhe seus planos, exceto o de se casar com Hichelat.

Asnath o escutava com uma indiferença sempre crescente. Não acreditava mais numa afeição que impunha semelhante tortura e a sociedade da qual estava separada se tornava para ela também cada vez mais sem importância. O tédio, o desespero e o desejo de rever seus familiares a consumiam, e somente a desoladora convicção de que devia tratar com deferência seu terrível perseguidor, graças a quem ela havia sido abandonada naquela prisão inacessível, inspirava-lhe a coragem de não o repelir abertamente. Mas ela empalidecia e emagrecia a olhos vistos e passava dias inteiros deitada em melancólica apatia. Só quando se sentia sufocar é que ia até o pátio solitário, para se refrescar ao contato com o ar puro da noite.

E foi certa noite, enquanto se sentava no banco de pedra e contemplava o céu salpicado de estrelas com seu olhar desesperado, que Asnath estremeceu de repente e aprumou-se, como se eletrizada: a brisa lhe trazia o som longínquo de trombetas e de um canto sagrado que, pouco a pouco, aumentava de potência.

Em breve, pôde distinguir claramente os corais de sacerdotes e sacerdotisas, que entoavam um hino sagrado. Então, as vozes foram sumindo e se perderam na distância. A jovem escutara, palpitante. Conhecia o hino e sabia que festa estava sendo celebrada. Era para a cidade dos mortos que a procissão se dirigia, a fim de sacrificar em honra daqueles que repousavam em Osíris e entre estes, talvez seu nome viesse a ser pronunciado. Os seus a pranteavam naquele dia, enquanto ela se aniquilava naquela tumba. Com uma violência espantosa, o desejo de viver despertou em Asnath e desencadeou uma tormenta de desespero em sua alma. Como louca, ela rasgou suas vestes, correndo no pátio e batendo-se contra os muros. Por fim, cambaleante e exausta, voltou ao subterrâneo. Esse estado de prostração, porém, durou pouco e sua alma atormentada, perdendo a esperança em qualquer auxílio humano, voltou-se para a divindade, buscando socorro e proteção junto dela.

Arrancando do pescoço um amuleto de Rá que seu pai havia lhe dado, Asnath caiu de joelhos e, apertando a estatueta contra os lábios, murmurou em glorificação:

> *Deus poderoso, de quem meu pai é o sumo-sacerdote. Tu, cuja face ele vê no santo dos santos e de quem recebe ordens, dá-me um sinal de que escutas minha voz e de que vês minhas lágrimas. Deus-Sol, que trazes luz e calor a tudo o que vive, ilumina este esconderijo e dize-me se devo ter esperança quanto à minha libertação ou se morrerei nesta tumba, porque, se assim for, prefiro enterrar uma faca em meu coração e sacrificar, com meu sangue, como uma libação em teu altar, enquanto minha alma liberta há de voltar para junto de meu pai, a fim de lhe revelar a verdade. Responde-me, Deus poderoso! É a filha de Potifera quem te implora, de teu servidor devotado, que por toda a vida serviu fielmente teu altar, que ampliou e embelezou teu santuário e te oferece os dons consagrados com suas mãos puras. Dá-me um sinal de tua proteção.*

Asnath havia pronunciado essa invocação com voz cada vez mais alta e vibrante. Trêmula de agitação, com os braços estendidos e o olhar ardente, exigia imperiosamente um sinal divino, parecendo se impor a Deus, mais do que lhe implorar. De repente, do amuleto de ouro e coralina, que ela apertava cheia de excitação, brotou um ramo de faíscas multicores. Uma nuvem esbranquiçada se delineou sobre o fundo obscuro da cripta, a tênue claridade da lâmpada de óleo se extinguiu num clarão ofuscante, que jorrava da nuvem. De repente, uma forma humana, rodeada por feixes de raios dourados, ergueu-se a poucos passos de Asnath. Era um adolescente alto e esbelto, trajado com uma túnica de brancura de tal modo resplandecente, que era difícil suportar seu brilho. Acima de sua cabeça brilhavam sete estrelas, matizadas como um prisma. O rosto dele era de uma beleza sobre-humana e seus grandes olhos serenos traduziam inalterável calma.

— Vim em resposta ao seu apelo, filha de meu servidor fiel — pronunciou uma voz harmoniosa e velada. — Como recompensa por sua fé, anuncio que você sairá desta prisão e viverá livre. Do mesmo modo, está próxima a libertação da terra de Kemi do jugo que a esmaga. No trono hão de se sentar os filhos de Amon-Ra e em todos os templos os servidores dos deuses cantarão o hino da libertação. Espera, pois, sem reclamar, com paciência, filha de Potifera, e crê na palavra de teu deus.

A luz se apagou bruscamente, a visão radiosa desapareceu e, como se destroçada, Asnath caiu sobre a laje. Mas após um breve instante, ela se ergueu e uma prece ardente de ação de graças partiu de seu coração atormentado ao deus misericordioso que havia iluminado seu cárcere com um raio de esperança imorredoura. Sim, ela acreditava de toda sua alma e não tinha sonhado, pois a seus pés estava uma flor de lótus, fresca e coberta de orvalho, que o visitante imortal lhe havia deixado, como sinal material de sua graça.

* * *

DURANTE ESSE TEMPO José se preparava para tentar o golpe decisivo, que lhe garantiria a mão da princesa. Ele queria, é verdade, esperar que se passasse um certo tempo após a pretensa morte de sua esposa, que ele fingia lamentar profundamente. Mas diversas circunstâncias o haviam levado a apressar a solução e garantir uma posição irrepreensível. Em primeiro lugar, o ódio do povo contra ele aumentava em proporções inquietantes e começava a extravasar em demonstrações nunca antes ousadas, tendo um dia chegado a assumir o aspecto de uma verdadeira rebelião. E isso, apesar da presença do faraó.

Uma festa anual estava sendo celebrada e Apopi, acompanhado por José e todo seu esplêndido séquito, dirigiu-se ao templo. Uma multidão verdadeiramente inusitada, como não se via mais desde que a miséria e a fome tinham passado a dizimar o povo, aglomerava-se ao longo de todo o percurso do cortejo. E foi somente à custa de murros e bastonadas, aplicadas sem distinção contra as costas magérrimas e cabeças obstinadas daquela turba humana, que os guardas conseguiram abrir passagem ao trono portátil sobre o qual Apopi se sentava, coberto com as insígnias reais. A multidão se mantinha em silêncio, mas tão logo era repelida num determinado ponto do trajeto, tornava a fluir em outro com tenacidade irresistível. Quando, após haver oferecido seu sacrifício, o rei deixou o templo, as massas populares se comprimiram repentinamente, despedaçando tudo quanto lhes opunha resistência. De repente, então, os rostos magros e os olhos flamejantes dos homens da primeira fila estavam ao lado da liteira do faraó.

— Dá-nos pão, pão, sem arrancar de nós o último trapo que nos cinge a cintura! — gritaram centenas de vozes.

Apopi ficou tão branco quanto a túnica que vestia, e apenas o hábito o ajudou a conservar a imobilidade apática, que a etiqueta prescrevia. Baixou os olhos e aparentava permanecer surdo. Mas quando, de repente, aos gritos de "Pão!" se juntaram berros furiosos e centenas de vozes gritaram "Abaixo o Adon! Morte ao usurário, ao opressor! Fora com o chacal, que se farta com nossa ruína!", o cetro tremeu visivelmente na mão do faraó e contorções nervosas lhe desfiguraram o semblante.

O vermelho da cólera inundou o rosto de José. Com um gesto brusco, ele chamou um oficial de seu séquito e deu ordens. Quase que de imediato, uma fanfarra soou e os soldados se lançaram sobre a multidão, forçando-a, a golpes de escudo e espada, a recuar. Os gritos de aflição e berros dos feridos foram depressa abafados sob o som de trombetas. De repente, porém, as massas exasperadas voltaram à carga e clamores ferozes sobrepuseram-se a todos os demais ruídos. Pedras e pedaços de madeira começaram a voar e facas brilharam nos punhos erguidos. É difícil imaginar o que teria acontecido se, naquele momento crítico, uma carga de cavaleiros hicsos, com lanças em punho, não tivesse aberto passagem e desbloqueado o cortejo real, que voltou para o palácio a toda pressa. A multidão foi pisoteada, varrida por um destacamento de carros, e o povo dispersou, deixando para trás cerca de vinte mortos e uma centena de feridos.

De volta à casa, o faraó chamou José e, numa agitação sinistra, ordenou-lhe que distribuísse gratuitamente trigo aos habitantes mais pobres de Tânis e arredores. O Adon teve que obedecer. No dia seguinte, houve grande distribuição aos famintos e a calma pareceu se restabelecer. Entretanto, a cena que havia testemunhado produziu tal impressão no espírito do rei, que ele caiu doente naquela mesma tarde. As crises de nervos, de que sofria, tomaram-no com violência inaudita. Apesar da fraqueza que se seguia àqueles ataques, Apopi delirava. As cenas do motim assombravam sua imaginação e seu estado deixou os médicos profundamente alarmados. Passados quinze dias, a saúde do faraó começou a melhorar, mas ele continuava fraco, estremecia ao menor ruído, sofria de insônia e, quando adormecia, era assombrado por pesadelos pavorosos. Neles, ele via o povo furioso invadir o palácio, assassinos penetrarem seu quarto, bandos de famintos o fazerem em pedaços com os próprios dentes.

Então, com gritos selvagens, Apopi despertava, assustando a todos que o cercavam.

José era, talvez, o mais inquieto de todos. Se Apopi morresse antes que ele se tornasse seu genro e fosse reconhecido como herdeiro da coroa, tudo estaria perdido. Estava decidido a agir assim que o faraó estivesse suficientemente recuperado, para que pudesse conversar sobre negócios com ele. Além disso, temia que Hichelat se antecipasse a ele e obtivesse autorização para se casar com Armais. É verdade que os jovens permaneciam impedidos de se verem e de se falarem desde o desaparecimento de Asnath. Mas José desconfiava de que eles se correspondiam por intermédio de alguém, que ele ainda não conseguira descobrir quem era, tão bem guardado o segredo estava.

José não amava Hichelat, que era a única em toda a família real que jamais lhe testemunhara uma afabilidade quase servil, como o faziam os primos do rei que o temiam. Todos procediam daquele modo para com ele, até mesmo Namourod e sua esposa, que o tratavam como a um igual e que, não tendo filhos, acarinhavam e mimavam os dois filhos de José, acolhendo-os em sua casa por dias inteiros, desde que passaram a tê-los por órfãos.

Somente a orgulhosa jovem nunca abrira mão de sua soberba real diante do Adon. Jamais, por um gesto de benevolência, o havia poupado de uma única das genuflexões prescritas pela etiqueta. E desde o desaparecimento de Asnath, ela parecia sentir por ele uma hostilidade mal dissimulada. Do mesmo modo, a alma rancorosa de José de deleitava por antecipação pela vingança astuta que haveria de exercer contra ela. Ficava imaginando a satisfação cáustica de fazer curvar aquela cabeça orgulhosa, forçando-a a se submeter a ele como esposa, e pensando em toda a humilhação que Hichelat padeceria quando Asnath reaparecesse como sua legítima esposa, ao passo que *ela* não seria mais que sua concubina. De resto, ela era bela o suficiente para entretê-lo em sua pretensa viuvez.

Certa manhã, José se preparou para ir ao palácio. Os documentos que outrora lhe haviam servido para constranger Armais, agora deveriam ajudá-lo a conquistar Hichelat e a destruir definitivamente as chances de seu rival.

Quase na mesma hora, numa pequena sala que fazia parte dos aposentos particulares do rei, encontravam-se Apopi e a filha. Tinham jogado damas, mas, fatigado, o faraó se deitara num divã, enquanto Hichelat, sentada num banco a seus pés, fitava com olhos ansiosos o rosto lívido e magro de seu pai.

— Por que está silenciosa e triste, minha menina? Você, cujo riso é minha derradeira alegria, cuja visão afasta os fantasmas que me perseguem? — perguntou repentinamente o rei.

A moça se ergueu. Então, ajoelhando-se, enlaçou o pescoço do pai.

— Ah, se o senhor quisesse, poderia me fazer tão feliz, que o riso não sairia mais de meus lábios — ela murmurou, apertando o rosto rubro contra o peito do faraó.

— Fale com franqueza, minha querida. Atualmente há tão poucas pessoas felizes no Egito, que não peço mais do que poder proporcionar a felicidade pelo menos à minha filha — respondeu Apopi com um sorriso melancólico.

— Dê-me por esposo Armais, o filho do sumo-sacerdote de Heliópolis — ela disse em tom de súplica.

A seguir, a princesa narrou resumidamente sua história de amor.

— Ele ama você? — perguntou o rei, estremecendo.

— Do mesmo modo como eu o amo: com toda sua alma.

O faraó levantou-se, o rosto abatido, e percorreu o aposento a passos largos. Por fim, parou diante de Hichelat, que esperava, ansiosa.

— Devo refletir sobre isso e conversar a respeito com o Adon. Quero saber se, na opinião dele, é prudente entregá-la a um homem, cujo pai é meu inimigo pessoal e a alma de todas as intrigas ligadas ao *haq* de Tebas.

Um rubor forte cobriu o rosto delicado da princesa.

— O senhor quer permitir que minha felicidade e meu futuro dependam da fantasia desse homem, que somente sua vontade tirou da lama? — ela disse, cheia de indignação. — Oh, pai! Meu casamento com Armais, o egípcio, haveria de reconciliar o senhor muito mais seguramente à casta sacerdotal do que a crueldade do Adon, que enfurece o povo contra o senhor.

— Você não entende nada disso, Hichelat! E peço-lhe que se abstenha do emprego de palavras ofensivas ao falar de um conselheiro e servidor, cuja fidelidade tenho comprovado — disse Apopi, franzindo o cenho.

Naquele momento, ouviu-se o som, enfraquecido pela distância, de um toque militar:

— É o Adon que chega — disse Apopi. — Vou falar com ele imediatamente. Retire-se, minha filha. Esta noite você conhecerá minha decisão.

Sem responder, Hichelat deixou o aposento. Mas ao invés de ir para seu quarto, escondeu-se entre as pregas amplas e espessas do reposteiro. Já fazia alguns minutos que ela se mantinha imóvel em seu esconderijo, quando José entrou. Ele estava visivelmente agitado e preocupado. Após haver saudado o rei e beijado seus pés, declarou ter um assunto sério a expor.

— O que aconteceu? Você parece agitado — falou Apopi, indicando-lhe um assento.

— Sim, meu faraó, senhor e benfeitor, minha alma está triste por ter que confiar a vossos ouvidos o plano de uma conspiração odiosa, cujo proposto sacrílego era atentar contra sua vida.

Vendo que o rei empalidecera, José apressou-se a acrescentar:

— Não se inquiete, meu rei. Enquanto vosso servidor viver, ele vigiará, e nem um único fio de cabelo cairá de vossa cabeça sagrada e venerável. É para receber vossa autorização para exterminar esses miseráveis conspiradores que eu vim.

José expôs brevemente todos os detalhes do atentado planejado por Armais e seus amigos e acrescentou, terminando:

— O que me é particularmente penoso é que o instigador dessa abominação é Armais, irmão de minha falecida esposa. Mas por mais duro que seja destruir um parente tão próximo, não posso hesitar, quando se trata da vida de meu soberano.

— Ah, o traidor miserável! E ele ainda ousa pedir a mão de minha filha! — exclamou o rei, trêmulo de indignação.

José pareceu emudecer de espanto por um instante. Em seguida, disse com desprezo:

— De fato! Ele é ainda mais ousado e infame do que pensei. Ele sem dúvida esperava que, como noivo da princesa, tivesse mais facilidade de se aproximar de vossa real pessoa, e poderia atingi-lo com mais segurança. Hoje mesmo ordenarei que prendam o traidor.

Leve e silenciosa como uma serpente, Hichelat saiu de seu esconderijo e voou, mais do que correu, para seu quarto e lá se trancou. Então, apanhando tabuinhas, escreveu a toda pressa: "Fuja, Armais! José acaba de revelar ao rei seu complô para assassiná-lo. Apresse-se. Dentro de algumas horas você e seus cúmplices serão presos. Fuja, e que os deuses o perdoem"!

Tendo fechado e selado sua carta, a princesa chamou Ouna e lhe entregou as tabuinhas, ordenando-lhe que as enviasse, sem demora, ao jovem oficial. O anão, que era exatamente o intermediário da correspondência entre Hichelat e Armais, aquele que ninguém conseguia descobrir, desapareceu de imediato, enquanto a princesa tomava, leve e rápida como uma sombra, o caminho para o aposento de seu pai. Lançando um olhar para dentro, viu o rei colocar seu selo na parte inferior de um papiro e, em seguida, entregá-lo a José.

— Isto basta — disse o Adon. — O processo deverá ser instaurado no mais breve prazo, e os culpados executados.

— Mas como direi à infeliz Hichelat que o homem que ela ama está condenado à morte? Minha língua se recusa a fazê-lo. Miserável! Roubar o coração da menina, para matar seu pai com mais segurança — acrescentou Apopi, cerrando os punhos.

— Quando a princesa tiver conhecimento dos verdadeiros motivos do amor de Armais, haverá de arrancar, sem dúvida, de seu coração, um sentimento que é indigno dela — respondeu José.

O faraó levantou-se de repente e saiu do aposento, quase esbarrando em Hichelat, sem, contudo, vê-la.

Pensativo, José se inclinou sobre a mesa e examinava a assinatura real, quando sentiu uma mão pousar em seu ombro. Virou-se e, espantado, reconheceu Hichelat. Um único olhar para o rosto lívido da princesa, para seus lábios trêmulos e olhos flamejantes bastou para que José compreendesse que ela tinha conhecimento do que acabava de acontecer. Sem dúvida, a sorte o favorecia. A presa que ele cobiçava entregava-se, ela mesma, em suas mãos.

Com toda a etiqueta de respeito, José quis se prostrar, mas, pela primeira vez, a jovem impediu que ele o fizesse.

— Deixe de lado as formalidades, Adon. É para lhe suplicar que eu vim. O acaso me levou a escutar o que acaba de dizer ao rei. Muito bem! Quero fazê-lo lembrar-se de que Armais é o irmão de sua pobre falecida esposa. Será possível que ao tormento que ela experimenta por ver seu corpo privado de sepultura, você queira acrescentar o de entregar o irmão dela ao carrasco? — Hichelat falou com voz entrecortada.

— O que quer que eu faça, princesa? Ele próprio se condenou à morte, ao tramar um regicídio. Causa-me espanto, para dizer a verdade, vê-la interceder por um homem que intentou matar seu pai.

— Eu amo Armais — ela disse com orgulhosa franqueza. — E não posso acreditar que ele tenha desejado assassinar meu pai. Mas isso pouco importa, porque as aparências estão contra ele. Que Armais desapareça, então, que ele fuja e se esconda em alguma região distante. Só não quero que ele morra e venho lhe suplicar, Adon, a você que tudo pode junto ao rei, que obtenha a comutação da pena ou que me ajude, com sua própria autoridade, a salvar Armais. Veja, para amolecer seu coração, estou pronta a lhe suplicar de joelhos.

Lágrimas ardentes impediram que a princesa dissesse mais uma palavra. Mas colocando-se aos pés de José, ergueu para ele suas mãos postas.

O Adon fez com que ela se levantasse prontamente.

— O que está fazendo, princesa? Ficaria feliz em servi-la, mas fazer o que me pede é quase o mesmo que entregar minha cabeça. Entretanto, há um modo de tudo conciliar, se é que você ama o traidor a ponto de não recuar diante de nada para salvá-lo.

— Estou pronta para qualquer sacrifício, ainda que seja o de minha própria vida — Hichelat respondeu sem hesitar.

— Bem, então diga-me, em primeiro lugar, o que quer.

— Que deixe que Armais e seus cúmplices fujam.

— Isso não posso fazer, por nada no mundo. A justiça deve seguir seu curso para todos os conspiradores, exceto meu cunhado. Fecharei os olhos quanto à fuga dele, sob a única condição de que, para me preservar de toda responsabilidade e me tornar inatacável no futuro, você consinta em se tornar minha esposa, princesa Hichelat.

A moça recuou, muda de espanto.

— Eu? Você me quer como esposa, sabendo que amo Armais?! — ela murmurou, por fim, trêmula.

— Não é seu coração, mas sua mão que peço. E exatamente porque você ama Armais é que eu lhe peço que escolha entre a cabeça dele ou eu — José respondeu, insensível. — Além disso, recomendo a você que se lembre de que não temos muito tempo para discutir. Portanto, decida. A partir do momento em que eu deixar esta sala, tudo estará terminado e ainda esta noite o culpado será preso e submetido à tortura.

Com um grito sufocado, a jovem cobriu o rosto com as mãos e apoiou-se, cambaleante, à poltrona que tinha sido anteriormente ocupada por seu pai. Uma luta atroz se travava dentro dela. Lera muito claramente nas pupilas esverdeadas que a fixavam que seria mais fácil amolecer o granito de um obelisco do que o homem inflexível que lhe propunha aquela condição inaudita. Mas a ideia de pertencer a ele lhe inspirava tamanho terror, que, por um instante, a morte de Armais havia lhe parecido preferível. Sim, a morte dele. Mas, e a tortura? Que suplícios aquele demônio não inventaria para se vingar por sua recusa? A cabeça lhe girou e um gemido abafado escapou de seu peito. Seus lábios, entretanto, permaneceram em silêncio.

José enrolou lentamente o papiro e se dirigiu à porta. Mais um passo e o limiar seria transposto e Armais estaria perdido.

O que vale meu amor, se recua diante do sacrifício? — esse foi o pensamento que passou, como um relâmpago, pelo cérebro dolorido da moça.

— Fique — ela murmurou com voz rouca. — Eu aceito.

Um brilho de triunfo saiu dos olhos de José. Com dois passos, ele estava de novo junto da princesa.

— Está bem. Nosso acordo está fechado — ele disse. — Não preciso lhe dizer que ele deve permanecer somente entre nós dois. Mas de que maneira você me garantirá o cumprimento de sua promessa quando Armais estiver longe?

Hichelat ergueu a cabeça e seu olhar flamejante de orgulho e de desprezo mediu o Adon da cabeça aos pés.

— *Minha promessa* está garantida por minha palavra de princesa. A filha de um faraó não regateia nem engana, nem mesmo quando se trata de sua vida perdida. Sem dúvida você me julga com base em si mesmo e, quem sabe, já trama alguma traição? É você, traficante desprezível da vida humana, quem deve me *garantir* que não matará Armais, depois de haver arrancado de mim a promessa de desposá-lo.

José ficou pálido de cólera.

— Você erra ao me insultar, princesa. Num acordo como o nosso é legítimo se acautelar contra a inconstância de uma mulher. E apenas se você consentir que eu informe seu pai hoje mesmo quanto à felicidade que me cabe, é que eu notarei tarde demais que Armais fugiu.

— Bem, então repito que também exijo uma garantia de sua sinceridade: dê-me o documento que você tem em mãos. Eu o devolverei dentro de três dias.

Sem esperar resposta, Hichelat arrancou o papiro das mãos do estupefato Adon e acrescentou, com desprezo:

— E agora corra para anunciar ao pobre rei cego, que desconfia de todos, exceto da serpente que ele tirou da lama, que não lhe bastam as honras com que o cumulou. Você ainda precisa da filha dele, para fazer dela um pedestal e estender a mão para a coroa do faraó.

Dito isto, a princesa deu as costas ao Adon e saiu correndo.

José a seguiu com um olhar irônico e rancoroso.

— Tratarei de torná-la mais humilde, mulher soberba e perigosa, perspicaz como um verdadeiro inimigo — ele murmurou entredentes, dispondo-se a ir de imediato para junto do rei.

Apopi estava deitado num divã, mergulhado em profundo marasmo. Tinha dispensado a todos e a entrada do Adon, o único que tinha o direito de se apresentar a ele a qualquer hora, pareceu lhe causar desagrado. À medida que José, em palavras humildes, mas firmes, apresentou-lhe seu pedido, acrescentando que a princesa consentia em se casar com ele, um rubor febril coloriu o rosto do rei: o orgulho despertava, sussurrando-lhe que, da parte daquele escravo liberto, era um excesso a insolência de pretender a mão de sua filha. Além do mais, ela amava outro homem. Por um momento, o faraó se sentiu tentado a mandar que seus guardas agarrassem José e o lançassem no meio da gentalha ínfima, de onde o havia tirado. Mas aquele impulso de energia se desvaneceu tão depressa quanto havia surgido. Enfraquecido pela doença e desabituado da atividade governamental, Apopi se acostumara a viver à sombra da vigilância de seu chanceler. E não era mesmo um gigante aquele homem, que havia submetido os sacerdotes, desarmado Taa III e tornado todas as províncias do Alto Egito contribuintes de seu reino, e cujo olhar perspicaz descobria toda e qualquer conspiração, do mesmo modo que sua mão de ferro desfazia qualquer motim? O que haveria de fazer sem ele, entregue às dificuldades extraordinárias da situação? De repente, o rei frágil sentiu quase que um alívio perante a ideia de associar ainda mais a si aquele homem perigoso e forte. Baixou a cabeça e limitou-se a perguntar:

— Por que acaso Hichelat, que afirmava amar o traidor, mudou de ideia?

— Filho de Rá, um coração de mulher é cera maleável. E devo vos dizer que a princesa surpreendeu uma parte de nossa conversa. Após vossa saída, ela veio e quis saber sobre a participação de Armais no complô. A alma dela se afastou, então, do miserável, e, concedendo a mão ao vosso servidor, ela atingiu duplamente o traidor. Espero que o tempo e um amor fiel acabem por conquistar para mim o coração de vossa divina filha, caso vossa bondade inefável me conceda tê-la por esposa.

— Então, que assim seja feito. Há muito tempo que você me é próximo e caro, e me alegro em poder lhe conceder a recompensa suprema de se tornar membro de minha família — respondeu Apopi com voz fraca, estendendo a mão ao seu terrível favorito.

Quando José deixou o aposento real meia hora mais tarde, mandou chamar o comandante de Tânis e todos os conselheiros presentes no palácio, comunicou-lhes o que acabava de se passar e ordenou que no dia seguinte, desde a aurora, anunciassem, ao som de trombetas, em todos os bairros de Tânis, o noivado do Adon com a filha do faraó.

* * *

A NOITE TINHA chegado e Tânis estava mergulhada em sono. Mesmo na imensa residência real, todo ruído e movimento haviam cessado. Àquela hora, estavam acordados apenas as sentinelas, além de uma mulher que, sentada junto a uma mesa, com a cabeça escondida entre os braços, pareceria dormir, caso o tremor nervoso que por instantes lhe sacudia o corpo não denunciasse que ela chorava em silêncio. Essa mulher era Hichelat. A inquietude e o desespero a haviam tirado da cama. Ainda naquela tarde sua coragem tinha sido submetida a mais uma prova: fora chamada à presença de seu pai, junto ao qual se achavam sua irmã e o príncipe Namourod, além de alguns parentes e dignitários, entre os quais o Adon. Sondando com um demorado olhar o rosto abatido da filha, o rei perguntara se era seu desejo se casar com José. Diante de sua resposta afirmativa, o faraó havia colocado sua mão na do Adon. Mas o que aumentava a tortura moral da jovem era o fato de que Ouna não tinha reaparecido e ela não sabia se Armais havia partido. Hichelat, porém, estava decidida, e caso José cometesse alguma traição, ela destruiria os planos dele, que bem conhecia, suicidando-se.

Depois de ter vestido uma larga túnica de dormir e ordenado que trançassem seus cabelos, a princesa dispensara todas as suas servas, proibindo que a incomodassem. Então, devorada pela angústia, ela se havia levantado, indo sentar-se na pequena sala contígua à varanda. O ar estava fresco, mas ela não se havia dado conta disso, e, apoiando-se sobre a mesa, deixara correr suas lágrimas.

Hichelat esperava assim há mais de uma hora, quando um pequeno ser contrariado surgiu na varanda, passando então para o quarto de sua senhora e indo tocar de leve seu braço, enquanto murmurava:

— Fique calada!

A princesa ergueu a cabeça, trêmula.

— Ouna! Onde você esteve todo esse tempo? — ela perguntou com ar de reprovação.

— Não pude vir antes, minha real senhora, mas o que fiz há de alegrar seu coração. Agora, venha: ele está no jardim e não quer partir sem vê-la.

— Vamos! — a jovem limitou-se a dizer, agarrando a mão do anãozinho e arrastando-o até a varanda.

Apesar da escuridão quase total que reinava sob a vegetação espessa, Ouna e sua companheira corriam com uma segurança e rapidez, que davam prova de sua familiaridade com aqueles lugares. Logo chegaram à parte dos jardins reais que davam para o Nilo. Ali, em um banco escondido sob a folhagem espessa, sentava-se um homem envolto num casaco escuro e tomado de impaciência nervosa, que arrancava punhados de folhas dos arbustos próximos. De repente, uma sombra branca surgiu à entrada do pequeno bosque, murmurando com voz sufocada:

— Armais!

Em seguida, ela se atirou nos braços do rapaz. Por um momento os jovens permaneceram abraçados, em silêncio. Subitamente, porém, Armais afastou a moça e perguntou com voz entrecortada:

— É verdade o que me disseram no templo? Que você ficou noiva do Adon? O que significa tal decisão?

— Significa que foi a esse preço que eu protegi sua vida e garanti a segurança de sua fuga. Agora, Armais, responda: como pôde, me amando, decidir matar meu pai?

— Desejei fazê-lo outrora, quando vim de Heliópolis, mas jamais desde que comecei a amar você — ele respondeu, indignado.

De maneira breve, então, ele relatou o que havia se passado e disse que José havia usado os mesmos documentos para forçá-lo a se casar com Serag.

— Agora ele fez uso deles para me destruir e tomar posse de você. Mas a esse preço não quero viver, e, antes que você se entregue a esse monstro, eu o matarei ou morrerei — finalizou o rapaz, trêmulo de raiva.

— Não tente uma loucura que destruiria você, sem me salvar — respondeu Hichelat. — Mas se minha súplica e minha tranquilidade tiverem algum valor aos seus olhos, fuja! Que meu sacrifício não tenha sido em vão. Ao se declarar inocente de uma intenção odiosa, você tirou um peso esmagador de meu coração. Mas, agora, vá embora. Viva para Potifera e por seu país. Vingue a mim e ao Egito do opressor, mas jamais se esqueça de que Apopi foi meu pai.

— Viverei, então, para a vingança e pela esperança de arrancar você do miserável, que haverá de morrer por minhas mãos. Então seremos felizes, pois nada pode separar nossos corações. E se antes te amava, agora te adoro e te venero como à própria Ísis.

— Adeus, Armais! Um pressentimento me sussurra que meus olhos físicos não voltarão a ver você, mas em seu coração a pobre Hichelat há de viver para sempre. Adeus! Adeus! Vai, que os instantes são preciosos.

Ela enlaçou o pescoço do jovem oficial e cobriu seus lábios com beijos apaixonados. Mas quando Armais tentou retê-la, ela escapou de seus braços e desapareceu em meio à sombra das árvores.

Hichelat retomara correndo o caminho do palácio. Mas depois de haver atravessado várias alamedas, ela parou de repente, e num louco acesso de desespero, atirou-se sobre a erva úmida e permaneceu imóvel. Parecia-lhe que Armais tinha levado com ele seu coração, sua vida, seu futuro, e que ela iria rolar num abismo mais horrível que o Amenti.

Por que milagre do instinto Ouna acabara por encontrá-la? Seria difícil dizer. Mas, aterrorizado, o anão constatou que sua jovem senhora, enregelada em sua túnica leve de linho, havia desmaiado. Em pânico, ele ergueu a cabeça da princesa, friccionou suas mãos e acabou por fazê-la recobrar os sentidos.

Extremamente agitada, com os membros pesados como chumbo, Hichelat se arrastou até seu quarto e se deitou. Mas quando, no dia seguinte, suas damas de companhia, inquietas por não terem sido chamadas, entraram em seu quarto, encontraram a princesa em completa prostração, olhos sem expressão, coberta por um suor gélido. Ela não reconheceu ninguém, e os médicos que foram chamados declararam que seu estado era dos mais perigosos. Algumas horas após as fanfarras alegres terem anunciado aos habitantes de Tânis o noivado do Adon com a filha do faraó, espalhou-se a notícia de que a jovem princesa, acometida por febre muito grave, estava entre a vida e a morte.

VIII

RÁ MANIFESTA SUA VONTADE

A imagem do deus é o verdadeiro mistério do santuário. Preces, sacrifícios, ritos misteriosos que conseguem fazer com que a divindade desça do céu para animar e vivificar a estátua de pedra. Mais uma vez os pais da Igreja estavam convencidos de que as estátuas pagãs às vezes ganhavam vida e exerciam uma influência diabólica sobre o espectador.

Brugsh, *Steininschrift und Bibelwort*

O DISCO SOLAR começava a se elevar acima da cordilheira árabe. Seus raios inundavam de ouro e rubis as águas do Nilo e, na distância, os templos e obeliscos de Tebas.

Deslizando vagarosamente sobre as águas baixas do rio sagrado, comprimido entre os bancos planos ou entre as massas abruptas de lama negra, cozida e recozida pelo sol, seguia uma embarcação muito simples, pintada de preto e munida de pequena cabine. Seis remadores faziam grande esforço para fazê-la avançar, servindo-se ora de varas longas, ora de remos, quando a profundidade da água o permitia.

Despertos sem dúvida pelos gritos do piloto, dois homens saíram da cabine e, encostando-se contra o mastro, lançaram um olhar para o horizonte. Um deles, homem pequeno e obeso, de ar jovial e de natureza visivelmente irrequieta, pôs-se em seguida a conversar com os marujos, enquanto seu companheiro, rapaz esbelto e alto, permanecia em silêncio, fitando, com olhar melancólico, a paisagem que se estendia nas duas margens. De fato, o deserto parecia tomar conta da terra de Kemi. Por toda parte a areia cobria os campos, e a vegetação mirrada, de folhagem empoeirada, mal se distinguia da superfície amarelada que cintilava naquela atmosfera ardente e ofuscante.

— Olhe, lá está Tebas. Dentro de algumas horas, benditos sejam os deuses, ali atracaremos! — exclamou o homem pequeno, cuja cabeça raspada revelava ser um sacerdote.

— Para quem viaja no sofrimento, a chegada não traz alegria — respondeu o outro rapaz, suspirando.

Em seguida, apontando para a margem, acrescentou, com amargura:

— E que coração não se haveria de dilacerar diante dessa vista desolada? Esse é o Egito? Esse deserto poeirento numa época do ano em que as colheitas deveriam cobrir a terra? Este rio meio seco é o Nilo, cujas águas majestosas deveriam, há mais de um mês, trazer por toda parte a fecundidade e a vida? Oh, quando é que a cólera dos deuses haverá de se cansar?

O rosto do sacerdote se havia entristecido.

— Você tem razão, Armais. O tempo que atravessamos é terrível, e este ano também não se pode contar com uma colheita. Como haveremos de alimentar os desafortunados ao longo de mais um ano?

Armais nada respondeu e, em silêncio, os dois homens tornaram a entrar na cabine. Foi somente ao se aproximarem de Tebas que o rapaz tornou a falar com seu companheiro, escriba de um templo de Mênfis, que o acompanhara em sua fuga e que ele tinha encarregado de levar mensagens a seu pai e a Hichelat. Pouco depois, atracaram. E os remadores colocaram sobre a plataforma do cais vários cestos, que continham a magra bagagem do viajante. O escriba chamou alguns carregadores, e os dois companheiros se separaram, dirigindo-se o sacerdote ao templo de Amon, e Armais à casa de Hor, o chefe dos arqueiros reais.

A tristeza e a miséria não dissimuladas que consumiam o país oprimiam visivelmente a antiga capital do Alto Egito, enquanto em Tânis reinava o luxo pomposo da corte do faraó.

O antigo noivo de Asnath residia numa casa pequena, mas confortável, não distante do palácio de Taa. Ele imaginou cair das nuvens ao ver Armais chegar, mas com a franca cordialidade que o caracterizava abraçou o amigo e o instalou prontamente num quarto ao lado do seu. E quando o viajante se revigorou após uma breve refeição, ambos conversaram de coração aberto. Entretanto, as novidades trazidas por Armais entristeceram os semblantes dos dois rapazes e o anúncio do desaparecimento de Asnath fez com que Hor mergulhasse num desespero mesclado de raiva.

— Outrora, cheguei a acreditar num acidente infeliz. Mas desde que José revelou seus planos em relação a Hichelat, não duvido mais de que Asnath tenha sido assassinada. Ela precisava dar espaço a uma esposa real, que abre o caminho do trono a José — disse Armais. — Oh, quando iremos finalmente a Tânis, para castigar aquele cão insolente e arrastar pelas ruas seus membros ensanguentados? — acrescentou o rapaz entredentes.

Hor se aproximou, passando a mão pelo rosto abatido.

— Quem sabe essa hora está mais próxima do que você espera? — ele disse. — Você chega, estranhamente, no momento certo: hoje mesmo haverá uma reunião grave na residência de Taa. Os *haqs* de todas as regiões do Alto Egito vieram a Tebas para decidir se seria possível tentar um levante geral, que colocaria fim a uma situação intolerável. A miséria por aqui é atroz. Todos os príncipes se tornaram contribuintes e o povo é escravo de Apopi. É à custa dos maiores sacrifícios que os templos e os nobres alimentam os soldados, a fim de manter um exército e homens vigorosos. Mas isso não pode durar muito tempo mais, e o exército será dizimado, como o resto da população, pela fome. Portanto, é quase uma necessidade arriscar algum golpe decisivo, e você vem muito a propósito para esclarecer os chefes e o rei sobre o estado de espírito, as forças dos hicsos e seus meios de defesa. Irei de imediato até o rei, para pedir a autorização para levar você esta noite ao conselho secreto. Descanse enquanto me espera, para ter a mente mais lúcida. É preciso que trabalhemos bem, para vingarmos, enfim, nossa felicidade tão miseravelmente destruída — concluiu o chefe dos arqueiros com um olhar de ódio cruel.

À hora em que o calor abafado começava a dar lugar a um frescor agradável, Hor e Armais se dirigiram a pé ao palácio de Taa III. Ambos estavam sérios e, reprimindo suas dores pessoais, limitaram-se a conversar apenas sobre assuntos de Estado.

Hor colocava seu companheiro a par da situação. Falou a ele sobre as características dos *haqs* reunidos e, por fim, anunciou que os preparativos de guerra, perseguidos há anos por Taa com extraordinária energia, estavam concluídos, tanto quanto as circunstâncias permitiam. A frota estava pronta, as armas e munições guardadas em armazéns, e o velho rei, corajoso e repleto de indomável resolução, aguardava impacientemente o momento de agir, de realizar o sonho de sua vida, libertando o Egito do jugo dos opressores. Hor acrescentou que Taa havia encontrado um ajudante ativo em Ahmés, que tinha se tornado um homem sábio e enérgico para além de sua idade. Quanto a Kamés, herdeiro da coroa, seu estado enfermiço o mantinha afastado das questões e tudo indicava que sua vida poderia não durar muito.

Após uma breve espera, os dois homens foram introduzidos na sala do conselho, onde todos, com exceção de Taa III, já se achavam reunidos. Ao fundo, sobre um estrado com dois degraus, estava colocado o assento real, junto ao qual um banco era destinado a Ahmés. Dos dois lados do trono havia assentos baixos para os nomarcas e para alguns sacerdotes do mais alto escalão. Vários escribas estavam acocorados sobre esteiras e, mais ao fundo, reuniam-se oficiais de patente mais elevada, os conselheiros militares do rei. Foi a estes últimos que Hor e Armais se juntaram, sendo que o chefe dos arqueiros já tinha tido tempo para trocar algumas palavras com os amigos, quando a entrada dos dois príncipes colocou um ponto final às conversas.

Taa III pouco mudara. A idade ainda não tinha conseguido curvar seu corpo robusto, seu rosto bronzeado transpirava saúde e seus olhos negros brilhavam com energia toda juvenil sob sobrancelhas brancas e grossas. O pequeno Ahmés havia se tornado um rapaz belo, esbelto e de corpo elegante, que uma seriedade precoce fazia parecer mais velho do que era.

Após ter saudado amigavelmente os nomarcas e o restante da assembleia, Taa III sentou-se e foi direto ao assunto. Explicou a seus aliados a situação, falou sobre os preparativos feitos e a fazer, e, em seguida, sobre a necessidade de se tentar uma insurreição, se não quisessem correr o risco de serem a tal ponto dizimados pela fome, que toda e qualquer tentativa de afastar o estrangeiro, que à semelhança de uma aranha venenosa monopolizava pouco a pouco seu território e seus súditos, se tornaria impossível. Por fim, pediu-lhes que, antes de emitirem suas opiniões, ouvissem um homem que havia chegado naquele mesmo dia de Tânis e que lhes poderia dar todos os detalhes desejados.

Quando Armais veio se prostrar diante do trono, Taa lhe fez sinal para que se levantasse e disse com bondade:

— Fiquei sabendo, por intermédio de Hor, em consequência de que circunstâncias você veio buscar refúgio em Tebas. Seja bem-vindo, nobre filho do venerável Potifera. Aqui você encontrará amigos. Eu, assim como meus nobres aliados aqui presentes esperamos que você sirva à causa da libertação da terra de Kemi com tanta dedicação quanto seu ilustre pai. Você acaba de ouvir a grave decisão que discutimos aqui. Diga-nos, você que vem de Tânis, tudo o que sabe acerca das condições do país, sobre o estado de espírito das pessoas, sobre os meios de defesa dos *chasous* e quanto às medidas que tomaram para a eventualidade de um ataque de nossa parte.

Armais se inclinou modestamente diante dos príncipes e, em seguida, com palavras claras e metafóricas, expôs em primeiro lugar tudo o que dizia respeito à questão militar. A seguir, descreveu a miséria e a exasperação do povo, o ódio feroz que o Adon inspirava a todas as classes da população, que só aguardava um sinal de Tebas, para se erguer como se fossem um só homem.

Quando Armais mencionou o tumulto que ocorrera, gritos de satisfação se fizeram ouvir. Entretanto, o anúncio do noivado de José com a princesa Hichelat provocou na assembleia um verdadeiro turbilhão. Todos haviam compreendido que o cruel opressor do Egito se preparava para se apoderar, com mão audaciosa, da coroa do faraó.

— Na opinião de meu pai e de todos os sacerdotes, não se pode dar tempo para que o miserável se apodere do poder supremo. Todos vos chamam, divino filho de Rá, para ser o libertador. À vossa aproximação, milhares de aliados se juntarão aos vossos soldados, pois nas cidades, assim como nos campos, todo coração egípcio bate por vós. Os próprios deuses vos são favoráveis, os astros predizem vossa vitória e sinais terríveis provam que o *chasou* e seu indigno servidor acabaram por aborrecer por suas iniquidades a paciência dos imortais — finalizou Armais, com o olhar flamejante.

Uma discussão acalorada e ruidosa teve início. Todos os príncipes nomarcas optavam pela guerra o mais rápido possível, ávidos por vingarem suas perdas e se livrarem de obrigações odiosas. Mas alguns anciões, temendo o risco de uma derrota, aconselharam que se esperasse ainda. A conversa começava a assumir um tom de irritação, quando o velho sumo-sacerdote de Amon-Ra se colocou de pé e solicitou um instante de silêncio.

— O que os olhos humanos são incapazes de sondar é revelado aos imortais. Para eles o futuro não tem segredos e as palavras dos adivinhos, assim como as notícias que recebemos hoje da parte dos veneráveis profetas de Mênfis, Sais e Heliópolis parecem provar que os deuses nos favorecem. Mas para que não existam dúvidas, vinde, oh, rei, consultar vosso pai divino em seu santuário. Conforme ele vos disser, agireis.

— Seu conselho é sábio, sacerdote venerável, e me submeterei a ele. Irei amanhã consultar meu pai em sua morada sagrada. E caso sua cólera contra o Egito se houver apaziguado, ele me responderá. Amanhã, à tarde, tornaremos a nos reunir aqui e transmitirei a todos as palavras do grande deus — respondeu Taa, levantando-se e saudando a assembleia, que se dispersou de forma desordenada e agitada.

* * *

Na época que descrevemos, o templo do grande deus de Tebas ainda estava longe de ser o monumento colossal, cujas ruínas confundem o viajante moderno, tanto por suas dimensões, quanto pela riqueza e originalidade de sua ornamentação. Amon-Ra ainda não era a principal divindade do Egito. Seu templo era um edifício bastante simples, em calcário branco, com portas de granito e pilares com 16 faces, que decoravam seu interior. A miséria generalizada também afetava o andamento da casa do deus, estabelecida, como se sabe, pela corte real. E ao invés de receber donativos e oferendas do povo inteiro, era agora o deus que nutria os famintos com as magras receitas de seu patrimônio.

No dia seguinte ao conselho, Taa dirigiu-se ao templo pela manhã e foi recebido diante da porta por dois sacerdotes de pés descalços e cabeças raspadas, que, depois de se haverem prostrado, conduziram-no, assim como a seu séquito, ao pátio destinado aos sacrifícios. O rei, que à aurora se havia purificado através de um banho no Nilo, sacrificou dois touros brancos, leite, incensos e perfumes preciosos. Em seguida, o sumo-sacerdote o cingiu com faixas sagradas, aspergiu-o com água de purificação e tornou a purificá-lo, ainda uma última vez, com fumaça de incenso. Depois disso, conduziu Taa até a entrada do santuário e se retirou.

Grave, em profundo recolhimento, o rei adentrou o Santo dos Santos. Era uma sala de pequenas dimensões, com paredes revestidas com placas de cobre até a metade da altura. A luz vacilante de uma candeia pendurada no teto iluminava suavemente o pedestal quadrado e ricamente decorado, sobre o qual estava colocada a barca de Amon, projetando-se sobre os ornamentos e incrustações do *naos* parcialmente coberto por um tecido longo e branco. Depois de se haver prostrado e orado em silêncio, Taa abriu as portas do *naos*[9]. Apenas entrevista na sombra que a envolvia, estava a estátua do deus, cujos olhos de esmalte se destacavam num clarão fosforescente.

— Deus poderoso, dispensador de vida e graça, vós que formastes com vossas mãos tudo quanto existe. Vós, que não tendes começo nem fim, de quem provém toda seiva de vida e cujo sopro criou as almas, ouvi minha prece — murmurou o rei, erguendo ambas as mãos. — Venho

9 Naos era o nome dado à cabine que existia na barca e servia de nicho à estátua profética.

implorar a vós que sois a força, o número, a harmonia. A vós que ouvis as súplicas dos seres cegos, fracos e entrevados que criastes e que não compreendem vossa sabedoria. Ouvi-me, Amon-Ra, meu pai celeste, e lançai um raio de luz sobre o caminho tenebroso do destino do povo de Kemi. Devo tentar sacudir o jugo esmagador dos *chasous*? Combatereis a meu lado, enchendo os inimigos de terror e dando a vitória aos vossos filhos? Será permitido que eu reúna o Alto e o Baixo Egito em um império, a fim de que, das cataratas até o mar, todos os povos cantem a glória de Amon-Ra e adorem vosso poder?

Naquele instante, um raio dourado surgiu ao fundo da cabine, iluminando os membros dourados do deus, sua barba negra e trançada, e seus olhos fixavam Taa como se estivessem vivos. Cheio de terror supersticioso, o rei viu a cabeça da estátua se inclinar por três vezes. Em seguida, uma voz harmoniosa, vibrante e metálica se fez ouvir, mas como que velada pela distância:

— Vai, meu filho — ela disse. — Eu lhe concedo o direito de quebrar o jugo do estrangeiro impuro, que infesta a terra de Kemi e ousa se aquecer com meus raios. Em toda parte, onde você bramir seu machado, a vitória o precederá, e o cheiro do sangue fumegante dos inimigos, ao subir até mim, será um aroma agradável às minhas narinas. Minha cólera se aplacará, e as águas sagradas do Nilo, por tanto tempo contidas, virão no tempo certo trazer a vocês a fertilidade e a abundância. A glória e o triunfo iluminarão o declínio de sua vida e sua memória, bendita e venerada, há de viver eternamente como a do libertador de meu povo. Mas será sobre a cabeça de Ahmés que depositarei a dupla coroa. Abençoarei sua posteridade e dele nascerão os maiores faraós que jamais reinaram na terra do Nilo. Para que ninguém duvide do que acabo de dizer, que Ahmés deposite em meu santuário um galho cortado da árvore sagrada e, através de um sinal visível, testemunharei a graça com que desejo cumular vocês.

O raio se extinguiu bruscamente e o silêncio e a obscuridade tornaram a encher o santuário. Trêmulo, devido a um terror místico, Taa se prostrou, adorou o deus benfazejo que acabara de enchê-lo de uma nova esperança e, por fim, fechou as portas da *naos* e se retirou.

Com o semblante arrebatado, ele comunicou ao sumo-sacerdote o que acabara de ouvir e ficou decidido que, após se haver purificado por três dias de jejum e prece, o jovem príncipe traria ao templo um galho da árvore sagrada de *Persea*[10], que ele próprio cortaria e que ficaria depositada no santuário por uma noite.

A notícia da resposta favorável dada ao rei pelo próprio Amon-Ra e de um sinal visível de sua graça que ele prometera dar se espalhou rapidamente por Tebas e arredores, provocando em todas as classes da população um misto de alegria e ansiedade. O infortúnio havia atingido a cada uma delas de maneira tão dura, há tanto tempo se sofria, que todos os corações tinham se desabituado de ter esperança.

Por isso, na noite do terceiro dia, uma multidão incontável se aglomerou ao longo de todo o caminho entre o palácio e o templo. Logo apareceu o assento portátil sobre o qual estava Ahmés, trazendo na mão o galho da madeira sagrada que ele acabava de quebrar, cercado por carregadores de tochas. O rosto belo e enérgico do jovem príncipe expressava uma seriedade solene.

Diante do recinto do templo as massas populares eram tão compactas, que foi com dificuldade que o cortejo conseguiu passar. Mas assim que a liteira apareceu, as portas maciças de bronze se abriram e o príncipe foi recepcionado por sacerdotes que carregavam tochas e que o conduziram até o primeiro pátio. Atrás do príncipe entraram todos os dignitários de seu séquito e tantas pessoas quanto o pátio e as colunas eram capazes de abrigar, pois desta vez a cerimônia seria pública. Diante de todos, iriam suplicar ao deus que cumprisse sua promessa.

Do interior do templo veio uma procissão de sacerdotes que carregavam a barca de Amon-Ra, a qual foi colocada sobre um trono preparado para tal e o sumo-sacerdote abriu as portas do *naos*. Em seguida, ele apresentou ao príncipe uma pequena caixa aberta, dentro da qual depositou o galho de *Persea*. O pontífice colocou sete velas de cera virgem sobre a tampa da caixinha, que colocou sobre uma mesa baixa, diante do *naos* aberto. Erguendo os dois braços, o sumo-sacerdote pronunciou uma invocação ao deus benfazejo, rogando-lhe que demonstrasse, perante todo o povo, que autorizava seu servidor a depositar no santuário o galho que o príncipe havia trazido, e que provasse, através de um sinal visível, a glória e a felicidade que ele reservava ao príncipe e à sua posteridade.

10 Entre as diversas árvores que gozavam de especial veneração, a espécie denominada pelos gregos de Persea sobrepunha-se às demais. Já nos tempos mais remotos, os egípcios devotavam-lhe uma atenção especial. Até mesmo os primeiros cristãos do Egito herdaram essa crença antiga e criaram uma lenda encantadora, para transformar sua sacralidade pagã em sacralidade cristã. Brugsch, Steininschrift und Bibelwort

Todos caíram de joelhos e fez-se um silêncio profundo. Todos os olhos estavam fixos na barca sagrada e, ao fim de um instante, viu-se surgir uma centelha no fundo do *naos*, que se transformou em uma chama que oscilou por um segundo sobre a cabeça da estátua para, depois, crepitando, flutuar no ar e ir acender as sete velas que estavam sobre a tampa da caixinha.

Um murmúrio de alegria, mesclada de um medo supersticioso, percorreu as fileiras da multidão. E somente quando a barca, assim como a caixinha carregada pelo sumo-sacerdote haviam desaparecido no interior do templo foi que a multidão se dispersou, grave e recolhida, mas repleta de impaciência pelo dia seguinte.

Desde a aurora, massas ainda mais compactas do que na véspera invadiam as ruas e aclamações acolheram a liteira real, sobre a qual se assentavam Taa III e Ahmés, pálido de emoção. Atrás deles vinham todos os nomarcas e altos funcionários presentes em Tebas, entre os quais Hor e Armais.

No grande pátio, diante de uma estátua de Amon-Ra, os sacerdotes imoladores, armados com facas brilhantes, postavam-se junto às vítimas enfeitadas com flores e faixas e que iriam ser imoladas. Depois que Taa, auxiliado pelo príncipe, sacrificou um touro, ambos adentraram o templo e, enquanto o sangue continuava a correr no pátio, alguns sacerdotes veneráveis conduziram os príncipes até o santuário, em cuja entrada eles se detiveram com Ahmés, enquanto Taa adentrava o Santo dos Santos. Desta vez, uma luz suave e azulada, semelhante à da Lua, iluminava a pequena sala. Essa luz provinha da chama acesa de sete tripoides colocados ao redor da barca de Amon, diante da qual o sumo-sacerdote estava ajoelhado com os braços erguidos, imóvel, com uma expressão de exaltação fanática no rosto. Um aroma doce e penetrante enchia o ar, enquanto se ouvia ao longe uma música deliciosa. Vozes suaves se uniam ao som de harpas, ora elevando-se em acordes imponentes, ora se perdendo num murmúrio harmonioso.

Quando o rei se prostrou, um assobio, semelhante ao vento da tempestade, encheu subitamente o santuário. Uma claridade ofuscante jorrou do *naos*, e quando esta se apagou, apenas a candeia que pendia do teto iluminava o tabernáculo do deus. O sumo-sacerdote se levantou e, apanhando a caixinha aberta, apresentou-a ao rei. No fundo desta repousava o ramo de *Persea*, marcado com o símbolo do príncipe. Mas o galho nu se havia coberto de folhas, flores e, em meio a estas, via-se um fruto maduro.

Trêmulo de emoção, Taa, acompanhado pelo sumo-sacerdote, deixou o santuário e, aproximando-se de Ahmés, que o aguardava trêmulo de inquietude e impaciência, entregou-lhe o galho florido.

— Pegue, meu filho, este sinal visível da graça do grande deus, da proteção que ele promete a você e a sua raça. E agora, venha mostrar a todo o povo esta prova de uma divina promessa de alegria e esperança.

A notícia do milagre que ocorrera se espalhou para fora com a rapidez de um relâmpago, despertando na multidão verdadeiro júbilo, que se transformou num furacão de entusiasmo quando a liteira real surgiu, avançando lentamente e possibilitando que todos contemplassem o ramo maravilhoso, carregado de folhas e flores, que Ahmés erguia em sua mão, enquanto saudava o povo com um sorriso radiante. Verdadeira efervescência tinha se apoderado das massas populares, passionais e ardentes como o sol de fogo que as iluminava. A miséria, a ruína e a fome estavam esquecidas. Seria possível permanecer no desespero, angustiar-se pelo futuro, quando o próprio Rá prometia a glória ao rei e a seu herdeiro, e todos os bens da terra ao povo de Kemi? O Nilo transbordaria e suas águas fecundas trariam a cada um o pão cotidiano, a abundância, o trabalho e, como coroamento de tudo, a expulsão do estrangeiro. Derramando lágrimas de alegria, aqueles homens, que em sua maioria nada possuíam senão o pedaço de pano grosseiro que traziam à cintura, abraçaram-se uns aos outros e beijaram-se como irmãos, felicitando-se pela ventura que os aguardava. Em seguida, de milhares de peitos se elevou o grito:

— Viva Sekenen-Ra Taa, o rei abençoado pelo céu! Viva Ahmés, a esperança do país de Kemi!

Prostravam-se, já rendendo honras àqueles dois homens como aos mais poderosos faraós. O ímpeto geral acabara por contagiar até mesmo os nomarcas, sendo que muitos deles, no fundo da alma, aspiravam para si uma posição suprema. E foi ao estrondo desse furacão de entusiasmo que os dois príncipes voltaram ao palácio.

A partir daquele dia, os preparativos de guerra prosseguiram com ardor febril. Cada um trabalhava como por si mesmo e correspondências secretas levaram a todos os principais templos do reino de Apopi a notícia de que, dentro do prazo de dois meses, no máximo, Taa III partiria de Tebas com seu exército, para sitiar Mênfis.

IX

QUEM SEMEIA VENTO, COLHE TEMPESTADE

José tinha autoridade sobre a terra e era ele quem vendia cereais para o povo da terra.

Gênesis, cap. XLIII, v. 6

Em toda terra faltava pão, pois a fome assolava e esgotava a terra do Egito e de Canaã.

Gênesis, cap. XLVII, v. 13

DURANTE TRÊS SEMANAS a vida da princesa Hichelat permaneceu por um fio. No entanto, a juventude prevaleceu e a jovem lentamente recobrou a saúde. Mas, por ordem dos médicos, a princesa foi instalada numa casa de campo perto de Tânis, a fim de ficar longe de todo barulho e agitação, e seu casamento com o Adon foi adiado por dois ou três meses. Durante os primeiros tempos de sua convalescença, José ia ver sua noiva com frequência. Mas irritado com a gélida indiferença que ela lhe testemunhava invariavelmente, ele a repreendeu um dia, por demonstrar de maneira tão ostensiva sua frieza ao futuro esposo.

— Acho que você esqueceu de que foi para poupar a vida de um ser amado que lhe concedi minha mão — respondeu Hichelat, medindo José com um olhar de desdém e desprezo. — Fora de nosso acordo, nada há em comum entre a filha do faraó Apopi e o homem insignificante que ele tirou da lama, para a infelicidade de seu povo. Portanto, poupe-me de repreensões ridículas. Vendi a você minha pessoa e os direitos que a tal fato se ligam. Contente-se com isso. O futuro há de provar se a cólera celeste não o impedirá de se aproveitar disso e se ela não o abaterá, por mais mágico que você seja.

Trêmulo de ira, José dera as costas a Hichelat e, desde então, só fizera visitas oficiais à futura esposa. Além disso, os assuntos políticos absorviam todo seu tempo e, com tenacidade e energia, ele se preparava para transpor o último obstáculo que o separava do objetivo supremo, ao qual tanto ambicionava. O frágil faraó, plenamente dominado por seu terrível favorito e cego pelo desejo de ver sua filha preferida ocupar o trono, tinha consentido que José fosse proclamado herdeiro da coroa. Por este grave ato político, o rei e seu futuro genro decidiram marcar o dia do casamento, que deveria ser celebrado com pompa real. O fato não tinha sido anunciado oficialmente. Mas como é de justiça entre as pessoas íntimas do rei, seus parentes e aqueles que ocupavam os mais elevados cargos administrativos, sabia-se que essa ascensão do Adon estava sendo articulada e era compreensível que a perspectiva de saudar o antigo escravo de Putifar como príncipe despertava sentimentos bem diversos.

Consumido pelo orgulho, mais duro e implacável do que nunca, José não dava atenção à atmosfera pesada, asfixiante e repleta de agitação que pesava sobre Tânis como uma nuvem de chumbo.

A miséria e a fome tinham provocado uma epidemia perniciosa, que dizimava o povo. Os cadáveres enegrecidos e inchados dos desafortunados se espalhavam pelas ruas e estradas, e nunca antes a atividade silenciosa dos templos havia atingido tão vastas proporções. Munidos de provisões e remédios, os sacerdotes de grau inferior circulavam pelos bairros pobres e aldeias, distribuindo cuidados e esmolas às crianças, mulheres e idosos. Mas os homens sadios e jovens desapareciam dos campos pouco a pouco, indo se concentrar nos bairros miseráveis ocupados em Tânis pelos egípcios. As pessoas jovens, famintas e doentes, encontravam asilo no recinto sagrado dos templos. Nos subterrâneos e nos imensos celeiros vazios pululavam exércitos de homens exasperados e dispostos a tudo. Em toda parte, os prestativos cuidadores, enquanto cuidavam dos enfermos e distribuíam o alimento aos esfaimados, insinuavam discretamente que os sofrimentos presentes eram uma punição pela apatia do povo de Kemi e por sua submissão ao estrangeiro impuro. E que se a oportunidade de sacudir aquele jugo vergonhoso se apresentasse, cada qual deveria sacrificar a própria vida àquele objetivo, com tudo que ainda possuíam, a fim de recobrar a benevolência dos imortais.

Nas hospedarias improvisadas e nos templos, os servidores dos deuses mantinham discursos mais explícitos, enquanto circulavam em meio à multidão maltrapilha que acolhiam. Para consolar os moribundos e tratar os enfermos, os sacerdotes veneráveis diziam claramente que era tempo de pôr fim àquela situação intolerável e que os celeiros públicos continham trigo suficiente para nutrir toda a terra de Kemi por mais dois anos. Que seria preciso apenas se apoderar do que pertencia ao Egito e a seus filhos, em vez de ficar vendo os *chasous* impuros se alimentarem com isso a troco de nada.... Que aqueles estrangeiros daninhos não pagavam, como os egípcios, com sua liberdade e com seus bens por cada bocado do pão. Que o cão fétido, que trazia o título de Adon, não deixava que os *chasous* morressem de fome. Os sacerdotes diziam ainda que se aproximavam os tempos em que soaria a hora da vingança, o que era previsto pelos astros e anunciado por meio de visões e profecias. Bastava apenas que estivessem preparados e agissem no momento decisivo. Depois desse discurso insidioso, os rostos pálidos dos famintos e doentes se coloriam com uma animação febril, um ardor fanático brilhava em seus olhos e, repletos de ódio selvagem, os homens tentavam brandir armas e garantir que seus músculos recuperassem força suficiente para segurar o arco ou asfixiar o *chasou* que lhes caísse nas mãos. E bem no momento em que José considerava a infeliz população tão fragilizada e desanimada que lhe seria impossível tentar algo contra o governo, seus inimigos tinham preparado e afiado, na sombra, uma terrível arma de destruição, que só aguardava o momento de agir.

De resto, era contra o perigo vindo de outro lado que o Adon tomava as medidas mais enérgicas, ainda que em segredo. Um dos espiões, os quais ele mantinha por toda parte, tinha lhe trazido de Tebas a notícia sobre as manifestações celestes que prometiam expulsar os *chasous* e trazer de volta a fartura, dos preparativos belicosos de Taa III e do entusiasmo inaudito que animava as populações do Alto Egito. Apesar do novo e terrível perigo que a perspectiva de uma guerra, acompanhada sem dúvida por uma rebelião de todos os súditos egípcios de Apopi, criava para ele, a natureza de aço de José não enfraqueceu. Com energia e prontidão, ele tomou as medidas de defesa. As guarnições de Tânis e Mênfis foram duplicadas, todos os chefes de tropas e comandantes de aldeia receberam instruções detalhadas, escritas pela própria mão do Adon. Ele transferiu uma parte considerável de suas riquezas para sua tribo, a qual recebeu ordem de estar preparada para fugir para Avaris ao primeiro sinal. Tudo isso, porém, foi feito com discrição, enquanto, oficialmente, eram preparadas festas e celebrações para a ocasião de seu casamento com Hichelat.

Amargurado e fervendo de raiva por dentro, apenas José se mostrava cada vez mais impiedoso, e o orgulho pela posição suprema, que iria ocupar dentro de algumas semanas, fazia com que ele desdenhasse, cada vez mais, toda e qualquer cautela.

Dois fatos ocorridos em Tânis realçaram, de modo particular, a crueldade de José e sua violência brutal contra a casta sacerdotal. Mas tais fatos deveriam tê-lo prevenido, também, de que a corda tão arbitrariamente esticada da paciência popular estava prestes a se partir. Um desses fatos foi o processo contra os conspiradores, companheiros de Armais, acusados de terem pretendido assassinar o rei. Todos eram jovens pertencentes às mais importantes famílias egípcias. Dois deles tinham conseguido fugir, mas nove haviam sido presos, impiedosamente submetidos à tortura e, em seguida, à morte. O assombro e o desespero tinham tomado todos os corações, sobretudo o de um sacerdote chamado Ameni, primeiro hierogramatista do templo de Ísis. Nele, aquela sentença produziu um efeito fulminante. Entre os condenados estava seu filho único, rapaz de 23 anos, o último que a sorte lhe havia deixado e a quem adorava cegamente. O infeliz pai tudo havia tentado para salvar o rapaz: endereçara súplicas a Apopi e rolara, em prantos, aos pés do Adon. O rei tinha permanecido indiferente às súplicas e ao sofrimento do ancião, enquanto que o Adon se havia limitado a declarar que, apenas por uma graça excepcional, por piedade em respeito à sua idade e por causa de sua dignidade sacerdotal é que ele não condenava também o próprio ancião, como pai de um regicida.

O jovem Amenhotep tinha sido executado e, desde aquele dia, o infeliz pai caíra em profundo marasmo, passando a evitar as outras pessoas e parecendo estar ruminando continuamente algo que ele não esclarecia. Todos acreditaram que ele tivesse perdido a razão.

Certa manhã, quando José se preparava para subir em sua liteira, um homem surgiu repentinamente da multidão, esgueirando-se como uma enguia entre os soldados da escolta. Então, arrancando um punhal da cintura, tentou atingir o Adon em pleno peito. Mas por mais inesperado que tivesse sido o ataque, um dos oficiais hicsos teve a presença de espírito de erguer o braço do assassino com um golpe. A arma desviou e, ao invés de atingir o coração do Adon, abriu um longo corte em seu ombro e braço. Ele caiu, encharcado de sangue. Descobriu-se, então, que o agressor, de imediato detido e amarrado, era o velho Ameni.

José foi levado sem demora de volta à sua residência e o médico que enfaixou o ferimento declarou que este era sem gravidade, visto que a faca tinha apenas cortado a carne. Mas o Adon, furioso, ficou pensando em como poderia se vingar da maneira mais requintada, a fim de anular em todos e para sempre o desejo de repetir um ato como aquele.

A notícia do atentado havia entristecido profundamente os amigos do velho sacerdote, e alguns dignitários sacerdotais se dirigiram de imediato ao palácio do Adon, no intuito de explicar-lhe que Ameni estava louco, mas não foram recebidos. José ordenou que lhes dissessem para virem no dia seguinte, pois se sentia muito enfraquecido pela perda de sangue.

Saboreando de antemão o ultraje atroz que iria infligir à casta abominada, José mandou chamar o chefe da polícia de Tânis, um rude e cruel hicso, de nome Sabou, que o povo tinha apelidado de carrasco. Ordenou-lhe então que, assim que caísse a noite, montasse uma forca diante da entrada do templo de Ísis e enforcasse Ameni trajado com suas vestes sacerdotais, e que colocasse ao redor da forca um destacamento de soldados, a fim de impedir que as pessoas se aproximassem por três dias. Passado esse tempo, o corpo deveria ser transportado para fora da cidade e lançado como alimento aos corvos. Uma placa sobre o peito do culpado devia trazer seu nome, seu título e a sentença prescrita por sua má ação.

Quando, aos primeiros raios do sol levante, servidores do templo abriram as portas de bronze do recinto sagrado, foram fulminados pela visão de uma forca, da qual pendia o corpo do venerável Ameni, trajado com sua veste sacerdotal. Acima de sua cabeça raspada, já esvoaçavam aves de rapina.

Em um piscar de olhos, todo o templo estava de pé: uns permaneciam mudos de horror, outros, como que enlouquecidos, rolavam pelo chão. Os sacerdotes se aglomeravam junto à entrada. Tal era o ultraje, que os servidores dos deuses se perguntavam se não seria o fim do mundo que se aproximava e se os deuses iriam tolerar semelhante iniquidade.

Em breve, uma multidão enorme enchia o local diante dos pilares. Mas, aterrorizado e trêmulo, o povo não ousava se aproximar da forca, guardada por soldados de expressão selvagem e arma em punho. Ninguém percebeu que do interior do templo surgiam homens pálidos e magros, de olhos cintilantes de ódio ensandecido, os quais se esgueiravam por entre a multidão, murmurando palavras de indignação e incitando a revolta e a vingança por tão atroz injúria.

— É nosso dever resgatar o corpo ultrajado do venerável Ameni — eles repetiam. — Haveremos de deixar assim pendurado, como um malfeitor, privado de sepultura, esse amigo dos pobres, consolador dos enfermos e sofredores, que o desespero levou a vingar a morte de seu filho único? Que a vergonha caia sobre nós se, como covardes, permanecermos como espectadores inativos, quando o opressor se farta com nossos bens, deixando-nos morrer de fome. Esse opressor que começa a enforcar nossos sacerdotes, nossos benfeitores, que se arruínam para nos alimentar? Se permitirmos que ele o faça, acabará por arrastar nossos deuses pela via pública.

Tais discursos caíam como semente fecunda em terra fértil. As massas, silenciosas e petrificadas de assombro, começaram a ondular como um mar bravio e um bramido silencioso se ergueu. Quem tinha dado o primeiro passo? Quem havia dado o sinal para agir? Ninguém poderia dizê-lo. Mas, de repente, de toda parte a multidão avançou, e sob aquela pressão irresistível, os soldados da guarda foram esmagados e pisoteados, antes mesmo que pudessem fazer uso de suas armas. Em um piscar de olhos, a forca foi derrubada, o corpo de Ameni solto e, carregando o cadáver à semelhança de um troféu, a multidão, como uma avalanche, avançou para o interior do templo, enquanto os que não conseguiam entrar saciavam sua raiva reduzindo a átomos os restos da forca e fazendo em pedaços os corpos dos soldados hicsos. Só mesmo uma carga de carros e de cavaleiros é que conseguiu afugentar os amotinados.

Mais prudentes do que no primeiro confronto, os homens do povo dispersaram em todas as direções, deixando para trás os membros ensanguentados de suas vítimas, que eles se preparavam para jogar no Nilo. As portas do templo tinham sido imediatamente fechadas.

Esse acontecimento deu lugar a uma investigação severa. José, fervendo de raiva, mandou enforcar ou aplicar bastonadas sem piedade em quem quer que fosse suspeito de ter participado do tumulto. Mas não tornou a atacar os sacerdotes, julgando que já lhes havia dado uma boa lição, que bastava por ora. Fingiu, então, acreditar que Ameni tivesse agido num acesso de loucura e reservou represálias, ainda mais enérgicas, para a época em que ele fosse faraó. Além disso, o dia marcado para seu casamento se aproximava e não queria perturbar a pompa de suas núpcias com execuções ou com algum novo acesso de exasperação popular.

José fazia imensos preparativos para aquela solenidade: os sumo-sacerdotes de todos os templos do reino eram convocados a Tânis, ampla distribuição de grãos e vestuário estavam prometidas ao povo e, no palácio do Adon, todos que lá viessem haveriam de se regalar de vinho, cerveja e mantimentos.

Oito dias antes do casamento, enquanto toda a cidade dormia, uma assembleia numerosa se reunia em uma das criptas do templo de Ísis. Ali estavam os sumo-sacerdotes e os mais veneráveis dignitários sacerdotais de Tânis, Mênfis, Sais, Bubástis, Heliópolis e outras cidades do Baixo Egito, além de alguns militares, entre os quais Racapou e Putifar, e além de dois mensageiros de Taa III, vindos na véspera para anunciar que o rei e seu exército tinham deixado Tebas e se dirigiam a Mênfis.

Falavam em voz baixa sobre essa última notícia, quando Potifera entrou, acompanhado por um homem alto, trajando um casaco escuro. De sob seu capuz gasto, uma longa barba branca descia, cobrindo seu peito.

— Meus amigos, trago-lhes um aliado, cujo poder e ciência nos haverão de ajudar no momento decisivo — disse o sumo-sacerdote, cujo rosto severo refletia sinistra satisfação. — Todos vocês sabem que chegou o momento em que nos será preciso morrer ou vencer o miserável opressor, que, com sua mão impura, prepara-se para empunhar a coroa e o cetro. O que nos espera quando ele dispuser do poder supremo, o assassinato de Ameni provou. Inimigo de nossos deuses e de nosso povo, seu desejo seria destruí-los. Porém, fartos dos crimes desse homem, os imortais nos enviam um ajudante: o mestre que dotou o miserável com o saber que ele possui e que vem destruir o que criou.

O desconhecido ergueu seu capuz e descobriu o rosto calmo e majestoso de Schebna. O sumo-sacerdote de Ptah em Mênfis e alguns sacerdotes de Tânis, que evidentemente o conheciam, cercaram-no com alegria, abraçando-o como a um irmão. Mas, vendo o espanto dos demais, Potifera voltou-se para eles:

— Em poucas palavras, meus amigos, vou lhe explicar a razão da presença aqui do venerável Schebna. Muitas vezes, vocês se recordam, nós nos perguntamos por que acaso aquele pastor nômade podia ter adquirido a ciência de que dispõe, segredos que são desconhecidos até mesmo a nós. Mas eu quis *saber*, pois ninguém foi atingido no coração como eu por aquele cão fedorento, que destruiu meus filhos e fez branquear meus cabelos e enrugar minha fronte com todos os ultrajes que me fez sofrer. Quando um dia, sozinho no santuário, implorei a Amon-Ra que me concedesse, como única recompensa por meus longos serviços, a oportunidade de lavar meu coração no sangue do opressor, o deus me inspirou uma ideia salutar: um emissário meu se estabeleceu próximo à família do Adon. E esse homem hábil e prudente logo ficou sabendo, pelos pastores selvagens e tagarelas, que no tempo em que José ainda vivia entre eles, havia na tribo um velho sábio caldeu, que se interessava pelo menino e devia tê-lo instruído na ciência secreta. Isso me deu uma ideia luminosa! Graças às relações que existem entre todos os santuários, sem distinção de sangue, pude descobrir o nome e o paradeiro de Schebna, a quem informei acerca de nosso infortúnio e pedi ajuda. Ele veio uma primeira vez, e tendo experimentado toda a ingratidão do miserável, que tentou aprisioná-lo, viveu por algum tempo escondido aqui em Tânis, depois em Mênfis, cidade que ele deixou para se retirar para o deserto. Agora ele voltou por vontade própria, para nos oferecer sua ajuda.

— Sim, é para isso que vim. Eu desencadeei o mal e nada mais justo do que eu o abata — Schebna respondeu solenemente, quando todos o cercaram, para apertar-lhe a mão.

A discussão foi retomada com novo ânimo e ficou decidido que o dia das núpcias deveria ser, também, o último do poder do Adon, e que aproveitariam a confusão da festa para desencadear o motim em diversos pontos e matar José.

— Que essa seja minha tarefa. Dou-lhes minha palavra de que meu aluno de outrora não verá se erguer o sol do futuro — observou Schebna.

— A você, irmão, caberá o direito de abater o monstro ao qual você deu bico e garras. E será não menos justo que no dia em que aquele criminoso audaz vier a ornar sua fronte com o ureu, a serpente real o penetre com seu dardo mortal — respondeu Potifera com um cruel sorriso de ironia.

* * *

Pálida, triste e silenciosa, Hichelat regressara a Tânis, onde uma alegria fugidia esperava por ela. Por intermédio de um sacerdote, ela recebeu uma mensagem de Armais, que a informava sobre sua feliz chegada em lugar seguro. Por prudência, ele não dissera à princesa que o lugar era Tebas. Com palavras apaixonadas, ele lhe reafirmava seu amor, suplicando-lhe que não perdesse o ânimo, visto que esperava firmemente que os deuses lhes concedessem, de novo, a felicidade. Hichelat beijou aquelas linhas escritas pela mão amada, enquanto lágrimas amargas lhe corriam pela face. Não esperava mais nada: afinal, não seria dentro de 48 horas a esposa do maldito? A ideia de que uma fatalidade cruel lhe havia preservado uma vida que só lhe inspirava desgosto, quando a morte estivera tão próxima, enchia a princesa de um ódio sem esperança.

Segundo um costume antigo, as moças celebravam a véspera de seu casamento em uma reunião com suas amigas, com brincadeiras, danças e uma troca de lembranças mais ou menos valiosas, conforme a posição e a fortuna da noiva. Mas Hichelat recusou-se terminantemente a se sujeitar àquele costume. Alegando que se sentia ainda fraca e cansada devido à sua enfermidade, declarou que queria ficar só e passar em recolhimento a sua última noite de solteira.

Perturbado pela palidez e melancólica apatia da filha, Apopi acedeu a seu desejo e, na véspera das núpcias, encontramos Hichelat sozinha em seus aposentos. Mesmo sua melhor amiga, Néftis, filha do comandante de Tânis, retirara-se para a sala contígua, ao ver o abatimento da princesa e seu silêncio. Há horas que a princesa não saía da varanda. Recostada a uma poltrona, com o olhar perdido no vazio, refletia sobre o fato de que aquelas horas, que escoavam tão depressa, eram as últimas de sua liberdade e que no dia seguinte pertenceria a José. A ideia de ser mulher dele e ter que aturar sua presença a toda hora fez com que um suor gélido cobrisse seu corpo e um sentimento invencível de horror e repulsa constrangeu-lhe a alma.

Tinha havido um calor tórrido o dia inteiro. O ar pesado, ardente e abafado tornava difícil a respiração. À tarde, nuvens negras cobriram o céu, um vento fortíssimo começou a soprar e alguns trovões longínquos anunciaram que uma tempestade se aproximava. Vendo que a amiga não prestava atenção àqueles presságios perturbadores, Néftis foi discretamente para junto dela e, com gentileza, convenceu a princesa a entrar. Hichelat se levantou sem reclamar e as duas jovens subiram para a sala de trabalho da princesa que, para o pesar de Néftis, foi ficar não distante da janela e logo tornou a se entregar a seus devaneios. Em compensação, a filha do comandante, que havia se assentado perto da amiga, sobre uma almofada, olhava ansiosa para fora. Por uma clareira dos jardins via-se o Nilo, que o vento agitava em ondas, fazendo bailar como cascas de nozes as embarcações, que se apressavam para chegar à margem.

Logo a noite caiu e um verdadeiro furacão se desencadeou. Raios fulgurantes cruzavam o céu negro, o trovão bramia sem interrupção, fazendo com que o palácio tremesse desde seus alicerces, o vento assobiava, balançando e dobrando as palmeiras e os grossos sicômoros como se fossem palha. Por fim, uma chuva torrencial começou a cair ruidosamente.

Muda de pavor, Néftis cobrira seu rosto com as mãos, enquanto Hichelat permanecia indiferente e calma. Aquele desencadear dos elementos havia lhe proporcionado alívio, pois parecia até que seu furacão interior se descarregava na tempestade lá fora, que todo o desespero que ela reprimia em si mesma chorava, rugia e gritava no assobiar do vento e nos raios que explodiam. Com um longo suspiro, ela apoiou a cabeça contra o encosto da poltrona e fechou os olhos.

De repente, um estranho murmúrio chegou aos ouvidos da princesa e, paralisada de pavor, ela viu as águas do Nilo transbordarem, avolumando-se como montanhas, indo inundar os jardins e levar suas ondas turvas na direção do palácio. As águas subiam com uma velocidade vertiginosa, penetrando por todas as passagens, inundando seu aposento e ameaçando engoli-lo. Foi quando, daquele mar em ebulição surgiu um homem de estatura gigantesca: de barba grisalha, cintilante como gotas de orvalho ao sol, tinha o rosto de uma beleza severa, porém, juvenil. Uma coroa de lótus lhe enfeitava a fronte e seus grandes olhos de um azul escuro refletiam a calma suprema da força consciente. Tomando a princesa em seus braços vigorosos, ele a apertou contra o peito. Hichelat sentia o contato do peito poderoso de deus desconhecido. Tinha consciência de que as águas geladas a submergiam e arrastavam. Ela se sentia morrer. Em vão tentou se debater, soltar-se: o abismo a engolia e, com um grito surdo, ela se ergueu.

Seu olhar perturbado vagueou pelos objetos familiares que a cercavam e que a candeia que pendia do teto iluminava suavemente, para se fixar em Néftis, que estava ajoelhada junto dela, fitando-a com ansiedade.

— Isso foi um sonho ou uma visão? De qualquer modo, foi uma mensagem de morte — ela murmurou, trêmula. — Venha, Néftis, vamos descer. Quero me deitar. Quanto a você, peço que vele junto a mim até o nascer do dia.

* * *

APESAR DA EXTRAORDINÁRIA satisfação proporcionada a seu orgulho e o triunfo de se preparar para usar a coroa enfeitada com o ureu, o adorno em forma de serpente que o aguardava dentro de alguns dias, José sentia-se atormentado por uma vaga inquietude. Apenas sua vontade de ferro e a confiança orgulhosa que seu poder lhe inspirava é que conseguiam dominar aqueles maus pressentimentos. Esse estado de espírito tinha duas causas. A primeira era sua posição em relação a Asnath, que o incomodava cada vez mais. Há semanas não visitava a jovem, cujo desespero silencioso e o visível definhamento o irritavam. Além disso, a ideia de que ela pudesse morrer antes que ele a fizesse reaparecer, para se vingar de Hichelat e humilhá-la, enchiam-no de raiva. A segunda causa, que o preocupava ainda mais, era uma série de maus presságios que se haviam sucedido nos últimos tempos. Os astros consultados haviam dado uma resposta desfavorável, anunciando perigos desconhecidos em seu caminho. O sol poente se havia mostrado com o dobro de seu tamanho habitual e cercado por três círculos azulados, o que, segundo os adivinhos caldeus, predizia a destruição do rei do país.

José tinha interpretado aquele presságio como sendo a morte de Apopi, que desapareceria para lhe dar lugar no trono, quando, na manhã do dia que antecedia seu casamento, um fato de ainda pior mau augúrio veio assustá-lo: um cão desconhecido tinha penetrado no salão principal do palácio do Adon, emporcalhado seu assento e, em seguida, vomitado no degrau. E, para piorar as coisas, o animal tinha escapado sem que se soubesse para onde e como. Ficou evidente para todos que semelhante incidente significava a morte do dono da casa.

Uma nuvem escura cobria a fronte de José e quando, à noite, a tempestade se desencadeou, a inquietude e a vaga angústia que o assombravam desde há algum tempo se apoderaram dele com redobrada violência. De cabeça baixa, ele subiu a escada da pequena torre, que conduzia a seu observatório. Queria observar os raios e escutar os trovões, aquela voz retumbante das potências planetárias.

Melancólico e com o cenho franzido, José se apoiou contra uma coluna, fixando atentamente o céu e os ziguezagues de fogo que, cortando as nuvens negras, pareciam acertar em cheio a Terra. A luz embaçada dos relâmpagos iluminava de maneira impressionante o corpo alto do Adon vestido de branco e seu semblante habitualmente frio e intrépido, em meio ao furacão que bramia em torno dele.

De repente, um feixe de fogo iluminou o horizonte inteiro e um raio pareceu atingir a torre, que balançou em seu alicerce. Aturdido, José fechou os olhos por um momento, mas quando tornou a abri-los, um grito de alucinado terror desvaneceu em sua garganta. Agachada sobre a balaustrada do observatório, cercada por uma vasta auréola fosforescente, estava a esfinge, sua protetora. Mas seu semblante, outrora tão calmo, estava sombrio e ameaçador. Seus olhos flamejavam e a estrela sobre sua fronte, vermelha como sangue, lançava fagulhas cintilantes, que crepitavam.

— Ingrato, que alimentei com a seiva de meu ser, que aqueci com meu sopro e abriguei em minhas asas — rugiu a voz do ser misterioso. — O que fez desta terra de Kemi, onde o tornei grande e poderoso? Você a cobriu de ruínas e cadáveres. Meu seio secou com sua avidez atroz e as maldições que pesam sobre você fizeram pender para o abismo a balança de seu destino. Eu não o protejo mais. Que seu destino se cumpra e que as emanações do mal, acumuladas em sua passagem pela Terra, caiam sobre seu coração como uma nuvem de chumbo, que o asfixiará.

Abrindo suas asas imensas, a esfinge se ergueu no ar, enquanto José sentiu como se uma martelada o atingisse na cabeça, caindo, inconsciente.

Quando ele tornou a abrir os olhos, era pleno dia. Estava deitado em sua cama e Pibisi, seu fiel escravo, friccionava seu rosto e mãos com essências aromáticas.

— Os deuses sejam louvados, meu senhor! Finalmente, volta a si! — o rapaz exclamou, jubiloso. — Acreditei que o senhor estivesse morto, quando o encontrei, por fim, no observatório. Ia mandar vir o médico, quando o senhor fez um movimento. Que Osíris seja bendito!

José se ergueu, com a cabeça pesada, e murmurou:

— Sim, o raio deve ter caído em nosso jardim e me deixou atordoado.

— Não em nosso jardim, mas causou estragos imensos — respondeu Pibisi. — Um dos pilares da frente do palácio do faraó se partiu de cima abaixo. Depois, no templo de Soutech, despedaçou a cabeça do deus e seu altar. O povo está muito chocado com tal infortúnio.

José se levantou triste, com o coração opresso. Os presságios de desgraça se acumulavam e justamente no dia em que celebrava seu triunfo supremo. Mas seu orgulho indomável e a presunção tenaz, mantiveram-no em pé. [...]

O chanceler do rei Apopi já se acreditava solidamente sentado no trono faraônico, em condições de tudo desafiar. Ele se esquecia de que a Fortuna é uma deusa caprichosa que, não raro, diverte-se em esmagar, sob sua roda, aqueles a quem percebe ter dado em excesso.

Com seu dinamismo habitual, o Adon se ocupou dos negócios mais urgentes e, em seguida, ordenou que o vestissem para a cerimônia que se preparava.

Ao examinar sua bela e imponente figura no espelho de metal e experimentar o adorno de cabeça em forma de capacete, ornado com um ureu, que deveria usar no palácio, um sorriso de orgulhosa satisfação surgiu em seus lábios. Então, aprumando-se, murmurou:

— Pobre e insignificante, venci o destino. Faraó do Egito, eu o desafiarei!

X

A NOIVA DO NILO

NO PALÁCIO REAL tudo era ruído e alegre animação. Por toda parte, bandeirolas tremulavam, guirlandas se entrelaçavam e longas fileiras de carros e de liteiras para lá traziam os dignitários e suas esposas cobertas de joias. Somente os estragos causados pelo furacão, o pilar semidemolido, os mastros arrancados, as árvores desenraizadas, assim como os buracos profundos abertos nas ruas pelas torrentes da chuva é que contrastavam dolorosamente com aqueles preparativos de festa. Por outro lado, a chuvarada também tivera seu lado bom: a folhagem, da qual a água tinha removido a grossa camada de poeira que a cobria, parecia ter adquirido vida nova e o ar havia recuperado seu frescor. Além disso, apesar da desordem e da lama incomum, as ruas estavam atulhadas de gente e centenas de embarcações embandeiradas sulcavam as águas avolumadas e ainda agitadas do Nilo.

No salão do trono se concentrava a multidão bem-sucedida de cortesãos e dignitários e, destacando-se sobre aquele fundo multicolorido, sobressaía-se, como uma faixa branca, a fila de sacerdotes, que, impassíveis, sérios e concentrados, formavam um grupo à parte. Defronte deles, no fundo da sala, estavam, sobre um estrado, uma mesa e um assento, junto aos quais se postavam dois escribas reais, que carregavam um papiro enrolado sobre um prato de ouro.

Logo surgiu Apopi, conduzindo pela mão sua filha ricamente enfeitada e coberta de pedrarias caríssimas. Aparentemente, a princesa estava calma e talvez sua beleza altiva nunca antes tivesse resplandecido como naquele momento. Só que ela estava tão branca quanto a túnica bordada de ouro e pérolas que trajava e seus olhos, ora cintilantes com brilho febril, ora velados e sem vida, denunciavam sua agitação íntima.

Mal o rei e sua filha tinham se assentado sobre o estrado e os carregadores de leques e o séquito se haviam agrupado ao redor deles, José adentrou o salão. Aproximando-se do trono com passos decididos, ele se prostrou. Mas Apopi, com bondade, fez com que ele se levantasse. Em seguida, voltando-se para a assembleia, o faraó declarou, em breves palavras, que sua saúde frágil o forçava a pensar no momento em que Osíris o chamaria de volta a si, e que ele considerava seu dever de rei nomear, desde já, um sucessor. Ele acreditava não poder escolher para tal alguém mais digno do que o esposo de sua filha, o sábio e prudente conselheiro que tinha salvado o Egito da fome, a cujo governo todos estavam habituados e cuja bondade e energia eram a mais segura garantia da prosperidade do Estado. Era sua vontade de faraó que, a partir daquele dia, José fosse considerado herdeiro do trono, e ele assinaria imediatamente o ato que daria força de lei àquela disposição.

Descendo do estrado, o rei dirigiu-se até a mesa preparada, sobre a qual os escribas se apressavam a desenrolar o papiro, e assinou o documento importante que entregava o Egito, em caráter definitivo, a seu cruel opressor. Depois de o haver lacrado com o selo real, Potifera e alguns outros dignitários também assinaram o documento, a convite de Apopi. Em seguida, dois camareiros apresentaram, sobre uma bandeja, o barrete de púrpura em forma de capacete, ornado com duas serpentes de ouro, que os príncipes usavam e com o qual cobriram a cabeça de José, após retirarem o ornamento que ele usava. Nesse momento, Apopi apanhou a mão de sua filha e a colocou na de seu noivo. Ligeira palidez cobriu o belo rosto de José e um calafrio nervoso percorreu sua pele. Finalmente se materializava o estranho e majestoso futuro, que Schebna lhe havia predito. Com olhos flamejantes, as narinas trêmulas, ele aprumou todo seu corpo e seus dedos apertaram, como um torno, a mão gélida da princesa, enquanto gritos e aclamações se faziam ouvir no salão e a corte se movimentava em fila diante deles, para felicitá-los.

A cerimônia nupcial deveria, de acordo com o programa, ser celebrada no templo de Soutech. Mas, em consequência da destruição da imagem do deus por um raio, Apopi ordenara que trouxessem ao palácio a estátua de Hator e era diante dela que devia acontecer a cerimônia religiosa. Em uma sala contígua, havia sido colocada sobre um altar portátil a imagem da deusa, toda coberta de flores. Atrás dela postavam-se, em semicírculo, todos os sacerdotes presentes. E enquanto as cantoras do templo entoavam um hino sagrado, o sumo-sacerdote uniu, acima da chama de um tripoide, as mãos dos recém-casados. Hichelat, silenciosa e pálida como uma estátua de cera, parecia indiferente ao que se passava.

Naquele instante, uma súbita escuridão invadiu a sala e um raio, seguido por uma trovoada, pareceu jorrar do teto e apagou a chama do tripoide. Hichelat deu um grito e, jogando-se para trás, desmaiou. Pálido e respirando com dificuldade, José amparou a jovem esposa, enquanto um murmúrio de pavor soava, vindo das fileiras dos espectadores. Mas a claridade do dia voltou e constatou-se, com assombro, que as flores que adornavam a estátua da deusa estavam queimadas e que jazia sobre o altar uma víbora morta. De onde teria vindo? Ninguém o sabia, e os sacerdotes permaneceram calados e impassíveis.

Pouco a pouco, e graças à etiqueta, as pessoas se tranquilizaram e a festa prosseguiu. Apenas a noiva não compareceu ao banquete, pois havia sido levada inconsciente para seus aposentos. Todos também notaram a palidez e a preocupação sombria de Apopi e as contrações nervosas que, cada vez com maior frequência, repuxavam sua face.

Somente quando chegou a hora de ir para o palácio de seu marido foi que Hichelat tornou a aparecer, indo tomar lugar no assento portátil enfeitado com pedrarias. No momento em que José se preparava para se colocar ao lado dela, porém, um oficial de seu séquito irrompeu apressado em meio à multidão abastada que cercava a liteira e apresentou-lhe a mensagem que um corredor, quase morto de fadiga, acabava de trazer, dizendo ser da maior importância.

José abriu imediatamente a mensagem e uma repentina palidez surgiu em seu rosto, à medida que lia. O chefe dos armazéns de trigo mais próximos de Tânis tinha escrito que, desde a véspera, uma multidão sempre crescente cercara os armazéns, tomando-os de assalto, a despeito da resistência desesperada dos soldados e, em seguida, roubara o trigo. O chefe dos armazéns pedia reforços, pois a massa dos arruaceiros aumentava sem cessar.

Devolvendo a mensagem, o novo príncipe real traçou algumas linhas, ordenando que se enviasse, incontinente, ao cenário onde ocorriam os distúrbios, um corpo de tropas considerável e que os rebeldes fossem punidos sem dó. Depois de ordenar que sua mensagem fosse entregue de imediato ao comandante da guarnição de Tânis, José se tranquilizou e tomou assento ao lado de sua jovem esposa.

Fez-se um demorado silêncio. Sem querer, José se havia recordado de Asnath e do dia em que, daquele mesmo palácio real, tinha levado a jovem à sua nova casa. As peripécias do casamento de ambos passaram diante de seu espírito como um turbilhão, chegando até seu último encontro no subterrâneo. A lembrança do rostinho pálido e emagrecido de Asnath, do olhar débil e desesperado da inocente prisioneira, encheu seu coração, subitamente, de um mal-estar insuportável. Passando a mão pela testa, José procurou afugentar aqueles pensamentos inoportunos e voltou-se para sua nova esposa. A princesa não parecia mais triste e desesperada como durante a cerimônia. Seu olhar calmo e altivo parecia perscrutar a multidão que, formando alas, comprimia-se dos dois lados da rua e um vinco estranhamente severo e mordaz havia surgido no canto de sua boca pálida.

— Hichelat, não quer me honrar com um sinal de benevolência? — murmurou José, inclinando-se na direção dela e tomando-lhe a mão, que manteve na sua. — Parece-me que seu marido merece mais do que esse silêncio frio. A vontade do faraó, seu pai, tornou-me igual a você e destruiu o derradeiro escrúpulo de seu orgulho. Entre a filha do rei e o herdeiro do trono, o abismo não mais existe.

A princesa fitou o rapaz com odioso desprezo.

— Não tenho mais pai desde a hora nefasta em que, em sua desastrosa fraqueza, escolheu como herdeiro o homem que o Egito abomina e, com a própria mão, deu o golpe que fará desmoronar seu trono. Caso a presunção o cegue, olhe para essa multidão silenciosa e leia nessas faces sinistras a alegria que experimentam em tê-lo como soberano. Nenhuma voz egípcia se levanta para saudar sua ascensão, e o céu, farto de seus crimes, extinguiu a chama sagrada acima da qual me uniam a você. Quanto a se tornar igual a mim, você jamais o conseguirá. Entre a princesa e o escravo de Putifar, em cujas costas dançou o bastão do vigia, sempre se abrirá um abismo.

Lívido, com os olhos injetados de sangue, José permaneceu alguns minutos sem responder. Apenas seus dedos se apertaram como um torno ao redor do pulso da jovem, fazendo penetrar em sua carne o bracelete pesado que ela usava.

— Insensata! Não se esqueça de que, a partir de agora, tenho sobre você todos os direitos de marido. Não me enfrente com tanta insolência — José murmurou com voz rouca. — Quanto a Putifar e Ranofrit, eu os farei pagar na forca pelas calúnias que ousam propagar contra o herdeiro do trono.

Apesar da dor aguda em seu braço, que era praticamente esmagado, Hichelat manteve-se impassível. E no tom baixo e velado em que se dava a conversa, ela respondeu com cruel ironia:

— Pretende me assassinar, como fez com Asnath? Ou pensa que matando os mais nobres filhos do Egito, você crescerá em nobreza? Tome cuidado você, e não se esqueça de que Ranofrit é irmã de Potifera, que há limites para a paciência do povo e que você bem poderá acabar sendo linchado por seus próprios súditos. Quanto a mim, declaro que, mesmo portando a coroa, você continua a ser o cão fétido, cuja origem abjeta nenhuma púrpura será capaz de dissimular.

Com os lábios trêmulos de raiva, José se preparava para responder, quando a liteira parou e o cerimonial de recepção interrompeu a conversa.

Uma multidão enorme se aglomerava nos pátios do palácio, devorando com avidez os bolos e mantimentos que um exército de escravos distribuía, enquanto outros enchiam taças de pedra, que eram esvaziadas uma após outra, com vinho, cerveja e leite. Sob as colunas, intendentes entregavam vestimentas e anéis de couro a quem ali estivesse, convidando aqueles que se aproximavam a dar gritos de júbilo em honra ao príncipe real. Mas o povo se mantinha em silêncio, do mesmo modo que silenciosos se tinham prostrado à passagem do cortejo nupcial. Contudo, as massas que chegavam eram de tal modo compactas, uma tal multidão se comprimia, à semelhança de muralha viva ao redor do palácio e atravancando todas as ruas adjacentes, que os soldados de serviço, assim como os intendentes, começaram a sentir medo. Mas sem uma ordem especial não se ousava dispersar com violência a populaça silenciosa e modesta, que não demonstrava qualquer hostilidade. Repentinamente, porém, como que atendendo a um sinal, as massas populares se agitaram e, com um impulso irresistível e gritos selvagens, avançaram para o interior do palácio.

No salão principal, o banquete chegava ao fim. Todos tinham comido bem e bebido à vontade, como mostravam os rostos rubros dos convivas, os *chasous* em particular, uma vez que os egípcios tinham dado prova de sobriedade.

Ao fundo da sala, sobre um estrado colocado acima de diversos degraus, estava posta uma mesa para dois, e lá se sentavam, sobre duas poltronas douradas, o príncipe real e sua jovem esposa, dominando toda a assembleia e respondendo com cumprimentos graciosos aos brindes e vivas dos convidados.

Hichelat não havia tocado em nada e José disfarçava com esforço a tempestade que bramia dentro dele, provocada pelas palavras ofensivas da esposa e pela acusação de assassinato que ela lhe havia atirado na cara. Cheio de rancor, ele pensava na maneira de puni-la com mais crueldade, quando gritos e clamores, cada vez mais próximos, chamaram sua atenção. O ruído de luta entremeado por berros de "Morte ao Adon" e "Morte ao opressor" fez-se ouvir claramente e todas as conversas foram interrompidas. Mas antes que os convidados tivessem se recuperado de seu espanto, uma tropa de soldados ensanguentados, que tentava em vão deter a torrente de homens esfarrapados que os cercavam por todos os lados, irrompeu no salão. Os convivas apavorados saltaram de suas cadeiras. Mas, quase no mesmo instante, vários deles caíram, atingidos por facadas. José, que se havia levantado, viu com terror que todos os egípcios cobriam a cabeça com chapéus vermelhos, que tinham mantido escondidos sob suas vestes. Compreendendo que teria que se haver com uma conspiração preparada deste há muito, ele saltou do estrado e, esgueirando-se por entre a multidão distraída, foi para fora, por uma porta lateral. Tal era o tumulto, que ninguém notou seu desaparecimento. No salão ocorrera um verdadeiro massacre. Todos os que não portavam chapéus vermelhos haviam sido abatidos sem piedade. E enquanto uma parte da multidão, sedenta de sangue, descontava sua raiva sobre os hicsos, outros assaltavam as mesas, disputando a comida e a louça, esvaziando as ânforas e arrancando dos cadáveres, dos feridos e das mulheres as joias que usavam.

Hichelat também se tinha levantado e agarrando-se, agitada, ao encosto de sua cadeira, contemplava, lívida e silenciosa, a cena apavorante e odiosa que se desenrolava a seus pés. Inesperadamente, então, aquela gente se voltou para ela. Cercaram o estrado sobre o qual ela estava e os olhares ferozes e alucinados se fixaram, vorazes, na jovem que, imóvel em seu traje bordado com ouro e cintilante de joias, mais parecia uma deusa, colocada sobre o altar.

Por alguns segundos, o respeito inato e o hábito de se prostrar na poeira diante daquela mulher, sobre cuja fronte se erguiam duas serpentes, os ureus, pareceu amordaçar os arruaceiros. Mas, de repente, uma voz retumbante gritou:

— Morte à mulher do traidor, do opressor!

— Não, lancemos no Nilo a filha de Apopi. Sacrifiquemos ao rio sagrado esta noiva real!

— Sim! Quem sabe o deus se deixará comover por semelhante vítima? Que ela pague pelos crimes de seu pai e de seu marido! — urravam cem vozes divergentes.

Ao ver aqueles homens andrajosos investirem contra ela e sentindo suas mãos calejadas agarrarem-na e levantarem-na como um troféu, acima de suas cabeças, Hichelat desmaiou.

Potifera, que desde o começo da confusão havia tentado em vão chegar até o estrado, empalideceu. Tinha prometido a Armais que protegeria e salvaria a moça, cujo sacrifício generoso preservara a vida de seu filho. Mas tudo havia acontecido tão rapidamente, que tinha sido impossível para ele chegar até Hichelat, isolada sob o estrado e à vista de todos, a fim de salvaguardá-la com sua presença e pelo respeito que suas vestes brancas inspiravam.

Ouvindo os gritos da multidão, ele compreendeu que a infeliz estava perdida. Seria mais fácil arrancar a presa da boca de um leão do que tirar, do povo supersticioso e feroz, a vítima por ele destinada ao rio sagrado. Os sacrifícios humanos eram coisa habitual e sobretudo moças haviam encontrado a morte no rio, que se esperava comover com semelhantes ofertas, a fim de conseguir que a inundação finalmente voltasse a fecundar os campos.

A torrente humana que levava Hichelat ia agora em direção ao Nilo, e era aclamada por selvagens exclamações de júbilo pela multidão, que se afastava para lhe desimpedir a passagem. Temendo ser ele próprio pisoteado e compreendendo que por ora não tinha o menor domínio sobre o elemento terrível que ele e seus confrades haviam desencadeado, Potifera, sinceramente triste pelo golpe que atingia seu filho, retirou-se para um canto, aguardando o que aconteceria a seguir.

Tendo chegado à margem do rio, os homens que carregavam a princesa se apoderaram de uma embarcação enfeitada com bandeirolas, que esperava por seus donos, remaram até o meio do Nilo e atiraram Hichelat sobre as ondas, com o brado de "Aceite essa noiva real, rio sagrado, e volte a nos favorecer"!

O frescor das águas fez com que a jovem recobrasse os sentidos. Por um momento, ela flutuou sobre a superfície das ondas, agitando ligeiramente os braços. Os raios do sol poente brincavam sobre o ouro de suas vestes, cercando-a com uma auréola mágica. Então, repentinamente, a princesa afundou e desapareceu. A multidão, satisfeita por sua vingança, bem como por suas esperanças supersticiosas, retomou, correndo, o caminho do palácio do Adon, a fim de obter sua parte da pilhagem.

* * *

Enquanto isso se passava, José chegara a seus aposentos sem dificuldade. Em meio ao tumulto geral, ninguém tinha prestado atenção nele, que respirava aliviado ao penetrar em seus cômodos, onde o silêncio e a ordem habitual reinavam. Sem perda de tempo, dirigiu-se ao corredor secreto, que levava à prisão de Asnath. De lá, poderia chegar ao Nilo e, com a ajuda da noite, dirigir-se a Avaris, de onde retornaria com forças suficientes para castigar os rebeldes.

— Aguardem, miseráveis! Ah, como eu farei com que vocês paguem pelo que fizeram! — ele resmungou, cerrando os punhos.

Foi quando um obstáculo inesperado mudou o rumo de seus pensamentos: acabava de se chocar contra uma porta fechada, cuja chave não se havia lembrado de pegar.

Depois de um xingamento, José voltou para trás e, como um animal desesperado, retornou a seu quarto. Mas foi inútil revirar tudo, pois não encontrou a chave, que trazia habitualmente consigo.

Ocorreu-lhe, então, que poderia tê-la perdido na véspera, quando desmaiara no observatório. Sem perda de tempo, subiu a escada em espiral e saltou sobre a pequena plataforma. No mesmo instante, porém, ele deu um grito abafado e, tomado por uma vertigem, recuou: encostado à balaustrada, no exato lugar em que, na noite anterior, ele tinha visto a esfinge, estava Schebna com sua ampla veste branca. Sobre a mesinha ao lado dele via-se a taça, ao fundo da qual José tinha mandado engastar o talismã. Mas a pedra misteriosa havia sido retirada e repousava sobre pequena almofada feita com a pele pintada de uma serpente. Quanto à taça, estava cheia, até a metade, de um líquido da cor do sangue.

A visão daquele homem, a quem testemunhara tão covarde ingratidão, a presença dele naquela hora fatal fez José estremecer. Por que milagre ele estaria lá? O que tinha vindo fazer lá: Destruí-lo ou salvá-lo?

— Schebna! — José exclamou de repente, angustiado. — Você, o mago, teria vindo aqui para se vingar?

Um sorriso misterioso surgiu nos lábios do caldeu.

— Eu poderia tê-lo feito há muito tempo, se o tivesse desejado. Mas a vingança é o brinquedo fútil das almas cegas, escravizadas à matéria, que duvidam da justiça e, por seu rancor ínfimo e mesquinho, apenas evitam e desviam o choque do retorno, o qual, ao invés de atingir o objeto da vingança, atinge a elas mesmas. Toda justiça humana não passa de fogo de palha se comparada à justiça das esferas.

— Se, então, você se recusa a se vingar, perdoe-me, Schebna, e me salve, em memória da afeição que me devotou outrora. Você pode fazê-lo, eu o sei! — exclamou José, erguendo para o sábio suas mãos suplicantes.

Schebna balançou a cabeça.

— Não posso ajudá-lo da maneira que você deseja. Não depende mais de mim deter a torrente do mal que você acumulou e que vai cair sobre você, para esmagá-lo. Seus instantes estão contados, pois não soube manter o equilíbrio entre a caridade e o poder. O trono que você montou sobre a ruína de milhares de homens desmorona e você deve deixar seu corpo perecível, a fim de aprender, em futuras migrações, a subir sem se inebriar com o poder, a equilibrar a grandeza com o amor, o poder com a justiça. Você se esqueceu de que as feridas enviadas pelos imortais para provar os povos não devem ser usadas como instrumentos de ambição pessoal. Você se esqueceu de que é verme da mesma terra que a multidão que neste momento pilha seu palácio e que só precisou se juntar para abater você e atirá-lo na lama de onde veio... Entretanto, não vim para salvá-lo, mas para libertá-lo pela morte. Está vendo essa taça? Ela contém um veneno sutil que, em alguns instantes, haverá de libertá-lo desse corpo do qual você abusou. Mas se apresse, pois seus inimigos o procuram e tornarão sua morte mais difícil.

Lívido e trêmulo, José recuou, fixando com o olhar apavorado aquele líquido vermelho, que era a morte. Um suor gélido cobriu todo seu corpo.

Não queria morrer. Tinha horror ao abismo desconhecido e agarrava-se à vida, ao poder e à esperança de vingança com todas as fibras de seu corpo robusto e com todas as aspirações de sua alma apaixonada.

— Não quero morrer! — ele bradou, exasperado.

— Insensato! Você imagina que pode lutar contra a vontade dos imortais? — disse Schebna, com um sorriso indefinível.

Então, indicando a pedra misteriosa, que enegrecida e fumegante parecia cercada por um vapor fusco, acrescentou:

— Veja o talismã que o ajudou em sua vida. Ele irá se dissolver. Os últimos grãos escoam na ampulheta de sua existência. E, agora, olhe lá embaixo — Schebna apontou o Nilo que, inundado de ouro e púrpura pelo sol poente, via-se ao longe. — O turbilhão humano que para lá se precipita arrasta Hichelat, sua vítima inocente, para sacrificá-la ao rio sagrado, em expiação pelos crimes alheios. Mas o resto da multidão vasculha seu palácio e encontrará Asnath, sua legítima esposa, sua outra vítima inocente. Quanto a você, eles o procuram. Ouve esses clamores ferozes e gritos "Morte ao opressor"? Você deve morrer. Mas cabe-lhe ainda escolher de que tipo de morte. Prefere ser lançado do alto desta torre ou ser linchado e ter seus membros ensanguentados arrastados pelas ruas? Não será melhor morrer livremente, executando sobre si mesmo o ato de condenação que, sem hesitar, você decretou a tantos desafortunados, sacrificando-os à sua ambição ou à sua vingança? Morra, insensato! A vida lhe deu tudo. Todas as honras, todas as satisfações do orgulho. Seu último dia o fez príncipe, esposo de uma filha de rei, herdeiro do trono do Egito. Cada momento que passa pode lhe roubar tudo isso, para entregá-lo à vergonha e ao castigo. Prometo que preservarei seus restos mortais dos ultrajes populares. Mas se apresse! O tumulto se aproxima e eu serei impotente, caso o achem vivo aqui.

O caldeu se inclinara, estendendo a José a taça, e seu olhar ardente, sedutor e imperioso fixava o rapaz como uma chama, cravando-o ao lugar que ocupava.

Trêmulo, de olhos arregalados, lívido como uma máscara de cera, o chanceler de ferro do rei Apopi escutava as palavras do caldeu, que soavam aos seus ouvidos como a voz dos juízes de Amenti. Compreendia que Schebna tinha razão: os gritos e os clamores se aproximavam e tinha a impressão de já ouvir os passos dos assassinos na escada da torre.

Maquinalmente, com a mão gélida, José apanhou a taça. Mas seus pensamentos se embaralhavam, uma angústia inominável o sacudia e o horror da morte o fazia hesitar ainda. Foi então que Schebna colocou a mão em seu ombro e disse com voz profunda e vibrante:

— Nascimento e Morte são os dois grandes mistérios que o homem sonda a cada vida, com espanto. Pois quando morre para a vida espiritual, é para tentar, cheio de ímpeto e esperança, a prova que ele próprio se impôs para avançar. Depois, estremecendo, a alma retorna ao invisível com a consciência dos atos bons e maus que realizou. Mas somente o covarde recua diante do inevitável.

Com um movimento brusco, José levou a taça aos lábios, esvaziando-a de um só gole. No mesmo instante, sentiu como se uma chama corresse por suas veias. Tudo girava diante de seus olhos e, aturdido, caiu pesadamente sobre o banco que estava ao lado da mesa. Schebna o amparou, observando sem nenhuma emoção as contrações convulsas que sacudiam o moribundo. Ainda uma vez, José tornou a abrir os olhos e respirou com dificuldade. Em seguida, sua cabeça tombou inerte, seu corpo se estirou e permaneceu imóvel. No mesmo instante, a pedra misteriosa estourou, crepitando, e se dividiu em átomos.

Com calma e sem esforço aparente, o caldeu ergueu o cadáver, colocou-o sobre os ombros e desceu a escada. Os que o viram naquele instante, ficaram sem dúvida atônitos com a força hercúlea daquele ancião, que nem sequer se inclinava sob aquele fardo enorme.

Quando Schebna entrou no quarto de dormir de José, ouviu por trás da porta um tumulto e o barulho de uma luta. Eram os soldados hicsos da guarda do Adon, que acreditando que ele estivesse escondido naquele cômodo, defendiam-lhe a entrada com a tenacidade oriunda do desespero, enquanto o povo enfurecido tentava arrombar aquela última barreira de seu opressor.

— Vim a tempo — murmurou Schebna, enquanto depositava o cadáver sobre a cama de prata maciça, cercada por cortinas de tecido fenício, para depois cobrir-lhe os pés com uma pele de pantera.

Aquele luto quase real, preparado para o herdeiro do trono do Egito, recebia apenas seu cadáver! Inclinando-se, o caldeu contemplou o belo rosto imóvel, que já adquiria a expressão estranha e misteriosa, que os traços daqueles que sondaram o mistério da morte refletem. Em seu rico traje coberto de pedrarias, com o ureu sobre a fronte, José continuava soberbo.

Ao ouvir a porta rachar com um estrondo, Schebna endireitou-se, suspirando. Então, retirando de sob sua veste uma estrela incrustada com pedrarias, pendurada a uma corrente de ouro, colocou-a sobre o peito para, em seguida, postar-se à cabeceira da cama.

À vista do majestoso ancião vestido de branco e com um adorno cintilante sobre o peito, os arruaceiros que invadiam o aposento recuaram, confusos:

— Parem, egípcios! Aquele que vocês procuram já condenou a si mesmo e sua alma culpada comparecerá perante os juízes tremendos de Amenti. Vejam: eis o que resta do opressor. Vocês estão vingados. Então, retirem-se sem nada tocar neste quarto por onde a morte passou, para que uma impureza perpétua não se ligue a vocês.

Calados e apavorados, os revoltosos contemplaram o corpo inerte do homem que os havia feito estremecer por tantos anos e o ancião desconhecido, cujo olhar fulgurante parecia trespassá-los. Em seguida, tomados por súbito pânico, correram para fora do quarto, a fim de contar a seus irmãos a assombrosa notícia da morte do Adon.[11]

Enquanto uma parte dos invasores avançava em direção aos aposentos de José, outro grupo de saqueadores havia penetrado o corredor secreto, que o Adon tinha deixado aberto quando correra para buscar a chave que havia perdido. Convencidos de que tinham encontrado o caminho para os subterrâneos, onde estavam escondidos os tesouros, foram tomados por verdadeira sede de cobiça. Sob o esforço exaltado de seus braços e de seus machados, a porta que detivera José cedeu. Logo, o bando ávido e feroz penetrava num subterrâneo iluminado por duas lamparinas presas

---

11 Nas velhas narrativas egípcias, sinceras a seu modo, os retoques teocráticos e as alterações sacerdotais se superpõem às vezes num mesmo parágrafo, e é necessária uma visão mais aguçada para discerni-los. Do mesmo modo, nas partes históricas da Bíblia, as redações se interpenetram de tal modo, as tesouras dos compiladores talharam de modo tão caprichoso, que é necessário desistir de fazer correções nessas misturas bizarras... Tudo é duvidoso nesses tempos recuados, sobre os quais Israel só tem lendas e mal-entendidos... Renan, *História do povo de Israel*.

ao teto. Mas, ao invés dos tesouros esperados, avistaram uma mulher vestida de branco que, pálida de terror, apoiava-se à parede.

— Quem é você, mulher, e o que está fazendo aqui? Se é vítima do estrangeiro, diga-nos seu nome e nós a devolveremos à sua família — gritou um dos chefes do bando, erguendo a tocha para iluminar melhor o canto escuro, no qual a mulher se refugiara.

— Levem-me para fora desta prisão horrenda e me entreguem a meu pai, Potifera, o sumo-sacerdote de Heliópolis — bradou a jovem, estendendo os braços na direção dele. — Sou Asnath, a infeliz esposa do Adon.

Os homens entreolharam-se com espanto.

— Eis aí uma infâmia bem digna do infiel — observou um enorme pescador com desprezo. — Enganar os pobres, fazendo-os procurar um corpo que jamais esteve no Nilo, e casar-se com outra mulher, enquanto a esposa legítima apodrecia num subterrâneo! Mas venha, nobre senhora, e nada tema. Somos os libertadores da pátria e faremos para aquele cão fedorento um banquete de núpcias do qual ele há de se lembrar!

Ao ver Asnath cambalear e fechar os olhos, o homem a amparou, tentando, com bondade, transmitir-lhe coragem. Em seguida, ele e outro companheiro a carregaram e, supondo que o subterrâneo não tivesse outra saída, retomaram o caminho pelo qual tinham vindo. Ao saírem do corredor, deram de frente com a multidão superexcitada, que vinha da câmara mortuária.

— Ele está morto! Ele está morto! — gritaram vários homens, agitando os braços e com olhos desvairados.

— Quem está morto? Fale, Toum. Sossegue! — gritou um dos que carregavam Asnath, tentando deter um homem gordo, que corria esbaforido.

— Ele! O Adon! Eu o vi com meus próprios olhos, morto em seu leito de ouro branco — os egípcios chamavam a prata de ouro branco. — À cabeceira dele, vela o deus de sua tribo. Ele tem um sol sobre o peito e uma barba que chega até o chão — respondeu o homem, velho fabricante de sandálias, apoiando-se contra a parede e tentando retomar o fôlego.

— E nós encontramos a esposa do miserável, a esposa legítima, e a estamos levando ao venerável Potifera — disseram os buscadores de tesouros, retomando seu caminho com Asnath, que, atordoada e esmagada, pensava estar perdendo a razão.

Na sala contígua, encontraram Potifera, que, acompanhado por outros sacerdotes, havia deixado o salão do cerimonial, transformado em campo de batalha. Com seus amigos, o sumo-sacerdote procurava chegar aos jardins.

— Pai! — gritou Asnath, estendendo-lhe os braços.

Sem dar atenção ao espanto de seus companheiros, Potifera correu na direção dela e a apertou contra o peito.

— Você está viva, minha filha querida! A ciência sagrada não me enganou! — ele exclamou, cobrindo-a de beijos.

Mas o excesso de emoções sucessivas havia atingido a jovem, já doente e enfraquecida. De repente, então, ela caiu inconsciente nos braços de seu pai.

— É preciso deixar depressa este lugar de desgraça. Não é possível saber até onde chegará a fúria do povo e os *chasous* também acabarão por intervir — observou um jovem sacerdote que se aproximava decidido, abrindo seu casaco. — Permita-me, nobre Potifera, carregar sua filha e guiá-lo até os jardins. Encontraremos, no Nilo, alguma embarcação que nos levará de volta ao templo.

O conselho era sábio e todos concordaram depressa. O jovem sacerdote carregou Asnath, que continuava desacordada. Quando chegaram ao templo, cuidaram dela e constataram o quanto ela tinha empalidecido, emagrecido e mudado.

Cheio de indignação, Potifera almejava deixar Tânis. Mal a aurora se delineara no horizonte, ele partiu com sua filha rumo a Mênfis, onde se achava sua esposa. Lá, junto de sua mãe, de Putifar e de Ranofrit, cercada por todos a quem amava, Asnath foi voltando à vida. Mais tarde, ela veria Hor, e sob o eflúvio intenso de seu amor, ela haveria de renascer para a felicidade.

XI

O POVO REVOLTADO PRECISA ODIAR ALGUÉM

Assim que o banquete de núpcias terminara, Apopi, fatigado e doente, havia se retirado para seu quarto de dormir. Tendo ordenado a seu séquito que permanecesse na sala ao lado, ele se havia deitado sobre um divã e, embalado pelo canto de seu tocador de harpa, adormecera profundamente. Já repousava havia cerca de duas horas, quando o chefe dos guardas, pálido e agitado, adentrou o quarto real, desafiando a etiqueta. Quando Apopi, desperto pelo tilintar das armas, ergueu-se, apavorado, o rapaz lhe disse, com voz entrecortada, ajoelhando-se:

— Perdoai-me, faraó, por incomodar vosso repouso, mas um terrível motim acaba de irromper na cidade. O Amenti parece vomitar todos os seus demônios. Toda Tânis está em ebulição e o povo invadiu o palácio do príncipe real, onde os homens pilham e matam. Já tomei todas as medidas para garantir a segurança de vossa residência e de vossa pessoa sagrada. Mas para as demais providências, venho pedir vossas ordens.

O rosto do rei assumiu uma palidez impressionante, mas o perigo que sua filha e seu genro corriam despertara, momentaneamente, sua energia e poder de decisão. Dominando as dores agudas que começavam a assediá-lo, ordenou que cercassem o palácio de José com um cordão de soldados e enxotassem o povo a qualquer preço. Cargas de carros e de cavaleiros deviam, ao mesmo tempo, varrê-los das ruas.

A execução daquelas ordens esbarrou, entretanto, em dificuldades inesperadas. Um corpo de tropas bastante considerável já havia deixado Tânis, enviado, por ordem de José, para proteger os celeiros públicos. Grande parte dos chefes tinha estado no banquete e nada se sabia quanto à sorte deles. A urgência do perigo estimulou o ardor dos hicsos e os primeiros esforços das tropas foram dirigidos ao palácio do Adon, completamente invadido pelo povo. Foi um verdadeiro cerco: os amotinados, ébrios de sangue e de vinho, batiam-se como que enfurecidos. Tinham se apoderado das armas encontradas no corpo da guarda do palácio, assim como das dos soldados mortos, e só cederam pouco a pouco. Após duas horas de combate encarniçado, as tropas regulares triunfaram sobre a multidão indisciplinada e o palácio foi evacuado. Nas ruas sombrias e lamacentas, o tumulto logo se desvaneceu. O povo se dispersou num piscar de olhos e, quando a lua despontou, Tânis pareceu recuperar sua calma e ordem habituais.

No palácio de José, assim que o último rebelde foi expulso, soldados foram colocados em todas as saídas. Os mortos e os egípcios impiedosamente massacrados foram levados dali. Os escravos, escribas e funcionários que povoavam a imensa residência começaram a reaparecer, vindos dos jardins, adegas e sótãos, onde se haviam refugiado. Mas um estupor silencioso se apossou de todos ao encontrarem, estendido sobre o leito majestoso, o cadáver do Adon. Há anos se tinham habituado a ver o poder supremo concentrado naquela mão de ferro, agora inerte e gelada. Enquanto aquela inteligência poderosa, aquela vontade enérgica e sutil velara por eles, os hicsos e os egípcios que haviam abandonado a causa nacional tinham se sentido protegidos. E parecia, para os homens pálidos e trêmulos que se aglomeravam ao redor do leito de morte, que o eixo da máquina governamental acabara de se despedaçar. Sentiram-se momentaneamente fracos e como que perdidos, mas depois decidiram informar o faraó acerca dos infortúnios ocorridos.

Lívido, de olhos ardentes, Apopi caminhava de um lado para outro em seu quarto. Espasmos nervosos o sacudiam, mas o próprio excesso de superexcitação parecia dominar o mal que habitualmente o atingia. Sem fraquejar, ele ouviu o relato dos mensageiros que, a cada 15 minutos, explicavam acerca das peripécias do motim e quanto aos avanços das tropas que libertavam o palácio do herdeiro. Quanto à morte de Hichelat, ninguém ainda tinha decidido lhe falar.

À entrada de um oficial superior, cujo ar transtornado e desesperado nada pressagiava de bom, o rei se deteve e, com voz rouca, perguntou se o palácio tinha sido finalmente recuperado.

— Sim, filho de Rá. Os arruaceiros foram expulsos e fugiram. Mas o que tenho a anunciar é tão horrível, que minha língua se recusa, oh, faraó, a pronunciar as palavras de infortúnio — respondeu o oficial, prostrando-se.

A seguir, sob a ordem do rei, o rapaz narrou, hesitante, o trágico fim da princesa, a morte inesperada e misteriosa de José e o massacre de inúmeros dignitários, seus conselheiros mais próximos e mais fiéis servidores.

De início, Apopi ficou como que estupefato. Depois, tomado por um desespero inominável, rasgou as próprias vestes, derramou torrentes de lágrimas e maldisse o povo e os deuses que lhe subtraíam, de um só golpe, a filha bem-amada e seu fiel chanceler, que, há tantos anos, havia-lhe garantido a tranquilidade. Um profundo desfalecimento veio pôr fim à terrível superexcitação.

* * *

MAS, COMO SEMPRE, o sol nasceu radioso, inundando com seus raios dourados as ruas silenciosas e desertas de Tânis, cuja população parecia ter desaparecido como que por encanto. Todas as casas estavam fechadas, os recintos sagrados não haviam aberto naquela manhã e os edifícios maciços dos templos se erguiam como fortalezas sinistras e ameaçadoras. Os destacamentos de soldados estavam acampados em todas as praças e encruzilhadas, e os passos cadenciados das patrulhas, nas ruas vazias, eram a única coisa que vinha quebrar o silêncio.

Por volta das dez horas da manhã, a liteira real, cercada por numerosa escolta, saía do palácio para dirigir-se à residência do Adon. Pálido como um fantasma, com o rosto encovado, Apopi se sentava sobre o trono portátil. Somente à aurora é que ele havia saído de seu longo estado de desfalecimento. Assim que conseguira recuperar um pouco de força, ele expressou o desejo de ir para junto de seu falecido favorito.

O palácio do Adon continuava cercado por um cordão de soldados, sentinelas permaneciam em vigia nas saídas e nos aposentos devastados, onde ainda nem se sonhara restabelecer a ordem. Por toda parte, saltavam aos olhos os vestígios dos terríveis acontecimentos da véspera. As salas e escadas estavam cobertas de fragmentos de armas e de louça, o sangue salpicava as paredes e móveis, e os tecidos e reposteiros permaneciam arrancados e pisoteados. Resumindo, tudo testemunhava o furor da batalha.

Mudo, de cenho franzido, o faraó atravessou aquele lugar de desolação. Somente quando chegou à câmara mortuária, onde José, envolto em seus trajes cerimoniais, jazia no leito na posição em que Schebna o havia posicionado, foi que a dor de Apopi extravasou e lágrimas amargas cobriram-lhe o rosto. O rei fitou longamente os traços rígidos de seu fiel conselheiro, que já tinham adquirido a tonalidade descorada e esverdeada da decomposição. Então, depois de ordenar que se embalsamasse o corpo de José, como se fazia com as múmias reais, Apopi mandou que trouxessem até ele os filhos do Adon. Os dois menininhos haviam sido escondidos por suas amas, e só quando os amotinados já tinham sido enxotados do palácio é que eles haviam sido trazidos de volta a seus aposentos. Mas as crianças tinham presenciado bastante do massacre e nenhuma tentativa de persuasão conseguira ainda atenuar seu terror.

Apopi abraçou os pobres meninos, declarou que os adotava, transmitindo-lhes todos os direitos de seu falecido pai e levou-os imediatamente com ele para o palácio real. Lá chegando, ordenou a alguns dignitários, reunidos à pressa, que convocassem um conselho extraordinário para aquela tarde. Ordenou também que enviassem mensageiros aos templos, para intimar os sacerdotes a comparecer diante dele e, além disso, que anunciassem, ao som de trombetas, que o pequeno Manassé, tendo sido reconhecido como herdeiro da coroa, seria conduzido pela cidade, naquele mesmo dia, sobre um dos carros reais, a fim de que todos lhe rendessem homenagens.

Tudo foi feito conforme as ordens do rei, e Manassé, revestido das insígnias de príncipe real, foi conduzido pelas ruas em grande pompa. Uma multidão, composta quase que exclusivamente por hicsos, comprimia-se ao longo do percurso do cortejo, mas estava aflita. Angústia e terror transpareciam em seus semblantes. Enquanto aquela cerimônia, insignificante dadas as circunstâncias, acontecia nas ruas de Tânis, brados selvagens e clamores desesperados soavam diante do palácio de José. Ali se reuniam seus irmãos com suas famílias e servidores, pedindo aos gritos que lhes permitissem entrar na casa de seu parente ilustre.

— Deixem-nos ver nosso pai, nosso benfeitor — gritavam as mulheres com suas vozes agudas. — Que desgraça! Que infelicidade! A luz de nossos olhos se apagou e o calor que nos aquecia nos deixou.

Por fim, deixaram que eles entrassem e, repletos de desespero, disseram adeus ao corpo, pouco antes que os embalsamadores o levassem.

Manassé acabava de voltar de seu passeio triunfal, quando um segundo cortejo adentrou a residência real: era uma padiola de galhos de palmeira, trazida por pescadores. Sobre aquele leito de folhagem, envolta num casaco grosseiro, repousava Hichelat, cujo corpo os pobres trabalhadores do Nilo tinham encontrado, preso aos juncos. Levaram o cadáver da desafortunada menina aos seus aposentos, deitaram-na na cama, e suas amas, mudas de terror e sofrimento, puseram-se a enxugar seu rosto e a remover as algas e a espuma que sujavam os membros e as vestes da princesa. Mas aquele trabalho foi logo interrompido pela entrada do rei. Ao ver a filha, deitada como se dormisse, com uma profunda expressão de paz em seu rosto lívido, Apopi pareceu enlouquecer. Com gritos e torrentes de lágrimas, lançou-se com a face por terra, rasgando as próprias vestes e maldizendo a si mesmo por ter autorizado aquele casamento que repugnava Hichelat e que se tornara a causa de seu desgraçado fim.

Mas os negócios não permitiram ao desafortunado pai se entregar plenamente à sua dor, e o anúncio de que o conselho extraordinário o aguardava veio fazê-lo recordar seus deveres de rei.

Nervoso, abatido, dominando com esforço as dores internas que voltavam a torturá-lo, Apopi apareceu em meio a seus conselheiros, e a situação que discutiram não foi de modo a acalmá-lo.

Além de José, tinham morrido seus ajudantes mais ativos e hábeis, vários chefes militares de renome, que seria difícil substituir de imediato. Vários celeiros tinham sido pilhados e a população egípcia tinha assumido uma postura hostil e ameaçadora, e era preciso esperar que acontecesse um levante geral.

Mal o conselho terminava e já vinham anunciar ao rei que os sacerdotes, convocados por ele, pediam para ser recebidos. Ao ver seus adversários implacáveis, que ele considerava como sendo a causa de todas as desgraças que o atingiam, Apopi sentiu o sangue ferver. Somente o hábito de dissimular seus sentimentos é que lhe deu força para escutar, com aparente calma, o discurso do sumo-sacerdote de Hator que, com palavras firmes e dignas, exprimia os sentimentos de fidelidade que sua casta experimentava pela pessoa do faraó e sua dor pelo assassinato de Hichelat. Acrescentou que os excessos do Adon tinham sido a única causa do motim e que todos deploravam que a confiança do rei tivesse sido cativada por um indigno, cuja ousadia tinha chegado a ponto de aprisionar sua legítima esposa, com a intenção de estender a mão impura para a princesa, filha do faraó.

Ao ouvir aquelas últimas palavras, um rubor violáceo cobriu o rosto de Apopi.

— Exijo provas! Que tragam Asnath até aqui! — ele bradou com voz rouca.

Quando o sumo-sacerdote respondeu que infelizmente a jovem já tinha partido com seu pai, mas que poderia lhe apresentar os homens que a haviam encontrado, Apopi deu uma gargalhada estridente.

— Mentira! Calúnia covarde! — ele gritou. — Acham que não conheço vocês, homens vis e cheios de ódio, que me enfeitiçaram e empestaram com uma doença incurável? Que minam meu trono sem descanso e que agora desejariam desonrar minha filha em seu túmulo? Essa maquinação infernal é obra de Potifera. E se for verdade que Asnath está viva, é porque seu pai a escondeu para se vingar do homem infeliz que ele perseguiu com seu ódio e para fazer dela uma arma contra José e minha filha. Mas minha paciência chegou ao fim! O cetro ainda é meu e me resta poder suficiente para destruir vocês. Antes do nascer da aurora, mandarei enforcar todos vocês e seus corpos serão lançados aos corvos. Vocês servirão de vítimas expiatórias pela memória de Hichelat e de José. Meus guardas, prendam esses homens! — urrou Apopi, erguendo-se de seu trono, com a boca espumando e os olhos injetados de sangue.

Ao apelo do faraó, soldados e oficiais entraram correndo na sala, aguardando suas ordens. Mas o excesso de raiva e superexcitação nervosa tinham roubado a voz de Apopi. Com os pulsos crispados, a boca aberta, o rosto convulsionado, ele se havia tornado odioso e aterrorizante. Em seguida, caiu bruscamente, como uma massa sobre o chão, e começou a rolar em medonhas convulsões. Todos se juntaram ao redor dele e, aproveitando a desordem provocada por aquele incidente, os sacerdotes deixaram o palácio, apressados.

À noite, enquanto o faraó se debatia em um terrível acesso de sua enfermidade, um corredor, encharcado de suor, chegou trazendo a notícia de que o exército de Taa III marchava em direção a Mênfis.

XII

A AURORA DA 18ª DINASTIA

No entanto, ascendeu ao Egito um novo rei, a quem José era desconhecido.

Êxodo, cap. I, v. 8

POTIFERA HAVIA CHEGADO a Mênfis sem dificuldade e com toda rapidez possível. Nem vamos tentar descrever a alegria de Maia e Ranofrit ao reverem, viva, aquela que lamentavam como morta havia oito meses. Apenas o extremo esgotamento de Asnath é que conseguia abrandar todo aquele júbilo, inspirando em todos os mais sinceros temores pela vida da jovem. Durante alguns dias, Potifera se entregou por inteiro aos cuidados necessários à sua filha. Mas o dever o chamava de volta a Heliópolis. O sumo-sacerdote já se dispunha a partir, confiando a Putifar a tarefa de levar-lhe de volta a esposa Maia e Asnath dentro de algumas semanas, quando uma ordem inesperada do governador de Mênfis proibiu, a quem quer que fosse, de deixar a cidade, cujas portas foram rapidamente fechadas, enquanto o corpo de tropas se preparava com energia para resistir ao cerco do exército de Taa, que se aproximava. Num primeiro instante, Potifera se mostrou bastante inquieto em face daquele impedimento, mas depois encontrou um modo de enviar a Heliópolis um documento, através do qual investia seu irmão caçula, Rameri, com os poderes concernentes a seu cargo, visto que se tratava de pessoa em cuja prudência e energia ele podia confiar. Uma vez seguro quanto a isso, Potifera passou a se dedicar por inteiro a uma atividade misteriosa, que absorvia todos os sacerdotes de grau superior.

Em vista do cerco que se aproximava, o sumo-sacerdote de Ptah tinha convencido Potifera e aqueles que lhe eram mais próximos a se instalarem no templo. Atrás de seus muros robustos e em seus subterrâneos secretos, preparados para aquela situação, teriam um esconderijo quase seguro, caso os hicsos, exasperados por uma derrota, se pusessem a massacrar os habitantes da cidade.

Com a mãe e a tia, Asnath se instalou num pequeno aposento, contíguo ao de seu pai. O estado de saúde da jovem melhorava visivelmente, mas ela continuava melancólica e apática. Permanecia deitada na varanda por dias inteiros, mergulhada em silenciosa meditação. Nunca perguntava sobre os detalhes da morte de José, nem procurava informar-se quanto ao destino de seus filhos. Somente à noite, quando, a sós, dava livre vazão às suas lágrimas, às angústias e arrependimentos que lhe despedaçavam o coração. Seu estado de espírito era difícil de descrever. O ódio e a raiva que havia sentido por José desde seu aprisionamento tinham se desfeito pouco a pouco. Afinal, não estava ele morto, tendo sido destruído de alguma maneira cruel? Jamais tornaria a ver aqueles olhos fascinantes, cuja expressão fazia seu coração palpitar. Não tornaria mais a ouvir aquela voz que, dura e imperiosa para com os outros, reservava apenas para ela suas inflexões mais cariciosas. Sim, ele a tinha amado com toda sua alma! Mesmo seu aprisionamento, que todos os seus consideravam como tendo sido uma crueldade e infâmia da parte de José, era para Asnath uma prova da paixão obstinada do Adon. Teria sido tão fácil para ele matá-la, se tivesse desejado de fato se livrar dela! E, quem sabe, se a pressão inexorável de sua casta não tivesse estabelecido entre eles um abismo, a ambição não tivesse invadido de modo tão profundo a alma de José e a felicidade da vida em família o tivesse amolecido.

Todos esses pensamentos se debatiam no espírito de Asnath, enquanto permanecia deitada em seu divã, calada e de olhos fechados. Todo o passado revivia nela, evocando mil incidentes alegres ou tristes de sua vida conjugal. Todavia, a jovem ocultava cuidadosamente aos seus o que lhe absorvia os pensamentos e tremia de medo de dar a perceber, por alguma lágrima furtiva, o pesar que experimentava. Sentia que nenhum de seus parentes suspeitava da possibilidade de que o homem impuro, ao qual a haviam submetido por necessidade política, tivesse conseguido, com sua personalidade poderosa e sedutora, vencer o preconceito de casta e se fazer amado. Aquele preconceito ainda era de tal modo poderoso, que a mera ideia de ser descoberta por Potifera fazia Asnath corar e tremer, mantendo seus lábios cerrados. Contudo, um sentimento cada vez mais imperioso a impelia a se informar quanto ao destino de seus filhos e arrancava dela lágrimas ardentes na solidão da noite.

De resto, acontecimentos da mais elevada importância absorviam todos os espíritos e desviaram a atenção dos familiares da jovem Asnath. O exército de Taa III se aproximava e os hicsos se preparavam ativamente para uma defesa desesperada. O cerco seria longo e desastroso, não havia dúvidas, uma vez que Mênfis era uma praça-forte difícil de dominar.

Os hicsos bem sabiam que enquanto permanecessem como senhores do Médio Egito sua causa não estaria perdida. Além disso, tinham fortificado a antiga capital de todos os lados, cercando-a com uma muralha denteada com 20 metros de espessura que, precedida por uma trincheira profunda, com 30 a 40 metros de largura e lajeada ao fundo, e escarpas e contraescarpas guarnecidas com pedras polidas, era difícil de ser escalada. Nas paredes, sobretudo do lado da planície, os hicsos tinham erguido andaimes de madeira, de onde poderiam lançar pedras, flechas e lanças contra os sitiantes. Mas além desse reduto, característico de todas as cidades fortificadas da antiguidade, Mênfis possuía uma cidadela, uma segunda fortaleza que abrangia cerca de um terço da cidade em sua zona mais importante. Ali se achavam os principais templos, os palácios sacerdotais, as prisões, os quartéis, os armazéns de alimentos e munições, como também a residência do comandante. O muro que cercava esse coração da cidade, também com 30 metros de espessura, era além disso guarnecido de pedra e rebocado de cal, razão pela qual recebera o nome de muralha branca.

Certa manhã, as sentinelas deram alerta de aproximação do exército inimigo, e, na tarde daquele mesmo dia, um cerco intransponível rodeava Mênfis. As tendas se erguiam e as bagagens do acampamento egípcio se empilhavam até onde a vista podia alcançar, enquanto a esquadra de Taa cobria o Nilo, desembarcando, sem cessar, tropas, alimentos e munições de guerra.

Um verdadeiro cerco começou. Mas como todos os membros da guarnição que eram egípcios simpatizavam com os sitiantes e, portanto, combatiam-nos a contragosto, os soldados de Taa acabaram por obter algumas vantagens, o que enraiveceu o comandante de Mênfis, velho hicso enérgico e cruel. Com impiedosa severidade, ele mandou punir as tropas egípcias: alguns oficiais foram enforcados, outros rebaixados e os soldados foram açoitados. Depois disso, aparentemente, cada qual passou a cumprir seu dever com zelo, guardando no fundo da alma um patriotismo inoportuno.

Semanas aflitivas transcorreram. Os alimentos começavam a escassear e o número dos doentes e feridos aumentava em proporção alarmante. Foi quando se espalhou a notícia de que um exército, enviado por Apopi, marchava para libertar Mênfis. Os hicsos voltaram a ter esperança e se prepararam para uma saída de emergência, capaz de sustentar os esforços dos seus e acertar de lado as tropas de Taa.

Na noite que antecedeu a batalha que deveria, por assim dizer, decidir a sorte do Egito, uma atividade misteriosa se desenvolveu nas criptas do templo de Ptah, preparado, desde há muito, para aquela finalidade. A maior das salas subterrâneas tinha sido decorada como um templo: as paredes e colunas baixas que sustentavam a abóbada estavam cobertas de pinturas simbólicas, análogas às da ciência hermética ou representando cenas do *Livro dos mortos*.

No meio do local tinha sido aberto um tanque de água, que canais subterrâneos, inteligentemente dispostos, alimentavam com água do Nilo, que corria por outros canais, formando, assim, no fundo da cripta, como que um pequeno braço do rio sagrado. No meio do tanque, sobre vários degraus que emergiam d'água, erguia-se um pedaço triangular de basalto negro e, sobre essa espécie de altar, um aerólito sagrado repousava ao fundo de uma tigela de pedra, onde ervas, grãos diversos e pedaços de resina queimavam em óleo perfumado. Um sacerdote jovem, inteiramente nu, estava ajoelhado nos degraus e alimentava cuidadosamente o fogo, que não se devia apagar. De frente para a pedra triangular, em um nicho da parede, erguia-se sobre um altar a estátua do deus Ptah, ornado com flores de lótus e ramos de palmeira. Diante daquela imagem do grande deus, protetor de Mênfis, dois sacerdotes faziam sacrifícios e oravam ininterruptamente. Uma lamparina de sete pontas, presa a uma corrente que descia da abóbada, iluminava a estátua com luz avermelhada.

Os sete sumo-sacerdotes dos principais templos de Mênfis, Heliópolis e Sais que por acaso ali se reuniam, bem como os profetas e iniciados de grau superior, haviam se dividido em três grupos que, por sua vez, celebravam um estranho ritual, dia e noite, sem interrupção.

A começar pelos sumo-sacerdotes, três homens se posicionavam entre o altar e o tanque e, com os braços erguidos para o céu, recitavam em alta voz orações e encantamentos, rogando a bênção e o socorro dos deuses para o exército de Taa, implorando e exigindo deles a derrota dos hicsos e a tomada da cidade pelo legítimo soberano da terra de Kemi.

Tal era a tensão de sua vontade, que as veias se expandiam, infladas como cordas, e o suor lhes escorria em abundância pelo corpo todo. Dois sacerdotes de grau inferior mantinham os braços erguidos e, somente quando desfaleciam, absolutamente extenuados, é que eram levados até o tanque, mergulhados na água e, em seguida, era-lhes oferecido, como fortificante, o vinho sagrado e o pão da comunhão, enquanto três outros sumo-sacerdotes ou profetas os substituíam. Quando todos os membros dos três grupos tivessem passado por aquele serviço extenuante, que deveria prosseguir até que a rendição definitiva da cidade acontecesse, os que tinham sido os primeiros a assumir o serviço o retomariam. Todos jejuavam e descansavam apenas o estritamente necessário.

A batalha que se travou no dia seguinte sob as muralhas de Mênfis foi sangrenta e obstinada. Mas apesar da coragem desesperada dos hicsos e da investida da guarnição, estes foram completamente derrotados e dispersos. Grande parte deles, impelida para o rio pelos egípcios, acabou por se afogar no Nilo. Os demais fugiram em desordem, e até mesmo as tropas da guarnição, bastante dizimadas, tiveram grande dificuldade em retornar a seu abrigo, atrás das muralhas.

Sem dar-lhes tempo para se recuperarem da impressão causada por aquela derrota, Taa III ordenou um ataque e, após dois dias de combate, conquistou o primeiro reduto.

Os hicsos se refugiaram na cidadela, mas compreendiam a precariedade de sua situação. Na melhor das hipóteses, não poderiam contar com uma ajuda externa antes de algumas semanas, e, uma vez que o alimento já escasseava, seria impossível que se mantivessem por tanto tempo. Sendo assim, a fome, quando não os soldados de Taa III, haveria de expulsá-los daquele derradeiro reduto.

Duas semanas atrozes se passaram. Os pastores se defendiam com a fúria consequente do desespero, descontando seu ódio nos habitantes e degolando todo egípcio que ousasse sair à rua. A população aterrorizada permanecia trancada em casa, e todos os que tiveram a possibilidade de se refugiar nos templos o fizeram. Sabe-se que um templo egípcio, com suas muralhas denteadas de 10 metros de espessura, suas portas maciças de bronze e com um exército de sacerdotes e criados em seu interior equivaliam, por si só, a uma pequena fortaleza. A massa dos refugiados servia de reforço aos defensores dos santuários. Além disso, por ordem dos sacerdotes, todos os homens sãos foram selecionados e armados. As mulheres, as crianças e os idosos, assim como os tesouros do templo, foram escondidos nas criptas, e cada qual se preparou para entregar a vida a duro preço.

Certa tarde, o comandante de Mênfis se recolheu mais sombrio e preocupado que nunca. Tinha estado nas trincheiras desde a manhã e um ataque furioso dos egípcios tinha sido repelido. Mas o velho soldado tinha experiência de sobra para compreender que o fim estava próximo. Assim sendo, julgou que era chegado o momento de pôr em execução as últimas ordens que José lhe havia transmitido: a de entregar aos egípcios apenas ruínas e cadáveres. O chanceler do rei Apopi estava morto, mas sua vontade parecia sempre viva e suas ordens supremas haveriam de ser executadas com a mesma impiedosa crueldade que as havia inspirado.

Um conselho dos chefes hicsos se reuniu à noite e, pela manhã, apenas uma parte das tropas ocupou as trincheiras. O restante dos soldados, divididos em bandos, percorreu a cidade, pondo tudo a ferro e fogo. Todo egípcio que agarravam era degolado sem piedade, independentemente de idade ou sexo. A maior violência, porém, foi dirigida aos templos. Os mais importantes resistiam, notadamente o de Ptah, defendido com vigor por seus sacerdotes, apesar dos golpes de aríete arremetidos contra as portas. Em compensação, um pequeno santuário foi tomado, horrivelmente destroçado, e seus sacerdotes, arrastados para a frente do templo de Ptah, sendo alguns decapitados, tendo suas cabeças arremessadas para o interior do lugar sagrado, enquanto outros foram empalados vivos e dispostos de modo a formar uma lúgubre avenida defronte a porta principal.

Esse massacre medonho já durava dois dias, quando turbilhões de chama e fumo, que se desprendiam do interior da cidadela, bem como a frouxidão da resistência, chamaram a atenção dos sitiantes. Prevendo o que se passava, Taa ordenou um ataque geral. Todos, chefes e soldados, partilhavam das apreensões de seu rei. Num piscar de olhos, as escadas foram erguidas e, enfrentando sem medo as nuvens de flechas e lanças que vinham sobre eles como chuva, os egípcios escalaram as muralhas.

Hor e Armais foram os primeiros a atingir o topo, enquanto uma ofensiva impetuosa, dirigida pelo próprio rei, forçava uma das portas da cidadela. Em menos de uma hora, os sitiantes se viram como senhores do lugar. Mas ao verem a cidade devastada, o sangue que enlameava as ruas e os edifícios, o amontoado de cadáveres que cobria o solo, um louco furor se apoderou dos egípcios e eles se lançaram sobre o que restava dos hicsos e uma luta corpo a corpo aconteceu.

Nesse meio tempo, os gritos de guerra dos egípcios haviam chegado aos ouvidos dos defensores do templo de Ptah e um sacerdote jovem subiu decidido ao pilar mais alto, para ver o que se passava. Logo constatou que os sitiantes tinham adentrado a fortaleza e que um combate, cujo resultado não deixava dúvidas, desenrolava-se nas ruas. Louco de alegria, o rapaz desceu as escadas com a rapidez de um relâmpago e correu para o grande pátio, gritando:

— Que os deuses sejam louvados! A cidade foi tomada e Taa é o vencedor!

Num piscar de olhos, todo o templo se animou. Uns correram para o alto dos pilares para confirmar a veracidade daquela boa notícia, enquanto outros corriam para os subterrâneos. Era proibido adentrar a cripta misteriosa onde os sumo-sacerdotes e seus ajudantes continuavam a orar. Mas na sala contígua a esta fora erguido um grande escudo de bronze, contra o qual um velho pastóforo deu três batidas retumbantes: aquele era o sinal convencionado, que anunciava que o céu havia respondido às súplicas que lhe dirigiam e concedido aos filhos da terra de Kemi a vitória que rogavam.

Uma hora mais tarde, uma procissão solene já havia tomado conta dos pátios e avenidas, apressando-se a deixar o templo assim que os sumo-sacerdotes dessem o sinal. Como se por milagre, surgira das criptas a barca de Ptah, incrustada de ouro e pedrarias, e o boi de Ápis, enfeitado com bandeirolas, cercado por sacerdotes em trajes de linho, enquanto as sacerdotisas e cantoras, com suas harpas de ouro nas mãos, apressavam-se a entoar o hino sagrado. Todos os rostos estavam pálidos e podia-se ver, naqueles semblantes emagrecidos e fatigados, as marcas das privações, angústias e infortúnios sofridos. Em todos os olhares, porém, brilhava a esperança e a alegria pelo triunfo.

O combate contra os remanescentes enfraquecidos da guarnição havia terminado rapidamente, e Taa, que coberto de sangue e pó tinha combatido como simples soldado, ordenou a um de seus tenentes que exterminasse ou aprisionasse o que havia restado dos hicsos. Em seguida, acompanhado por seus oficiais e pela maior parte de seus soldados, Taa se dirigiu ao templo de Ptah. Ao ver os cadáveres empalados dos sacerdotes, o sofrimento e a cólera ensombraram o rosto másculo do velho rei. Mas ele não teve tempo para expressar sua indignação, pois naquele instante as vibrações harmoniosas e potentes de um hino sagrado encheram o ar. As portas de bronze do lugar sagrado se abriram e a procissão, imponente e majestosa, veio ao seu encontro. À frente dela estava Potifera e o sumo-sacerdote de Ptah, que traziam o pão e o vinho consagrados.

Profundamente comovido, Taa se deteve. Mas quando os dois velhos pontífices se prostraram diante dele, Taa fez com se levantassem depressa e abraçou a ambos como irmãos. Diante daquela cena, um entusiasmo indescritível se apossou de todos. Os egípcios esqueceram os males sofridos, as ruínas e os cadáveres que formavam um quadro lúgubre ao redor deles, e de milhares de bocas se ergueu o grito:

— Viva Sekenen-Ra, Taa-Kene, o glorioso faraó, libertador da terra de Kemi!

Em meio ao júbilo e às aclamações gerais, o rei se juntou à procissão, colocando-se a caminho do santuário, onde ofereceu solenemente sacrifícios a Ptah, agradecendo ao deus, com profunda emoção, por haver mantido a promessa feita tantos anos antes pela boca do velho profeta e por tê-lo conduzido vitorioso a Mênfis, para aí oferecer sacrifícios em seu altar.

Quando o faraó deixou o templo, para ir à casa do comandante e lá repousar, Hor e Armais puderam abrir caminho até Potifera que, todo feliz, abraçou os dois rapazes. Em seguida, conduziu-os até a casinha que ocupava no lugar sagrado, onde, naquele instante, acabavam de entrar as mulheres que acabavam de deixar o abrigo sufocante nos subterrâneos. A visão de Asnath causou verdadeira comoção nos dois oficiais, que ainda ignoravam sua milagrosa ressurreição. Num primeiro momento, chegaram mesmo a acreditar que estavam vendo um fantasma.

Ao ficar sabendo que a jovem havia sido aprisionada pelo Adon, Hor tremeu com raiva. Em seguida, apertou a moça apaixonadamente contra o próprio coração. Afinal ela estava livre e se ele conseguisse sobreviver à guerra, nada o impediria de fazê-la esquecer, pela força de seu afeto, tudo o que ela tinha sofrido. Asnath apoiou a cabeça em silêncio contra o peito de seu antigo noivo. Um tamanho caos de sentimentos se agitava dentro dela, que se perdia em meio às suas contradições. Oh! De fato, o sonho que havia tido na véspera de seu noivado com José tinha dito a verdade: seu coração partido e dividido não lhe pertencia mais. E era sem coração que ela deveria comparecer perante o tribunal de Osíris.

A alegria que Potifera e a esposa experimentaram ao rever Armais vivo e coberto de glória foi obscurecida pelo desespero do rapaz ao tomar conhecimento do triste fim de Hichelat. Os pais, todavia, consolaram-se ao pensar que o próprio excesso daquela dor haveria de se esgotar e que o tempo, esse grande curador, faria com que Armais esquecesse aquela perda.

De resto, não havia tempo para se entregar a assuntos de caráter privado. A cidade, devastada e coberta de cadáveres, exigia uma imediata reorganização e, além disso, Taa III tinha concedido apenas três dias de repouso ao seu exército. Ele desejava se dirigir a Tânis sem perda de tempo e, se possível, encurralar o inimigo secular em seu derradeiro refúgio: Avaris. Putifar foi nomeado governador de Mênfis e Potifera se preparava para retornar a Heliópolis, onde sua presença se fazia imperiosamente necessária.

Na véspera da partida do sumo-sacerdote e do exército, ele, cheio de energia e aparentando ter rejuvenescido vinte anos, trabalhava em seu quarto, quando foi interrompido pela entrada de Asnath.

— O que você quer, minha menina? — ele indagou, fitando a jovem que, pálida e indecisa, permanecia de pé à sua frente.

— Pai, venho pedir que o senhor tome as medidas necessárias para que meus filhos me sejam entregues. O pai deles está morto, e eles, abandonados e sem proteção, podem vir a perecer durante o cerco a Tânis — ela respondeu em voz baixa.

Potifera mediu a filha com um olhar surpreso e contrariado. Era a primeira vez que ela demonstrava interesse pela sorte de seus filhos.

— Não depende de mim realizar seu desejo — ele respondeu, franzindo o cenho. — Você se esqueceu de que Apopi proclamou Manassés seu herdeiro? Portanto, ele não devolverá os dois meninos que estão junto dele no palácio e, em caso de necessidade, ele os levará a Avaris. Além disso, causa-me estranheza sua apreensão para com os filhos do homem detestável, que foi o carrasco do Egito. É uma vergonha para você ser mãe deles e pode tranquilamente esquecê-los agora que um novo futuro se descortina para você. Os deuses, sem dúvida, hão de lhe conceder filhos em cujas veias corra o sangue de um pai tão nobre quanto você mesma.

Um rubor súbito surgiu no rosto pálido de Asnath e, erguendo a cabeça, ela disse com voz vibrante:

— Não tenho vergonha dos filhos de José, e ser a mãe deles não me faz corar. José está morto, odiado e destruído, o que não impede que ele tenha sido e continue a ser, na memória dos povos, o maior homem de seu tempo. Sob sua mão de ferro se dobraram o faraó, nossa casta poderosa e todo o povo. E se os filhos dele tiverem herdado a energia e a sabedoria do pai, o Egito poderá vir a se orgulhar deles.

Diante das palavras inesperadas da filha, Potifera colocara-se de pé, pálido. Então, agarrando bruscamente o braço da moça, murmurou com voz entrecortada:

— Infeliz! Você amou — você, a filha do sumo-sacerdote de Heliópolis — um escravo liberto, um cão abjeto que tomou você com suas mãos impuras, para aprisioná-la, como a uma criminosa, no momento em que você ficou no caminho para a ascensão dele.

Os olhos de Asnath pareciam lançar chamas. Tudo quanto ao longo dos anos se havia acumulado de amargura e sofrimento em sua alma transbordou, de repente:

— Pai, o senhor se esquece de que foi por sua ordem e dos demais sacerdotes que me casei com José? Nunca me esqueci do que devia ao senhor e à nossa casta: desprezo ao Adon perante a sociedade. A ele mesmo, só testemunhei indiferença e desdém. Nunca disse que o amava. Mas ninguém manda no coração! Aquele homem que tanto mal fez a todos vocês, cobriu-me de amor. Ele sempre foi bom para mim. Muitas coisas o impeliram a uma ambição insaciável, mas, apesar disso, ele não decidiu me matar, o que teria sido tão fácil para ele... E ele me testemunhou mais amor durante o tempo de minha prisão do que jamais o fizera no palácio. Eu me submeti às ordens cruéis de minha casta e não fui, nem esposa, nem mãe, como é dado ser à mais pobre das mulheres. Mas maldizer a memória de José, isso não posso fazer.

Potifera tinha escutado a filha estupefato. Naquele momento ele acabava de compreender o quanto tinha sido cruel em sua cegueira e quanto sofrimento havia imposto à filha. Arrastado pelo fanatismo político e pelo orgulho de casta, o sacerdote que havia nele tinha sobrepujado o pai.

Num movimento repentino, Potifera tomou a jovem em seus braços e beijou-lhe a fronte.

— Perdoe-me, filha querida, por ter sido tão cego e cruel com você — ele murmurou. — Hoje mesmo enviarei uma mensagem a Tânis, para o sumo-sacerdote do templo de Hator. Caso seja humanamente possível, seus filhos lhe serão entregues.

* * *

EM TÂNIS, O tempo que se passara também havia sido bastante penoso. O acesso da enfermidade que se havia apoderado de Apopi no dia seguinte à morte do Adon, durante sua conversa com os sacerdotes, tinha degenerado em uma doença perigosa que, ao longo de várias semanas, colocou sua vida em risco.

Foi o príncipe Namourod quem assumiu a direção dos negócios, embora igualmente fraco e doente. Mas ele se achava diante de dificuldades insuperáveis. A morte inesperada de José tinha colocado em desarranjo toda a máquina governamental. O poder ficara entregue por tantos anos nas mãos do hábil chanceler que, sem ele, todos se sentiam perdidos. Era preciso, não apenas restabelecer a ordem e a disciplina, mas se preparar para se defender, esbarrando, a cada passo, na hostilidade silenciosa, na traição e má vontade da população egípcia.

Apesar disso, a iminência do perigo despertou toda a energia dos hicsos, que bem depressa reuniram e deram início a uma operação militar, com o objetivo de libertar Mênfis.

Foi um golpe terrível quando ficaram sabendo da derrota de seu exército. Mesmo assim, Apopi, que tinha recobrado um pouco de força, tomava medidas enérgicas para reunir novas tropas, quando um soldado, que escapara por acaso do massacre da guarnição de Mênfis, chegou com a notícia da tomada da fortaleza e da aproximação de Taa III, que avançava a passos rápidos em direção a Tânis.

Um conselho extraordinário se reuniu naquela mesma noite e Apopi fez questão de presidi-lo, apesar de sua extrema fraqueza. Munido de um derradeiro lampejo de orgulho e energia, o rei declarou que desejava defender Tânis até o limite de suas forças. Todos os chefes presentes, porém, protestaram, declarando que a cidade era frágil demais para resistir com sucesso a um cerco e exigiram imperiosamente que a pessoa do rei fosse colocada ao abrigo derradeiro das impenetráveis fortificações de Avaris. Apopi foi obrigado a ceder.

Uma vez tomada essa decisão, a partida do faraó foi preparada com toda rapidez. Carruagens incontáveis, mulas e camelos foram carregados com tesouros reais e conduzidos em direção a Avaris.

Quarenta e oito horas mais tarde, *o último rei pastor*, lívido, desfigurado e deitado como um espectro ressequido sobre as almofadas púrpuras de sua liteira, deixava Tânis, para não mais voltar. Em uma segunda liteira vinham Manassés e Efraim, os insignificantes herdeiros do trono em ruínas, que seu pai desejara ocupar.

A partida do faraó desencadeou verdadeiro pânico na cidade. Todos os que ali eram hicsos e tinham a possibilidade de fugir para Avaris, assim fizeram. Mas cada um deles sentia que partia para sempre, o que suavizava, na medida do possível, sua ira desesperada. Os dignitários colocavam, eles mesmos, fogo em seus palácios, e as cenas de assassinato e carnificina, que haviam ensanguentado Mênfis, repetiram-se nas ruas de Tânis.

Alguns dias após esses acontecimentos, Taa III ocupava, sem esforços, a capital de seu inimigo, sendo recebido com esfuziante entusiasmo pela população egípcia e com uma raiva silenciosa pelos hicsos que aí ainda restavam.

O velho rei decidiu permanecer em Tânis por longo tempo. A cidade estava semidestruída e uma administração regular deixara de existir. Era preciso restabelecer a ordem, calcular as perdas e, por fim, tomar medidas para acolher os hicsos em seu derradeiro refúgio, impedindo que eles retomassem a ofensiva. Taa se estabeleceu, então, no palácio que fora abandonado por Apopi. E foi ao procurar colocar um pouco de ordem na residência real, devastada e pilhada, que Armais fez uma descoberta que o perturbou, mas, ao mesmo tempo, causou-lhe uma melancólica alegria: em uma das salas vazias, o jovem oficial encontrou a múmia de Hichelat. Os embalsamadores a haviam entregado pouco antes da fuga de Apopi e os funerais ainda não tinham sido celebrados. Na confusão da partida, o corpo da princesa fora esquecido. Quanto à múmia de José, havia sido levada pelos membros de sua tribo, que, em sua ingenuidade supersticiosa, imaginavam que os restos de seu poderoso benfeitor haveriam de lhes servir, no futuro, como proteção.

Armais derramou lágrimas sinceras pelo fim trágico da jovem generosa, que se havia sacrificado para salvá-lo, e jurou a si mesmo que permaneceria fiel à sua memória. Pouco tempo depois, Armais e Hor voltaram a Heliópolis. Armais levava o corpo de Hichelat, que desejava sepultar no túmulo de sua família. Quanto a Hor, tinha sido nomeado pelo faraó para elevado cargo na cidade do Sol e tinha pressa em reatar, em caráter definitivo, suas relações com Asnath e celebrar o casamento de ambos o mais depressa possível.

Alguns dias após sua chegada a Heliópolis, ao ver que Asnath fugia, com visível incômodo, de uma decisão definitiva, ferido e magoado por semelhante comportamento, Hor dirigiu-se a Maia, pedindo-lhe que falasse com a filha e buscasse saber, se possível, dos motivos de sua conduta.

Surpresa e aborrecida, a esposa do sumo-sacerdote procurou Asnath e perguntou, sem rodeios, sobre a questão de seu casamento com Hor, seu único e legítimo noivo, a quem, somente por circunstâncias excepcionais, tinha sido impedida de cumprir com a palavra.

Um forte rubor surgiu de repente no rosto pálido da moça.

— Nunca pensei em recusar o compromisso que me liga a Hor. Apenas não sei como agir, nem como ele receberá a notícia de que serei mãe de uma terceira criança do... *outro* — Asnath disse em voz baixa.

— Ah, era só o que faltava! Um tamanho infortúnio, um tal escândalo! — exclamou Maia, encolerizada. — Agora compreendo sua tristeza, menina desafortunada.

Em seguida, toda uma lista de *títulos honrosos* e de injúrias foram despejados sobre a memória de fogo do Adon, aquele miserável que tinha procurado prejudicar a todos ao máximo, mesmo depois de sua morte.

Asnath baixara a cabeça em silêncio e a tudo ouvia com uma expressão melancólica, quando Ranofrit veio interromper a enxurrada de palavras da cunhada. Ao ficar sabendo do que se passava, a esposa de Putifar exclamou, rindo:

— Pare de gritar e se agitar, Maia! Eis aí uma grande oportunidade! Se Hor perdoa Asnath pelos dois filhos de José, não há de fazer um escândalo inútil por causa de um terceiro. Não será isso que haverá de impedir que o casamento aconteça.

— É mesmo! Você tem razão. Como não pensei nisso? — respondeu Maia, tranquilizando-se de repente.

Em seguida, sem o consentimento da filha, ela se afastou, apressada.

EPÍLOGO

ANOS HAVIAM SE passado. Sekenen-Ra Taa III, o mui vitorioso, havia retornado ao seio de Osíris. Kamés, seu sucessor, também tinha morrido após um reinado muito breve. Mas a múmia do rei glorioso, que desferira um golpe mortal sobre o poder dos hicsos, permanecia sempre viva e venerada. Seu túmulo modesto, na necrópole de Tebas, havia se tornado um local de peregrinação, de oferendas e de numerosos sacrifícios.

Havia seis anos Ahmés I ocupava o trono e acabava de enobrecer seu reinado pela tomada de Avaris. Após um longo cerco, o local de refúgio inexpugnável dos opressores abominados havia ruído. A terra de Kemi estava livre, das embocaduras do Nilo até as cataratas.

Uma solenidade grave e grandiosa estava sendo preparada na cidade santa de Heliópolis: o jovem rei para lá tinha vindo, para celebrar sua coroação, conforme o costume antigo. Pela primeira vez em 500 anos, um faraó iria portar a coroa vermelha e branca do Alto e do Baixo Egito.

Desde a véspera daquele dia solene, um extraordinário entusiasmo enchia a cidade. De todos os nomos, mesmo dos mais distantes, nomarcas, sacerdotes e dignitários tinham vindo para assistir à grande solenidade nacional. Não havia dúvidas de que, entre os *haqs,* não faltavam descontentes em segredo, que se sentiam lesados, em sua pequena ambição pessoal, pela ascensão de um soberano único e poderoso. Mas como o momento era inconveniente para que manifestassem suas pretensões, fingiam partilhar do entusiasmo geral.

Desde a aurora, uma multidão enfeitada e jubilosa se aglomerava nas ruas embandeiradas. Todas as casas estavam adornadas com guirlandas de flores e até mesmo a mais pobre das cabanas ostentava um ramo verde. A multidão era compacta, sobretudo nos arredores da residência real. A alegria e a simplicidade ingênua, características do povo egípcio, ali se manifestavam de todas as formas: falavam acerca da ornamentação festiva do palácio, contavam baixinho histórias engraçadas que destacavam o caráter do faraó e de seus principais conselheiros, trocavam palavras gentis e brincadeiras com os vizinhos, enquanto comiam bolos que haviam trazido ou comprado de mercadores ambulantes, visto que mesmo no tempo de Ahmés já havia representantes modestos desse tipo de atividade.

Todos estavam felizes e jubilosos, sem exceção. A fome e os infortúnios passados pareciam ter sido esquecidos, uma vez que as inundações abundantes do Nilo haviam trazido de volta a fartura e a riqueza. Também os sacerdotes mendicantes, que circulavam entre as fileiras comprimidas dos espectadores, tendo colocado sobre o peito capelinhas portáteis, faziam excelentes negócios. Cada um deles exaltava o poder miraculoso e a eficácia protetora do deus ou da deusa cuja estatueta carregava e expunha à veneração dos fiéis, que beijavam a capelinha com devoção para, em seguida, depositar numerosas doações na sacola de couro que pendia sobre as costas do sacerdote que a carregava.

As fanfarras ruidosas, que anunciavam o início da cerimônia, puseram fim às conversas e todos os olhares se fixaram avidamente sobre o cortejo que acabava de desembocar dos pátios do palácio, para se alinhar pela rua, precedido pelos corredores reais que, carregando varinhas douradas, afastavam a multidão, abrindo amplo caminho à procissão.

Um estremecimento de orgulho e de entusiasmo percorreu as massas, que puderam contemplar o imponente desfile dos soldados fortemente armados e que carregavam ramos floridos, seguidos pelos nomarcas, príncipes aliados e dignitários. No momento em que o trono portátil finalmente surgiu, cercado por verdadeira floresta de leques, e sobre o qual se assentavam Ahmés e sua esposa Nofritari, gritos de alegria e aclamações frenéticas saudaram o jovem rei, que não era mais um estrangeiro como Apopi e seus antecessores, mas um legítimo filho de Rá, a própria encarnação da vitória e do triunfo do Egito sobre o inimigo secular.

Enquanto isso, uma segunda procissão deixava o santuário do Templo do Sol e se dirigia lentamente, através dos pátios imensos e avenidas de esfinges, ao encontro do faraó. Nela vinham os cantores e cantoras do templo, com a harpa sobre os ombros, tendo à frente seu mestre de capela que, com um rolo na mão, dirigia o cantar dos hinos sagrados. Atrás deles vinha uma imensa fila de sacerdotes que carregavam as estátuas e os símbolos dos deuses, a barca de Rá sob um dossel e ornada com flores, os profetas e iniciados e, por fim, Potifera, que era quem oficiava a cerimônia, enfeitado com todas as insígnias de primeiro dignitário sacerdotal do reino, trazendo na mão o cetro, marca de suas elevadas funções.

No momento em que os dois cortejos se encontraram, o rei desceu do trono e caminhou em direção ao sumo-sacerdote, que esperava por ele sob o pilar em frente à grande porta do recinto sagrado. Depois de haver aspergido o soberano com água purificadora, Potifera o conduziu até o grande pátio do templo, no centro do qual erguiam-se dois altares, cobertos de insígnias sagradas. E foi ali, ao som de hinos e em meio a um turbilhão de incenso, que o faraó ofereceu sacrifícios a seu pai imortal. A seguir, quando se realizaram as imponentes cerimônias de consagração e o rei cortou, com uma pequena foice de ouro, o ramo que lhe apresentavam, um sacerdote, por ordem de Potifera, soltou quatro pássaros, que voaram em todas as direções, enquanto o sumo-sacerdote exclamava com voz retumbante:

— Dai voo às quatro vidas, Amset, Sis, Soumants, Kebhsniv! Ide para o Sul, o Norte, o Ocidente e o Oriente, e dizei aos deuses desses lugares que Hórus, filho de Ísis e Osíris, foi cingido com a coroa real e que o faraó Ahmés I foi também cingido com o duplo diadema do Alto e do Baixo Egito.

Na tarde daquele grande dia, enquanto o faraó, de volta ao palácio, descansava da cerimônia longa e fatigante, e o povo, repleto de alegria, enchia com seus gritos jubilosos todas as ruas de Heliópolis, um pequeno grupo de familiares e amigos se reunia na residência de Potifera.

Junto a uma janela ampla, com vista para o jardim, sentava-se o velho pontífice, que conversava com Putifar e Racapou. A idade e as preocupações haviam curvado o corpo alto do sumo-sacerdote e rugas profundas marcavam sua fronte larga. Sob as sobrancelhas grossas, porém, seus olhos cintilavam com energia e vigor juvenis. O antigo comandante de Heliópolis se havia aposentado e era Hor quem ocupava agora aquele cargo importante. Quanto a Putifar, continuava a comandar em Mênfis.

Um pouco distante dali estava um segundo grupo, composto por Hor, Ranofrit, Armais e sua mãe. Ao fundo da sala, dois belos rapazes, filhos de Putifar, brincavam ruidosamente com uma deslumbrante menina de 12 anos e um menino robusto de 9 anos de idade.

Somente Asnath não estava presente àquela reunião familiar. Fazia quase seis anos que ela tinha morrido, consumida por uma fraqueza, que resistira a todos os remédios. Semelhante a uma lâmpada à qual falta óleo, ela morrera sem sofrimento após seis anos de casamento com Hor, deixando a seu esposo desesperado um filho e uma filha, que havia nascido depois da morte de José e a quem Hor tinha adotado e amava com um sentimento todo paternal.

Embora profundamente atingido pela perda da filha querida, Potifera tinha considerado a morte de Asnath como libertação e sua estranha enfermidade como o derradeiro efeito do feitiço pelo qual o Adon lhe empestara a alma, inspirando na jovem uma paixão indigna por ele. Aos olhos do sumo-sacerdote, a filha continuava a ser uma vítima da política e da maldade de Apopi. Um amor da parte de sua filha pelo homem impuro, a quem a haviam sacrificado, era inadmissível para ele e só podia ter sido consequência de feitiçaria. Potifera celebrara ritos misteriosos de purificação junto ao corpo da filha e realizara, pessoalmente, o funeral. Por ocasião da abertura dos olhos e dos ouvidos do duplo-etéreo, Potifera tinha erguido as duas mãos sobre a múmia da filha, e tendo repetido por três vezes o nome de Asnath, ele havia dito com exaltação:

— Abro seus olhos à luz extraterrestre. Abro seus ouvidos à voz dos deuses e, usando do poder de que disponho como primeiro servidor do grande deus de Heliópolis, liberto seu coração do feitiço, mediante o qual o hebreu a prendeu a ele. Eu quebro o liame da força impura e a liberto do homem nefasto que, enquanto vivo, encharcou-a de sofrimento e, quando morto, desejou sua vida, atraindo-a para si. Vai, minha filha, livre e reconfortada, perante o trono de Osíris e os 42 juízes do reino das sombras e diz a eles: "Eu sou a filha de Potifera, purificada de toda a influência mágica, e inocente por minha vida. Se me sujei ao contato com um impuro, foi para preservar a casa do deus e de seus servidores da cólera do estrangeiro. Sacrifiquei-me por minha casta e por meu povo, e peço que não considereis meu coração excessivamente pesado em vossa balança e me admitais nos campos da luz eterna".

Aquela cena e aquele discurso tinham causado profunda impressão em toda a assembleia. A partir de então, o próprio sumo-sacerdote havia recuperado a calma e, além disso — coisa estranha! —, parecia ter esquecido a origem da filha de Asnath, testemunhando-lhe grande afeição, apesar da semelhança impressionante da mocinha com o Adon. Ela tinha os mesmos cabelos castanhos e encaracolados, grandes olhos castanhos impenetráveis e profundos, um sorriso fascinante e o nariz ligeiramente aquilino do pai. Mas Potifera parecia não notar aquilo e mimava a menina, que tinha o nome bem egípcio de Ísis.

Ranofrit era agora uma mulher madura, saudável e bela, enquanto que Maia tinha envelhecido e emagrecido ao extremo. Recostada em sua poltrona, ela contemplava Armais com um misto de orgulho maternal e pesar. O rapaz tinha chegado ao auge de sua beleza máscula. Seu rico traje e o colar magnífico com que Ahmés o presenteara na manhã daquele mesmo dia favoreciam ainda mais sua beleza. Mas uma frieza altiva e severa emanava de todo seu ser e sua indiferença pelas mulheres era notória.

Armais havia mantido sua palavra e, a despeito dos pedidos e tentativas de persuasão por parte de seus familiares, tinha permanecido solteiro.

— Tudo isso por causa de uma estrangeira, filha dos *chasous*. É vergonhoso! — Maia costumava dizer quando Armais não estava presente e toda vez que um novo projeto matrimonial ia por água abaixo.

Naquele momento, o jovem guerreiro conversava com Hor acerca de um grande sacrifício funerário, que ele planejava mandar celebrar no dia seguinte, em memória de Hichelat, no túmulo de sua família. Tendo o cunhado pronunciado algumas palavras de pesar quanto ao trágico fim da princesa, Armais respondeu, suspirando:

— Sim, foi uma morte terrível. E confesso que não posso crer que uma vida humana inocente possa ser oferenda agradável ao rio sagrado. O faraó concorda comigo e disse-me, recentemente, que se propõe a promulgar em breve uma lei que abolirá os sacrifícios humanos no Nilo.

— Contanto que tal decisão, por mais justa e humana que seja, não irrite o povo, que está habituado a essas oferendas ao rio!

— As vítimas serão substituídas por figuras de cera, o que, espera-se, venha a contentar a todos. E minha pobre Hichelat terá sido uma das últimas e, sem dúvida, a mais nobre vítima desse costume selvagem — declarou Armais.

Mas Putifar impediu que o rapaz prosseguisse com aquela conversa, exclamando, alegremente:

— Por que vocês ficam cochichando aí, em separado? Venham aqui e bebam uma taça em homenagem ao faraó. Que os deuses o guardem e cumulem de glória!

Todos se aproximaram do grupo formado pelo sumo-sacerdote e seus amigos, junto aos quais escravos acabavam de colocar vinho, frutas e iguarias sobre uma mesa. Até mesmo as crianças se aproximaram e a pequena Ísis, tendo recebido de Hor um doce, foi sentar-se num banco aos pés de Potifera, a fim de saborear a guloseima à vontade.

A conversação tornou-se geral e diversos brindes, repletos de entusiasmo, já tinham sido erguidos, quando Racapou exclamou com alegria:

— Ah! Como agradeço aos deuses por me haverem permitido viver até este dia glorioso, em que bebemos em honra de nosso rei legítimo e à libertação do Egito! Quem haveria de sonhar com isso no dia em que tivemos que recepcionar o Adon em Heliópolis como a um rei? Você se recorda, Potifera, de como aquele cão fedorento se pavoneava, sentado entre nós dois no banquete, permitindo-se receber as homenagens e acolhê-las com gentileza? Maldito canalha!

Racapou escarrou com força ao se lembrar daquilo, como o fizera no passado, e prosseguiu:

— Lembra-se do excesso de indulgência que ele lhe testemunhou e de como sua cabeça tonteou e você desmaiou? — finalizou com voz alta o antigo comandante de Heliópolis.

Diante das palavras do velho amigo, o rosto de Potifera tornou-se sombrio.

— Sim — o sumo-sacerdote disse, colocando a taça sobre a mesa com ar sinistro. — Jamais me esquecerei daquele incidente nefasto, que foi a causa primeira da desgraça de Asnath. Se eu não tivesse ficado doente, aquele homem nunca teria visto minha filha e infortúnios incalculáveis teriam sido evitados. Oh, como eu o odeio pelo inferno que me fez suportar! — Potifera prosseguiu, batendo na mesa com o punho cerrado. — E se tornarmos a nascer em novos corpos, eu hei de reconhecer aquele maldito sob seu novo envoltório e o farei pagar por seus crimes e malefícios. Mas até lá, que ele seja amaldiçoado!!! Que a alma dele vague sem descanso entre os monstros do Amenti! Que todo o sangue e as lágrimas que fez rolar no Egito caiam sobre ele e sua memória!

Todo o rancor e o ódio alimentados na alma de Potifera acabavam de vir à tona, inesperadamente, diante da lembrança evocada por Racapou. Um rubor escuro lhe cobria a face e seus olhos lançavam chamas devoradoras. Mas naquele instante, uma mãozinha cariciosa lhe tocou o braço e uma voz cristalina indagou:

— Sumo-sacerdote, quem era esse homem mau, que o senhor acaba de maldizer? Como ele se chamava?

Potifera estremeceu e seu olhar sombrio e hesitante mergulhou nos olhos esverdeados de Ísis, que se erguiam para ele, sorridentes e curiosos. Fez-se um profundo silêncio, pois aquela pergunta inocente, feita pela filha daquele que era amaldiçoado tão impiedosamente, provocou um sentimento incômodo em todos os presentes.

O sumo-sacerdote foi o primeiro a se refazer. Então, acariciando os cachos fartos da menina, ele disse:

— Você nunca viu esse homem e o nome dele não significará nada para você. Mas quando crescer, você aprenderá muito sobre ele e seus atos.

— Bem, no que depender de mim, Ísis jamais há de saber quem foi seu pai — murmurou Hor.

— Como é que você quer que ela ignore a verdade para sempre? E se ao tomar conhecimento de toda a abominação que se liga ao nome de José, ela também vier a odiá-lo? Isso seria terrível, porque, de qualquer modo, ele é o pai de Ísis — Maia disse bem baixinho, inclinando-se na direção do genro.

— A senhora acha que ela iria amá-lo, se soubesse que o sangue do opressor impuro de seu povo corre em suas veias? Não, não! No que depender de mim, Ísis nunca saberá que o Adon foi seu pai. Ela é minha filha e o será para sempre.

Percebendo a impressão incômoda que continuava a pesar sobre os presentes, Armais tornou a encher as taças e, erguendo a sua, falou com calma e gravidade:

— Não evoquemos o passado. Não tornemos a abrir feridas que o presente glorioso deve fazer cicatrizar em nós. Ao invés disso, sonhemos com o futuro glorioso que desabrocha radioso para nós e para a terra de Kemi, finalmente liberta do jugo do estrangeiro. Bebamos uma última vez, meu pai e meus amigos, em honra de nosso faraó Ahmés — Vida, força e saúde! —, de sua divina esposa, a rainha Nofritari, e por sua descendência que, pressinto, dará ao Egito os mais gloriosos soberanos, como jamais teve.

— Você tem razão — falou Potifera, levantando-se e apanhando sua taça. — Que o Egito viva sua grandeza e sua glória até o fim dos séculos. E que sejam malditos todos os estrangeiros que ousarem tocar, com os pés impuros, seu solo sagrado.

Fim